Weltenzyklopädie der Schiffe

Weltenzyklopädie der Schiffe

Band II

Handels- und Passagierschiffe von den Anfängen bis heute

Herausgegeben von Gino Galuppini

Bearbeitung der deutschen Ausgabe von Hans Peter Jürgens

Südwest Verlag München

Italienische Originalausgabe
ENCICLOPEDIA DELLE NAVI MERCANTILI DALLE ORIGINI A OGGI

Gestaltet von ERVIN s.r.l., Rom

Gesamtleitung:
ADRIANO ZANNINO

Chefredaktion:
SERENELLA GENOESE ZERBI

Redaktion: Maria Luisa Ficarra

Farbige Abbildungen:
Nicola Arolse, Guido Canestrari, Marco Giardina, Pierluigi Pinto

Schwarzweißabbildungen:
Cecilia Giovannini, Valeria Matricardi

Übersetzung aus dem Italienischen:
MARCUS WÜRMLI, Tutzing

© 1988 Arnoldo Mondadori Editore S.p.A., Mailand
Alle Rechte der deutschen Ausgabe 1988 bei
Südwest Verlag GmbH & Co. KG, München
Schutzumschlag: Manfred Metzger
Satz: Typodata, München
Druck und Bindung: Arnoldo Mondadori Editore S.p.A., Verona
Printed in Italy

ISBN 3-517-01077-4

Einführung

Handelsschiffe gelten ein bißchen als die »Aschenputtel« der Seefahrt, denn im Vergleich zu den Kriegsschiffen gibt es über sie nur wenige Veröffentlichungen.

In den Bibliotheken kann man ohne Schwierigkeiten Bücher finden, die von Panzerschiffen, Flugzeugträgern, Zerstörern und Unterseebooten handeln. In verschiedenen Ländern erscheinen jedes Jahr Almanache, die vor allem Kriegsschiffe mit ihren wichtigsten Daten und sogar Fotos veröffentlichen. Was die Handelsschiffe betrifft, so ist das Angebot, abgesehen von zahlreichen Reedereigeschichten, bedeutend geringer. Trotz vieler internationaler Veröffentlichungen für den Fachmann, wie z. B. dem jährlich erscheinenden deutschen Werk »Die deutsche Handelsflotte« mit den technischen Daten und Rißzeichnungen von über 2000 Schiffen, finden nur die großen Transatlantikdampfer nachhaltiges Interesse, und neben dem alten, ständig auf den neuesten Stand gebrachten Lloyd's Register mit allen die Schiffe der Welt betreffenden Angaben beschäftigt sich nur »Jane's Merchant Ships« mit über 10000 Rißzeichnungen als jährlicher Almanach mit allen Handelsschiffen der Erde.

Das vorliegende Buch will dem Leser eine möglichst umfassende Übersicht über Fracht- und Passagierschiffe sowie über Tanker bieten. Es verfolgt dabei die Entwicklung der Handelsschiffe von den Anfängen bis in unsere Tage vor allem anhand der Schiffbautechnik, dem Aufkommen neuer Antriebsmethoden und der für die Entwicklung wichtigen kommerziellen Voraussetzungen. Zur Vervollständigung der Informationen über die repräsentativsten Typen der modernen Handelsschiffahrt sind Tabellen mit deren wichtigsten technischen Daten beigefügt.

Das Auffinden des Schiffes von Pharao Cheops hat es uns erlaubt, die Schiffe des alten Ägypten aufgrund eines authentischen Exemplars zu beschreiben, auch wenn dieses nur als Grabbeigabe gedacht war. Dieser Fund entheht uns der Notwendigkeit, uns auf die vorhandenen ikonographischen Darstellungen verlassen zu müssen.

Leider sind unsere Kenntnisse über die Schiffe von Völkern, die uns zeitlich erheblich näherstehen, wie etwa die der Griechen und der Römer, sehr viel magerer. Die zahlreichen Reste von Handelsschiffen, welche Unterwasserarchäologen im Mittelmeer entdeckt und geborgen haben, sind dermaßen schlecht erhalten, daß wir über die Segelausrüstung und die Anordnung der Ruderer auf den Sitzbänken kaum etwas wissen. Dennoch geben uns die Funde Aufschluß über manche Fragen der Schiffbautechnik jener Perioden.

Viel mehr Glück haben wir bei den besser erhaltenen Wikingerschiffen dank des merkwürdigen Brauches, die Häuptlinge mit ihren Schiffen zu bestatten.

Für das Mittelalter können wir bereits weitgehend auf bildnerische Darstellungen und zeitgenössische Texte zurückgreifen. Zusammen mit jüngsten Funden wie die Bremer Kogge zeigen sie lückenlos die Entwicklung der verschiedenen Kriegs- und Handelsschiffe auf. Unbekannt sind uns allerdings noch immer die Segelausrüstung und Anordnung der Ruderer auf den byzantinischen Dromonen und Chelandionen des 9. und 10. Jahrhunderts.

Für die Neuzeit, das heißt nach 1492, liefern uns bildnerische Darstellungen, nautische Traktate und Schiffsmodelle genügend Informationen, um die Schiffe und ihre Besegelung rekonstruieren zu können. Wir erinnern hier an die zahlreichen genauen Studien der Spanier, die zum 500. Jahrestag der Entdeckung Amerikas 1992 die Karavellen von Christoph Kolumbus in natürlicher Größe rekonstruieren wollen.

Auch für die Schiffe des 17. und 18. Jahrhunderts liefern uns bildnerische Darstellungen und Traktate über die Schiffbaukunst sowie Schiffsmodelle eine reichliche Dokumentation, die es uns erlaubt, die großen Schiffe jener Zeit bis in die kleinsten Details zu beschreiben.

Im 19. Jahrhundert fand in der Schiffbautechnik eine große Revolution statt: Für den Bau der Schiffsrümpfe kam anstelle des Holzes Eisen und bald auch Stahl zur Verwendung, und neben dem Segelantrieb gewann nun die Dampfmaschine an Bedeutung; es entstanden immer größere und schnellere Dampfschiffe.

Auch das 20. Jahrhundert ist eine Zeit tiefgreifender Veränderungen. Turbinen und Dieselmotoren verdrängen Kolbenmaschinen; gleichzeitig erleben Transatlantikdampfer eine wenn auch nur kurze Blütezeit. Der Bau von Riesentankern mit 600000 Tonnen Wasserverdrängung bietet technisch keine Schwierigkeiten mehr, und lediglich die Bedürfnisse begrenzen die Entwicklung.

Der heutige Schiffbau läßt zunehmend Spezialschiffe für den Transport der unterschiedlichsten Ladungen entstehen. Von maßgeblicher Bedeutung für den Welthandel sind allerdings doch nur einige wenige Schiffstypen wie Tanker, Massengutfrachter, Container- und Ro-Ro-Schiffe unterschiedlichster Konstruktionen. Sie repräsentieren den weitaus größten Teil der Welthandelstonnage und machen klar, daß eine hochtechnisierte Schiffahrt im Welthandel und im Zusammenleben der Völker eine Schlüsselrolle innehat, die von allen romantischen Vorstellungen einer »Christlichen Seefahrt« weit entfernt ist.

Der Autor

Inhalt

Die Schiffe der Antike

Für den Geschichtsforscher geht das Zeitalter der Antike mit dem Untergang des Weströmischen Reiches im Jahr 476 n. Chr. zu Ende. Sein Anfang läßt sich allerdings nicht so genau definieren. Beim Historiker beginnt die Antike mit dem Auftreten der Schrift und der ersten Hochkulturen, also mit der Zeit um 4000 v. Chr. Die Antike dauerte einige tausend Jahre, und nur für die letzten zwei oder drei Jahrtausende v. Chr. liefert uns die Archäologie erste Funde und damit sichere Quellen.

Die eigentliche Geschichte des Schiffbaus beginnt im 3. Jahrtausend v. Chr., als die Blütezeit der ägyptischen Hochkultur einsetzte.

Navigation, Seekarten und Seezeichen

Wahrscheinlich fuhr der Mensch schon seit den frühesten Anfängen der Zivilisation auf Flüssen und auf dem Meer. Die Seereisen waren aber wohl sehr kurz und erfolgten in Sichtweite zur Küste. Landmarken stellten im früheren primitiven Navigationssystem wohl die einzigen Anhaltspunkte dar. Diese Art der Schiffahrt und der Navigation nennen wir heute Küstenschiffahrt.

Auf einer höheren Stufe der Zivilisation begannen Astronomen und Seeleute damit, den Himmel zu studieren. Sie fanden und benannten die einzelnen Sternbilder, verfolgten ihre scheinbare Bewegung auf der Himmelskugel und leiteten daraus nützliche Informationen für die Navigation ab. An einer berühmten Stelle seiner »Odyssee« läßt Homer den Odysseus sagen, er habe nach dem Verlassen der Insel der Kalypso zur Rechten den Bootes und den Großen Bären gehabt und sich nach den Plejaden orientiert. Dieses kurze Zitat sagt nicht viel über die Navigationsmethoden zu Homers Zeiten etwa im 8. Jh. v. Chr. aus, liefert aber immerhin den Beweis, daß die Seeleute damals mit dieser Art der Navigation die sichtbare Küste hinter sich lassen konnten. Heute sprechen wir in diesem Zusammenhang von Hochseeschiffahrt.

Unsere abendländisch geprägte Zivilisation ist mit fast zweitausendjähriger Verspätung auf die Inseln des Pazifiks gelangt. Bis vor kurzem gaben die Einheimischen die Geheimnisse der Sternzeichen für die Navigation von einer Insel zur andern mündlich weiter. Der amerikanische Forscher David Lewis sammelte die vielfältigen mündlichen Überlieferungen alter Seefahrer und probierte im Jahr 1965 diese Art der Navigation und Orientierung selber aus: Er segelte ungefähr 1500 sm weit von Tahiti in den Gesellschaftsinseln bis zur Cook-Insel Rarotonga, wobei er sich ausschließlich anhand der Sterne orientierte.

Abgesehen von der Navigation mit Hilfe der Sonne und der Sterne bedienten sich die antiken Seefahrer auch der Winde. Sie kannten die Richtungen, aus denen diese kamen, und nutzten sie für die Orientierung während der Navigation. Noch heute bezeichnen wir den nach den bekannten, in gleicher Richtung wehenden Winden unterteilten Kompaß als Windrose. Eines der ältesten nautischen Instrumente war die Pinax, die von griechischen und lateinischen Schriftstellern erwähnt wird. Sie bestand aus einem drehbaren Täfelchen, auf dem die Richtungen der acht Hauptwinde eingetragen waren. Das Täfelchen wurde mitten auf dem Deck angebracht und zum Beispiel bei Sonnenaufgang von Hand ausgerichtet. So konnte es eine Orientierungshilfe geben. Dem Steuermann am Ruder allerdings nützte dieses Instrument nichts, um den Kurs beizubehalten. Als Anhaltspunkt verwendete er tagsüber wahrscheinlich den Schatten des Mastes auf dem Deck und nachts wohl die Sterne, die niedrig am Horizont standen.

Eine ziemlich merkwürdige, aber praktische Methode der antiken Seefahrer bestand darin, auf dem Schiff Vögel mit ausgeprägtem Orientierungssinn mitzuführen. Bei Bedarf wurden sie freigelassen. Raben beispielsweise flogen zur nächsten Küste, auch wenn diese nicht zu sehen war. Tauben hingegen strebten zu ihrem Heimatort zurück.

Ein weiteres Hilfsmittel für die Navigation war das Lot, mit dem man bekanntlicherweise die Wassertiefe mißt. Es kann aber auch Informationen über die Art des Untergrundes liefern. Ein mit Talg bestrichenes Lot holte vom Meeresgrund Proben herauf, Sand, Schlamm oder Algen. Daraus konnten die Seeleute Anhaltspunkte über die Entfernung von einem bestimmten Hafen, einer Insel oder einer Passage gewinnen.

Es steht außer Zweifel, daß ägyptische Seeleute mit diesen sehr unvollkommenen Orientierungssystemen um das Jahr 2000 v. Chr. bereits größere Fahrten unternahmen und das Land Punt erreichten, das vermutlich weiter südlich an der Küste des Roten Meeres oder des Indischen Ozeans lag. Auf ähnliche Weise gelangten die Phönizier ungefähr 1000 v. Chr. nach England, von wo sie Zinnmineralien nach Hause brachten.

Natürlich kann man zu diesem Zeitpunkt nicht von nautischer Kartographie sprechen, zunächst einmal, weil es noch kein Papier und keine Karten gab, und zum andern auch, weil die geographischen Kenntnisse doch sehr rudimentär und beschränkt waren. Dennoch gab es Navigationshilfen, die Periploi oder Itineraria. Die älteste dieser Reisebeschreibungen geht auf Skylax von Karyanda zurück und datiert aus dem 4. Jh. v. Chr. Sie trägt den Titel »Umschiffung des Meeres der bewohnten Länder Europas, Asiens und Libyens« und enthält, nach Tagen und Nächten angegeben, die Abstände zwischen den Häfen, die im Mittelmeer aufeinanderfolgen, ebenso die Entfernungen für die Durchquerung von Golfen und die Entfernungen zu den wichtigsten Inseln. Dieser Periplos stellt wahrscheinlich eine schriftlich niedergelegte Sammlung von Informationen dar, die zuvor von vielen Seefahrergenerationen mündlich weitergegeben wurden.

Ein weiterer Periplos aus der Zeit um 60 n. Chr. gibt analoge Informationen über die Navigation im Roten Meer, im Persischen Golf und im Indischen Ozean. Weitere Periploi aus dem 4. und 5. Jh. n. Chr. handeln vom Pontos Euxeinos (Schwarzes Meer) und von den Atlantikküsten Europas bis zum Nordmeer.

Zu jener Zeit hatte die Geographie schon mit der Gliederung des Festlandes begonnen: Marinos von Tyros stellte ungefähr 120 n. Chr. die Länder des Mittelmeerraumes

Geographische Karte von etwa 700 v. Chr., in Stein gehauen. Sie stellt die Ozeane mit Babylon im Zentrum dar. Sicher waren die Seekarten, die zusammen mit den Periploi verwendet wurden, nicht solche Phantasieprodukte wie diese Darstellung.

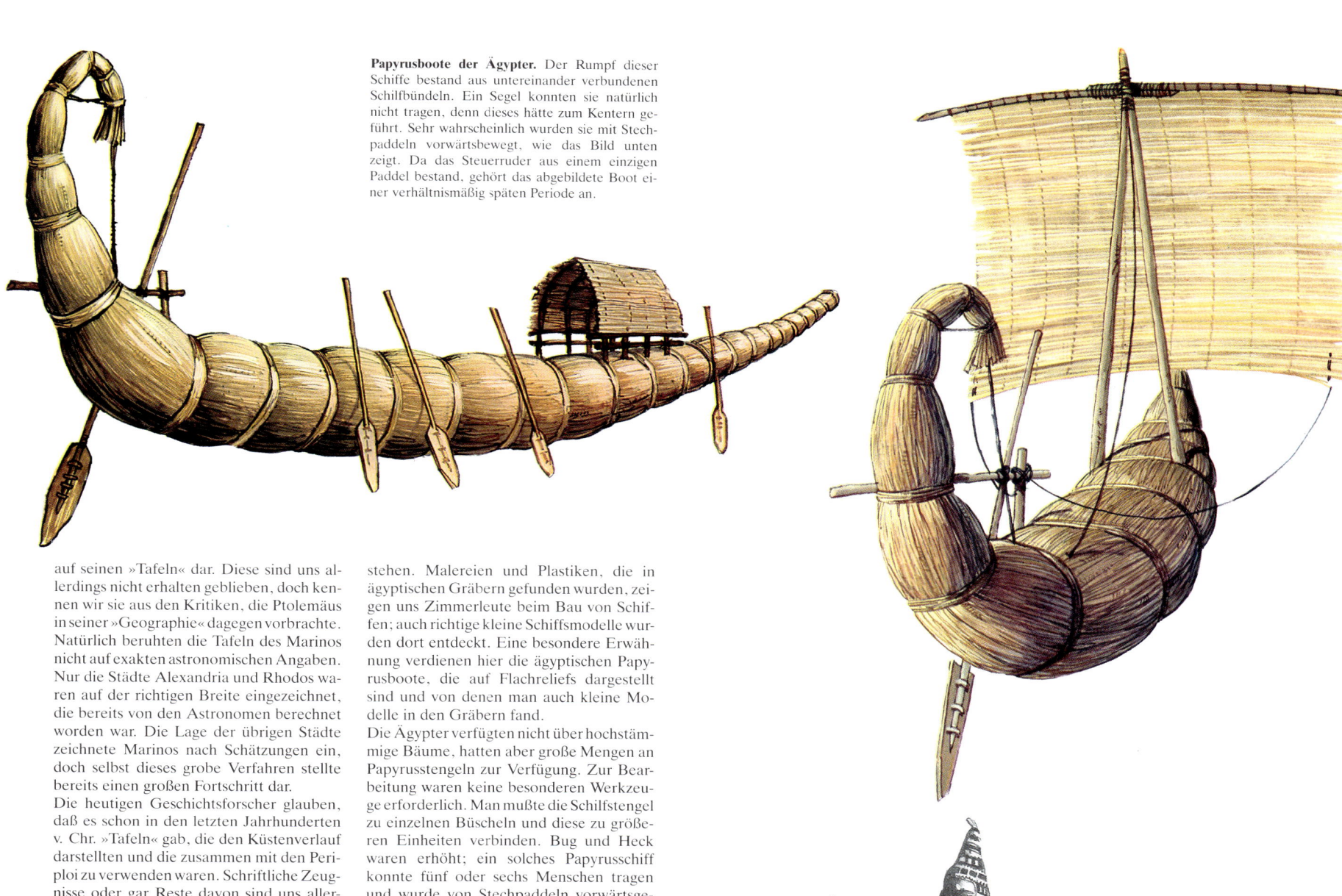

Papyrusboote der Ägypter. Der Rumpf dieser Schiffe bestand aus untereinander verbundenen Schilfbündeln. Ein Segel konnten sie natürlich nicht tragen, denn dieses hätte zum Kentern geführt. Sehr wahrscheinlich wurden sie mit Stechpaddeln vorwärtsbewegt, wie das Bild unten zeigt. Da das Steuerruder aus einem einzigen Paddel bestand, gehört das abgebildete Boot einer verhältnismäßig späten Periode an.

auf seinen »Tafeln« dar. Diese sind uns allerdings nicht erhalten geblieben, doch kennen wir sie aus den Kritiken, die Ptolemäus in seiner »Geographie« dagegen vorbrachte. Natürlich beruhten die Tafeln des Marinos nicht auf exakten astronomischen Angaben. Nur die Städte Alexandria und Rhodos waren auf der richtigen Breite eingezeichnet, die bereits von den Astronomen berechnet worden war. Die Lage der übrigen Städte zeichnete Marinos nach Schätzungen ein, doch selbst dieses grobe Verfahren stellte bereits einen großen Fortschritt dar.

Die heutigen Geschichtsforscher glauben, daß es schon in den letzten Jahrhunderten v. Chr. »Tafeln« gab, die den Küstenverlauf darstellten und die zusammen mit den Periploi zu verwenden waren. Schriftliche Zeugnisse oder gar Reste davon sind uns allerdings nicht erhalten geblieben. Nur Herodot berichtet von einer »Seekarte«, die der Perserkönig Dareios hatte anfertigen lassen. Die Hypothese von der Existenz solcher »Tafeln« wird auch von der Tatsache gestützt, daß die Österreichische Nationalbibliothek in Wien die sogenannte Peutingersche Tafel aufbewahrt. Es handelt sich um die mittelalterliche Kopie einer Straßenkarte Südeuropas, die auf die Zeit von Julius Caesar zurückgeht. Das Vorhandensein einer solchen Straßenkarte läßt uns vermuten, daß es auch entsprechende Seekarten gab. Was die Seezeichen anbelangt, so gab es in jener Zeit wahrscheinlich nur Leuchtfeuer, möglichst an erhöhten Punkten.

Der Schiffbau

Wir wollen hier nicht von den Einbäumen reden, also von jenen Fahrzeugen, die durch Aushöhlen eines einzigen großen Baumstammes entstanden, sondern wir beschränken uns hier auf Schiffe oder Boote, die aus besonders geformten Brettern zusammengesetzt sind.

Der Bau eines solchen Schiffes setzt voraus, daß genügend Holz und die richtigen Werkzeuge für die Bearbeitung zur Verfügung stehen. Malereien und Plastiken, die in ägyptischen Gräbern gefunden wurden, zeigen uns Zimmerleute beim Bau von Schiffen; auch richtige kleine Schiffsmodelle wurden dort entdeckt. Eine besondere Erwähnung verdienen hier die ägyptischen Papyrusboote, die auf Flachreliefs dargestellt sind und von denen man auch kleine Modelle in den Gräbern fand.

Die Ägypter verfügten nicht über hochstämmige Bäume, hatten aber große Mengen an Papyrusstengeln zur Verfügung. Zur Bearbeitung waren keine besonderen Werkzeuge erforderlich. Man mußte die Schilfstengel zu einzelnen Büscheln und diese zu größeren Einheiten verbinden. Bug und Heck waren erhöht; ein solches Papyrusschiff konnte fünf oder sechs Menschen tragen und wurde von Stechpaddeln vorwärtsgetrieben.

Boote aus Schilfbündeln, wie sie auf dem südamerikanischen Titicacasee an der Grenze zwischen Peru und Bolivien, in 3812 m Höhe, von den Indios noch heute verwendet werden. Ihre Form ist viel weniger primitiv als die der ägyptischen Boote, denn ein zentraler Hohlraum erlaubt es, den Schwerpunkt niedriger zu halten, was das Boot auch mit Fracht viel stabiler macht. Auch diese Boote werden nur mit Paddeln vorwärtsbewegt.

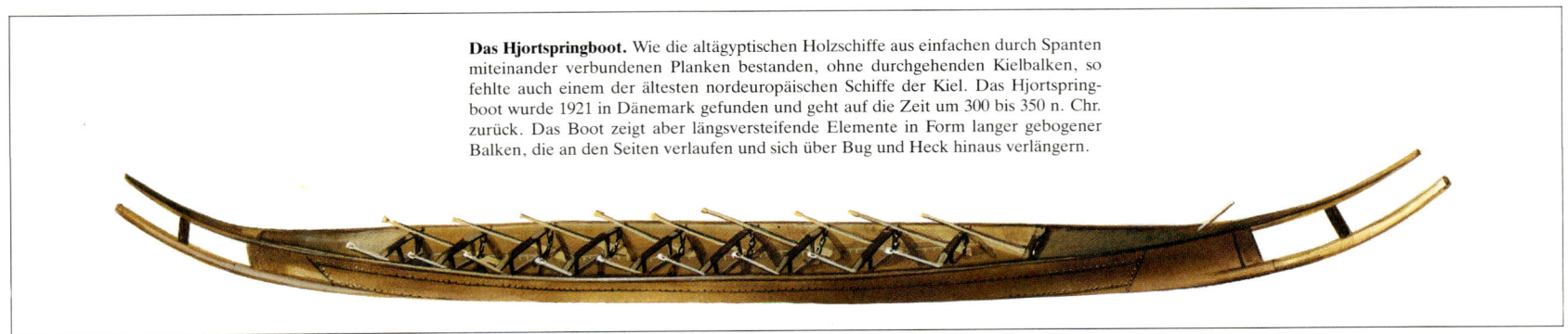

Das Hjortspringboot. Wie die altägyptischen Holzschiffe aus einfachen durch Spanten miteinander verbundenen Planken bestanden, ohne durchgehenden Kielbalken, so fehlte auch einem der ältesten nordeuropäischen Schiffe der Kiel. Das Hjortspring-boot wurde 1921 in Dänemark gefunden und geht auf die Zeit um 300 bis 350 n. Chr. zurück. Das Boot zeigt aber längsversteifende Elemente in Form langer gebogener Balken, die an den Seiten verlaufen und sich über Bug und Heck hinaus verlängern.

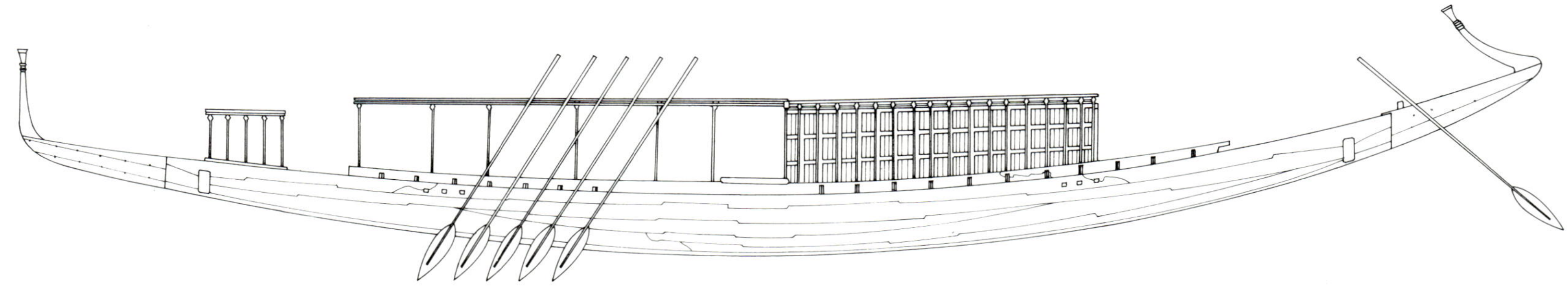

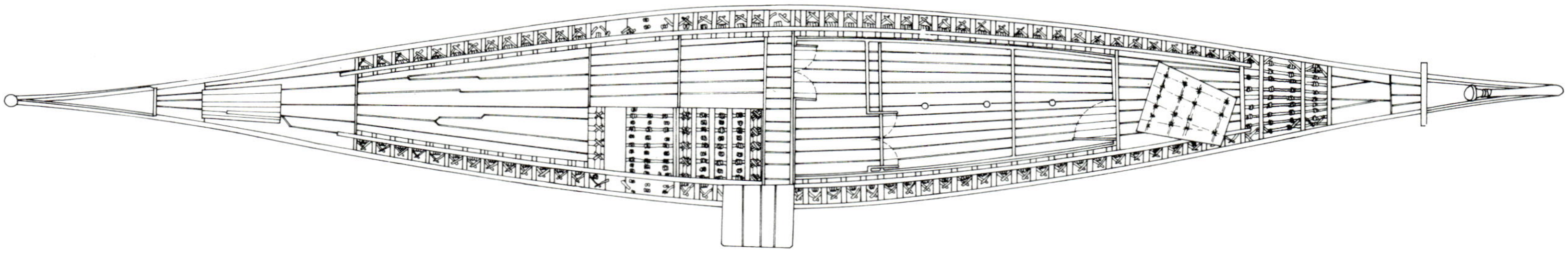

Das Schiff des Königs Cheops. Es wurde 1954 entdeckt und 1968 endgültig wieder zusammengebaut. Der Rumpf bestand aus großen untereinander verdübelten Planken, die durch Spanten, aber nicht durch einen Kielbalken versteift wurden. Das Bild unten rechts zeigt den Aufbau eines Spants und einiger Decksbalken, die zahlreicher sind als die Spanten. Alle Elemente sind untereinander festgelascht und ohne Nägel befestigt. Für die Längssteifigkeit sorgten auf dem Boden zahlreiche kleine Längsholme (in der Abbildung sind es zehn), die ebenfalls an den Außenplanken festgelascht waren. Ferner waren auf Deckshöhe drei größere Längsholme vorhanden, ein zentraler und zwei seitliche. Die Abbildung unten links zeigt die Marken, mit denen die ägyptischen Schiffsbauer die einzelnen Teile bezeichneten, als die das Vor- und Achterschiff auseinandernahmen, um es im vorgesehenen Graben unterzubringen. Diese Zeichen ermöglichten einen richtigen Wiederaufbau.

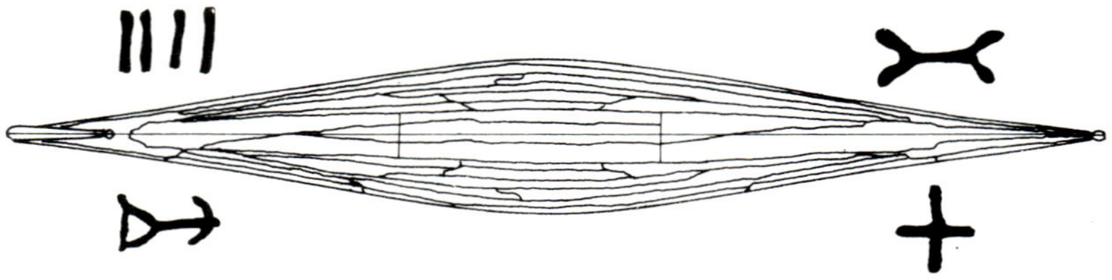

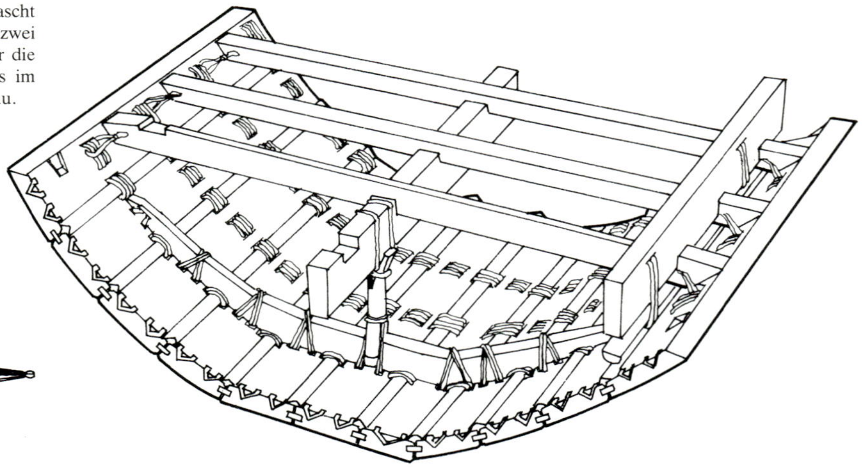

Ein ägyptisches Schiff, das 1954 gefunden wurde, lieferte genauere Informationen über die Bautechnik jener Zeit. Es handelt sich um ein richtiges Schiff, gebaut aus dem Holz der Libanon-Zeder. Die Plankenenden wurden mit eingekerbten Langlaschen verzahnt, sozusagen verdübelt, die Planken selbst mit Hilfe von in gegenüberliegenden Löchern eingepaßten Holzstükken verbunden. Zur Abdichtung der Plankennähte und aus Stabilitätsgründen band man innen auf die Fugen einseitig angerundete Holzstäbe ein, Kiel gab es keinen.

Schiffe ohne einen richtigen Kielbalken waren auch in nordeuropäischen Ländern in Gebrauch. Das Hjortspring-Boot wurde ungefähr 2500 Jahre nach dem oben beschriebenen ägyptischen Schiff gebaut und zu Beginn unseres Jahrhunderts fast unversehrt in Dänemark gefunden. Der Schiffsrumpf besteht aus ungefähr 50 cm breiten und 16 cm dicken Planken. Sie überlappen sich an den Längsseiten und waren mit durch Bohrlöcher laufenden Bastfasern in Form einer Naht miteinander verbunden. Auf dieselbe Weise waren auch die zehn Spanten mit den entsprechenden Sitzbänken befestigt.

Das Björke-Boot, das in Schweden gefunden wurde und ungefähr auf das 1. Jh. n. Chr. zurückreicht, besteht aus einem ausgehöhlten Baumstamm mit zwei Planken, die

an den Seiten mit Eisennägeln befestigt waren. Auch bei diesem Schiff waren die sechs Spanten mit den Planken durch Bastfasern verbunden.

Das berühmte Nydamschiff fand man 1863 in Nordschleswig. Es geht auf die Zeit um 300 n. Chr. zurück und hat ebenfalls keinen Kiel. Dieser wurde durch ein Brett ersetzt, das dicker war als die fünf Planken auf jeder Seite. Die Spanten waren auch hier mit Baststricken eingebunden.

Der Bau von Kielschiffen scheint auf Seeleute des Mittelmeers zurückzugehen, genauer gesagt auf die Bewohner der Ägäis, wo zu jener Zeit die kretisch-mykenische und die phönizische Kultur in der Hochblüte standen. Der Kiel hatte nicht nur die Aufgabe, das Schiff besser lenkbar zu machen und seine Struktur zu verstärken, sondern erleichterte auch das Heraufziehen auf den Strand. Dies wurde praktisch jeden Abend wiederholt, wenn die Dunkelheit eine Weiterfahrt unmöglich machte.

Die archäologischen Reste phönizischer und griechischer Schiffe, die man bisher vom Meeresgrund geborgen hat, geben uns nicht viel Aufschluß über die Konstruktionstechniken jener Zeit. Sehr viel mehr Informationen liefern uns hingegen die Funde römischer Schiffe im Lago di Nemi in der Nähe von Rom. Die Konstruktion ist nun von

modernem Typ: Es gibt einen Kiel, Spanten, Außenbeplankung, Streben, Deckbalken, und das alles wird nicht mehr durch Stricke, sondern durch Eisen- und Kupfernägel zusammengehalten. Das Unterwasserschiff, also der Teil des Schiffes unter der Wasserlinie, ist mit dünnen Bleiplatten verkleidet.

Die Schiffe Ägyptens und das Schiff des Königs Cheops

Die altägyptischen Schiffe sind uns zunächst von den Flachreliefs der Grabmäler und über kleine Modelle bekannt, die als Grabbeigaben dienten. Man darf dabei auch zwei Boote und entsprechende Funde nicht vergessen, die aus der 12. Dynastie (ungefähr 2000 v. Chr.) stammen und die im Grabbezirk von Sakkara gefunden wurden. Zweifellos sollten sie die Toten auf ihrer letzten Reise transportieren. Heute werden sie im Museum in Kairo aufbewahrt.

Im Jahr 1954 entdeckte man ein größeres Schiff, das auch viel besser erhalten war, weil es in einem eigenen Graben zu Füßen der Cheopspyramide lag. Da der Graben 32,5 m lang war, das Schiff aber 43,5 m maß, mußte man es damals zerlegen oder besser in drei Stücke teilen. Der zentrale Teil blieb praktisch unversehrt, während das Vorder-

Das Schiff des Königs Cheops, Gesamtansicht nach einer Rekonstruktion im Museum in Kairo. Die beiden außerordentlich hohen Steven dienen nur der Zierde. Die Riemen sind außerordentlich lang und mit dem Rumpf durch Stroppen aus Pflanzenfasern verbunden.

Ägyptisches Schiff. Flachrelief aus dem Grab des Pharao Sahure (2500 v. Chr.). Das dargestellte Schiff hat einen doppelten Mast, der gerade umgelegt ist. Am Heck befinden sich sechs Steuerruder, drei auf jeder Seite. Das Bild unten zeigt eine Rekonstruktion desselben Schiffes mit Rudern und einem Rahsegel als Fortbewegungsmittel.

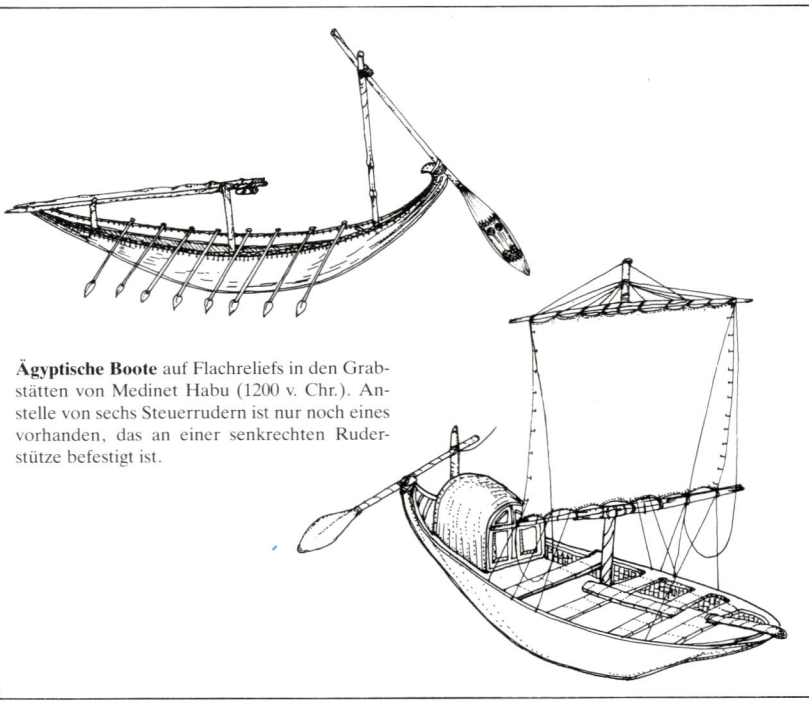

Ägyptische Boote auf Flachreliefs in den Grabstätten von Medinet Habu (1200 v. Chr.). Anstelle von sechs Steuerrudern ist nur noch eines vorhanden, das an einer senkrechten Ruderstütze befestigt ist.

und das Achterschiff in die einzelnen Bestandteile zerlegt waren. Die Grabungsarbeiten und die Holzbehandlung dauerten 14 Jahre, so daß man das Schiff erst 1968 zum erstenmal zusammensetzen konnte. Nachdem es viermal für weitere Überführungen auseinandergenommen und wieder zusammengebaut worden war, befindet es sich seit 1982 in einem eigens gebauten Museum. Es liegt genau über dem Graben, in dem das Schiff 4500 Jahre lang geruht hatte. Der Rumpf besteht aus Planken von Zedernholz, das zu diesem Zweck aus dem Libanon eingeführt wurde. Die Planken sind 13 bis 15 cm dick. Die Löcher für die Verbindungen mit Bastfaserstricken sind so angebracht, daß sie zum größten Teil von außen nicht sichtbar werden. Der Schiffsrumpf besteht aus acht Planken, zwei in der Mitte und sechs an den Seiten (drei auf jeder Seite). Jede der 16 Spanten besteht aus einem einzigen zugeschnittenen Holzstück. 36 Decksbalken tragen die lose aufliegenden Decksplanken. Im hinteren Teil des Mittelschiffes erhebt sich über dem Deck ein Aufbau, der ein Vorzimmer und den königlichen Aufenthaltsraum enthält. Die Vorder- und Achtersteven sind sehr hoch und ähnlich geformt wie bei den Schiffen der Königin Hatschepsut. Es sind weder Masten noch Segel vorhanden, und am Heck befinden sich zwei Steuerruder. Für den Antrieb sorgten ungefähr 8,50 m lange Riemen, fünf auf jeder Seite, insgesamt zehn. Da Ruderbänke und Dollen fehlten und die Riemen nur über Stroppen an Bord befestigt waren, muß man annehmen, daß die Ruderer vor der königlichen Kabine stehend mit dem Gesicht zum Vorschiff ruderten, ähnlich wie es heute noch die Gondolieri in Venedig tun. Selbst wenn wir berücksichtigen, daß das Schiff 5,90 m breit war, so kann man sich doch nur schwer vorstellen, daß ein einzelner Mann derart lange und schwere Riemen zu bewegen vermochte, ohne sich auf eine Bank setzen zu können (als Vergleich dazu nehme man die Daten eines Gondelriemens: Länge 4,10 m, Gewicht 15 kg).
Die Schiffe der Königin Hatschepsut (1500 v. Chr.) hatten hingegen einen Mast mit einem großen viereckigen Segel, das zwischen zwei Rahen, einer oberen und einer unteren, ausgespannt wurde. Dazu kamen dreißig Ruderer, fünfzehn auf jeder Schiffsseite, die mit dem Rücken gegen das Vorschiff arbeiteten. Auch diese Schiffe hatten achtern auf jeder Seite ein Steuerruder. Diese lagen in den am oberen Ende zu Gabeln auslaufenden Ruderstützen und waren in Höhe des Decks beigelascht, also nicht frei beweglich wie beim Schiff des Cheops.
Ein Flachrelief mit der Darstellung der Schiffe des Pharaos Sahure (ungefähr 2500 v. Chr.) zeigt sechs Steuerruder, je drei pro Seite, wobei jedes dieser Ruder von einem Mann bedient wurde, der auf einer besonderen Plattform im Achterschiff stand. Ein Flachrelief im Grab von Ramses III. in Medinet Habu (1200 v. Chr.) stellt Schiffe mit einem einzigen Steuerruder dar. Er ist gelenkig an einer Ruderstütze befestigt und wird mit einer Pinne bewegt. Auch Schiffsmodelle, die als Grabbeigaben dienten, zeigen eine einzige Rudereinrichtung, die an einem senkrechten Pfahl gelenkig befestigt war.

Die Zahl der Steuerruder ging also auf eines zurück, allerdings nur bei den ägyptischen Schiffen und bei den Wikingerschiffen ein Jahrtausend später, denn alle phönizischen, griechischen, römischen und mittelalterlichen Schiffe verfügten noch lange Zeit über zwei Steuerruder zu beiden Seiten des Achterschiffes.

Die Schiffe der Phönizier und der Griechen

Die Phönizier und die Griechen pflegten ihren Toten nicht ganze Schiffe ins Grab beizugeben. Im Unterschied zu den Ägyptern, von denen uns immerhin das ganze Schiff des Königs Cheops erhalten geblieben ist, kennen wir keine vollständigen Schiffsreste aus dieser Zeit. Die Rekonstruktion muß aufgrund von Hypothesen erfolgen. Diese allerdings haben als Grundlage Schiffs- und Schlachtendarstellungen auf Vasen, Münzen und Denkmälern. Diese Abbildungen sind allerdings sehr viel kleiner als zum Beispiel die ägyptischen Flachreliefs von Deir-el-Bahri, auf denen die Schiffe der Königin Hatschepsut dargestellt sind.
Auf dem Boden des Mittelmeers hat man die Reste karthagischer, phönizischer, griechischer und römischer Schiffe mitsamt ihren Ladungen entdeckt. Sie alle waren allerdings in derart schlechtem Zustand, daß es bisher noch nicht möglich war, eines ganz an die Oberfläche zu bringen. In einigen Museen rund ums Mittelmeer werden lediglich Bruchstücke von Schiffen aufbewahrt: im Musée Borély in Marseille ein römisches Frachtschiff aus dem 2. bis 3. Jh. n. Chr.; im Nationalmuseum in Athen ein römisches Frachtschiff des 1. Jh.s v. Chr.; in Nemi zwei (im Original zerstörte) Seeschiffe aus der Zeit von 37 bis 41 n. Chr.; in Albenga ein römisches Frachtschiff des 1. Jh.s v. Chr.; und in Fiumicino Frachtschiffe und ein Boot des 3. bis 4. Jh.s n. Chr.
Bei diesen Museumsstücken handelt es sich nur mehr oder minder gut erhaltene Teile ausschließlich römischer Schiffe aus der Spätzeit, denn sie stammen frühestens aus dem 1. Jh. n. Chr. Für die griechischen, die phönizischen und die karthagischen Schiffe muß man auf die Ikonographie zurückgreifen.
Die bekanntesten und besten Darstellungen phönizischer Schiffe finden wir auf Wandgemälden eines ägyptischen Grabes in Drah-Abou'l-Neggah; sie gehen auf die Zeit um 1500 v. Chr. zurück.
Aus diesen Darstellungen sind natürlich keine Einzelheiten der Konstruktion ersichtlich, doch kann man füglich annehmen, daß es sich um Schiffe ohne Kiel gehandelt haben muß, die ähnlich gebaut waren wie das Schiff des König Cheops. Aus dem Fehlen von Längs- und Querverstrebungen, wie sie etwa die Schiffe des Pharaos Sahure besaßen, kann man auch schließen, daß die Konstruktion viel robuster und daß ein Deck vorhanden war.
Die dargestellten Schiffe sind Handelsfahrzeuge ohne Ruderer, dafür mit einem Mast und einem Rahsegel. Bemerkenswert sind, abgesehen von den beiden Steuerrudern am Heck, die hohen Vorder- und Achtersteven und die Strickleiter, um auf den Mast zu klettern.

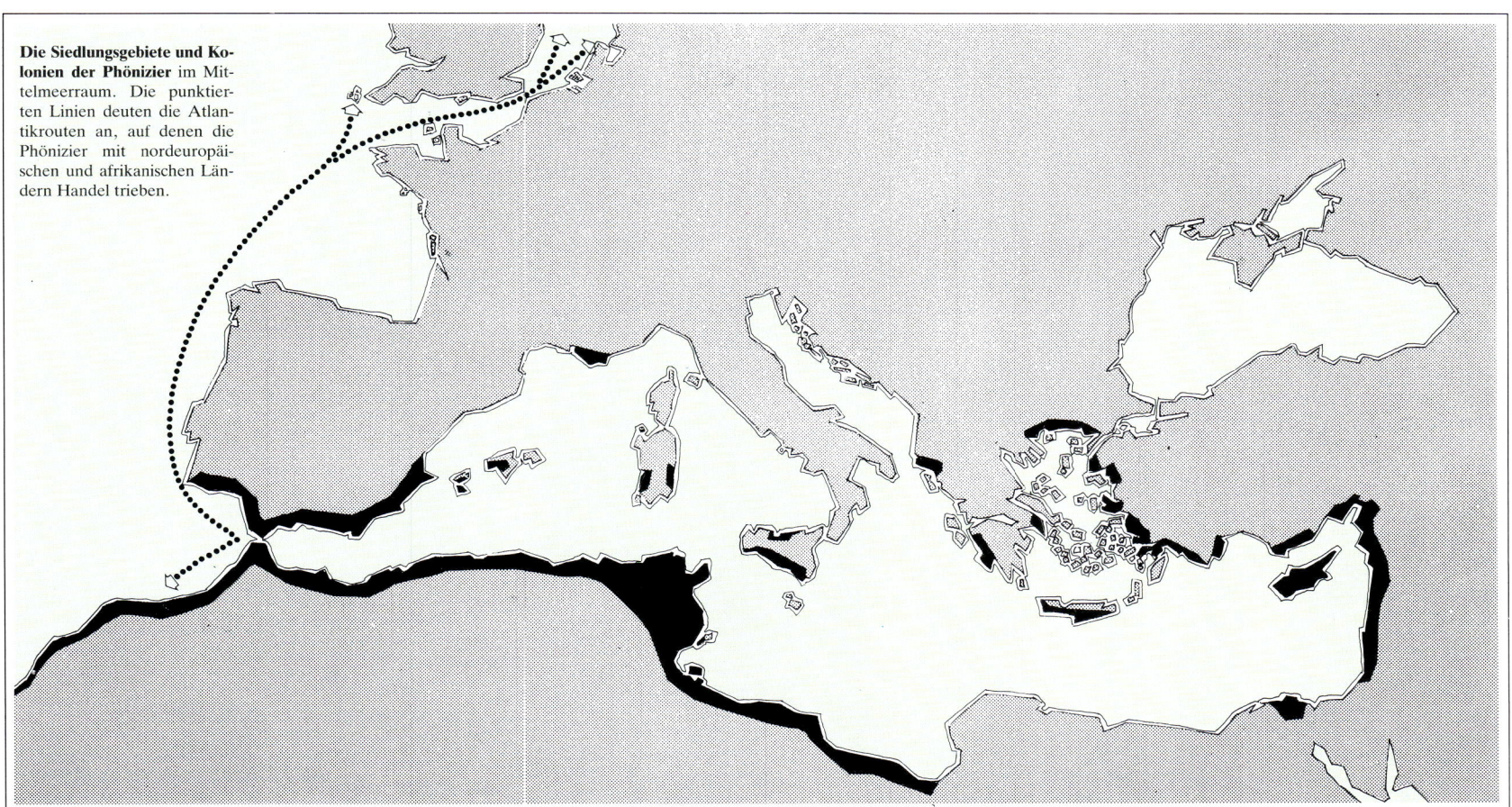

Die Siedlungsgebiete und Kolonien der Phönizier im Mittelmeerraum. Die punktierten Linien deuten die Atlantikrouten an, auf denen die Phönizier mit nordeuropäischen und afrikanischen Ländern Handel trieben.

Phönizisches Handelsschiff. Es gibt keine Ruderplätze, dafür einen zentralen Mast mit einem großen Rahsegel.

Griechisches Handelsschiff auf einer Vasenmalerei. Auch hier sind keine Ruder, sondern nur ein großes Rahsegel vorhanden, von dem der untere Teil zu erkennen ist. Im Bild oben die Rekonstruktion des auf der Vase abgebildeten Schiffes. Man beachte den zentralen Laufgang mit den beiden Handläufen, der sich vom Bug bis zum Heck erstreckt.

13

Die Hauptquelle für unsere Kenntnis von den griechischen Schiffen stellt die Vasenmalerei dar. Ihr kann man entnehmen, daß das griechische Schiff sich vom phönizischen durch die Form des Bugs und des Hecks unterschied. Diese waren stärker gerundet und endeten nicht in senkrechten Steven. Dies bestätigt die Hypothese, daß die Schiffe einen Kiel besaßen, der am einen Ende in einen sehr kräftigen Vordersteven verlängert war und am anderen Ende einen ziemlich leichten Achtersteven bildete. Wahrscheinlich hatten die Schiffe vom Bug bis zum Heck ein durchgehendes Deck, das die Fracht aufnahm. Daher wurde ein Laufgang mit Handläufen notwendig, der es erlaubte, über die Ladung hinweg vom Bug zum Heck zu gelangen. Auch diese Schiffe hatten nur einen Mast mit viereckigem Segel und zwei Steuerruder am Heck.

Die Schiffe der Römer

Abgesehen von den Fundstücken in den Museen, die uns allerdings kaum etwas über das Aussehen und die Segelausrüstung verraten, gibt es eine reiche Vielfalt bildlicher Darstellungen, vor allem von Flachreliefs. Obwohl auf ihnen die Proportionen nicht beachtet wurden, geben sie doch über viele Einzelheiten genauen Aufschluß.

Eines der bekanntesten Flachreliefs befindet sich im Museo Torlonia in Rom und stammt aus den Ausgrabungen der Lagerhäuser des Claudius-Hafens in Ostia und geht auf das 3. Jh. n. Chr. zurück.

Die römischen Schiffe unterscheiden sich von den phönizischen und griechischen durch einen Aufbau im Achterschiff und einer Plattform im Vorschiff, durch das Vorhandensein verschiedener Segel, heute würde man sagen: des Toppsegels oberhalb des Großsegels. Auf dem Vorschiff stand ferner eine schräge Spiere entsprechend dem heutigen Bugspriet, die ein kleines viereckiges Segel trug, das Artemon. Dieses finden wir bei mittelalterlichen Schiffen und bei Galeonen der Neuzeit wieder.

Die Beschreibung eines großen Getreideschiffes aus dem 2. Jh. n. Chr. finden wir beim Autor Lukian. Als Länge gibt er 55 m und als Abstand zwischen Deck und Bilge 13,5 m an.

Auf einem Grabstein in Pompeji ist ein Handelsschiff dargestellt, das sich in einigen Einzelheiten vom Torlonia-Relief unterscheidet: Der Aufbau auf dem Achterschiff enthält offensichtlich Kabinen, und die Plattform achtern trägt ein schützendes Zelt. Ferner tritt am Vorschiff oberhalb des Aufbaus eine weitere Plattform hervor. Der Rumpf war vollständig mit einem Deck versehen und hatte Luken, mit denen man den Laderaum schließen konnte.

Aus beiden Darstellungen geht hervor, daß der Achtersteven in eine Zierfigur ähnlich einem Schwanenhals überging und daß man die beiden Steuerruder mit Hilfe von Flaschenzügen aus dem Wasser heben konnte.

Die Schiffe des Claudius-Hafens

Wer mit dem Auto auf den breiten Zubringerstraßen zum römischen Flughafen Fiumicino fährt, weiß im allgemeinen nicht, daß er sich eigentlich auf einem verlandeten römi-

Römisches Handelsschiff auf dem Flachrelief vom Grab der Naevoleia in Pompeji, auch dieses mit einem großen Rahsegel und zwei Steuerrudern.

schen Hafen befindet. Kaiser Claudius ließ ihn in der Zeit zwischen 42 und 66 n. Chr. in einer bereits bestehenden Bucht am rechten Tiberufer bauen. Weil dieser Hafen zunehmend versandete, begann Kaiser Trajan im Jahr 103 n. Chr. etwas weiter flußaufwärts mit dem Bau eines neuen sechseckigen Hafenbeckens, des Trajan-Hafens. Auch er ist heute verlandet.

Aus unbekannten Gründen sanken beim Eingang zum Claudius-Hafen einige Schiffe und Boote. Sie wurden von Sand und Schlamm zugedeckt und blieben bis 1958 darin verborgen.

Bei den Aushubarbeiten für den Bau des Flughafens Leonardo da Vinci fand man die Reste des Claudius-Hafens sowie einiger mittelmäßig erhaltener Schiffe. Heute werden diese in einem eigenen Museum an Ort und Stelle aufbewahrt.

Die Fundstücke dieses Museums sind: 1. Fischerboot, Länge 5,15 m, Breite 1,55 m; 2. Kleineres Frachtschiff 1ª, Länge 11,50 m, Breite 2,66m; 3. Kleineres Frachtschiff 2ª, Länge 13,50 m, Breite 2,80 m; 4. Bruchstück der Seitenplanken eines sonst nicht näher bestimmten Schiffes; 5. Größeres Frachtschiff 1ª, Länge 21 bis 22 m, Breite 4,80 m; 6. Größeres Frachtschiff 2ª, Länge 24 m, Breite 5,0 m.

Diese Fundstücke haben uns allerdings nicht viel neue Kenntnisse über die Segelausrüstung, die Anordung der Ruderplätze und des Steuerruders gebracht, weil diese völlig fehlten. Dafür erfuhren die Wissenschaftler einiges über die Schiffsbautechnik im 2. und 3. Jh. n. Chr. Die Handwerker verwendeten schon damals Bearbeitungs- und Verbindungsverfahren, die noch heute in Gebrauch sind. Im Unterschied zu den allerdings um 2000 Jahre älteren ägyptischen Schiffen und zu den zeitgenössischen nordeuropäischen Schiffen verbanden sie Spanten und Planken nicht mit Laschings aus Pflanzenfasern, sondern mit Eisen- und Kupfernägeln oder mit Zapfen aus Hartholz, die in entsprechende Bohrungen paßten.

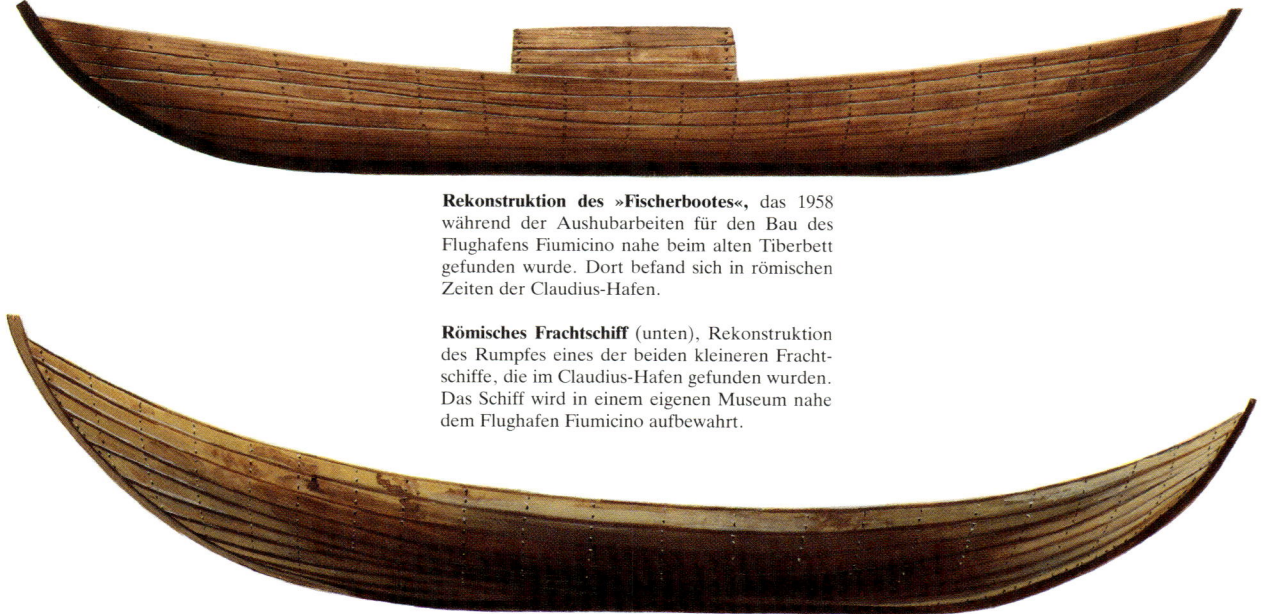

Rekonstruktion des »Fischerbootes«, das 1958 während der Aushubarbeiten für den Bau des Flughafens Fiumicino nahe beim alten Tiberbett gefunden wurde. Dort befand sich in römischen Zeiten der Claudius-Hafen.

Römisches Frachtschiff (unten), Rekonstruktion des Rumpfes eines der beiden kleineren Frachtschiffe, die im Claudius-Hafen gefunden wurden. Das Schiff wird in einem eigenen Museum nahe dem Flughafen Fiumicino aufbewahrt.

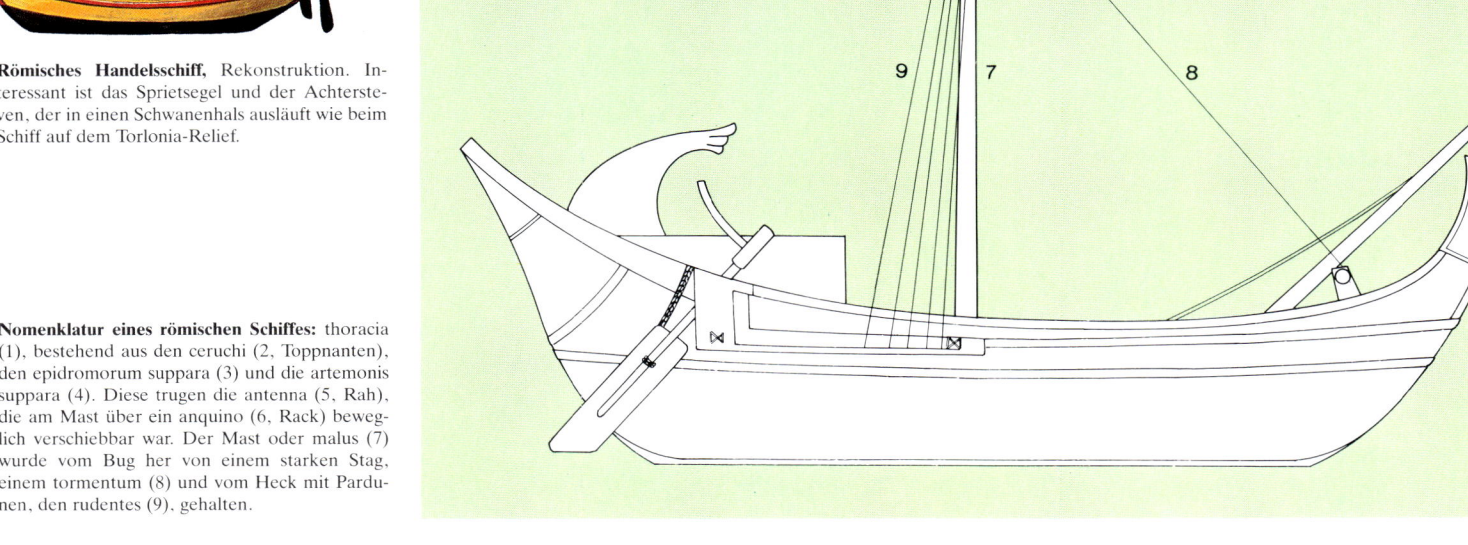

Das Flachrelief im Museo Torlonia in Rom, gefunden 1863 bei Ausgrabungen des ehemaligen Claudius-Hafens in Ostia, datiert auf das 3. Jh. n. Chr. Es sind darauf römische Handelsschiffe dargestellt. Man beachte den zentralen Mast mit Rahsegel, das schräge Bugspriet mit dem Sprietsegel, die beiden Steuerruder und die schwanenhalsförmige Verzierung.

Römisches Handelsschiff, Rekonstruktion. Interessant ist das Sprietsegel und der Achtersteven, der in einen Schwanenhals ausläuft wie beim Schiff auf dem Torlonia-Relief.

Nomenklatur eines römischen Schiffes: thoracia (1), bestehend aus den ceruchi (2, Toppnanten), den epidromorum suppara (3) und die artemonis suppara (4). Diese trugen die antenna (5, Rah), die am Mast über ein anquino (6, Rack) beweglich verschiebbar war. Der Mast oder malus (7) wurde vom Bug her von einem starken Stag, einem tormentum (8) und vom Heck mit Pardunen, den rudentes (9), gehalten.

Die Schiffe von Nemi

Welchen Grad der Perfektion die Konstruktionstechnik der Römer erreichte, zeigen uns in den Einzelheiten die beiden Schiffe von Nemi, die in den Jahren 1930 bis 1931 ans Licht kamen – nach vierjähriger Arbeit, bei der das Wasser des Sees um ungefähr 21 m abgesenkt werden mußte.

Diese Schiffe sind viel größer als die »großen Frachtschiffe« des Claudius-Hafens, aber auch sie gaben keinen Hinweis darauf, wie die Ruderer saßen und wie die Segelausrüstung aussah, wobei durchaus möglich ist, daß sie gar keine hatten. Diese Schiffe mußten keine großen Fahrten unternehmen, sondern sich nur im stillen Gewässer dieses winzig kleinen Sees bewegen. Deswegen hatten sie sogar gemauerte Aufbauten, und das Deck war von Marmorplatten überzogen. Die Schotten trugen einen Überzug aus Glaspaste, ein unbekanntes, damals und auch in späterer Zeit nie wieder verwendetes Material. Der gemauerte Aufbau des größeren Schiffes trug ein Dach aus vergoldeten Kupferziegeln.

Diese Schiffe wurden fast sicher in den ersten Jahrhunderten n. Chr. ihres wertvollen Schmucks beraubt. Dann führte das Gewicht der gemauerten Aufbauten und die mangelnde Pflege dazu, daß das Deck einbrach. Außerdem entnahmen die Bewohner der Gegend alle noch irgendwie wiederverwendbaren Materialien. Schließlich gingen die Schiffe unter. Man weiß, daß in den Jahren 1446 bis 1447 der Architekt Leon Battista Alberti im Auftrag des Kardinals Prospero Colonna die Bergung der Schiffe versuchte. Einen weiteren solchen Versuch führte Francesco Marchi 1535 durch. Die größten Schäden richtete – wohlbemerkt mit der Erlaubnis des Ministers für öffentliches Unterrichtswesen! – der römische Antiquar Eliseo Borghi an, der die Wracks von Tauchern nach wertvollen Gegenständen absuchen ließ. Sie brachten Bronzen, Stücke von Marmorfliesen und Holzbalken an die Oberfläche. Ein Teil dieser Materialien wird im Nationalmuseum in Rom aufbewahrt, ein anderer, wahrscheinlich wertvollerer Teil wurde verkauft und in alle Welt verstreut.

Die Schiffe von Nemi hatten keinen Kiel und waren in der Struktur deswegen eher Pontons; mit Seeschiffen sind sie kaum vergleichbar. Dennoch waren die Rümpfe mit denselben Techniken wie für fahrtüchtige Schiffe gebaut. Wegen der großen Rumpflänge besaßen sie kräftige Kielbalken, sehr zahlreiche Verstrebungen in kurzem Abstand hintereinander, Holme auf dem Schiffsboden, Streben und Decksbalken. Unter anderem wurde ein Teil des Hecks mit einem der beiden Steuerruder intakt geborgen. Bemerkenswert ist auch einer der beiden Anker mit einem 4 m langen Schaft und einem beweglichen Stock, der in einer Bohrung des Schaftes eingefügt war, ähnlich wie bei den Admiralitätsankern, die 1851 in England patentiert wurden.

Die Schiffe von Nemi existieren nicht mehr, denn deutsche Truppen zündeten das Museum, in dem sie aufbewahrt wurden, 1944 vor ihrem Rückzug an. Heute sind in diesem Museum nur verkleinerte Modelle zu sehen, allerdings originalgetreue Kopien.

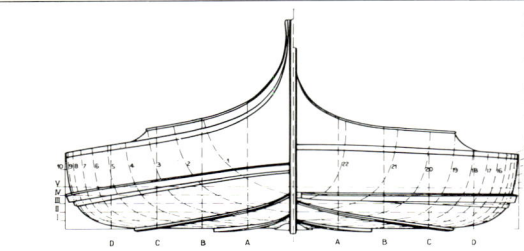

Das erste Nemi-Schiff. Bugansicht der Steuerbordseite (links) und Heckansicht der Steuerbordseite (rechts) einer Rekonstruktion, allerdings ohne die ornamentalen Aufbauten. Auffällig sind die große Breite und der geringe Tiefgang.

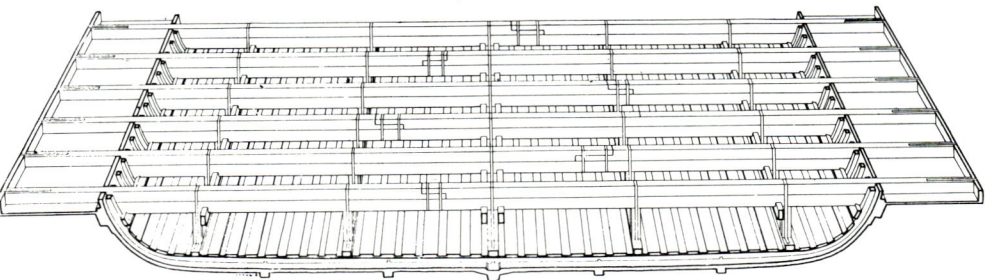

Konstruktive Einzelheiten des Schiffbodens.

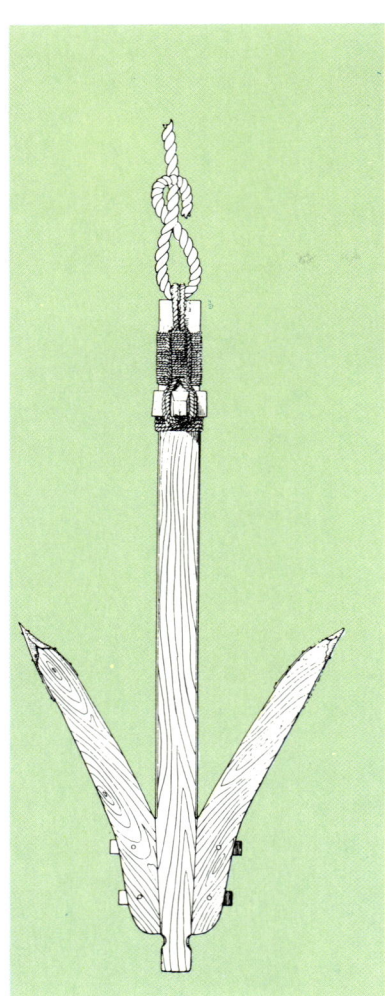

Holzanker mit beweglichem Stock aus Blei, entdeckt am 28. Oktober 1930 und zusammen mit den Schiffen geborgen.

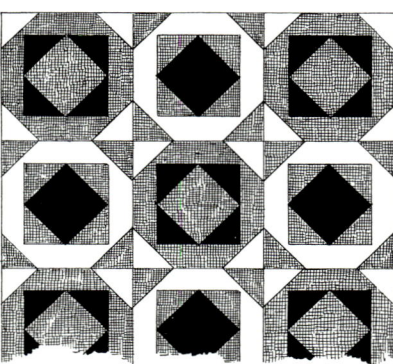

Majolikafliesen mit Mosaikmuster waren auf dem Deck des ersten Schiffes befestigt.

Das obere Schaftende des linken Steuerruders des ersten Schiffes von Nemi trug einen bronzenen Abschluß mit einem Löwenkopf.

Oberer Abschluß einer senkrechten Relingstütze mit einer doppelgesichtigen Büste, auf der einen Seite ein Silen, auf der anderen ein Satyr.

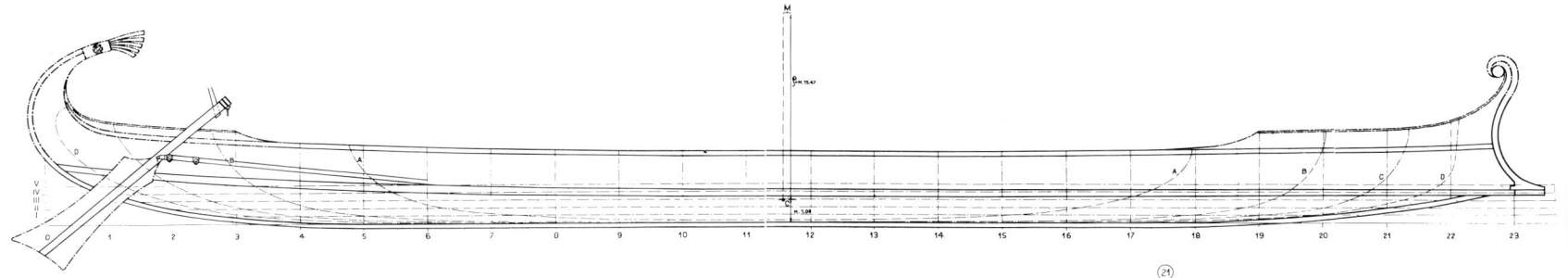

Die Nemi-Schiffe. Zeichnungen der Rümpfe der beiden Schiffe von Nemi mit Angabe der Fundstellen verschiedener Gegenstände an Bord und in der Umgebung der Schiffe.

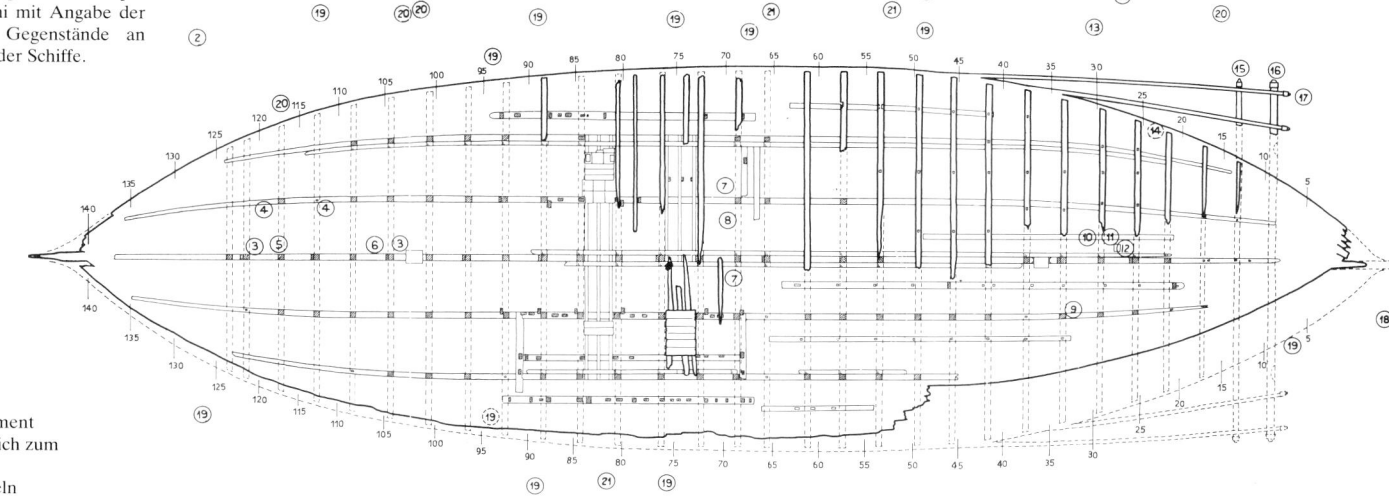

ERSTES SCHIFF

1 Vordersteven
2 Halbrunde Bronzetafel
3 Bronzekugeln
4 Zylindrisches Bronzefragment
5 Hölzerne Winde, vermutlich zum Aufrichten des Mastes.
6 Plattform mit Bronzekugeln
7 Wasserröhren aus Blei
8 Wasserhahn aus Bronze
9 Luken-Zugang zu den Bilgen
10 Holzrad mit Kurbel (Eimerwerk)
11 Eimerwerk
12 Pumpe
13 Marmorschwelle
14 Ruderpinne mit Bronzekalotte

15 Kästchen aus Bronze mit Leopardenkopf
16 Kästchen aus Bronze mit Löwenkopf
17 Kästchen aus Bronze mit Wolfskopf
18 Kästchen aus Bronze mit Wolfskopf
19 Relingstützen aus Bronze
20 Querbalken

ZWEITES SCHIFF

1 Eimerwerk
2 Kolben der Pumpe
3 Säulen aus roter Brekzie
4 Kästchen aus Bronze mit reliefartigem Vorderarm
5 Holzzirkel des Schiffsbaues

6 Basis einer attischen Marmorsäule
7 Rad des Ankerblocks
8 Irdene Schmuckfliesen
9 Ankerblock
10 Holzrad mit Kurbel (Eimerwerk)

11 Kästchen aus Bronze mit reliefartigem Vorderarm
12 Relingstützen aus Bronze
13 Querbalken
14 Ziegel aus vergoldetem Kupfer

Die Schiffe
des Mittelalters

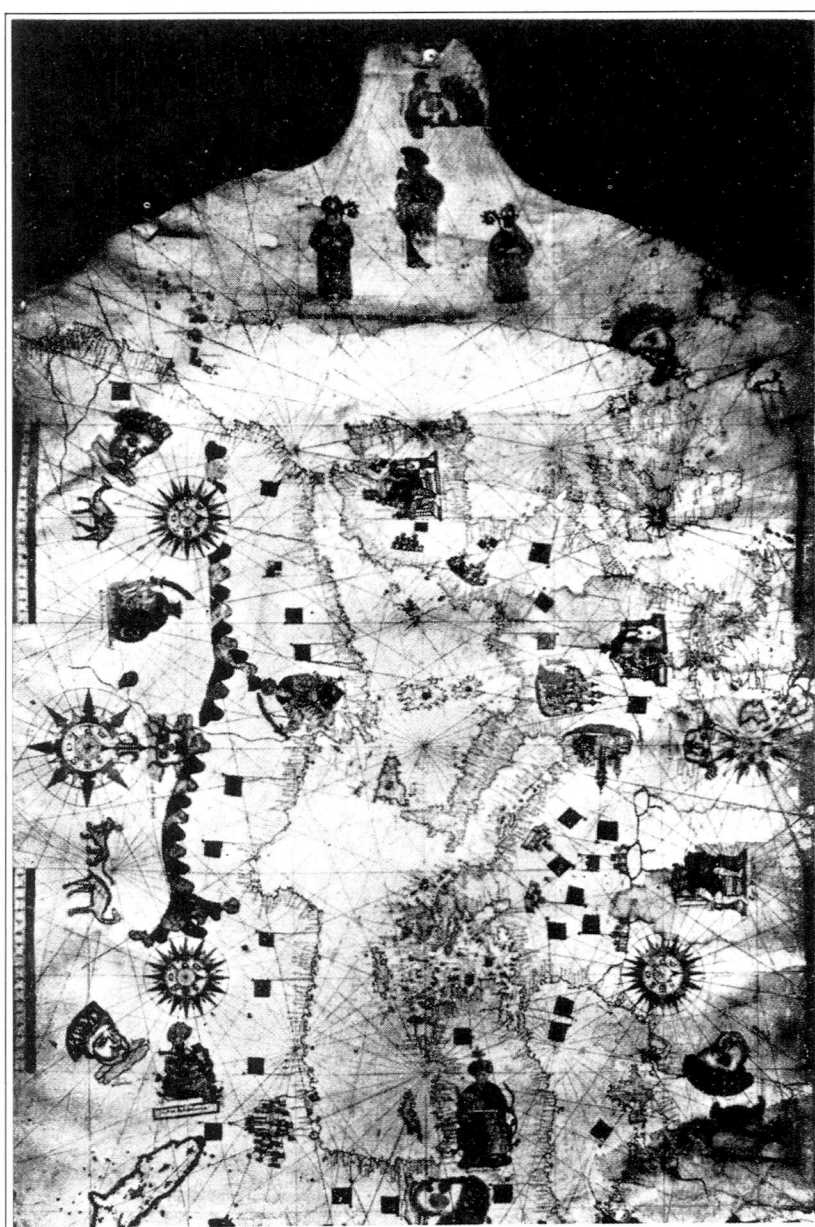

Seekarte des Banet-Parades von Mallorca aus dem 16. Jh. Man beachte die Kompaßrosen und das von ihnen ausgehende Netz von Geraden. Oben im Bild sind die Muttergottes und zwei Heilige dargestellt, die mit der Karte direkt nichts zu tun haben (Bologna, Osservatorio astronomico).

Im Mittelalter, das ungefähr ein Jahrtausend dauerte, fand eine beträchtliche Weiterentwicklung des Schiffbaues und der entsprechenden Antriebstechnik statt, aber auch der Kartographie und der Navigationswissenschaft. Zu Beginn dieses Zeitalters sahen die Schiffe noch recht einfach aus, ähnlich wie jene, die Archäologen in nordischen Ländern gefunden haben. Der Antrieb erfolgte zunächst noch mit Riemen. Dann treten weiterentwickelte Typen auf wie die Não (Karracke) und die Karavelle, mit denen die portugiesischen und spanischen Seefahrer die Ozeane außerhalb des Mittelmeeres erforschten. Mit solchen Schiffen entdeckte Christoph Kolumbus die Neue Welt, obwohl er von falschen geographischen Voraussetzungen ausging.

Die Geschichte der Kriegs- und der Handelsschiffe dieser Zeit verläuft zueinander parallel, da es keinen deutlichen Unterschied gibt wie etwa zwischen den griechischen und römischen Biremen und Triremen einerseits, den sogenannten »langen Schiffen«, und den mit Segeln bestückten Handelsschiffen der gleichen Zeit, den sogenannten »naves tondae«, den »runden Schiffen«. Als man in den nordeuropäischen Ländern auch bei den für den Kampf gedachten Schiffen zum Segelantrieb überging, führte dies zu einer Vereinheitlichung der Rumpfstruktur und der Segelausrüstung der Kriegs- wie der Handelsschiffe. Die Parallelen reichten bis zur Bewaffnung, denn Handelsschiffe jener Zeit mußten sich auch gegenüber Piraten verteidigen können.

In diese Zeit fällt auch die Entwicklung eines einzigen Steuerruders am Heck, anstelle der bisher üblichen zwei Ruder sowie einer verbesserten Handhabung der Segel.

**Die Kunst der Navigation
und die Kartographie**

Vom 5. bis zum 13. nachchristlichen Jahrhundert entwickelte sich die Kunst der Navigation im Mittelmeer immer weiter, führte aber keine revolutionären Neuerungen ein wie etwa den Kompaß, der um 1300 aufkam. Nach dem Fall des Weströmischen Reiches verschob sich der Schwerpunkt der griechisch-römischen Kultur nach Ostrom, während im westlichen Mittelmeer die Araber die kulturelle Führungsrolle übernahmen. Sie wurden zum kultivierten Volk mit einer hochentwickelten Zivilisation. Vor allem pflegten die Araber die verschiedenen Wissenschaften. In den drei Jahrhunderten nach dem Einzug Mohammeds in Medina im Jahr 622 stellten die Araber eine Weltmacht dar, die sich über ganz Nordafrika und Spanien erstreckte. Die Iberische Halbinsel wurde 711 von Tarik Ibn Sijad erobert. Das arabische Spanien war im Mittelalter bis zum 13. Jh. das am weitesten fortgeschrittene Kulturzentrum des Mittelmeergebietes.

Es waren die spanischen Araber, welche die Astronomie in der Navigation als erste wissenschaftlich verwendeten. Sie konnten damit die Breite eines Ortes oder dessen Winkelabstand vom Äquator berechnen. Dabei vewendeten sie die Höhe des Polarsterns über dem Horizont. In jener Zeit war für solche Aufgaben die Isba in Gebrauch, d. h. die Hand. Man visierte sie über den ausgestreckten Arm an und berechnete einen Bogen von 1 Grad 30 Minuten für jeden Finger.

Wiederum arabischen Ursprungs war das erste Instrument, das die Hand ersetzte: die Kemal, die aus einem Holzbrettchen bestand. Man visierte über das obere Ende das Gestirn an, während das untere Ende eine Linie mit dem Horizont bildete. Mit einer Schnur, die am Holzbrettchen befestigt war, maß man dessen Abstand vom Auge und erhielt damit die Höhe des Gestirns über dem Horizont, woraus man wiederum die Breite berechnen konnte. Dazu brauchte man allerdings größere astronomische und geographische Kenntnisse. Die Verwendung von Graden bei der Winkelmessung geht auf Eratosthenes von Kyrene (etwa 275–195 v. Chr.) zurück, und die ersten Grundlagen einer astronomischen Geographie legte Ptolemäus von Alexandrien (2. Jh. n. Chr.). Auch Marinos von Tyros wandte auf seinen Tafeln bereits ein System geographischer Koordinaten an, das man mit den heutigen Längen und Breiten vergleichen kann.

Ein astronomisches Gerät, das die Araber schon seit dem 9. Jh. kannten, war das Astrolabium, mit dem man die Winkelhöhe eines Gestirns messen kann. Dieses Instrument wurde auch noch im 17. Jh. für die Navigation verwendet; es war jedoch schwer, und man brauchte einen Gehilfen, der es während der Messung festhielt; erschwerend kamen die Schwankungen des Schiffes hinzu.

In der Zeit von 1300 bis 1350 kam der – schon in der Antike bekannte – Jakobstab in Gebrauch. Er war viel leichter zu handhaben als das Astrolabium und viel genauer als die Kemal, beruhte jedoch auf dem gleichen Prinzip wie diese. Man visierte über das obere Ende von Querlatten das Gestirn, über das untere Ende hingegen den Horizont an. Den Abstand dieser verschiebbaren Querlatten maß man nicht mehr mit einer Schnur, sondern an einem Lineal mit Gradeinteilung.

Zu einer völlig neuen Entwicklung der Navigationskunst führte der Kompaß. Die Tradition will, daß der Amalfitaner Flavio Gioia ihn erfunden haben soll. Tatsächlich wurde er zum erstenmal von Giglio Gregorio Giraldi in seinem Werk »De re nautica« aus dem Jahr 1540 erwähnt.

Die Magnetnadel sollen allerdings schon die Chinesen vom 2. Jh. v. Chr. an gekannt haben, doch erzählt Marco Polo in seinem Reisebericht nichts davon. Mit Sicherheit war sie allerdings schon im Jahr 1187 in Gebrauch, denn davon hat uns der Mönch Alexander Neckam schriftliches Zeugnis hinterlassen.

Merkwürdigerweise wurde die Magnetnadel zu Beginn nur als Behelfsmittel gebraucht, nämlich wenn es nicht gelang, sich an Hand der Sonne und der Sterne zu orientieren. Als Leitstern hatten die europäischen Seefahrer den Polarstern, den sie auch Stella maris nannten.

Vincent de Beauvais berichtet uns in einer Schrift aus dem Jahr 1240, daß die Seeleute eine Nadel an einem Magnetstein gerieben hätten. Dann steckten sie diese in einen Strohhalm und ließen beides in einem wassergefüllten Becken treiben. Durch Bewegung des Magnetsteins ließ man die Nadel sodann im Becken kreisen und entfernte den Magneten. Wenn die Nadel zur Ruhe kam, zeigte der Gegenpol nach Norden. Wahrscheinlich waren es amalfitanische Seeleute, welche diesen Kompaß aus Nadel und Strohhalm verbesserten. Möglicherweise nahmen sie schon eine Kompaßrose, die an einem Stift drehbar gelagert war und die auf einer tragenden Flüssigkeit ruhte. Vielleicht verschlossen sie das Gefäß mit der Kompaßrose bereits in einem Glas und steckten alles in einen Behälter, den sie Bossola nannten. Davon leitet sich das neulateinische Wort bussola und unsere Bezeichnung Bussole her, während das deutsche »Kompaß« und verwandte Begriffe aus der englischen und französischen Sprache einen ganz anderen Ursprung haben.

In einem Bericht über eine Reise ins Heilige Land, die der deutsche Mönch Felix Fabri 1483 unternahm, wird ein Kompaß in einem Kompaß-Häuschen und einer Lampe beschrieben. Damit konnte man die Richtung auch nachts von der Kompaßrose ablesen. Diese war drehbar um einen Stift gelagert (Trockenkompaß).

Kehren wir in eine frühere Zeit zurück, ins 9. und 10. Jh. Um 750 bis 800 erreichten die Wikinger Island, und zwischen 960 und 1000 gelangten sie nach Grönland. Es ist sehr wahrscheinlich, wenn auch in streng historischem Sinne nicht dokumentiert, daß sie auch die Küsten Nordamerikas erreichten, etwa 500 Jahre bevor Christoph Kolumbus in Mittelamerika landete. Die Seereise von Norwegen nach Grönland führte mehr als 1500 sm über das offene Meer. Der Wetterbedingungen wegen blieb man allerdings bis Island in Sichtweite der Insel Fair, der Orkney-, der Shetland- und der Färöer-Inseln. Den Kompaß kannten die Wikinger nicht. Aber Traditionen um das Flateyjarbok, ein nautisches Kompendium, berichten übereinstimmend, sie hätten den »Sonnenstein« besessen, mitdem sie sich auch ohne Sonne

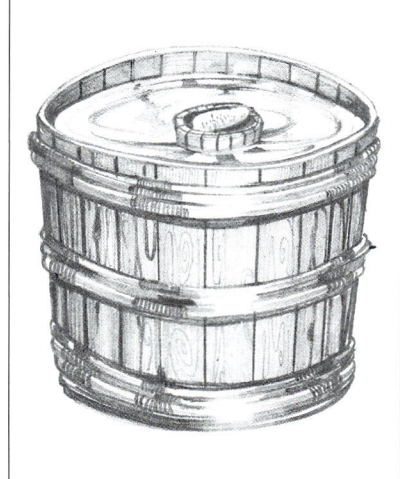

Primitiver Kompaß, bestehend aus einem Wassereimer. Darin treibt eine Nadel, die zuvor an einem Magnetstein gerieben wurde.

und Mond hätten orientieren können. Der dänische Forscher Thorkild Ramskon ist der Ansicht, es handle sich bei diesem Stein um Cordierit, ein meist körniges Mineral, dessen Kristalle je nach dem Auftreffwinkel des Lichts ihre Farbe verändern.

Nautische Kartographie, Seekarten

Die nautische Kartographie machte vor allem bei den Arabern große Fortschritte. Eine der ältesten bekannten arabischen Darstellungen der Erde ist allerdings keine Seekarte, sondern die Weltkarte des Al-Idrisi, die 1145 im Auftrag des nomannischen Königs von Sizilien, Roger II., angefertigt wurde. Das silberne Original dieser Weltkarte ging verloren, doch haben sich glücklicherweise Kopien erhalten. Zwei

Arabische Geographen und Astronomen mit verschiedenen Instrumenten zur Himmelsbeobachtung in einer Darstellung aus dem 14. Jh.

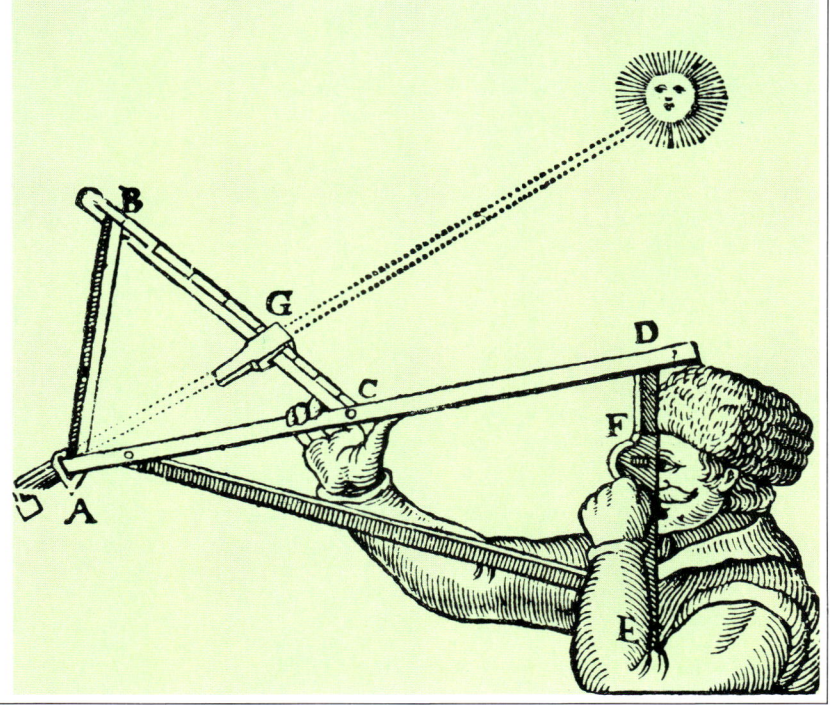

Der Jakobstab. Mit ihm wurde die Höhe der Sonne gemessen. Man verschob den Querstab so lange, bis man über dessen Enden die Sonne und den Horizont anvisieren konnte. Auf dem Längsstab ließ sich dann die Höhe ablesen. Um nicht direkt in die Sonne blicken zu müssen, konnte man den Jakobstab auch auf andere Weise einsetzen (rechts), indem man nicht die Sonne, sondern Schatten anvisierte, den das obere Ende des Querstabes auf ein kleines Täfelchen am Ende des Längsstabes warf. Gleichzeitig visierte der Seefahrer den Horizont über das untere Ende des Längsstabes an. Da man mit diesem System zwei Punkte auf derselben Höhe und nicht zwei weit entfernte Punkte anvisierte, konnte man damit die Höhe der Sonne genauer bestimmen.

Der Davisquadrant stellte im Vergleich zum Jakobstab eine wesentliche Verbesserung dar. Man visierte damit einen Lichtstrahl von der Sonne an, der durch die Bohrung eines Zylinders auf ein kleines Täfelchen fiel. Gleichzeitig visierte man auch den Horizont an. Die Höhe des Gestirns wurde auf dem Stab BC abgelesen.

Die florentinische Weltkarte von Fra Mauro von 1490. Die damaligen Geographen schmückten die Darstellungen der Meere und Kontinente mit Inschriften, Zeichnungen und anderen Ornamenten. Die geographischen Koordinaten, die für die Schiffahrt sehr wichtig waren, wurden hingegen nicht hervorgehoben.

der Höhe dieses Sterns festlegen läßt. Im Jahr 1485 rief König Johannes (João) II. von Portugal eigens eine Kommission ein, die dieses Problem lösen sollte. Man berechnete dazu Tafeln der Winkelabstände von der Sonne zum Himmelsäquator für jeden Tag des Jahres (Deklination), welche die Möglichkeit boten, die Breite auch auf der Südhalbkugel zu bestimmen.

Trotz des enormen Fortschritts der nautisch ausgerichteten Astronomie im Hinblick auf die Bestimmung des Breitengrades und trotz der Einführung des Kompasses zur Orientierung beruhte auch im 15. Jh. die Navigation auf der Orientierung an Hand von Sternen, wie aus einem arabischen Text des Astronomen Suleiman Mahri aus dem 15. Jh. hervorgeht.

Christoph Kolumbus führte auf seiner Entdeckungsreise den Kompaß zur Beibehaltung der Richtung mit sich und kannte die astronomischen Methoden, um die eigene Breite zu berechnen. Die Länge konnte er allerdings nicht bestimmen. Er mußte sie auf Grund des zurückgelegten Weges schätzen. Die Geschwindigkeit des Schiffes wurde damals mit einem primitiven Log gemessen. Zur Bestimmung der Abtrift verwendete man den Winkel, den ein nachgeschlepptes Tau mit der Bewegungsrichtung bildete. Vor allem fehlten Kolumbus aber die Seekarten, die ihm hätten sagen können, wie viele Tage und wie viele Seemeilen er zurücklegen mußte. Er konnte sich nur auf die Florentiner Weltkarte von Fra Mauro aus dem Jahr 1459 stützen, die allerdings bei den noch nicht erforschten Gebieten große Ungenauigkeiten zeigte.

Die Karten dieser Zeit waren ohne geographisches Referenzsystem gezeichnet. Sie waren ungenau in der Darstellung der Küste und ganzer Kontinente. Wenn man allerdings die Bausteine in Betracht zieht, die den damaligen Kartographen zur Verfügung standen, so muß man eigentlich diese Karten als Meisterwerke an Genauigkeit bezeichnen. Man darf auch nicht vergessen, daß sie durch dauerndes Abzeichnen vervielfältigt wurden. Dabei wurde die Küstenlinie durch die Dicke des Pergaments und durch kleine Ungenauigkeiten des Kopisten immer weniger exakt. Was die Segelhandbücher anbelangt, so konnten die Wikinger auf die Überlieferungen irischer Mönche und die Aufzeichnungen des Dicuil zurückgreifen. Im Hochmittelalter kam das Landnamabok hinzu. Es enthielt eine Sammlung von Instruktionen für die Schiffahrtswege Norwegens, Großbritanniens, Irlands und für die weit entfernten Inseln Island und Grönland.

Außerhalb von Europa verfügten auch die Chinesen über Seehandbücher und Periploi. Wir kennen vor allem jenes von Kia-Tan (730–805), das Angaben liefert über den Schiffahrtsweg von Kanton bis zu den Häfen Indiens. Als Besonderheit verzeichneten diese Segelhandbücher unter den Gefahren der Schiffahrt auch die Piraten; sie gaben an, in welchen Gewässern sie am ehesten zu erwarten waren.

Unter den bekanntesten italienischen Segelhandbüchern sei an jenes erinnert, das ins 14. Jh. zurückreicht und das in der Bibliotheca Marciana aufbewahrt wird. Als eines der ersten verzeichnet es die Schiffahrtswe-

Jahrhunderte jünger ist der katalanische Atlas des Abraham Chresques von der Schule von Palma de Mallorca. Sie wird auf das Jahr 1375 datiert.

In Italien entwickelte sich die nautische Kartographie in den Seerepubliken. Am Anfang stehen die pisanische Weltkarte von 1292 und die Karten der Genueser Angelino Dalorto und Pietro Vesconte aus dem beginnenden 14. Jh. Ein Jahrhundert später, um 1420, gründete Prinz Heinrich der Seefahrer (1394–1460) im portugiesischen Ort Sagres eine Seefahrerschule, in der er die besten Kartographen, Geographen und Astronomen seiner Zeit berief.

Die Seekarten in der Periode von 1200 bis 1400 sind im allgemeinen auf Pergament gezeichnet und künstlerisch koloriert. Sie beschränken sich darauf, die Küstenlinien darzustellen und die Namen der verschiedenen Örtlichkeiten zu verzeichnen. Ein ge-

meinsames Merkmal dieser Karten ist das Vorhandensein zahlreicher verstreuter Kompaßrosen. Von diesen gehen in alle Richtungen viele Linien aus, die am Ende ein vielfarbiges Netzwerk bilden. Dieses war nützlich für die Navigation mit Hilfe des Kompasses. Der Seefahrer schlug – natürlich bei Hochseenavigation – auf seiner Reise von einem Hafen zum anderen die von der Karte vorgeschriebene Richtung ein und hielt sie so viele Tage oder Seemeilen weit bei, wie der Periplus oder das Segelhandbuch angab.

Die Astronomen, die sich mit Navigation beschäftigten, stellten Tafeln zusammen, auf denen die mittlere Meridianhöhe der Sonne in den verschiedenen Tagen des Jahresverlaufs verzeichnet waren. Aus dem Meßwert dieser Höhe konnte man die geographische Breite des eigenen Standortes berechnen. Eine der ältesten dieser Tafeln,

die dem Isländer Star Oddi zugeschrieben und ins 10. Jh. datiert wird, wurde von den Wikingern verwendet. Im Mittelmeer hingegen waren die Toledischen Tafeln und die Alfonsinischen Tafeln in Gebrauch, die von spanischen Arabern im 11. Jh. berechnet worden waren.

Die Höhenbestimmung der Sonne oder bestimmter Sterne an unterschiedlichen Standorten erlaubte es den Geographen und den Kartenzeichnern, diese Orte in der richtigen Breite einzutragen. Was die Länge anbelangt, so schätzte man diese auf Grund von Erfahrungswerten über Entfernungen, die auf dem Wasser oder zu Lande zurückgelegt wurden.

1471 gelangten portugiesische Seeleute längs der Küste Afrikas über den Äquator hinaus, wo der Polarstern nicht mehr zu sehen ist und wo sich die geographische Breite nicht mehr durch die Bestimmung

ge von einem Ort zum andern mit Hilfe von ganzen und halben Kompaß-Strichen. Das liefert uns den Beweis, daß dieses Instrument damals als Hilfsmittel für die Navigation schon anerkannt war.

Bau und Ausrüstung der Schiffe

Der Schiffbau hatte bereits in der Antike einen beträchtlichen Grad der Vollkommenheit erreicht, wie es uns bereits zur Genüge die beiden über 70 m langen Schiffe von Nemi zeigen. Ihr Bau verlangte im Hinblick auf die Längssteifigkeit erhebliche konstruktive Fähigkeiten, die bei den Ägyptern mit ihren kiellosen Schiffen z. B. noch nicht so weit entwickelt waren.

Im klassischen Altertum erreichten die Quinqueremen und die Deceremen und andere große Kriegsschiffe eine Länge von 50–60 m. Sie taten ihren Dienst in der römischen Flotte bis zur Schlacht von Actium (32 v. Chr.). In der byzantinischen Epoche wurden diese Größenordnungen nicht mehr erreicht, denn die Triakonteren und die Pentakonteren waren damals ungefähr 30 m lang.

Im Mittelalter hatten die Dromonen und Selander ungefähr 50 m Länge, und auch die größten Galeeren des 16. Jh.s überschritten dieses Maß nicht. Deutlich kürzer waren die Koggen und die übrigen Handelsschiffe: Man denke daran, daß die Karracke »Santa Maria«, das größte Schiff von Kolumbus, ungefähr 30 m lang war.

Im Schiffsbau brachten die Jahre zwischen 476 und 1492 keine Entwicklung, die von besonderem technischen Interesse wäre. Die Rümpfe hatten nunmehr alle einen kräftigen Kiel. Er bestand aus mehreren Balken, die an der Stirnseite untereinander mit Laschungen und gleichzeitig mit dem kräftigen Vorder- und Achtersteven verbunden waren. Für die Querfestigkeit sorgten eine Reihe von Spanten, bestehend aus je zwei ähnlich zugeschnittenen und im oberen Teil miteinander verbundenen Stücken; ferner kamen dazu das Dollbord und senkrecht dazu die Deckbalken. Die Längsfestigkeit wurde, abgesehen vom Kiel und eventuellen Längsholmen, auch von der Außenbeplankung der Decks und der Bordwand sowie der weiteren örtlichen konstruktiven Verstärkungen gewährleistet, wie etwa durch Stringer und Verschanzung. Bis ungefähr 1300 waren Bug und Heck bei Schiffen aus dem Mittelmeer ähnlich geformt, weil man auch noch zwei Steuerruder verwendete. Aber in der ersten Hälfte des 14. Jh.s übernahm man besonders unter dem Einfluß des nordeuropäischen Schiffbaus das einzige Steuerruder am Heck. Das geht aus Darstellungen von Schiffen hervor, z. B. aus Graffiti in der Kirche von Fide in Schweden, die auf den Anfang des 13. Jh.s zurückgehen, und aus den Siegeln der Hansestadt Elbing (1350), der englischen Stadt Ipswich und der niederländischen Stadt Harderwijk, die ganz klar ein Steuerruder am Heck zeigen. Die Verwendung eines einzigen Steuerruders gelangte zu Beginn des 13. Jh.s ins Mittelmeer, wurde aber nicht sofort auf den Galeeren übernommen, denn diese hatten noch im 12. bis ins 14. Jh. hinein zwei Steuerruder.

Ein Thema für sich bildet im 10. und 11. Jh.

die Schiffsbautechnik der skandinavischen Länder . Ähnlich wie in Ägypten fand man auch in nordeuropäischen Häuptlingsgräbern Schiffe, die sich bis in unsere Zeit hinein erhielten und die wir in Museen bewundern können. Ebenfalls erhalten haben sich Schiffe,die durch Verlandung oder andere Erscheinungen im Schlamm stecken blieben.

Das Gokstad- und das Osebergschiff zeigen – gleichermaßen das Nydamschiff – eine andersgeartete schiffbauliche Konzeption, die die Schiffe im Vergleich zu den zeitgenössischen Schiffen der Byzantiner oder der mittelmeerischen Inselrepubliken erst hochseefähig machten.

Diese Schiffe sind 21 bis 23 m lang, haben eine Wegerung an der Rumpfinnenseite und verfügen nicht über ein eigentliches Deck, das einen Schiffsraum abgrenzt. Ohne Zweifel existierte ein solcher Schiffsraum schon bei den Schiffen von Nemi, und die schriftlichen Zeugnisse berichten, auch die Dromonen und Selander hätten darüber verfügt. Überdies bestand die Außenverkleidung dieser Schiffe aus schuppenartig übereinandergelegten und nicht auf gleicher Höhe aneinanderstoßenden Planken, deren Nähte gekalfatert wurden. Sie scheinen nicht für den Kampf auf See bestimmt gewesen zu sein, obwohl sie neben einem Mast mit einem Rahsegel auch über Riemen verfügten. Das Osebergschiff war ein jachtähnliches Fahrzeug, während es sich bei dem Gokstadschiff um ein hochseefähiges Langreiseschiff handelt. An der Steuerbordseite des Hecks war ein Steuerruder befestigt, das »skandinavische Steuerruder«. Ähnlich gebaut, ohne Deck, waren wahrscheinlich auch die Kriegsschiffe der Wikinger, die

Drakkar, von denen uns allerdings kein Exemplar erhalten geblieben ist. Man kennt nur die sehr groben Darstellungen auf dem Teppich von Bayeux, der die Einnahme Englands durch Wilhelm den Eroberer (1027–1087) beschreibt. Allerdings waren diese für die Invasion gedachten Transporter keine Wikingerschiffe.

Zum Ende des 9. Jh.s war im Mittelmeergebiet hingegen schon das Lateinsegel in Gebrauch. Die frühesten Darstellungen dieses Typs finden wir auf griechischen Handschriften, die heute in Paris und Moskau aufbewahrt werden.

Da die Darstellungen römischer Handelsschiffe (Flachrelief von Ostia) aus dem 3. Jh. Rahsegel zeigen, muß das Lateinsegel zwischen dem 4. und 9. Jh. aufgekommen sein. Wann genau, wissen wir nicht, und auch die Urheber sind uns unbekannt, doch waren es sicher Seeleute aus dem Mittelmeer.

Das Lateinsegel bietet im Vergleich zum Rahsegel beträchtliche Vorteile, denn es erlaubt dem Seemann stärker an den Wind zu gehen, also einen Kurs bis zu einem Winkel von ungefähr 30 Grad zu der herrschenden Windrichtung einzuhalten. Das Lateinsegel macht es auch viel leichter zu wenden, ein sonst für Schiffe mit Rahsegeln langwieriges und schwieriges Manöver. Einige Autoren neigen zur Annahme, das Lateinsegel sei arabischen Ursprungs, da es in jenen Ländern Verbreitung fand, die im Mittelalter jahrhundertelang unter arabischer Herrschaft standen. Das Lateinsegel unterscheidet sich vom viereckigen Rahsegel durch eine schräg, nicht rechtwinklig angebrachte Rah oder Spiere; das tiefe Teil liegt vorne, das hohe Teil achtern. Das Segel ist auch nicht viereckig, sondern dreieckig und hat

eine – also nicht zwei – Schot, die am hinteren unteren Ende des Segels befestigt ist und sich damit nur in kurzer Entfernung vom Steuermann befindet.

Die Schiffe des Mittelmeeres hatten mithin Lateinsegel, und lateinisch waren auch die Segel der Kriegs- wie der Handelsgaleeren, auch nach 1492. Das Lateinsegel finden wir aber auf keinem Stadtsiegel und keiner weiteren Abbildung von Handelsschiffen im nördlichen Europa. Daraus können wir schließen, daß es von den dortigen Seefahrern nicht verwendet wurde.

Wir haben gerade gehört, daß das Lateinsegel auf den Galeeren des Mittelmeeres auch nach dem Jahr 1492 in Gebrauch blieb. Das galt allerdings nicht für die Handelsschiffe. Der Florentiner Chronist Giovanni Villani erzählt in seinen »Nuove Cronache«, um 1304 seien »... Seefahrer von Bayonne im Baskenland ...« ins Mittelmeer gelangt,und sie hätten, anstatt der großen im Mittelmeer gebräuchlichen Schiffe, Koggen, besessen. Obwohl Villani Chronist und nicht Schiffsbauhistoriker war, liefert er uns doch die Information, daß zu Beginn des 13. Jh.s im Mittelmeer eine bedeutsame Neuerung aufkam: Damals ersetzten Koggen die bisher üblichen großen Schiffe. Aus anderen Quellen wissen wir aber, daß die Koggen Rahsegel trugen, und wir können wohl die Hypothese aufstellen, daß dieser neue Schiffs- und Segeltyp sich zwar ausbreitete, aber gleichzeitig die Schiffe mit lateinischer Takelung verdrängte. Tatsächlich waren auch die Karavellen von Kolumbus lateinisch besegelt. Die Segel der »Niña« wurden dann gegen Rahsegel ausgetauscht, nachdem die drei Schiffe die Kanarischen Inseln erreicht hatten. Auf Spanisch war die »Niña« eine »carabela latina«, und daraus wurde nach dem Umbau eine »carabela redonda«. Diese Bezeichnung deutet daraufhin, daß noch zu Ende des 15. Jh.s ein Rest der römischen »navis tonda« in der Schiffbauterminologie erhalten geblieben war.

Die Schiffe der Byzantiner

Die hauptsächlichen Bezeichnungen byzantinischer Schiffe des 9. und 10. Jhs. lauten: Dromone, Selander, Pamphile, selanderähnliche Pferdetransportboote und Galeen (Galea). Von diesen Schiffen haben wir häufig nicht sehr klare und bisweilen widersprüchliche Beschreibungen, obwohl die Dokumente, die Angaben darüber machen, aus verschiedenen Quellen stammen und ins 11. bis 13. Jh. zurückreichen.

Die Quellen bezeichnen die Dromone allgemein als Kriegsschiff. In der »Vita Theoderici«, geschrieben von Cochlaeus (dahinter versteckt sich der Deutsche Dobneck, 1479–1552), ist im Zusammenhang mit dem 5. Jh. von Kriegs- und Handelsdromonen die Rede. In den »Variae« von Cassiodor, einem Minister von Theoderich, sind zwei Briefe des Königs an den Gardehauptmann Abundantius enthalten; der erste Brief befiehlt ihm den Bau von 1000 Dromonen »für den Transport von Getreide und gegebenenfalls für Verteidigung«. Der zweite Brief enthält Glückwünsche für die Vollendung der Arbeit; darin ist auch die Feststellung enthalten, die Dromonen würden Segel tragen, um die Ruderer zu entlasten und um

Dromone, hypothetische Rekonstruktion mit zwei Masten und zwei Lateinsegeln, aber ohne Sprietsegel. Die Riemen sind zu zwei Reihen angeordnet. Doch sind nur ungefähr halb so viele eingezeichnet, wie dieser Schiffstyp tatsächlich besaß.

den Schiffen eine große Geschwindigkeit zu verleihen. Die lateinische Übersetzung solcher griechischer Texte benutzt im allgemeinen für die Bezeichnung der Dromonen die Wörter »trireme vehiculum« oder »triremis«. Da aber in der bereits genannten Lebensgeschichte Theoderichs von Dromonen die Rede ist und die echten Triremen schon im 3. Jh. verschwunden waren, übersetzt man diese Wörter heute als »Dromonen«. Kaiser Leo VI. beschreibt in seinem Traktat »Tactica« die Prinzipien des Seekriegs, und im 19. Kapitel seines Werks »De naumachia« ist von der Marine die Rede. Dieser Traktat enthält aber weder Zahlen noch Abmessungen, die uns bei der Rekonstruktion der erwähnten Schiffe und ihrer Segelausrüstung einen Anhaltspunkt bieten könnten. Was allerdings die Ruderplätze anbelangt, so gibt uns die »Naumachia« genaue Auskunft. In den Artikeln VII und VIII steht, daß jede Dromone zwei Ruderreihen führen mußte und daß jede Reihe mindestens 25 Bänke für die Ruderer umfaßte. Links und rechts saß auf jeder Bank je ein Ruderer; damit betrug die Anzahl der Soldaten und der Ruderer in den beiden Reihen genau 100.

Es gab auch größere Dromonen mit mehr als 25 Ruderbänken. Der Artikel XXXVII erzählt, »der Führer einer Schiffsexpedition müsse sich auf einer schnelleren, größeren und stärkeren Dromone vom Typ der Pamphile aufhalten«.

Aus dem oben Gesagten könnte man logischerweise schließen, daß man im 9. Jh. als Dromone nicht einen bestimmten Schiffstyp, sondern eine Schiffsklasse mit zwei Ruderreihen bezeichnete. Die größeren Schiffe darunter hießen Pamphilen, die kleineren Schiffe mit nur einer Ruderreihe waren die Galeen oder Galeae.

Was die Zahl der Ruderer in einer Pamphile angeht, so müßte man konsequenterweise annehmen, es seien mehr als 25 pro Reihe gewesen, denn die bereits genannten Artikel VII und VIII sprechen von »mindestens 25 Bänken«. Man kann deswegen nicht ausschließen, daß es auch 30 oder gar mehr waren.

Im Lauf der Zeit veränderte sich manches. Konstantin VII. Porphyrogenitus (905–959), Sohn und Nachfolger von Leo dem Philosophen, sagt in seinem Buch mit dem Titel »De Ceremoniis aulae Byzantinae«: »Die Dromone muß 300 Mann Besatzung haben, darunter 70 Soldaten ... und 230 Ruderer, die aber wie freiwillige Soldaten auch kämpfen können ...« Und weiter: »Die kaiserliche Flotte bestand aus 60 Dromonen, von denen jede 230 Ruderer und 70 Soldaten trug ... Abgesehen von den Dromonen gab es 40 Pamphilen, 20 davon hatten 160 Mann Besatzung, die restlichen nur 130 Mann ...« Bei den Dromonen stellt sich das Problem, wie die 230 Ruderer verteilt waren: In der Annahme, daß in der oberen Reihe je zwei Mann, in der unteren Reihe nur je ein Mann einen Riemen bewegte, könnte man für die obere Reihe 38 und für die untere Reihe 39 Riemen vermuten. Das sind aber sehr hohe Zahlen im Vergleich zu den 25 Riemen pro Reihe, wie sie Leo zitiert. Nach der Auskunft von Leo waren die Pamphilen nicht mehr größer als die normalen Dromonen, sondern deutlich kleiner,

denn an Stelle der 230 Ruderer und 70 Soldaten nahmen sie nur 160 bzw. 130 Mann Besatzung auf. Im Hinblick auf die Zahl der Ruderer pro Reihe kann man von 20 für die Pamphile mit 160 Mann (120 Ruderer und 40 Soldaten) und von 15 für das Schiff mit 130 Mann Besatzung (90 Ruderer und 40 Soldaten) ausgehen.

Zu einer größeren Konfusion bei den Bezeichnungen führte die lateinische Übersetzung der griechischen Texte von Leo und Konstantin. Sie geht auf den Niederländer Jan van Meurs (Meursius) zurück, der von 1579 bis 1639 lebte. Er übersetzte das griechische Wort Dromone gelegentlich mit dem lateinischen »triremis«. Dies läßt an drei Ruderreihen denken, doch steht fest, daß nur zwei vorhanden waren.

Im Laufe der Jahre verlor das Wort »Pamphile« die Bedeutung, die es ursprünglich im 9. und 10. Jh. in der byzantinischen Marine besessen hatte. Im 14. Jh. bedeutet »Pamphile« im Sprachgebrauch Genuas soviel wie »Lastschiff«. Die »Statuti di Gazaria« vom 17. März 1340 zählen unter den Handelsschiffen mit nur einem Deck Galeeren und »panfili« auf.

Ein weiterer Name für ein byzantinisches Schiff, der in den Quellen des 10. Jh.s auftaucht, ist »Selander«. Kaiser Leo berichtet allerdings nichts über diesen Typ. Sein Sohn Konstantin Porphyrogenitus schreibt hingegen, beim Kriegszug gegen Kreta habe die Flotte aus 150 Pferdetransportschiffen bestanden. Darunter seien sechs Pamphilen und zwei weitere Pamphilen mit neuer Bewaffnung gewesen. An einer anderen Stelle sagt er, daß auch 100 Selanderähnliche in

der Art von Pferdetransportschiffen dabei waren. Und weiter: »Der Stratege von Samos wurde mit sechs Selander-Pamphilen, jede mit 150 Mann Besatzung, und mit sechs Selander in der Art von Pferdetransportbooten, jede mit 108 Mann, nach Kreta geschickt ...« Und: »Johannes und Ascenta brachten drei Selander und vier Dromonen nach Afrika, jede von ihnen mit 220 Mann Besatzung.« An anderen Stellen liest man: »Insgesamt waren es 40 Selander und 20 Dromonen; jede Dromone hatte zwei Pferdetransportboote, was 40 solcher Boote ausmacht.« Weiter: »Man beließ dem Kommandanten sechs Selander-Pamphilen, jede mit 120 Mann, sowie vier Selander in der Art von Pferdetransportbooten, jede mit 108 Mann ...«

Aus diesen Textstellen geht hervor, daß die Selander anders waren als die Dromonen und die Pamphilen. In Anbetracht der Zahl der Ruderer waren sie viel kleiner. Warum aber war erst die Rede von Pamphilen mit 160, 130 und 120 Mann Besatzung, und an diesen zuletzt genannten Stellen von Selander-Pamphilen mit 150 und 120 Männern? Offensichtlich unterschieden sich die Selander auf irgendeine Weise von den Dromonen und den Pamphilen. Da Leo sagt, die Dromonen hätten am Bug ein Pseudoparion, eine hölzernen Brücke oder Kastell besessen, muß man logischerweise annehmen, daß dieses Kastell bei den Selandern anders geformt war, genauer gesagt ähnlich einem Schildkrötenpanzer. Darauf deutet jedenfalls die etymologische Ableitung hin, denn Chelandione/Selander steht mit »chelys«, der »Schildkröte« in Zusammenhang.

Schiff mit Lateinsegeln und zwei Steuerrudern. Detail aus der Pala d'Oro in der Basilika San Marco in Venedig, 13. Jh.

Diese Hypothese stellte der Venezianer Girolamo Zanetti in seinem Büchlein »Dell' origine die alcune arti principali presso i Veneziani« (Über die Herkunft einiger wichtiger Handfertigkeiten der Venezianer) auf, das im Jahr 1758 veröffentlicht wurde. Die Selander-Pamphilen waren kleiner als die Dromonen, mit zwei Ruderreihen: 25 Männer pro Reihe für die Schiffe mit 150 Mann Besatzung, 20 Männer für die Schiffe mit 120 Mann Besatzung. Am Heck befand sich ein Kastell mit einer konvex, schildkrötenartig gewölbten Brustwehr. Die Selander, die als Pferdetransportschiffe dienten, hatten eine Besatzung von 108 bis 110 Mann und damit 17 bis 18 Ruderer pro Reihe. Sie waren auch anders gebaut. Wir können annehmen, daß auch sie ein ähnlich gebautes Kastell wie die Selander-Pamphilen trugen.

Schwieriger ist die Interpretation des folgenden Satzes: »Jede Dromone hatte die beiden Pferdetransportschiffe ...« Man könnte annehmen, jede Dromone habe zwei Schiffe für den Transport von Pferden hinter sich hergezogen; diese Schiffe seien also nicht mit eigenem Antrieb ausgestattet gewesen. Daß die Pferdetransportschiffe keine Ruderer besaßen, sagt uns auch eine Textstelle des griechischen Historikers Diodoros aus Agyrion in Sizilien, der im 1. Jh. v. Chr. lebte. Er bestätigt, die Hippagogoi seien Schiffe ohne Ruderer und müßten von anderen Schiffen gezogen werden. Polybius, ein weiterer Grieche aus dem 2. Jh. v. Chr. sagt, die Hippagogoi seien der 3. Abteilung der Flotte zugeteilt gewesen, »nachdem sie ihnen die Zugruder abgegeben hatten«. Konstantin Porphyrogenitos spricht bei der Beschreibung der Expedition nach Kreta weder von der Mannschaft noch von der Zahl der Ruderer dieser Pferdetransportschiffe. Man kann somit annehmen, daß die alten Hippagogoi eine Art Flöße für den Pferdetransport waren und daß jede Dromone zwei von ihnen ziehen mußte. Die Annahme, diese Schiffe hätten Segel besessen, erscheint wenig wahrscheinlich. Umgekehrt transportierten die Selander in der Art von Pferdetransportschiffen, die aus der Familie der Dromonen stammen, ebenfalls Soldaten und Pferde, doch waren sie mit Riemen und Segeln ausgerüstet.

Das kleinste Schiff in der Familie der Dromonen war die Galee (Galea). Kaiser Leo beschreibt sie folgendermaßen: »... sie ist eine kleine Dromone, schnell und wendig, mit einer Ruderreihe. Man verwendet sie für die Bewachung der Flotte und bei allen Missionen, bei denen Schnelligkeit zählt ...« Für diesen Dromonentyp nennt uns Leo nicht die Zahl der Ruderer, sondern sagt nur, es sei eine einzige Ruderreihe vorhanden gewesen. Da dieser Schiffstyp zu der Familie der Dromonen zählt, kann man wohl annehmen, daß auf jeder Seite 25 Ruderer saßen. Diese Zahl blieb übrigens auch bis ins 18. Jh. hinein für die »Galere sottili« der Mittelmeermarinen gültig.

In einem byzantinischen Kodex gibt es die Darstellung einer Dromone. Ansonsten, wie gesagt, verfügen wir über keine Malereien und keine Plastiken, die uns eine Vorstellung geben könnten, wie die Dromonen, die Selander und ihre verschiedenen Abarten gebaut waren. Für die Selander existiert eine Darstellung auf einer Medaille, die anläßlich des Sieges des Dogen Pietro Candiano I. über die dalmatinischen Narenta-Piraten geprägt wurde. Doch ist sie sehr stilisiert und für uns nur von geringem Wert.

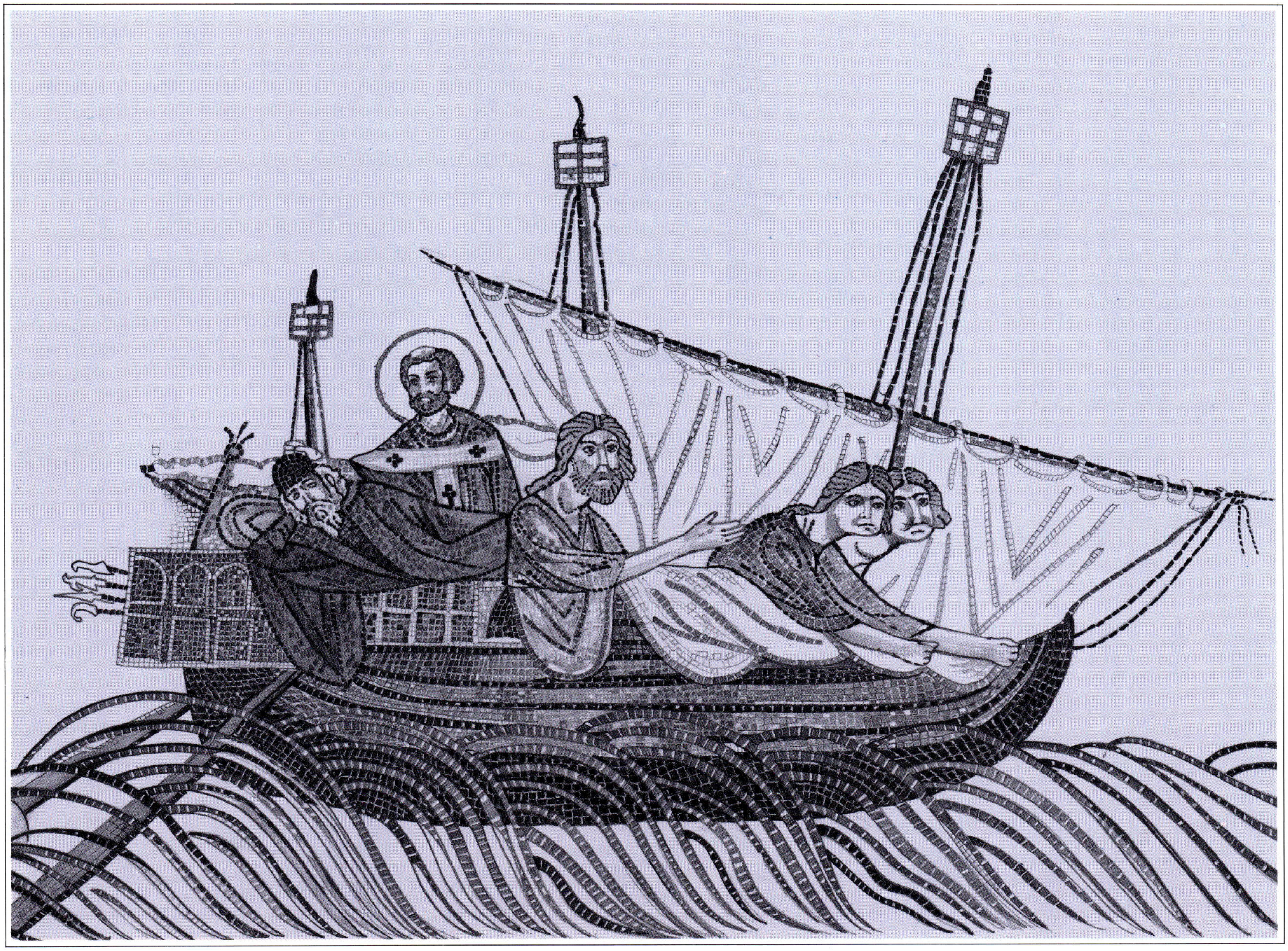

Durch Ableitung aus den zuvor gegebenen Beschreibungen können wir folgende Hypothese aufstellen: Die größeren Dromonen mit 230 Mann Besatzung waren fast 60 m lang, über 10 m breit und annähernd 5 m hoch. Die gewöhnliche Dromone mit 25 Riemen pro Reihe war bei annähernd 40 m Länge entsprechend schmaler und niedriger. Diese Zahlen wurden auf Grund des Abstands von einem Riemen zum anderen berechnet.

Da diese Schiffe zwei Ruderreihen hatten, mußten sie auch ein Deck aufweisen, auf dem die Bänke für die Ruderer der oberen Reihe angebracht waren. Die unteren Ruderer stellten ihre Füße wohl auf die Wegerung der Bilge. Auf dem Bug der Kriegsdromone befand sich eine Plattform oder ein Kastell, wo sich die Soldaten aufhielten,

Mosaik aus dem 13. Jh., Basilika San Marco in Venedig. Dargestellt ist ein Handelsschiff mit drei Masten, von denen der vordere nach vorne geneigt ist. Das Lateinsegel am vorderen Mast wird gerade weggenommen.

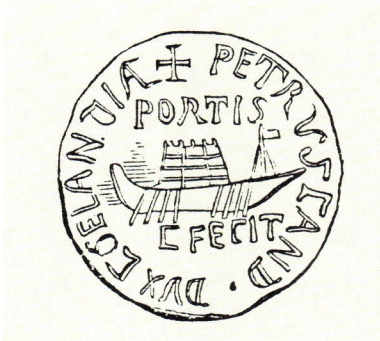

Darstellung einer Selander auf einer Medaille des Dogen Pietro Candiano I., datiert auf das Jahr 1088. Selander besaßen einen hohen kastellartigen Aufbau, in dem sich die Soldaten befanden, einen Mast (ohne Segel) am Vorschiff und eine einzige Ruderreihe.

denn sie fanden keinen Platz längs der Bordwand, wo die Ruderer saßen.

Das Kastell (Pseudoparion) war rundherum von einer hölzernen Brustwehr beschützt. In der Mitte des Schiffes befand sich ein zweites Kastell, das wahrscheinlich um den Mast herum gebaut war, wie die Medaille von Pietro Candiano beweist. Von dort aus konnten die Soldaten über die Ruderer hinweg ihre Pfeile und Speere gegen den Feind richten, ohne die Tätigkeit des Ruderns zu beeinträchtigen. Einige Miniaturen aus alten Handschriften und einige Mosaiken in der Basilika San Marco von Venedig zeigen uns deutlich, daß sich zu beiden Heckseiten je ein Steuerruder befand, abgesehen von zwei bogenförmigen, schmückenden Strukturen, deren Enden zum Vorschiff gerichtet waren.

Über den Mast und die Segel geben uns die griechischen Texte keinen Aufschluß. Aber in der Textstelle über die Versenkung des großen sarazenischen Schiffes durch König Richard im Jahr 1191 sagte Winesalf: »...tribus malis altissimis fastigatam«, es habe also drei sehr hohe Masten besessen. Obwohl dieses Ereignis ins 12. und nicht ins 9. oder 10. Jh. zurückreicht und das Schiff sarazenischen und nicht byzantinischen Ursprungs war, können wir doch annehmen, die größeren Dromonen hätten drei, die kleineren zwei Masten besessen, und diese Zahl habe auch Gültigkeit für die Selander und ihre Abarten gehabt. Bei den Segeln handelt es sich wohl um Rahsegel und nicht um Lateinsegel, denn dieses wurde, wie gesagt, nach dieser Zeit – möglicherweise von den Arabern – im Mittelmeer eingeführt. Wahrscheinlich war der am weitesten vorne gelegene Mast gegen den Bug zu geneigt, ähnlich wie bei den römischen Lastschiffen.

Was die Handelsschiffe anbelangt, so erinnere man sich an den Brief, mit dem Theo-

derich dem Abundantius den Bau von 1000
Dromonen (»für den Getreidetransport und
gegebenenfalls auch für die Verteidigung«)
befahl. Das führt uns zur Annahme, daß die
Handelsdromonen sich kaum von den
Kriegsdromonen unterschieden und daß sie
mit Hilfe der Kastelle am Vorschiff und um
den Hauptmast herum beide Funktionen
wahrnehmen konnten. Ein Unterschied bestand allerdings im Hinblick auf die Zahl der
Ruderer: In dem erwähnten Brief steht, die
Dromonen müßten Segel zur Unterstützung
der Ruderer aufweisen. Da die Handelsdromonen ihre Waren unter dem Deck transportierten, gab es wahrscheinlich keine untere Ruderreihe. Die Handelsdromone verfügte damit nur über eine obere Ruderreihe,
wobei jeder Riemen in Anbetracht seiner
Länge und seines Gewichts von zwei Männern bewegt wurde.
Was die Selander angeht, die Soldaten und
Pferde transportieren mußten, so bestand
sicher ein Unterschied zu den Dromonen
und den eigentlichen Selander, denn das
Achterschiff hatte wohl eine erhöhten
Überbau und eine genügend große Tür, um
die Pferde hinauszulassen, und eine entsprechend geeignete Heckform; wahrscheinlich
fehlten die bereits erwähnten »Hörner« am
Heck.
Wahrscheinlich verfügten diese Schiffe nur
über wenige Ruderer in der unteren Reihe,
denn der entsprechende Platz wurde von
den Pferden eingenommen. Wir können annehmen, daß nur ganz am Rande Ruderer
Platz fanden und daß in der Mitte die Pferde
standen. Man braucht aber nicht anzuneh-
men, die untere Ruderreihe sei vollständig
verschwunden, wie es für die Handelsdromonen behauptet wurde, denn Schnelligkeit
war ein wichtiger Faktor dieser Kriegsschiffe.

Die Kreuzfahrerschiffe

Als Kreuzzüge bezeichnet man die Expeditionen verschiedener christlicher Heere gegen die Moslems, die sich vom 9. Jh. an
Jerusalems und der heiligen Stätten zu be-
mächtigen suchten. Es gab insgesamt sieben
Kreuzzüge, einige führten auf dem Seeweg,
andere auf dem Landweg nach Palästina.
Wir beschäftigen uns hier vor allem mit dem
siebten Kreuzzug, zu dem Papst Clemens
IV. aufgerufen hatte. Auf diesem Kreuzzug
starb der französische König Ludwig IX.,
der im Juli 1270 mit seinem Heer von Aigues-Mortes bei Montpellier aufgebrochen
war.
Für den sechsten Kreuzzug, im Jahr 1248,
hatte sich Ludwig IX. in Marseille mit Schiffen ausgestattet. In französischen Archiven
wurden einige Blätter des Verkaufsvertra-
ges von 1246 gefunden. Darin verpflichteten
sich die Bürgermeister von Marseille gegen
entsprechende Bezahlung, 20 Schiffe »pro
passagio regis« und ohne Entschädigung 10
Galeeren mit je 25 Soldaten zu liefern.
In diesem Vertragsfragment sind keine Angaben enthalten, mit deren Hilfe man die
Merkmale der Schiffe erschließen könnte.
Aber zwei Informationen lassen sich gewinnen: Die Expedition bestand aus Lastschiffen, d. h. aus gecharterten, also gemieteten
Schiffen sowie 10 begleitenden Kriegsgaleeren. Der Vertrag war in lateinischer Sprache

Schiffsdarstellungen in einer alten Pergamenthandschrift. Die abgebildeten Schiffe hatten einen
einzigen Mast mit einem viereckigen Segel sowie einen Mastkorb, der die Klassifikation als Kogge
ermöglicht.

abgefaßt, doch waren darin die Begriffe wie
»Triremis«, »Dromone« oder »Selander«
oder »Usciere« (für Pferdetransportschiff),
die sich noch in Dokumenten aus dem 10.
Jh. fanden, völlig verschwunden, und es
blieb nur ein einziges Wort: »navis«.
Für den Kreuzzug von 1270 hingegen verfü-
gen wir über detailliertere und vollständigere
Nachrichten. Zunächst wandten sich die
Abgesandten des Königs an die Republik
Venedig, doch war ihnen der geforderte
Mietpreis zu hoch. Die Abgesandten von
Ludwig IX. schlossen keinen Vertrag, son-
dern wandten sich an Genua. Der Vertrag
mit Genua ist weniger bekannt als der mit

Venedig, der in vielen Texten aus jener Zeit
auftaucht. Erst 1835 fand man eine Kopie
mit 14 einzelnen Mietverträgen sowie weitere elf Dokumente. Daraus lassen sich die
folgenden Informationen gewinnen: Auch
mit Genua wurden Verträge für den Bau
geeigneter Schiffe und für die Miete bereits
vorhandener Schiffe geschlossen. Bei der
Bezeichnung der Schiffstypen erscheint neben dem Wort »navis« auch die Bezeichnung »selandrini«. Obwohl diese Schiffe
Pferde transportieren sollten, werden sie
nicht mehr als »usciere« bezeichnet. Aus
den Beschreibungen, die in jedem Vertrag
enthalten sind, geht hervor, daß die Selan-

drini kleiner, in ihrem Aufbau aber sonst
den »naves« ähnlich waren, und eine Ver-
wandtschaft zu den byzantinischen Selandern bestand überhaupt nicht.
Am Ende mietete der König von Frankreich
sehr viel kleinere Schiffe von Genua als
jene, über die er mit Venedig verhandelt
hatte. Die Zahlen der Besatzungen geben
einen deutlichen Hinweis darauf. Das größte Schiff, die »Bonaventura«, und ein noch
zu bauendes Schiff hatten nur 38 Mann Besatzung, im Vergleich zu den 110 der »Santa
Maria« und der »Roccaforte« von Venedig.
Die anderen Schiffe hatten noch kleinere
Besatzungen, die »San Salvatore« z. B. 20
Mann, »San Nicola« 22 Mann, »Carità« und
»Santo Spirito« sowie ein noch zu bauendes
Schiff 25 Mann. Die vier Selandrini schließlich kamen mit einer Besatzung mit je 25
Seeleuten und drei Schiffsjungen zurecht.
Obwohl den Verträgen keine Zeichnungen
beigeheftet waren, können wir die Schiffe
des Jahres 1268 doch ziemlich genau rekon-
struieren. Wir wissen, daß die »Roccaforte«, die Venedig hätte liefern sollen, eine
Kiellänge von 22,37 m und eine Länge über
alles von 35,73 m aufwies. Sie war 13,30 m
breit und von der Bilge bis zum Oberdeck
12,80 m hoch. Sie hatte drei Decks, zwei im
Schiffsraum und ein Oberdeck. Am Vor-
und am Achterschiff befanden sich ein ziemlich hohes Kastell sowie ein Aufbau, welche
Offiziersräume auf der Höhe des Oberdecks
und darüber zwei Überbauten umfaßten.
Über die Segelausrüstung sind keine Einzelheiten bekannt. Sie bestand aber wahrscheinlich, ähnlich wie bei den Schiffen von
Genua, aus zwei Masten mit Lateinsegeln.
Ebenfalls wie bei den Genueser Schiffen war
wohl zu beiden Seiten des Hecks je ein
Steuerruder vorhanden.
Die mit Genua abgeschlossenen Verträge
liefern uns, wahrscheinlich weil sie definitive
Vereinbarungen und nicht nur Projekte be-
trafen, eine detaillierte Beschreibung nicht
nur der Schiffe, sondern ihrer gesamten Bewaffnung und Ausrüstung mit Segeln, Tau-
en, Ankern, Beibooten, Fässern für Wasser
und Wein, Laternen usw.
Das größte Schiff mit 38 Mann Besatzung
beispielsweise hatte eine Kiellänge von
15,10 m und eine Länge über alles von 24,
36 m. Es war 9,90 m breit und maß von der
Bilge bis zum Deck 9,50 m. Auf dem Heck
stand ein Aufbau, der 1,94 m hoch und
3,89 m lang war. In der Beschreibung ist
nicht von einem Kastell auf dem Vorschiff
die Rede. Die Verträge mit Genua sprechen
nicht mehr von »paradisi«, die in den venezianischen Verträgen von 1269 und in den
Verträgen mit Marseille aus dem Jahre 1246
genannt sind, sondern es ist die Rede von
»talami«, die auf dem Vor- wie dem Achterschiff vorhanden sein mußten. Möglicherweise waren als »paradisi« Wohnräume unter dem Kastell und unter dem Aufbau auf
dem Deck gemeint, während als »talami«
Räume unter dem Deck als Aufenthaltsraum für Adlige und weitere wichtige Per-
sönlichkeiten gemeint waren.
Die Schiffe sagen nichts darüber aus, wie die
Männer an Bord untergebracht waren. Jean
de Joinville, der Autor der Geschichte des
heiligen Ludwig, erzählt uns allerdings, König Ludwig sei von seinem Kreuzzug 1248
mit einem Schiff in seine Heimat zurückge-

Routen der Kreuzzüge. Vierter Kreuzzug: Abreise von Venedig im Juli/August 1202, Ankunft in Konstantinopel im April 1204. Fünfter Kreuzzug: Überfahrt von König Andreas von Ungarn und von Herzog Leopold IV. von Österreich: Abfahrt von Split im Dezember 1216, Ankunft in Akkon im September 1217. Überfahrt von Friedrich II.: Abfahrt von Brindisi am 8. Dezember 1227, Ankunft in Akkon im September 1228. Sechster Kreuzzug (mit dem französischen König Ludwig IX.): Abfahrt von Aigues-Mortes im Juli 1248, Ankunft in Damiette im Juni 1249. Siebter Kreuzzug: Abfahrt von Aigues-Mortes im Juli 1270, Ankunft in Tunis im August 1270. Am 5. August 1270 starb der heilige Ludwig in Tunis an der Pest.

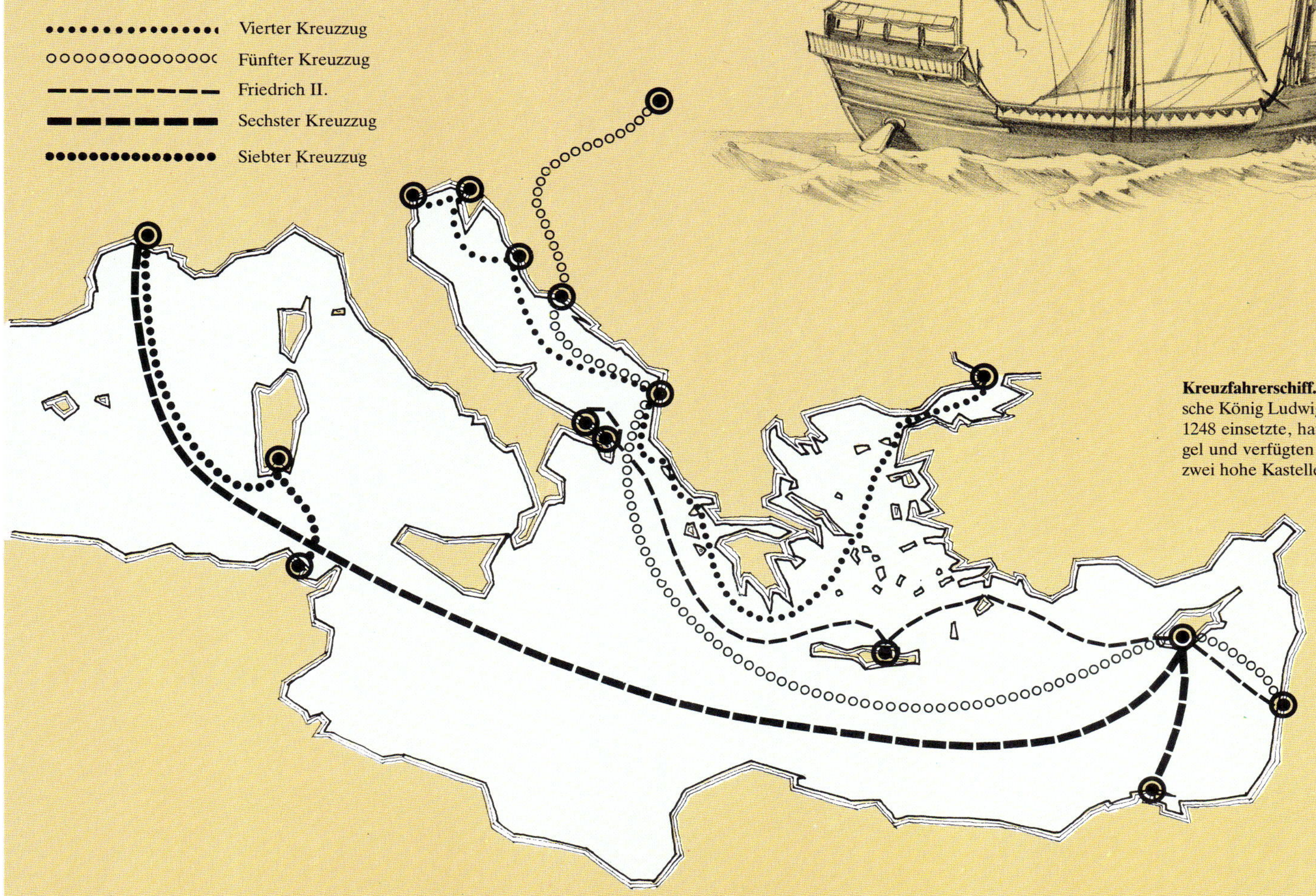

••••••••••••	Vierter Kreuzzug
○○○○○○○○○○○○	Fünfter Kreuzzug
– – – – – –	Friedrich II.
▬ ▬ ▬ ▬ ▬	Sechster Kreuzzug
●●●●●●●●●●	Siebter Kreuzzug

Kreuzfahrerschiff. Die Schiffe, die der französische König Ludwig IX. im sechsten Kreuzzug von 1248 einsetzte, hatten zwei Masten und Lateinsegel und verfügten am Vor- und Achterschiff über zwei hohe Kastelle.

kehrt, das 800 Personen faßte. Es sei von Akkon bis nach Hyères gesegelt. Die Zahl von 800 Passagieren, die sich mit der Besatzung wahrscheinlich auf 850 bis 860 erhöhte, erscheint für Schiffe von 24 bis 25 m Länge und 10 m Breite zu groß. Das Statut von Marseille erklärt uns aber, wie es möglich war, so viele Menschen auf so geringem Raum unterzubringen.
Wenn das Marseiller Statut von Schiffen spricht, die 1000 Pilger aufnehmen können, so erscheint die Zahl von 800 schon recht vernünftig. Der Vertrag sagt uns, daß man für jeden Pilger eine Fläche von »duorum palmorum et dimidium in latitudine et 7 palmorum, vel 6,5 ad minus, in longitudinem« berechnen müsse. Das entspricht einer Breite von 2½ »Händen« und einer Länge von sieben »Händen« oder in unseren

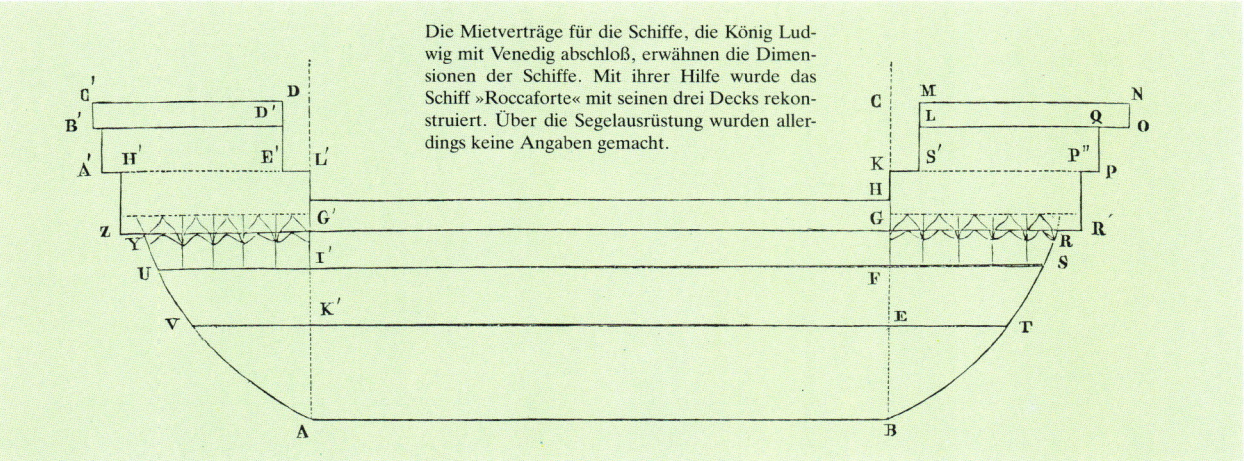

Die Mietverträge für die Schiffe, die König Ludwig mit Venedig abschloß, erwähnen die Dimensionen der Schiffe. Mit ihrer Hilfe wurde das Schiff »Roccaforte« mit seinen drei Decks rekonstruiert. Über die Segelausrüstung wurden allerdings keine Angaben gemacht.

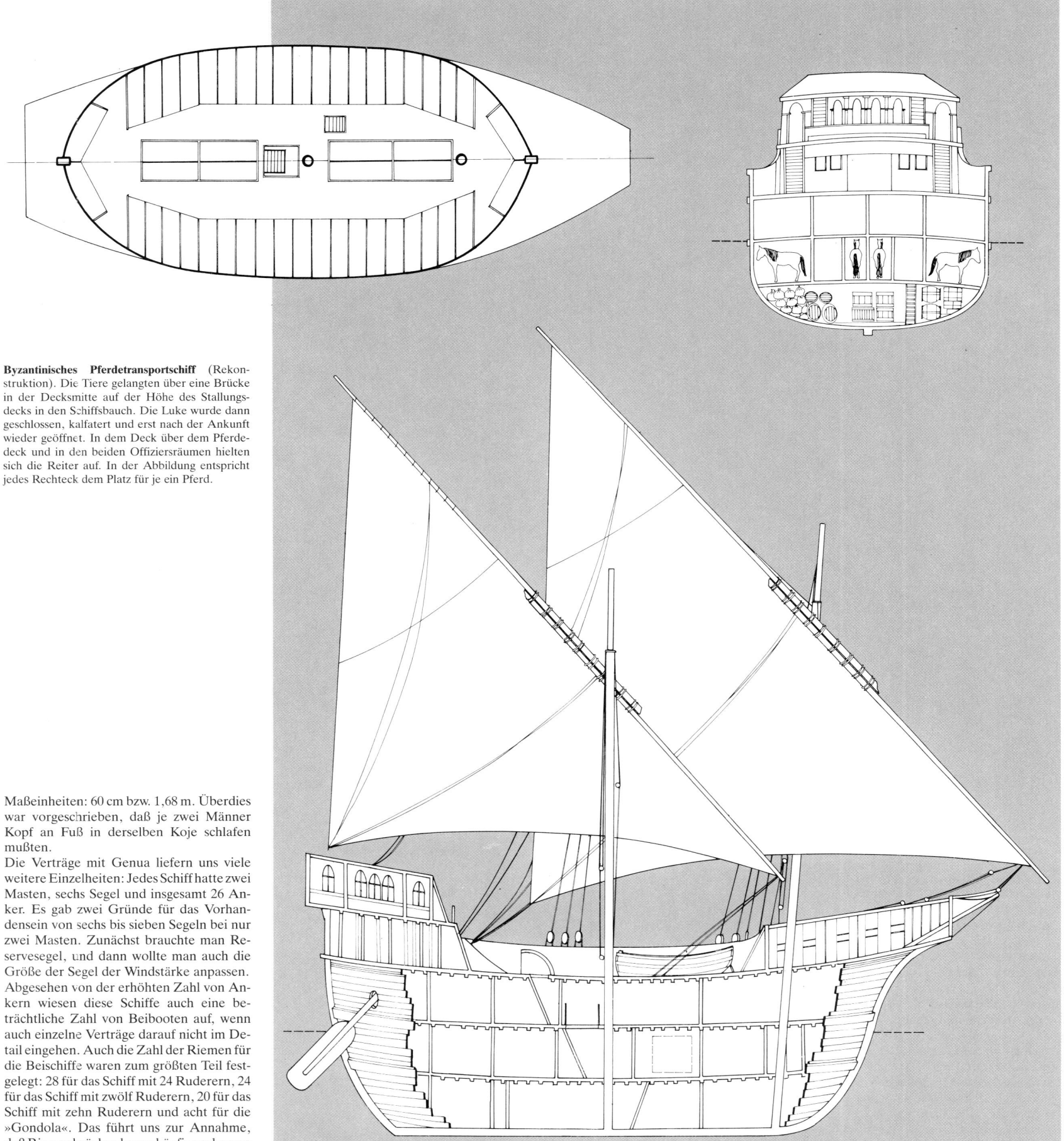

Byzantinisches Pferdetransportschiff (Rekonstruktion). Die Tiere gelangten über eine Brücke in der Decksmitte auf der Höhe des Stallungsdecks in den Schiffsbauch. Die Luke wurde dann geschlossen, kalfatert und erst nach der Ankunft wieder geöffnet. In dem Deck über dem Pferdedeck und in den beiden Offiziersräumen hielten sich die Reiter auf. In der Abbildung entspricht jedes Rechteck dem Platz für je ein Pferd.

Maßeinheiten: 60 cm bzw. 1,68 m. Überdies war vorgeschrieben, daß je zwei Männer Kopf an Fuß in derselben Koje schlafen mußten.

Die Verträge mit Genua liefern uns viele weitere Einzelheiten: Jedes Schiff hatte zwei Masten, sechs Segel und insgesamt 26 Anker. Es gab zwei Gründe für das Vorhandensein von sechs bis sieben Segeln bei nur zwei Masten. Zunächst brauchte man Reservesegel, und dann wollte man auch die Größe der Segel der Windstärke anpassen. Abgesehen von der erhöhten Zahl von Ankern wiesen diese Schiffe auch eine beträchtliche Zahl von Beibooten auf, wenn auch einzelne Verträge darauf nicht im Detail eingehen. Auch die Zahl der Riemen für die Beischiffe waren zum größten Teil festgelegt: 28 für das Schiff mit 24 Ruderern, 24 für das Schiff mit zwölf Ruderern, 20 für das Schiff mit zehn Ruderern und acht für die »Gondola«. Das führt uns zur Annahme, daß Riemenbrüche ebenso häufig vorkamen wie der Verlust von Ankern.

Portugiesische Kogge aus dem 14. Jh., Rekonstruktion. Da sie über zwei Lateinsegel verfügte, wäre es eigentlich besser, sie als »lateinische Karavelle« zu klassifizieren. Man beachte die beiden Steuerruder und den nach vorne geneigten Bugmast.

Mittelmeer-Kogge aus dem 13. Jh., Rekonstruktion. Sie verfügte wie die portugiesische Kogge über zwei Lateinsegel und nicht über ein Rahsegel wie die nordischen Koggen. Man beachte die beiden ▶ Gerüste am Vor- und Achterschiff und die Steuerruder ähnlich wie bei der englischen Kogge.

Englischer Koggentyp aus der Mitte des 14. Jh.s, Rekonstruktion. Es ist ein einziger Mast mit Rahsegel und einem Mastkorb vorhanden. Das Schiff verfügt noch über zwei Steuerruder.

Die »Nãos« und Koggen des Mittelmeers

Über die großen Schiffe und die Koggen des Mittelmeers im 14. Jh. haben wir nur wenige Nachrichten. Aus einigen Verordnungen und Statuten über die Sicherheit der Seefahrt und über die Bewaffnung und Ausrüstung der Naos und Koggen kann man aber einige nützliche Informationen gewinnen. Eine Verfügung von König Pedro von Aragón über die Seefahrt zu Kriegszeiten legte fest, daß ein Schiff mit drei Decks 150 Mann Besatzung aufweisen müsse (nämlich 80 Seeleute, 40 Armbrustschützen und 30 Gehilfen und Schiffsjungen im Alter von über 16 Jahren), jeder davon mit eigenen Waffen ausgerüstet. Für die Schiffe mit zwei Decks und einer Tragfähigkeit von 2000 oder »sal-me« (Hohlmaß zu rund 250 Liter) waren 100 Mann Besatzung vorgesehen, 60 Seeleute, 20 Armbrustschützen und 20 Gehilfen und Schiffsjungen.

Das Schiff oder die Kogge mußte über ein Ersatz-Großsegel, neu hergestellt und mit zwei Bonnets versehen, ein weiteres Großsegel, ein Kreuzsegel, eine Spiere als Ersatz für das Großsegel und einen »Carro« für das Kreuzsegel verfügen; ferner Ersatztaue, Riemen für die Beiboote (10 Dutzend), ferner Wurfanker mit Ketten zum Entern, 120 Laternen, 3 Hecklichter, Ersatzstoff für die Segel, 12 Anker mit einem Gewicht zwischen 16 und 18 »cantare« usw. Handelsschiffe mußten mit zahlreicher Besatzung fahren und an Bord so viele Waffen haben, daß sie einem Kriegsschiff gleichkamen.

Spanische Kogge vom Ende des 13. Jh.s (Rekonstruktion), die noch zu beiden seiten mit 20 Riemen ausgerüstet war. Man beachte die Segelausstattung: Fockmast mit einem Rahsegel und der Heckmast mit einem Lateinsegel.

Die Schiffe der Wikinger

Während wir für die byzantinischen Schiffe auf Grund von Dokumenten aus dem 9. und 10. Jh. viele Hypothesen aufstellen mußten, wird dies für die Schiffe des Nordens nicht nötig, denn es sind Schiffe aus dem 4. (Nydamschiff) bis aus dem 11. Jh. (Osebergschiff) in sehr gutem Zustand erhalten geblieben. Sie geben uns Auskunft über alle Details der Konstruktion wie der Ausrüstung.

Im Vergleich zu den zeitgenössischen Dromonen und Selandern der Byzantiner waren diese Schiffe sehr viel kleiner. Sie hatten kein Deck und nur eine Ruderreihe. Am Heck befanden sich nicht zwei, sondern ein einziges Steuerruder, das an einem Zapfen in der Bordwand gelenkig befestigt war. Diese Vorrichtung bezeichnen wir als skandinavische Rudereinrichtung. Die Segel waren wie bei den byzantinischen Schiffen viereckige Rahsegel. In Anbetracht der geringen Länge war nur ein Mast vorhanden.

Der römische Geschichtsschreiber Tacitus, der im 1. und 2. Jh. n. Chr. lebte, berichtet vom Stamm der Galli Suioni, sie hätten Schiffe mit gleichgeformtem Heck und Bug besessen, so daß sie mit einer einfachen Umdrehung der Ruderrichtung sofort ihren Lauf verändern konnten. Das Schiff, das 1863 im Torfmoor von Nydam gefunden wurde und in das 4. Jh. n. Chr. zu datieren ist, zeigt tatsächlich diese Eigenheit.

Stein aus der Bronzezeit, auf dem ein skandinavisches Schiff dieser Zeit abgebildet ist. Obwohl die Ritzzeichnung nur sehr grob ausgeführt ist, kann man doch zwei Kiele oder Längsverstrebungen erkennen, wie man sie auch beim Hjortspringboot aus der Zeit zwischen 300 bis 350 n. Chr., also ungefähr ein Jahrtausend später, gefunden hat.

Im Jahr 1920 fand man in Kvalsund zwei Schiffe aus dem 7. Jh. Sie waren dem Nydamschiff ähnlich, nur etwas kürzer: Länge 18 m, Breite 3,20 m, elf Ruderbänke. Ein weiteres, allerdings beschädigtes und unvollständiges Schiff aus der Zeit um 650 wurde in Sutton Hoo in England gefunden. Es besaß 20 Ruderbänke und fiel vor allem durch die perfekten Eisennägel auf, mit denen die Außenplanken befestigt waren: keines der drei Schiffe hatte Masten oder Segel und wies auch keine besonderen Stauräume für mögliche Lasten auf. Sie dienten offensichtlich nur dem Personentransport. Allerdings zeigen uns die Abbildungen auf den sogenannten »Steinen von Gotland« aus dem 7. und 8. Jh. richtige Segelschiffe.

Masten und Segel hatten, abgesehen von Ruderplätzen, auch das Gokstadschiff aus dem 10. Jh., das 1880 in Norwegen gefunden wurde, und das Osebergschiff aus dem 11. Jh., gefunden 1904. Beide Schiffe dienten als Begräbnisstätten; das Osebergschiff als Grabschiff für zwei Frauen, wahrscheinlich die Königin Asa, Mutter von König Harald Svarte »Rotbart«, und ihrer Magd; das Gokstadschiff war die Grabstätte für einen Wikingerhäuptling.

Was die Segelausrüstung anbelangt, so lieferten die beiden Funde, abgesehen von der Stellung des Mastes und der entsprechenden Stützstrukturen, nicht viele Einzelheiten. Es fehlen uns Kenntnisse über die Segel, so daß wir auf Hypothesen aufgrund verfügbarer Daten angewiesen sind.

Darstellungen auf Flachreliefs und zeitgenössische Ritzzeichnungen auf Steinen zeigen uns ein einziges viereckiges Segel, das mit dem oberen Liek an einer Rah befestigt wurde. Auf dem Gokstadschiff hat man drei Stützstrukturen gefunden, eine vor dem Mast, die anderen achtern. Sie bestehen aus einem senkrechten Balken, der einen Querbalken mit je einer Vertiefung an beiden Enden trägt. Wahrscheinlich dienten diese zum Festbinden der beiden Rahbalken, wenn man mit Rudern fuhr. Auf den beiden

Seiten des Decks, im Vorschiff, waren zwei dicke Holzplanken an den Spanten befestigt. Sie trugen zwei halbkugelförmige Aussparungen als Fuß und Halt für die Beitass. Die Spiere hielt das Luvseitenliek an der Luvseite straff, so daß man höher am Wind segeln konnte. Auf den Koggen übernahmen diese Aufgabe die Bulinentaue.

Aus der Abbildung von Segelschiffen in verschiedenen Dokumenten geht überdies hervor, daß die Segel von einem diagonalen Netzwerk überzogen waren. Daraus ergab sich eine Aufteilung wie auf einem Schachbrett. Man sieht darin Verstärkungen der Segel, entweder aus demselben Tuch oder aus Lederriemen. Die zweite Eigentümlichkeit, die auf diesen Abbildungen auftaucht, betrifft die Schoten. Sie waren nicht an den untersten Segelecken, den Schothörnern, befestigt; vielmehr wurden sie – zu mehreren pro Seite an den Seitenlieken mit einer Reihe herabhängender Stander verknüpft. Möglicherweise hat aber hier auch die Erfindungsgabe des Künstlers mitgewirkt.

Während das Osebergschiff nur als Küstenfahrzeug betrachtet wird, hält man das Gokstadschiff für hochseetauglich. Das wurde auch 1893 bewiesen, als ein rekonstruiertes Schiff dieser Art, ausgerüstet mit einem Segel, den Atlantik in 28 Tagen überquerte.

In den Sagen der skandinavischen Völker werden die Lastschiffe der Wikinger »Knorren« genannt, bei denen die größeren vorn

Der »Stein von Gotland«. Auf dem unteren Teil ist ein skandinavisches Schiff abgebildet. Das Segel ist von einem Netzwerk bedeckt, von dem man annimmt, daß es sich um Lederstreifen handelt, die zur Verstärkung aufgenäht wurden.

Arabisches Boot des Mittelmeers aus dem 9. Jh. Es hatte ein Lateinsegel, während die zeitgenössischen Wikingerschiffe die den stürmischen Nordmeeren angepaßten Rahsegel führten.

Wikingerschiff, rekonstruiert nach Konstruktionsdetails des Osebergschiffes. Obwohl es in das 11. Jh. zurückgreift, verfügt es über ein Rahsegel, während im Mittelmeer seit zwei Jahrhunderten das Lateinsegel in Gebrauch war.

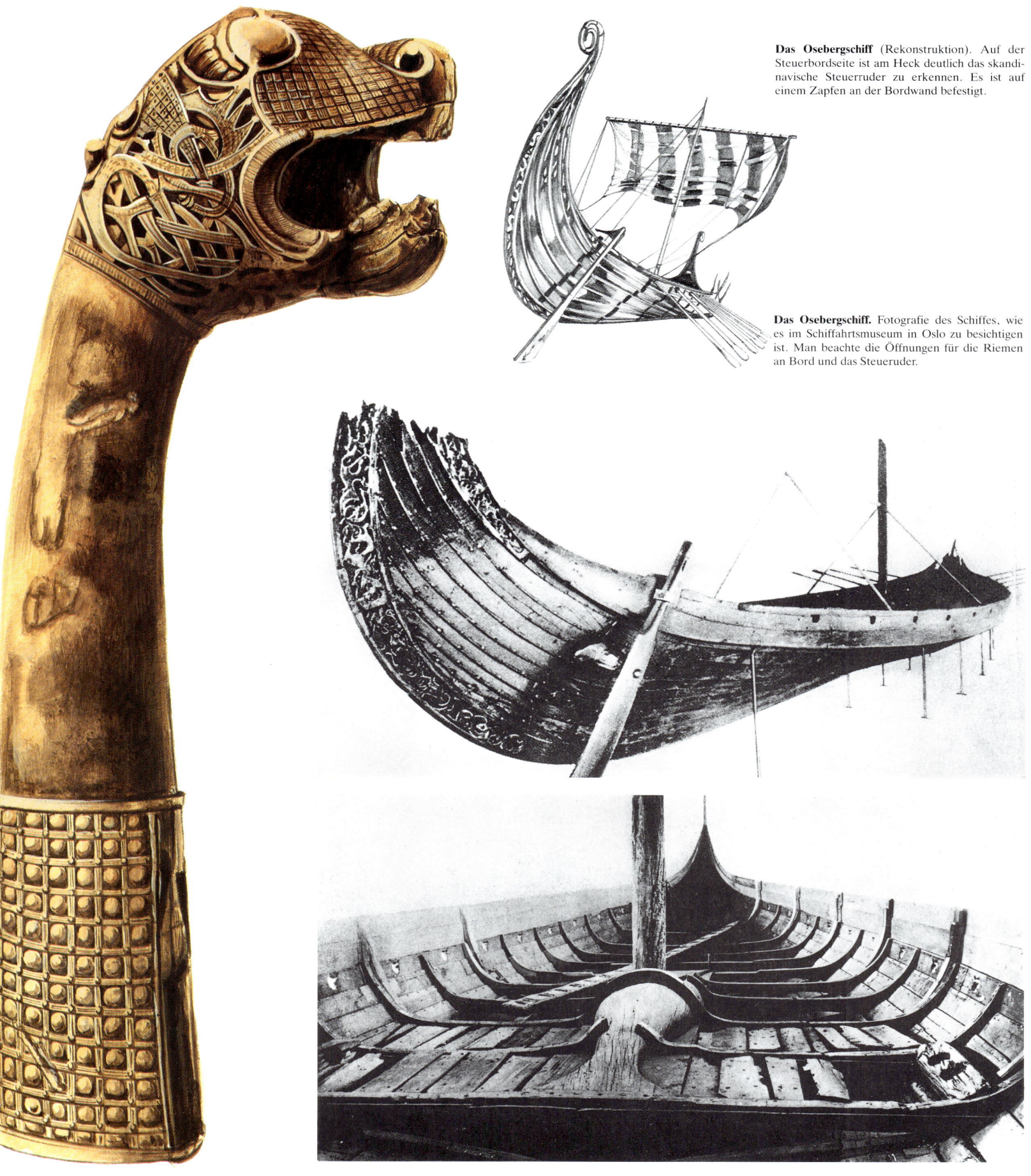

Das Osebergschiff (Rekonstruktion). Auf der Steuerbordseite ist am Heck deutlich das skandinavische Steuerruder zu erkennen. Es ist auf einem Zapfen an der Bordwand befestigt.

Das Osebergschiff. Fotografie des Schiffes, wie es im Schiffahrtsmuseum in Oslo zu besichtigen ist. Man beachte die Öffnungen für die Riemen an Bord und das Steueruder.

Verzierter hölzerner Türpfosten des Osebergschiffs im Schifffahrtsmuseum in Oslo. Solche Ornamente mit Drachen und anderen Fabelwesen wurden auch bei den Wikingerschiffen verwendet. Sie sollten den Feind in Schrecken versetzen.

Detailansicht der Spanten und der Verstärkung für den Mastfuß beim Osebergschiff. Das Schiff hatte kein Deck, sondern nur eine Wegerung über der Bilge. Diese bestand aus Planken, die auf die Spanten aufgelegt wurden.

und hinten eingezogene Halbdecks besaßen, unter denen, wie auch in der ungedeckten Mittschiffsektion, die Ladung verstaut wurde. Solche Schiffe hatten auch Eisenanker mit starrem hölzernem Schaft und einer Eisenkette. Das geht aus dem Fund eines Ankers hervor, der zusammen mit dem Schiff von Ladby in Dänemark geborgen wurde. Das Oseberg- und das Gokstadschiff führten keine Anker, doch neben dem Gokstadschiff fand man einen hölzernen Ankerschaft, ferner mehrere Ankerblöcke, an denen jedoch keine Taue oder Taljen befestigt waren, so daß man ihre Funktion hätte erklären können.

Weitere Schiffe Nordeuropas

Was die Schiffe der Byzantiner und der Kreuzfahrer anbelangt, so verfügt man über genügend Beschreibungen, die erkennen lassen, wie sie gebaut waren und welche Segelausrüstung sie besaßen. Im Gegensatz dazu fehlt für die Schiffe Nordeuropas eine entsprechende Dokumentation. Alles beruht nur auf Hypothesen. Als einzige Quellen haben wir hauptsächlich Siegel von Seestädten, einige Miniaturen in antiken Codices und Malereien, besonders in alten Kirchen. Erst vor kurzem hat man die Reste einer Hansekogge gefunden, die bei Bremen im Schlick der Weser begraben war. Im Verlauf des dritten Kreuzzuges, von 1189 bis 1192, fuhr eine Flotte mit einem Teil der englischen Kreuzfahrer unter Richard Löwenherz von der Südküste Englands ins Mittelmeer, kam auf ihrer Reise auch nach Marseille und Messina und wendete sich dann nach Akkon. Diese englischen Schiffe kann man rekonstruieren aufgrund von Darstellungen auf Siegeln der Städte Winchelsea, Hastings und Sandwich. Sie gehen auf das 13. Jh. zurück und zeigen uns Schiffe mit einem einzigen Deck, einem Mast mit Rahsegeln und einem Steuerruder skandinavischen Typs an Steuerbord sowie zwei Aufbauten im Vor- und Achterschiff. Man kann hier nicht von eigentlichen Kastellen sprechen, sondern es handelt sich nur um einfache Gerüste mit senkrechten Streben,

Dänische Kogge aus dem 13. Jh. (Rekonstruktion) mit einem einzigen Rahsegel und einem Steuerruder nach Art von Navarra.

Steuerruder. Flachrelief aus dem Jahr 1180 in der Kathedrale von Winchester. Es ist ein Schiff mit einem einzigen riesengroßen Steuerruder dargestellt. Im 12. Jh. war diese Art Steuerruder mithin in Nordeuropa also bereits in Gebrauch.

die eine Plattform mit Brustwehr trugen. Die Streben befanden sich ganz innerhalb des Decks. Eine Neuerung im Vergleich zu den byzantinischen Schiffen und den Schiffen der Kreuzfahrer bildet der kreisrunde Mastkorb an der Mastspitze. Eine Besonderheit der Segelausstattung, die auf dem Siegel von Hastings zu erkennen ist, sind die Reffbändsel, mit denen man die Oberfläche des großen Rahsegels verkleinern konnte. Ein Siegel aus der englischen Stadt Dover aus dem Jahr 1284 und die Miniatur in einem Kodex, der 1279 für die Königin Eleonora von Kastilien geschaffen wurde, zeigen uns stets nordische Schiffe mit einem einzigen Deck und einem einzigen Mast mit Rahsegel, ein skandinavisches Steuerruder auf der Steuerbordseite, ferner Kastelle im Vor- und Achterschiff, die eine hohe Brustwehr tragen und über Bord hinausragen. Das Kastell im Vorschiff zeigt einen nach vorne geneigten Mast, den man mit einem Bugspriet vergleichen kann. Er trug aber keine Segel und diente wahrscheinlich dazu, um die Bulinenblöcke zu spannen, wie im folgenden ausgeführt wird.

Die wichtigstes Neuerung aber, die aus dem Studium dieser Siegel hervorgeht, besteht im Ersatz des seitlich gelegenen skandinavischen Steuerruders durch ein Ruder am Heckende und mit dem Ruderblatt in der Symmetrieebene des Schiffes. Die älteste Darstellung eines Schiffes mit einem solchen Heckruder geht auf den Anfang des 13. Jh.s zurück und befindet sich in der Kirche von Fide auf der schwedischen Ostseeinsel Gotland. Dort ist das Heckruder deutlich abgebildet. Ein weiteres Schiff mit Heckruder ist auf dem Siegel der Stadt Elbing aus dem Jahr 1242 und auf einem späteren Siegel derselben Stadt von 1350 zu sehen. Das letztere zeigt uns, zusammen mit einem Siegel der Stadt Stralsund aus dem 14. Jh., eine weitere Eigenheit der nordischen Koggen: die gradlinigen, stark geneigten Vorder- und Achtersteven. Diese haben nicht mehr die krumme Form wie die schwanenhalsförmigen Achtersteven der römischen Lastschiffe oder wie die Vorder- und Achtersteven der Wikingerschiffe von Oseberg und Gokstad und ebensowenig wie die mittelmeerischen Schiffe zur Zeit der Kreuzzüge. Auch die byzantinischen Schiffe hatten am Heck einen gebogenen Steven, an der Seite mit je einem geschwungenen »Horn«.

Kogge der Deutschen Hanse aus dem 13. Jh. Man beachte die vollen runden Formen des Schiffsrumpfes und die Aufbauten an Heck und Bug, die von Brustwehren geschützt waren.

Während im Mittelmeergebiet und besonders in Italien die wichtigsten Seerepubliken wie Amalfi, Pisa, Genua und Venedig, in Frankreich Städte wie Marseille und Aigues-Mortes und auch spanische Seehäfen in großer Blüte standen, wuchsen auch in Nordeuropa auf der Grundlage des Handels ähnliche Seemächte heran, unter ihnen z.B. die »fünf Häfen« Englands (Dover, Hastings, Hythe, Romney und Sandwich), eine Handels- und Verteidigungsorganisation mit einem Lord Guardian an der Spitze, sowie die Deutsche Hanse, die ursprünglich, zu Ende des 13. Jh.s von den Städten Lübeck, Rostock, Stralsund, Wismar, Hamburg und Lauenburg gebildet wurde. Die Stadt Danzig hingegen entsprach ungefähr einer italienischen Seerepublik. Rostock, Stralsund und Wismar gehören heute zur Deutschen Demokratischen Republik, Danzig ist polnisch und heißt Gdansk. Abgesehen von ihrer Handelsaufgabe, die zunächst wohl eher lokalen Charakter hatte, fuhren die Schiffe dieser Seestädte in der Regel zu den flandrischen Umschlagplätzen, um hier mit denen aus Marseille, Genua und Pisa Handel zu treiben. In ähnlicher Weise rüsteten Venedig, Genua und Pisa Handelexpeditionen mit »Flandrischen Galeeren« und »Londoner Galeeren« aus, während die »Romanischen Galeeren« die Häfen der Ägäis und des Schwarzen Meeres ansteuerten.

Führten also Seefahrer der »fünf Häfen« und der Deutschen Hanse jene Schiffe im Mittelmeergebiet ein, die Villani Koggen nannte? In seinem »Cronache« erzählt uns der Florentiner Chronist, es habe sich um Seefahrer aus Bayonne gehandelt. Wie konnte er davon sprechen, wenn er nicht Kunde gehabt hätte von Nachrichten, die von den aktiven Handelsleuten seiner Heimatstadt weitergetragen wurden? Wir können deswegen annehmen, daß die Kogge, von der Villani spricht, eine Form der Hansekogge darstellte, die im 13. und 14. Jh. in Nord- und Ostsee weit verbreitet war. Man kann sich die Hansekogge als ein Schiff mit einem einzigen Deck, einem einzigen Mast

mit viereckigem Rahsegel, einem kleinen Kastell im Vorschiff, einem größeren Aufbau im Achterschiff und einem einzigen Steuerruder vorstellen. Die Vorder- und Achtersteven waren geradlinig, wie uns auch die Siegel aus jener Zeit zeigen. Den fast vollständigen Rumpf einer Hansekogge fand man 1962 bei Hafenarbeiten an der Weser. Leider fehlten der Mast und die Segelausrüstung. Es wurde die Vermutung

erhoben, daß das Schiff, das in einer Flußwerft gebaut und noch nicht vollendet war, durch eine Sturmflut von seinem Ankerplatz fortgerissen wurde und schließlich am Weserufer sank. Der Fluß hatte damals ein anderes Bett als heute. Der Fund bestätigte die Hypothesen, die auf Grund der Darstellungen auf den Siegeln aufgestellt wurden. Beide Steven bestehen aus geradlinigen Balken; der Kielbalken hingegen ist nicht ge-

radlinig, sondern im Bereich des Vor- wie des Achterschiffes nach oben gebogen; die Decksbalken ragten über die Außenbeplankung hinaus. Einige Maßangaben: Länge über alles 22,50 m, größte Breite 7,50 m, Höhe des Decks 5,30 m. Die Außenplanken waren geklinkert, also dachziegelartig übereinandergelegt wie bei allen Schiffen, die nicht aus dem Mittelmeer stammten, und 75 cm breit.

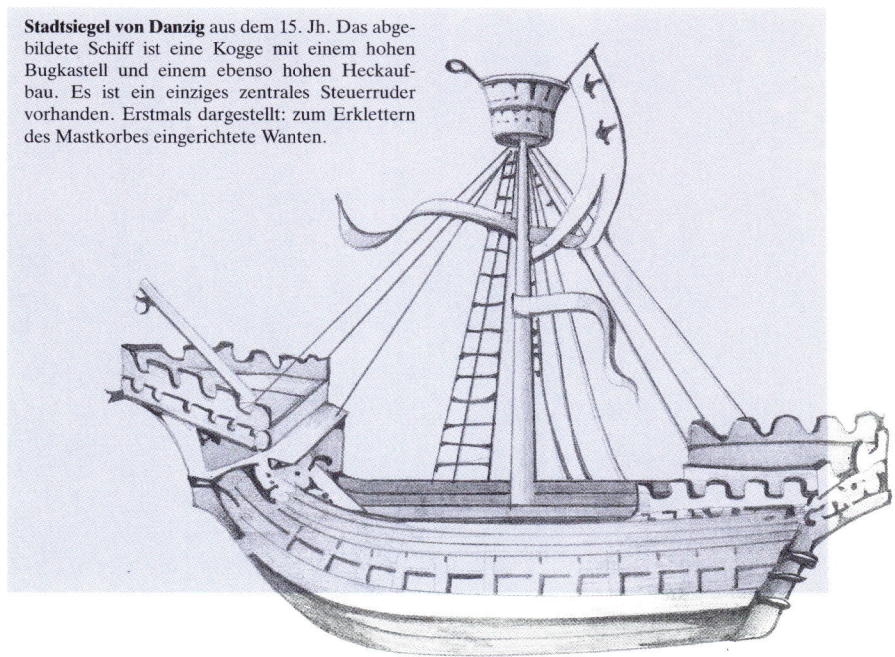

Im Vergleich mit diesen nordischen Schiffen hatten die zeitgenössischen großen Schiffe des Mittelmeergebiets zwei oder drei Decks, zwei Masten mit Lateinsegeln, große Kastelle mit mehreren Zwischendecks im Vor- und Achterschiff, zwei Steuerruder und krummlinige Vorder- und Achtersteven. Der Bau eines solchen Schiffs verlangte viel mehr Zeit und Kapital. Die Schiffe waren auch viel größer, und wegen der beiden Masten mußte die Besatzung auch zahlreicher sein. Kurz gesagt: Diese Schiffe waren für ihre Betreiber längst nicht so ökonomisch. Das mag eine Erklärung dafür sein, warum die Seefahrer des Mittelmeeres mit dem Bau großer Schiffe aufhörten und sich mit Koggen ausrüsteten, nachdem sie die betriebswirtschaftlichen Vorteile dieses Schiffstyps kennengelernt hatten. Die Koggen waren sparsamer in Bau und Betrieb und fanden wegen ihrer geringeren Größe leichter eine volle Ladung. Diese Vorteile führten dazu, daß Koggen innerhalb kurzem die großen Schiffe ersetzten, allerdings nicht die Handelsgaleeren und die »lateinischen Schiffe«, die bis zum Ende des 15. Jh.s in Gebrauch blieben.

Im Abschnitt über das Lateinsegel wurde gesagt, daß dieses es erlaubte, stärker an den Wind zu gehen, als es mit einem normalen viereckigen Rahsegel möglich ist. Bei den Koggen konnte man diesem Nachteil abhelfen, in dem man Bulinen anbrachte. Sie erlaubten es, daß nach vorne gerichtete Seitenliek des Segels zu spannen. Damit eröffnete sich die Möglichkeit, härter an den Wind zu gehen. Die vorhin erwähnten Segel demonstrieren uns dieses Manöver zwar nicht im Detail, zeigen aber das Vorhandensein eines Bugspriets. Dieser verfügte nicht über Klüver und mußte deswegen am Ende zwei Blöcke zum Festmachen der Bulinen tragen. Diese waren an einem Ende mit einem Hahnepot am Seitenliek des Segels befestigt.

Wie gesagt, lassen die Darstellungen auf dem Siegel von Hastings das Vorhandensein von Reffbändseln vermuten, mit dem bei Bedarf die Segelfläche verkleinert wurde.

Obwohl die schematischen Darstellungen, die uns zur Verfügung stehen, keinen Hin-

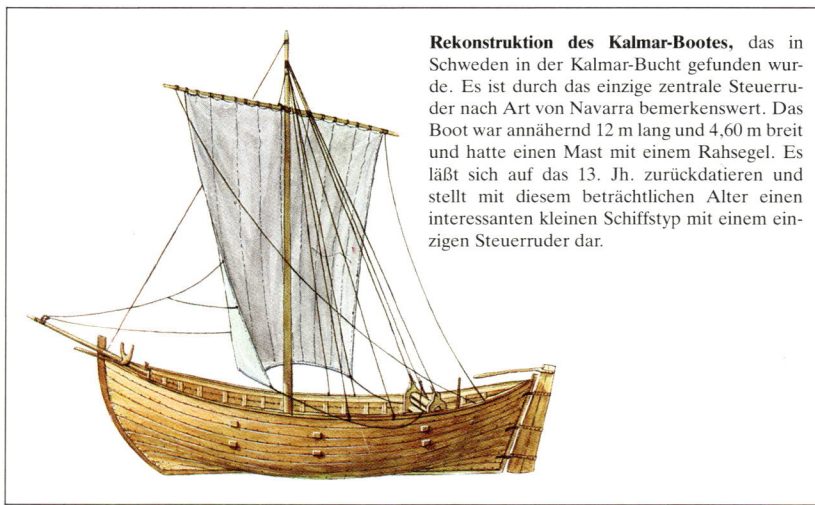

Rekonstruktion des Kalmar-Bootes, das in Schweden in der Kalmar-Bucht gefunden wurde. Es ist durch das einzige zentrale Steuerruder nach Art von Navarra bemerkenswert. Das Boot war annähernd 12 m lang und 4,60 m breit und hatte einen Mast mit einem Rahsegel. Es läßt sich auf das 13. Jh. zurückdatieren und stellt mit diesem beträchtlichen Alter einen interessanten kleinen Schiffstyp mit einem einzigen Steuerruder dar.

weis darauf geben, waren die nordischen Schiffe wahrscheinlich mit Bonnets ausgerüstet, also zusätzlichen streifenförmigen Segeln am Unterliek der Untersegel. Für die Schiffe des Mittelmeeres waren sie durch Gesetze vorgeschrieben. Die Bonnets machten die Reffbändsel überflüssig, weil man mit ihnen die Segelfläche auf eine andere Weise reduzieren konnte.

Mit der Zeit entwickelte sich die Kogge weiter, und aus dem Schiff des 13. Jh.s mit winzigen Kastellen und skandinavischem Steuerruder entstand ein Schiff mit Kastellen am Vor- und Achterschiff und einem einzigen Steuerruder. Im Verlauf der Jahre vergrößerte sich das Heckkastell, und aus dem rohen Gerüst wurde ein integrierender Teil des Rumpfes, der mit den übrigen Heckstrukturen verbunden war und sich immer weiter zum Hauptmast verlängerte.

Das Bugkastell, eine einfache Plattform über dem Deck, wurde ebenfalls in den Rumpf integriert und ragte weit über das Vorschiff hinaus. Alle Darstellungen zeigen uns schließlich den Bugspriet ohne Segel oder Klüver, weil er die bereits erwähnte Funktion übernahm, die Blöcke für die Bulinen zu tragen.

Ein Siegel der Stadt Danzig aus dem Jahre 1400 zeigt uns zwei interessante Eigenheiten: Das Ankertau tritt über eine Klüse aus dem Rumpf aus, und auf den Wanten des Hauptmastes sind Webeleinen zu sehen. Als Webeleinen bezeichnen wir jene Taue, die waagrecht in Abständen die Pardunen miteinander verbinden und mit diesem zusammen die Wanten bilden. Diese dienen zur seitlichen Befestigung des Mastes und bilden auf beiden Seiten des Decks das stehende Gut.

Rumpf einer Hansekogge, die 1962 bei Ausgrabungen an der Weser gefunden wurde. Das Schiff wird im Deutschen Schiffahrtmuseum von Bremerhaven aufbewahrt. Der Vordersteven besteht aus einem geradlinigen Balken.

Im Lauf der Jahre wurden die Koggen größer und bekamen am Vor- wie am Achterschiff immer umfangreichere Kastelle. Einige Miniaturen in französischen Handschriften und in den »Croniques« von Froissart zeigen uns eine weitere konstruktive Besonderheit der größeren Koggen: eine Reihe senkrecht angeordneter Verstärkungen an der Außenbeplankung im Vor- und Achterschiff. Auf denselben Miniaturen erkennen wir, daß die Masten in verschiedenen Höhen von Tauen umwickelt waren. Das beweist, daß die Masten wegen ihrer Größe nicht mehr aus einem einzigen Baumstamm, sondern aus verschiedenen senkrechten Stücken bestanden, die aneinandergefügt und durch Tauwerk miteinander verbunden waren. Auf allen Koggen trägt die Mastspitze einen runden Mastkorb.

Ein grundlegendes Merkmal der Segelausrüstung nordeuropäischer Schiffe bestand darin, daß ein einziger Mast mit Rahsegel vorhanden war. Im Mittelmeer hingegen gab es zur selben Zeit nebeneinander Schiffe mit zwei Masten und Lateinsegel, ferner Galeeren mit einem oder zwei Masten und Lateinsegeln sowie arabische Schiffe, die Bagallas und Sambuken, beide Dhaus mit großen Lateinsegeln. Die Waren der großen Handelskoggen wurden im Schiffsraum gestapelt. Dieser war über ein oder zwei große Luken im Deck zugänglich. Die Besatzung wohnte im vorderen oder hinteren Kastell. Bei primitiveren Schiffen fand sie unter Aufbauten des Vor- und Achterschiffes Zuflucht.

Die Karavellen

Wir haben schon darauf hingewiesen, daß die nordeuropäischen Handelsschiffe nur einen Mast mit Rahsegeln besaßen, während es im Mittelmeer nebeneinander europäische und arabische Schiffe mit einem oder zwei Masten und Lateinsegeln gab. Schiffe mit dieser Segelausrüstung gab es auch im Atlantik, und Vertreter dieser Art waren die Karavellen der portugiesischen und spanischen Seefahrer des 13., 14. und 15. Jh.s. Auch über die Karavellen gibt es keine Dokumentation, die Auskunft gäbe über Ursprung und Entwicklung. Der Begriff »Karavelle« taucht zum erstenmal in einer Dokumentation aus dem Jahr 1255 auf. Man verstand darunter kleine Fischer- und Küstenschiffe mit abgerundetem Bug, viereckigem Heck und einem einzigen Steuerruder. Mit Sicherheit besaßen diese Schiffe ein Deck und einen Heckaufbau, nicht aber ein Kastell im Vorschiff. Ihr wichtigstes Merkmal, das sie auch von allen zeitgenössischen Schiffen mit Lateinsegeln aus dem Mittelmeer unterschied, war das Vorhandensein von drei Masten. Wie bei den Schiffen der Kreuzfahrer lag der Mast mit der größten Höhe und dem größten Segel ungefähr auf halber Schiffslänge. Doch war es der vorderste der drei Masten. Nach achtern folgten zwei weitere Masten, beide auf dem Heckaufbau. Der mittlere war mittelhoch und trug ein mittelgroßes Segel; der hinterste Mast, am achteren Ende, war niedriger und trug ein kleineres Segel.

Es gibt einige Darstellungen von Karavellen auf alten Gemälden und in Miniaturen von Texten und Atlanten, wie etwa jenem von Juan de la Cosa (um 1500), der Kolumbus auf seinen ersten beiden Reisen als Steuermann diente, oder von Papieren in der Biblioteca Colombiana in Sevilla, die dem Kolumbus-Sohn Fernando zugeschrieben werden. Bekanntlich unternahm Christoph Kolumbus seine erste Reise zur Entdeckung neuer Länder mit drei Schiffen, die im allgemeinen als Karavellen bezeichnet werden: die »Santa Maria«, die »Pinta« und die »Niña«. Von diesen waren nur zwei eigentliche Karavellen, denn die »Santa Maria« wird von Kolumbus selbst als »Não« bezeichnet, d. h. als »Schiff«; die beiden anderen sind für ihn hingegen »Carabelas«. Aus den Schriften von Kolumbus wissen wir, daß die »Niña« eine lateinische Karavelle und die »Pinta« eine »runde« Karavelle war. Mit diesen beiden Bezeichnungen wurden unterschiedliche Segelausrüstungen definiert: die »Niña« hatte drei Masten mit Lateinsegeln, die »Pinta« über zwei Masten mit Rahsegeln und einem Mast mit Lateinsegel verfügte.

Während sich die lateinischen Karavellen hervorragend für das Segeln gegen den Wind eigneten, weil sie sehr viel höher an den Wind gehen konnten, hatten die Rahsegel-Karavellen den Vorteil des besseren Seeverhaltens, der Schnelligkeit und leichten Manövrierbarkeit, wenn der Wind von achtern kam. Aus diesem Grund ließ Kolumbus, als er auf den Kanarischen Inseln

Zweimastige spanische Karavelle (mit Lateinsegeln) aus dem 15. Jh.

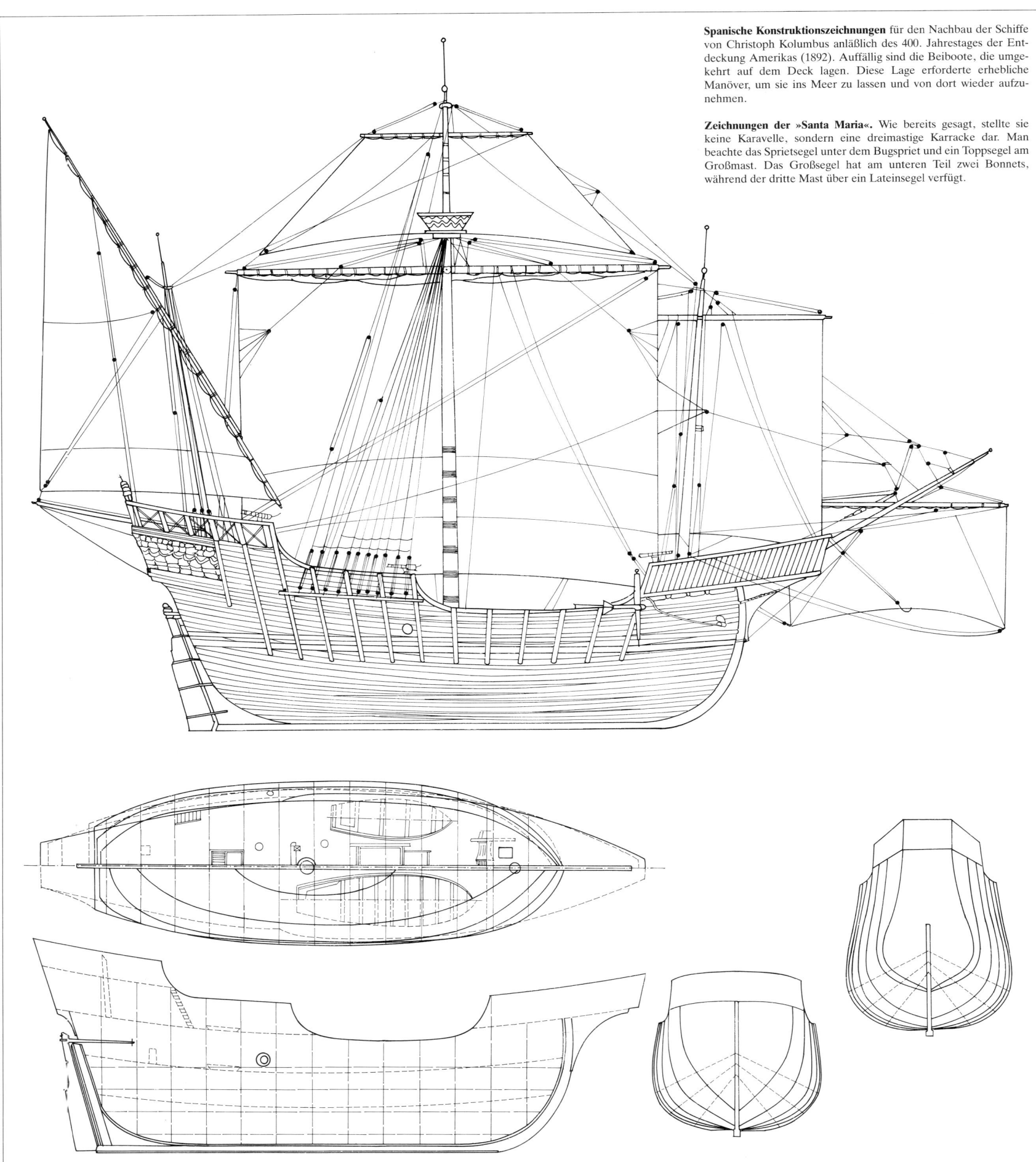

Spanische Konstruktionszeichnungen für den Nachbau der Schiffe von Christoph Kolumbus anläßlich des 400. Jahrestages der Entdeckung Amerikas (1892). Auffällig sind die Beiboote, die umgekehrt auf dem Deck lagen. Diese Lage erforderte erhebliche Manöver, um sie ins Meer zu lassen und von dort wieder aufzunehmen.

Zeichnungen der »Santa Maria«. Wie bereits gesagt, stellte sie keine Karavelle, sondern eine dreimastige Karracke dar. Man beachte das Sprietsegel unter dem Bugspriet und ein Toppsegel am Großmast. Das Großsegel hat am unteren Teil zwei Bonnets, während der dritte Mast über ein Lateinsegel verfügt.

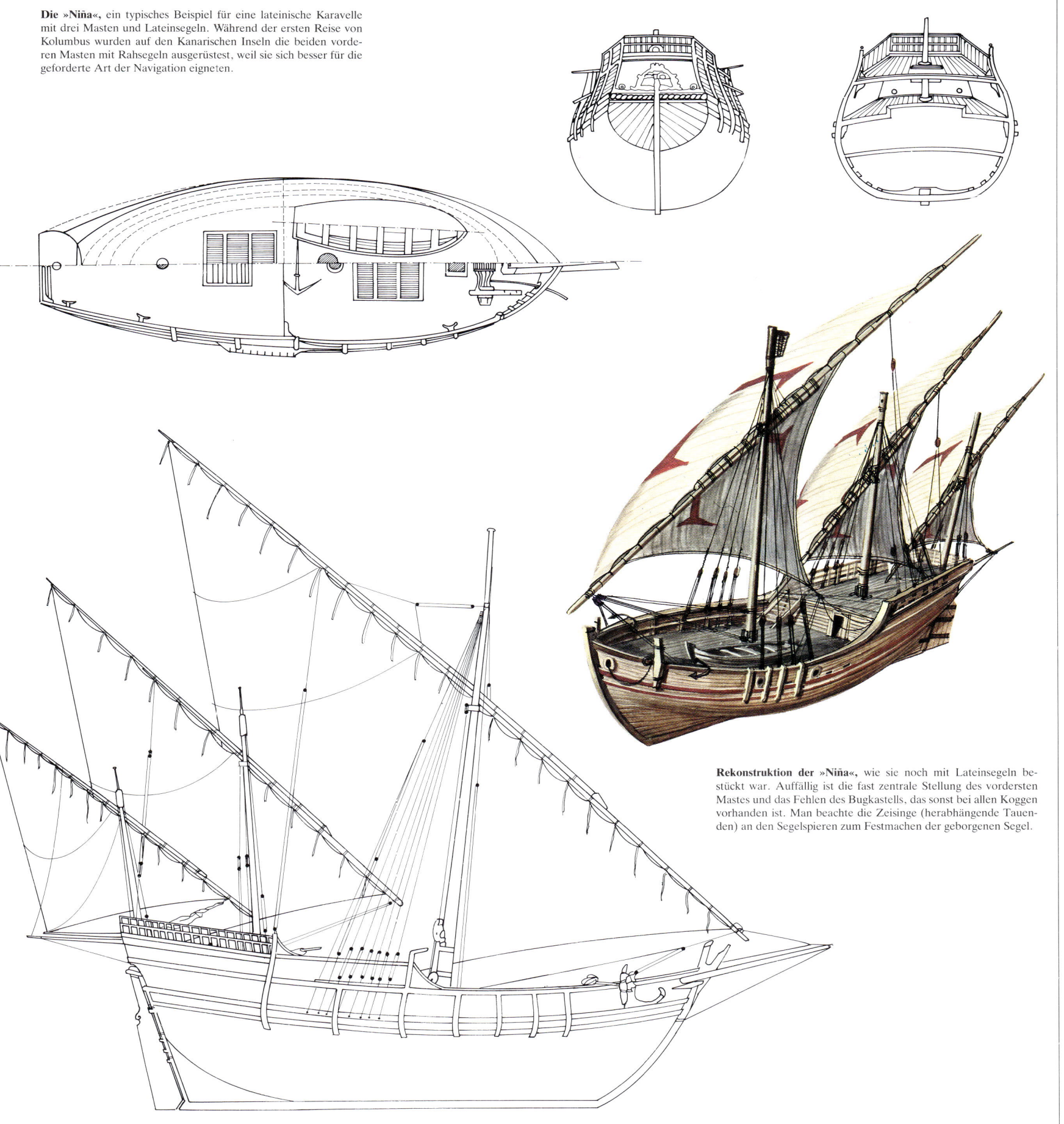

Die »Niña«, ein typisches Beispiel für eine lateinische Karavelle mit drei Masten und Lateinsegeln. Während der ersten Reise von Kolumbus wurden auf den Kanarischen Inseln die beiden vorderen Masten mit Rahsegeln ausgerüstest, weil sie sich besser für die geforderte Art der Navigation eigneten.

Rekonstruktion der »Niña«, wie sie noch mit Lateinsegeln bestückt war. Auffällig ist die fast zentrale Stellung des vordersten Mastes und das Fehlen des Bugkastells, das sonst bei allen Koggen vorhanden ist. Man beachte die Zeisinge (herabhängende Tauenden) an den Segelspieren zum Festmachen der geborgenen Segel.

angelangt war, auch die »Niña« in eine runde Karavelle umbauen.

Was den Ursprung der Karavellen anbelangt, so stellten einige Historiker die Hypothese auf, sie seien auf Grund von Studien der Schule von Sagres (Heinrich der Seefahrer) auf Stapel gelegt worden, um den Erforschern der Atlantikküste Afrikas kleine, manövrierfähige Schiffe mit geringem Tiefgang und der Fähigkeit, hart an den Wind zu gehen, zur Verfügung zu stellen. Es waren in der Tat portugiesische Karavellen, mit denen 1434 Gil Eanes die afrikanische Küste bis zum Kap Bojador hinunterfuhr. Und auch Antonio Gonzales und Nuñuez Tristao erreichten 1441 mit drei Karavellen den 21. Grad südlicher Breite und das »Kap Blanco«. Bartolomeo Diaz umsegelte 1486 mit Karavellen das Kap der guten Hoffnung. Und schließlich unternahm Kolumbus mit zwei, diesmal spanischen Karavellen seine erste Entdeckungsreise.

Die Karavelle mit drei Masten und Lateinsegeln erfuhr im Lauf der Zeit einigen Veränderungen. Es gab Karavellen mit vier Masten: mit einem Mast im Vorschiff, auch Vor- oder Fockmast genannt, mit Rahsegeln und drei Masten mit Lateinsegeln.

Aus Anlaß des 400. Jahrestages der Entdeckung Amerikas im Jahr 1892 wurden in Italien und Spanien Kommissionen gebildet, welche die Aufgabe hatten, alle Elemente für den möglichst getreuen Nachbau der drei Karavellen zu sammeln. Spanien baute eine »Santa Maria« in Originalgröße, während sich in Italien die »Reale Commissione Colombiana« darauf beschränkte, drei Modelle in kleinem Maßstab zu bauen, die heute im Museo Navale von Genua aufbewahrt werden. Was die beiden Karavellen angeht, so zeigen uns die Modelle eine »Niña« in der ursprünglichen Version mit drei Lateinsegeln und eine »Pinta« als runde Karavelle mit Bugspriet ohne Segel, Fockmast und Großmast, jeder mit einem Rahsegel und Besanmast mit Lateinsegel. Beide Karavellen haben einen Heckaufbau, aber kein Kastell im Vorschiff. Eine Besonderheit: Die Wanten des Großmastes bilden das stehende Gut auf zwei Rüsten, die außerhalb der Außenbeplankung liegen. Doch ist dieses Detail vielleicht falsch, denn auf gemalten Darstellungen von »Schiffen« und Karracken ist eine einzige solche Strickleiter zu erkennen.

Christoph Kolumbus und seine Reisen

Christoph Kolumbus muß zwischen dem 6. August und dem 31. Oktober 1451 auf die Welt gekommen sein. Der Vater war Domenico Kolumbus (Colombo), die Mutter Susanna Fontanarosa. Christoph Kolumbus war nicht der Sohn einer Seemannsfamilie. Der Vater war vielmehr Wollhändler, und diesen Beruf übte auch der Sohn aus, bis er 18 Jahre alt war. In diesem Alter ungefähr begann er zur See zu fahren, und zehn Jahre später, mit 28 Jahren, kam er nach Lissabon und danach nach Madeira und nach Porto Santo, einer Insel im Archipel von Madeira. Dort heiratete er ungefähr 1480 Felipa Moniz. Gewiß kam ihm auf Madeira und Porto Santo die Idee für die große Reise. Kolumbus bereitete sich durch die Lektüre ver-

Die »Pinta« ist ein typisches Beispiel für eine runde Karavelle; zwei Masten trugen Rahsegel, der Heckmast hingegen ein Lateinsegel. Im Unterschied zur »Santa Maria« hatten die beiden vorderen Masten nur ein einziges Segel, während die »Santa Maria« am Großmast über deren zwei verfügte.

Rekonstruktion der dreimastigen »Santa Maria«. Zwei Masten waren rahgetakelt, während der Besanmast ein Lateinsegel hatte. Unter dem Bugspriet befand sich das Sprietsegel.

schiedener Bücher darauf vor, z.B. der »Imago Mundi« des Kardinals Pietro d'Ailly und der »Historia rerum ibique gestarum« von Papst Pius II. Piccolomini. Diese Bücher mit den handschriftlichen Notizen von Christoph Kolumbus werden in der Bibliotheca Columbiana von Sevilla aufbewahrt. Kolumbus erfuhr auch von einem Brief, den der Florentiner Paolo dal Pozzo Toscanelli an den Domherrn Fernando Martins, einen Berater des portugiesischen Königs, schrieb. Der Brief zeigt das Datum 25. Juni 1474 und will beweisen, daß der kürzeste Weg in den Orient in der Überquerung des Atlantiks bestehe. 1486 verließ Kolumbus Portugal und die Inseln, ging nach Spanien und fuhr in den Diensten des Königs zur See. Nach langen Verhandlungen unterzeichneten am 17. April 1492 Christoph Kolumbus und das Königspaar in Santa Fé einen Vertrag, in dem er zum Admiral befördert und zum Vizekönig der Länder ernannt wurde, die er entdecken sollte.

Die erste Expedition verließ am 3. August 1492 Palos, kam am 12. Oktober in Amerika an und gelangte am 15. März 1493, nach acht Monaten, wieder nach Palos. Kolumbus unternahm drei weitere Reisen in die Neue Welt, aber auf keiner kehrt er mit dem Schiff wieder in die Heimat zurück, mit dem er weggefahren war.

Nachdem er erfolglos eine Passage nach Indien gesucht hatte, kehrte er enttäuscht und mutlos am 7. November 1504 nach Spanien zurück und starb am 20. Mai 1506 im Valladolid mit 55 Jahren, vergessen von allen.

Die erste Reise. Diese Reise wurde mit drei Schiffen durchgeführt: der »Santa Maria« mit ungefähr 45 Mann Besatzung, befehligt von Kolumbus und dem Eigner Juan de la Cosa; der »Pinta« mit ungefähr 25 Mann, befehligt von Martino Alonso Pinzon und den Eignern Gomez Rascon und Cristobal Quinteiro; und schließlich der »Niña« mit 20 Mann, befehligt von Vicente Yanez Pinzon und mit dem Eigner Juan Niño. Abgesehen von den ungefähr 90 Mann Besatzung waren auch 30 Passagiere anwesend, unter ihnen der Milizmajor Diego Araña, der Flotteninspekteur Rodrigo Sanchez de Segovia, der Notar Rodrigo de Escobedo und andere.

Die Gruppe fuhr am 3. August 1492 von Palos am Rio Tinto (Ästuar von Huelva) ab, hielt sich vom 25. August bis zum 1. September auf den Kanarischen Inseln auf, um die Schiffe zu reparieren und die Segelausrüstung der »Niña« von Lateinsegeln auf Rahsegel zu ändern.

Bis zum 8. Oktober fuhr Kolumbus praktisch am 26. Breitengrad entlang. Dann bestand Martino Alonso Pinzon darauf, sich nach Südosten zu richten, um einem Vogelschwarm zu folgen, der die Nähe von Festland angekündigt hatte. Am 12. Oktober, um 2 Uhr morgens, sah ein Seemann der »Pinta«, Rodrigo de Triana mit Namen, als erster das Festland. Ungefähr um 9 Uhr fand die Landung statt, und das Gebiet wurde feierlich für den König von Spanien in Besitz genommen. Die Einheimischen nannten ihre Insel Guanahani. Kolumbus taufte sie in San Salvador um, doch handelt es sich um das heutige Watling. Die Überfahrt hatte 42 Tage gedauert.

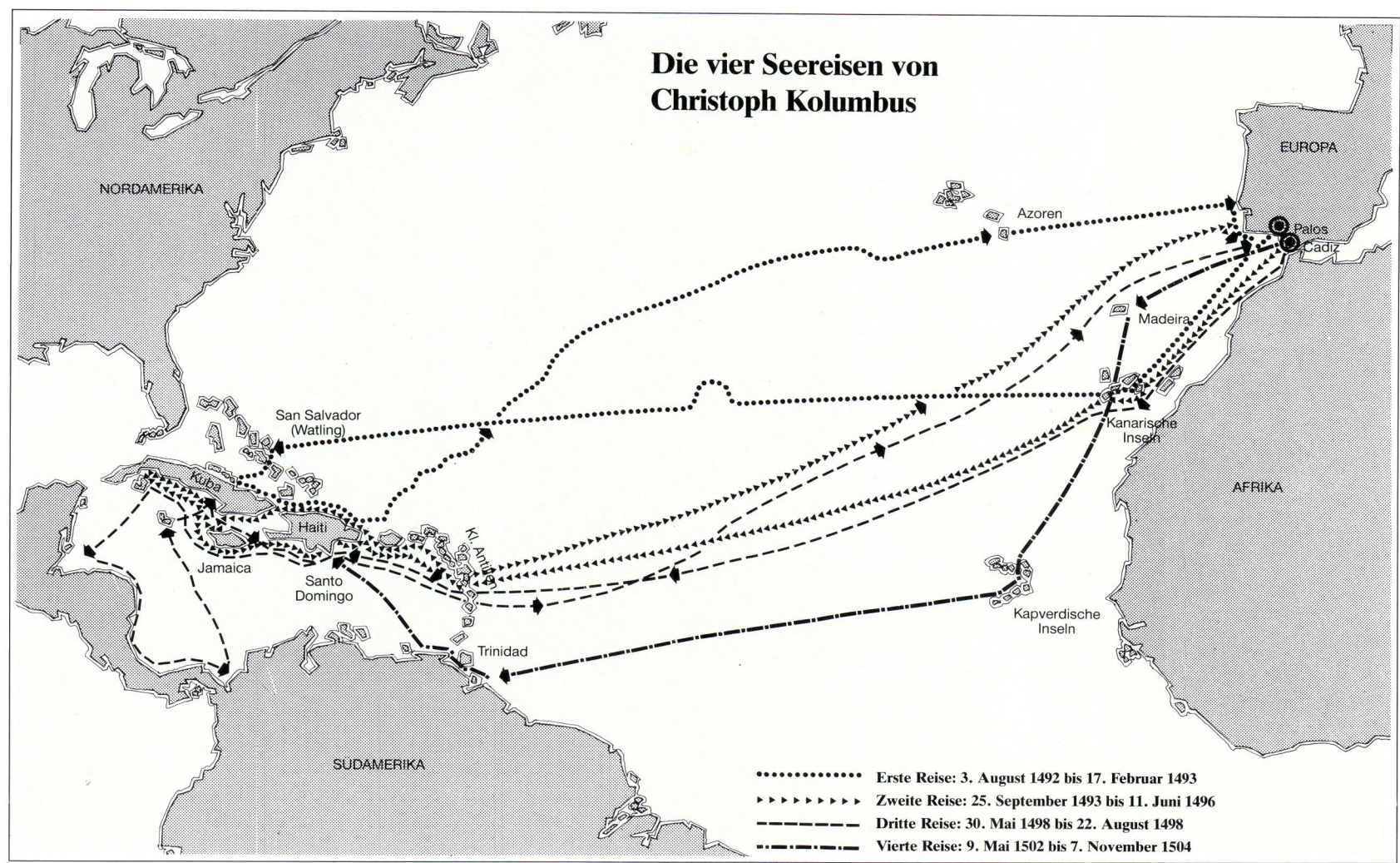

Die vier Seereisen von Christoph Kolumbus

NORDAMERIKA

EUROPA

Azoren

Palos
Cadiz

Madeira

San Salvador
(Watling)

Kanarische
Inseln

Kuba

AFRIKA

Haiti

Kl. Antillen

Jamaica

Santo
Domingo

Kapverdische
Inseln

Trinidad

SUDAMERIKA

- • • • • • • • • Erste Reise: 3. August 1492 bis 17. Februar 1493
- ► ► ► ► ► ► ► Zweite Reise: 25. September 1493 bis 11. Juni 1496
- — — — — — Dritte Reise: 30. Mai 1498 bis 22. August 1498
- ▪-▪-▪-▪-▪ Vierte Reise: 9. Mai 1502 bis 7. November 1504

Im Anschluß daran wurden verschiedene weitere Inseln entdeckt und erforscht. Als die »Santa Maria« jedoch in der Nacht des 25. Dezember 1492 nach Haiti gelangt war, lief sie auf und mußte aufgegeben werden. Kolumbus ließ ungefähr 40 Männer an Ort und Stelle zurück und schiffte sich am 4. Januar 1493 für die Rückkehr ein.

Anstatt wie bei der Hinfahrt dem 26. Breitengrad zu folgen, segelte er in nordöstlicher Richtung bis zum 38. Breitengrad. Ihm folgte er so lange, bis er am 17. Februar 1493 die Azoren erreichte, nach 44 Tagen.

Da die Azoren portugiesisches Territorium waren, wollte der Gouverneur die Schiffe beschlagnahmen und die Besatzung gefangennehmen. Nach mühseligen Verhandlungen gelang es Kolumbus, am 24. Februar 1493 weiterzufahren. Doch ein Sturm zwang ihn, am 4. März 1493 im Tejo, wiederum auf portugiesischem Territorium, Zuflucht zu suchen. Auch hier gab es Schwierigkeiten, doch wurde Kolumbus schließlich vom portugiesischen König João II. empfangen und durfte anschließend weiterreisen. Er kam am 15. März 1493 an Bord der »Niña« im Ästuar von Huelva wieder an.

Die zweite Reise. Die zweite Reise hatte als Hauptziel die Kolonisierung der neuen Länder. Deswegen wurde in Cadiz eine Flotte von

17 Schiffen zusammengezogen, drei mit Rahsegeln und 14 Karavellen. Kolumbus schiffte sich auf der »Maria Galante« ein, einem Schiff mit Rahsegeln. Unter den Karavellen befand sich die »Niña«, die auf »Santa Clara« umgetauft worden war und auf der Kolumbus die spätere Heimreise unternahm. An Bord dieser Schiffe befanden sich 1200 bis 1500 Menschen, Lebensmittel, Munition, Saatgut, Haustiere, Pferde, Baumaterial und landwirtschaftliche Geräte.

Die Expedition stach am 25. September 1493 von Cadiz aus in See, hielt sich vom 2. bis zum 13. Oktober auf den Kanarischen Inseln auf und erreichte nach nur 21 Tagen eine Insel, die Maria Galante genannt wurde. Nachdem die Flotte weitere Inseln berührt hatte, landete sie am 27. September 1493 in Haiti, wo im Januar zuvor 40 Spanier zurückgelassen worden waren. Man fand aber keine Überlebenden mehr, und das kleine Fort lag in Schutt und Asche. Am 7. Dezember nahm die Flotte die Reise wieder auf, gelangte in eine andere Bucht und brachte die Kolonisatoren, das Saatgut und die Tiere an Land. Hier gründeten sie die Stadt Isabella. Zum Gouverneur wurde der Bruder Diego ernannt.

Am 2. Februar 1494 fuhren 12 der 17 Schiffe mit dem Kommandanten Don Antonio de Torres zurück nach Spanien.

Kolumbus nahm am 14. April 1494 mit drei der zurückgebliebenen Schiffe die Forschungsreisen wieder auf. Am 29. September kehrte er nach Isabella zurück, wo er von seinem Bruder Bartolomeo mit drei Karavellen voller Lebensmittel erwartet wurde. Da es zwischen den beiden Brüdern Kolumbus zu Streit kam, reisten das militärische Oberhaupt Don Pedro Margarita und der apostolische Gesandte Padre Buyl nach Spanien zurück, um den König davon zu unterrichten. Ferdinand von Aragon entsandte daraufhin vier Karavellen mit Don Juan Aguado an Bord nach Isabella, um die Lage zu klären. An diesem Punkt glaubte Christoph Kolumbus, seine Anwesenheit in Spanien sei notwendig. Er ließ seinen Bruder Bartolomeo als Gesandten zurück in Isabella und reiste mit der alten »Niña«, der jetzigen »Santa Clara«, zurück nach Cadiz, wo er am 11. Juni 1496 eintraf.

Die dritte Reise. Noch schlimmer war die Rückkehr von der dritten Reise: als Gefangener, mit Ketten an den Füßen. Die Ausrüstung der dritten Expedition besorgte der Florentiner Amerigo Vespucci, der damals Treuhänder des Hauses Berardi in Sevilla war. Am 30. Mai 1498 verließ eine Gruppe von sechs Schiffen die Stadt Sanlúcar de Barrameda und fuhr erst nach Madeira und

anschließend zu den Kanarischen Inseln. Drei Schiffe fuhren weiter nach Amerika, während Kolumbus mit den übrigen drei Schiffen der Küste Afrikas entlang zu den Kapverdischen Inseln fuhr, wo er am 4. Juli eintraf. Er hielt weiter nach Südwesten bis zum 10. Breitengrad, dem er dann auf die Überfahrt folgte. Am 31. Juli 1498 machte er bei der südamerikanischen Insel Trinidad gegenüber dem Orinoco-Delta fest. Dann reiste er weiter nach Haiti und kam am 22. August 1498 in Santo Domingo an.

Hier erhoben sich die Spanier gegen Kolumbus und veranlaßten ihn, bei der Krone um Hilfe nachzusuchen. So kam am 23. August 1500 der königliche Gesandte Don Francesco Bobadilla nach Santo Domingo an. Die Sache endete damit, daß er Kolumbus und die Brüder Diego und Bartolomeo verhaftete und als Gefangene auf der Karavelle »Le Gorda« nach Spanien zurückbringen ließ. Als Ende der dritten Reise kann man also den 22. August 1498 betrachten.

Die vierte Reise. Sie hatte die Aufgabe, eine Passage zwischen dem Atlantik und dem Pazifik zu finden, um nach Indien zu gelangen. Die Fahrt nach Indien war bereits Vasco da Gama mit der Umschiffung Afrikas gelungen; er war schließlich im September 1499 nach Lissabon zurückgekehrt.

Mit vier kleinen Schiffen, der »Capitana«, der »Gallega«, der »Santiago da Palos« und der »Vizcayna« verließ Christoph Kolumbus am 9. Mai 1502 zusammen mit dem Bruder Bartolomeo und dem Sohn Fernando die Stadt Cadiz. Er folgte der Kanaren-Route und kam am 10. Juni in Santa Lucia auf den Kleinen Antillen an. Die Überfahrt hatte nur 16 Tage gedauert.

Der Gouverneur von Santo Domingo verbot ihm anzulegen und sich mit dem Nötigsten zu versorgen. Kolumbus fuhr weiter der Küste Mittelamerikas entlang bis in den Süden der Halbinsel Yucatán, ohne je das Schiff zu verlassen. Dort hätte er von einem höheren Berg aus sehen können, daß sich in nur wenigen Meilen ein weiterer Ozean erstreckte.

Am 5. Dezember 1502 gab er auf. Die Schiffe waren in sehr schlechtem Zustand, und er hatte im November in Portobello die »Vizcayna« und am 6. Januar 1503 in Belém die »Gallega« aufgeben müssen. Am 16. April 1503 fuhr er mit den beiden letzten Schiffen weiter, doch mußte er sie schließlich in Santa Gloria, dem heutigen St. Ann Bay an der Nordküste Jamaicas, auf Strand setzen.

Hier blieb Kolumbus vom 25. Juni 1503 bis zum 28. Juni 1504 isoliert und praktisch ohne Möglichkeit, ein Lebenszeichen zu geben. Dann fand ihn eine Karavelle, die von Santo Domingo aus gesandt worden war. Diesen Ort hatten nämlich Diego Mendez und Bartolomeo Fieschi nach fünftägiger Reise in einem Eingeborenenkanu erreicht. Nach einem Aufenthalt in Santo Domingo, der vom 13. August bis zum 12. September dauerte, reiste Kolumbus nach Spanien zurück. Am 7. November 1504 traf er in Sanlúcar ein.

Die »Não« und die Karracke

Als von den Koggen die Rede war, sagten wir, daß dieser Schiffstyp, der im 13. und 14. Jh. im nördlichen Mitteleuropa entwickelt wurde, einen einzigen Mast und ein einziges Rahsegel besaß. Die Schiffe der Kreuzfahrer hatten zwei Masten mit Lateinsegeln. Die Karavellen schließlich besaßen entweder drei Lateinsegel oder zwei Masten mit Rahsegeln und einen Mast mit einem Lateinsegel. Aber bisher war noch nicht die Rede von Schiffen mit zwei Masten und Rahsegeln.

Tatsächlich gab es in der logischen Entwicklung der Segelausrüstung keine Schiffe mit zwei Masten, beide mit Rahsegeln. Vom einzigen großen zentralen Mast ging man nämlich zu Schiffen mit einem zweiten am Heck gelegenen Mast über, der aber ein Lateinsegel trug. Das Lateinsegel im Heck war wohl für bestimmte Manöver notwendig geworden, denn es erleichterte die Beibehaltung der Richtung, was mit dem großen zentral gelegenen Rahsegel sehr schwierig war. Die Darstellungen solcher Schiffe sind nicht zahlreich; die bekannteste verdanken wir dem Maler Gentile da Fabriano (1370 bis 1427), welches das Wunder des heiligen Nikolaus darstellt und sich in den Vatikanischen Museen befindet.

Abgesehen von diesem Gemälde gibt es auch ein Schiffsmodell mit dieser Mastanordnung: das sogenannte »Schiff von Matarò«, das heute im Prinz-Heinrich-Museum

Das Wunder des heiligen Nikolaus auf einem Gemälde von Gentile da Fabriano in den Vatikanischen Museen, um 1400. Das Schiff hat ein einziges zentrales Steuerruder, und der Großmast trägt ein Rahsegel, während der kleine Besanmast lateingetakelt ist.

Schiff mit Rahsegel am Großmast und einem Lateinsegel am Besanmast; Abbildung von 1486 aus Breydenbachs Buch über seine Pilgerreise ins Heilige Land.

in Rotterdam aufbewahrt wird. Dieses Schiff geht auf das 15. Jh. zurück und verdankt seinen Namen der Tatsache, daß es viele Jahrhunderte lang in der Kirche des Städtchens Matarò bei Barcelona aufgestellt war, vielleicht als Ex Voto eines Seefahrers. Heute hat das Modell nur ein Mast, den Großmast. Auf dem Rumpf ist aber deutlich ein rundes Loch zu erkennen, in dem der Besanmast mit einem Lateinsegel steckte. Das Modell zeigt uns noch ein weiteres Loch für einen dritten Mast, der sich auf dem Kastell am Vorschiff befand. Viele Experten sind der Ansicht, es handle sich hier um eine spätere Hinzufügung, da das Loch sehr rudimentär ist und nicht die gleichen konstruktiven Merkmale aufweist wie das Loch des Besanmastes. Aus dem Modell geht fer-

Rekonstruktion der »Matthew«, eines dreimastigen Schiffes von 50 Tonnen, mit dem John Cabot 1497 die Atlantikküste Kanadas erforschte. Man beachte das Sprietsegel unter dem Bugspriet.

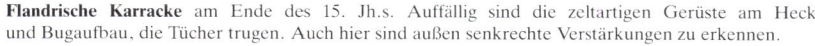

Flandrische Karracke am Ende des 15. Jh.s. Auffällig sind die zeltartigen Gerüste am Heck- und Bugaufbau, die Tücher trugen. Auch hier sind außen senkrechte Verstärkungen zu erkennen.

Karracke aus dem Mittelmeer, Ende des 15. Jh.s. Man beachte die horizontalen Verstärkungen am Rumpf und den Aufbau im Vorschiff. Die hellblaue Farbe am unteren Rumpfteil gibt an, wie tief dieser ins Wasser eintauchte.

ner hervor, daß Vor- und Achterschiff abgerundet waren und ein Deck und einen Aufbau besaßen, wobei bei beiden die Decksbalken über die Außenbeplankung reichten. Überdies sind kräftige senkrechte Verstrebungen an der Außenbeplankung zu erkennen, die auf spanisch »bularcamas« heißen. Oberhalb des Aufbaues befindet sich ein Deck mit einer Brustwehr. Eine ähnliche Struktur liegt auch über dem Kastell und ragt teilweise über das Vorschiff hinaus.

Was für einen Namen gibt man einem solchen Schiff? Sehr wahrscheinlich hieß dieser Typ im 15. Jh. »Nao«. Mit diesem spanischen Namen hatte Kolumbus auch die »Santa Maria« bezeichnet. Möglicherweise stellte sie aber nur einen sehr rudimentären Typ der Nao dar. Hätte man noch einen Mast am Bug angebracht, so hätte es sich um eine Karracke gehandelt.

Die Karracke besaß in der Tat drei Masten und war aus dem oben beschriebenen Schiffstyp mit zwei Masten hervorgegangen, denn man hatte das Bedürfnis gefühlt, im Heck einmastiger Schiffe mit einem Lateinsegel ein Ausgleichssegel anzubringen. In ähnlicher Weise glaubte man nun, ein analoges ausgleichendes Segel im Bug zu benötigen, und wie bei den runden Karavellen war dies ein Rahsegel.

Was ist also nun der Unterschied zwischen einer dreimastigen Karracke und einer runden Karavelle?

Die Darstellung von Karracken zeigen uns Schiffsrümpfe, die völlig verschieden sind von denen der Karavellen. Diese sind zugespitzt mit abgerundetem, eingebuchtetem Bug und mäßig hohem Aufbau. Die Rümpfe der großen Karracken hingegen kann man mit denen kleiner, zweimastiger Karracken vergleichen, die ein Rahsegel und ein Lateinsegel trugen.

Bild einer flämischen Karracke (Kraeck) des Meisters W.A. von 1470. Auch hier sind vertikale Verstärkungen außen am Rumpf zu erkennen, und die Heck- und Bugaufbauten tragen Gerüste, die mit Tuch abgedeckt waren. Man beachte, daß die Wanten des Großmastes auf entsprechenden Rüsten angebracht waren.

Modell einer Lübecker Hulk aus dem 16. Jh. Der Rumpf trägt außen senkrechte Verstärkungen, allerdings nur vor dem Großmast. Man beachte die Mastkörbe.

Galeone des 17 Jh.s (Rekonstruktion).

Die dreimastige große Karracke hatte einen bauchigeren Rumpf, einen schnabelförmig nach vorne vortretenden Bug, darüber ein ähnlich gebautes Kastell wie bei dem Schiff von Matarò, einen hohen umfangreichen Aufbau, bisweilen mit einem zweiten kleineren gedeckten Aufbau oder einer einfachen Plattform mit Brustwehr. Der Rumpf trug überdies außen viele »bularcamas«, senkrechte Verstrebungen, besonders im Achterschiff.

Ein schiffsbaukundliches Manuskript aus dem 15. Jh., das im British Museum aufbewahrt wird, enthält Zeichnungen und Maßangaben einer Karracke: sie war 38 m lang, 10,36 m breit und hatte zwei Decks, das Oberdeck und das Orlogdeck. Eine flämische Darstellung aus dem Jahre 1470 zeigt uns ein enormes Schiff mit riesigen dachartigen Strukturen auf dem Kastell und dem Aufbau und anscheinend ein durchgehendes Deck oberhalb des Decks zwischen Kastell und Aufbau. Das Kastell, das nicht mehr aus gebogenen Balken besteht, tritt deutlich über das Vorschiff hinaus. Bedeutsam ist auch das Vorhandensein von Rüsten des Großmastes, die außerhalb des Rumpfes befestigt sind. Wie bereits gesagt, stammt das Gemälde von 1470, und nur wenige Jahre trennen uns von 1492, der Zeit der »Santa Maria« von Christoph Kolumbus.

Wir müssen nun doch das Datum von 1492 überschreiten, das wir uns eigentlich als Grenze für dieses Kapitel gesetzt haben. In einem großen Gemälde aus dem Jahr 1500, einem Werk von Jacopo de Barbari, das Venedig darstellt, sieht man eine Karracke mit vier Masten: ganz hinten am Heck wurde noch ein weiterer Mast mit Lateinsegeln hinzugefügt, der Bonaventuramast. Es darf uns nicht wundern, wenn dieses Schiff eine Breitseite von 28 Kanonen, insgesamt 56 Kanonen auf beiden Seiten, aufweist. Die venezianischen Handelsschiffe mußten da-

mals bewaffnet sein. Wie im Kapitel über die Handelsgaleeren ausgeführt wird, gab es damals Gesetze, die bestimmten, wie viele Waffen jedes Schiff an Bord mitführen mußte. Tatsächlich mußten auch die Handelsschiffe und die Handelsgaleeren sich gegen Piraten – Türken oder Berber – wehren können. Die bekannteste und ausführlichste Darstellung einer Karracke finden wir auf einem großen Bild, das sich heute im National Maritime Museum in Greenwich befindet. Es stellt die »Santa Caterina do Monte

Sinai« dar und stammt aus dem Jahr 1520. Dieses Schiff ist jedoch eher ein Kriegsschiff denn ein Handelsschiff.

Die Handelsgaleeren des Mittelmeeres

Während im 14. Jh. in den nordeuropäischen Ländern die mit Rudern bestückten Handelsschiffe praktisch verschwunden waren und die Flotten der großen Handelsligen, also die des Städtebundes der fünf englischen Häfen oder der Deutschen Hanse,

Venezianische Karracke vom Anfang des 16. Jh.s. Das Schiff hat vier Masten, die beiden vorderen mit Rahsegeln, der Großmast mit Groß- u. Marssegel, die hinteren Masten mit Lateinsegeln. Die Venezianer übernahmen diesen Schiffstyp von nordeuropäischen Völkern, die mit der Stadt in Handelsbeziehungen standen. Früher verwendete man für den Handel lateinische Schiffe oder Handelsgaleeren.

aus den bereits beschriebenen Koggen mit ihren Rahsegeln bestanden, setzten im Mittelmeer die Venezianer, die Genuesen und die Katalanen weiterhin Handelsgaleeren ein. Es handelte sich um Segelschiffe mit Riemen und folglich mit einer vielköpfigen Besatzung und einem verhältnismäßig geringen Laderaum. Zahlreiche Dokumente aus der Zeit um 1300, die besonders aus venezianischen und genuesischen Archiven stammen, beschreiben uns genau, wie diese Schiffe gebaut und mit Mannschaft und Waffen ausgerüstet werden mußten. Wenn sie für den Handel mit Nordeuropa bestimmt waren, hießen sie »Flandrische Galeeren« oder »Londoner Galeeren«, während die »Romanischen Galeeren« und die »Galere della Tana« für den Handel in der Ägäis und dem Schwarzen Meer bestimmt waren.

Die genauesten Beschreibungen der venezianischen Galeeren vom flandrischen, Londoner, romanischen oder »dünnen« Typ finden wir in einem anonymen Manuskript aus dem 14. Jh., das die Biblioteca Magliabechiana in Florenz aufbewahrt. Der Text ist in der damaligen venezianischen Umgangssprache abgefaßt und enthält so viele technische Begriffe, daß er praktisch unverständlich ist. In den Jahren 1835 bis 1840 übersetzte ihn jedoch ein ehemaliger Offizier der Kriegsmarine, Alberto Jal, in modernes Französisch. Zu Jals Zeiten baute man die Schiffe noch aus Holz, als Antrieb dienten Segel, und die Galeeren waren erst seit etwas mehr als 50 Jahren aus der französischen Kriegsmarine verschwunden. Die Nomenklatur der verschiedenen Teile war damals noch all jenen verständlich, die sich mit dem Schiffsbau beschäftigt hatten. Heute, mehr als 150 Jahre danach und in einer Zeit, da es keine Holzschiffe, keinen Segelantrieb und keine Galeeren mehr gibt, sind diese Begriffe nur noch eine ganz ferne Erinnerung.

Die Flandrische oder Londoner Galeere war am größten. Als die wichtigsten Abmessungen seien angegeben: Länge über Deck 41,04 m, Breite im Schiffsboden über dem Kiel 3,46 m, größte Breite des Decks 6,06 m, Höhe des Decks über dem Kiel 2,76 m. Die tragende Struktur des Rumpfes bildeten 88 Spanten, wovon je 42 gegen den Bug oder das Heck zu kleiner wurden, während sich im Zentrum vier gleiche Spanten befanden. Der Abstand zwischen den Decksbalken betrug 57 cm; auf einer Länge von 41,04 m waren es mithin 73 Decksbalken, während, wie gesagt, die Zahl der Spanten 88 betrug. Das bedeutet, daß zwischen der Zahl der Decksbalken und der Spanten keine Übereinstimmung bestand. Im Unterschied zum heutigen Schiffsbau hatte nicht jeder Spant einen Decksbalken, sondern jene standen näher beieinander. Der Abstand zwischen den tragenden Verbänden erhält man dadurch, indem man die Länge des Decks durch die Anzahl der Abstände zwischen den Spanten (87) teilt; man erhält dabei 0,47 m.

Weitere wichtige Maße sind der Abstand zwischen dem äußeren Bug- und Heckschott, nämlich 33,91 m (praktisch identisch mit dem »Telaro«, jener Fläche, die für die Sitzbänke der Ruderer zur Verfügung stand), die Länge des Vorderstevens vom Vorderrand des »Telaro« bis zur Spitze (2,81 m) sowie das entsprechende Maß am Heck mit 3,35 m.

Die Anzahl der Ruderbänke und der Ruderer ist im Manuskript nicht angegeben. Es vermerkt nur den Abstand der ersten und der letzten Dolle vom äußersten Bug- bzw. Heckschott (»Telaro«) und den gegenseitigen Abstand der Dollen, der 1,19 m betrug. Wenn man die Summe der obengenannten Abstände der ersten bzw. letzten Dolle (1,36 m) von der Entfernung zwischen dem äußersten Bug- bzw. Heckschott (33,91 m) abzieht, dann bleiben 321,55 m, die durch 1,19 m geteilt 28 Dollenabstände ergeben. Die Zahl der Ruderbänke betrug also 29, doch diese Zahl ist nicht richtig, wie wir gleich sehen werden.

Als Segelausrüstung hatten die Flandrischen Galeeren zwei Masten mit Lateinsegel. Der Bugmast war 24,30 m lang und hatte an der Basis einen Umfang von 1,81 m und wurde auf jeder Seite von sieben Pardunen gehalten. Die Spiere des Lateinsegels maß 32,99 m, hatte einen Umfang von 1,13 m. Das Manuskript sagt nichts über die Länge des kleineren Mastes.

Die Galeere war mit zwei Beibooten ausgestattet, einer Ersatz-Rahspiere, mit fünf Ankern, jeder mit 120 Pfund Gewicht, und einem einzigen zentralen Steuerruder. Das Manuskript gibt ferner genau an, daß eine Galeere für den Transport von Pfeffer oder Ingwer drei »pinti« Ballast mitnehmen mußte, während für den Transport von Weinfässern nur deren zwei vorgesehen waren. Besondere Einrichtungen im Laderaum waren für Wollballen vorgesehen. Das Manuskript nennt nur zwei Segel: ein Großsegel und ein Besansegel – ganz sicher keine vollständige Aufzählung.

Die Romanische Galeere war etwas kleiner als die Flandrische: Länge 40,92 m, Breite am Schiffsboden 3,40 m, Höhe des Decks 2,59 m, größte Breite 5,79 m, Länge zwi-

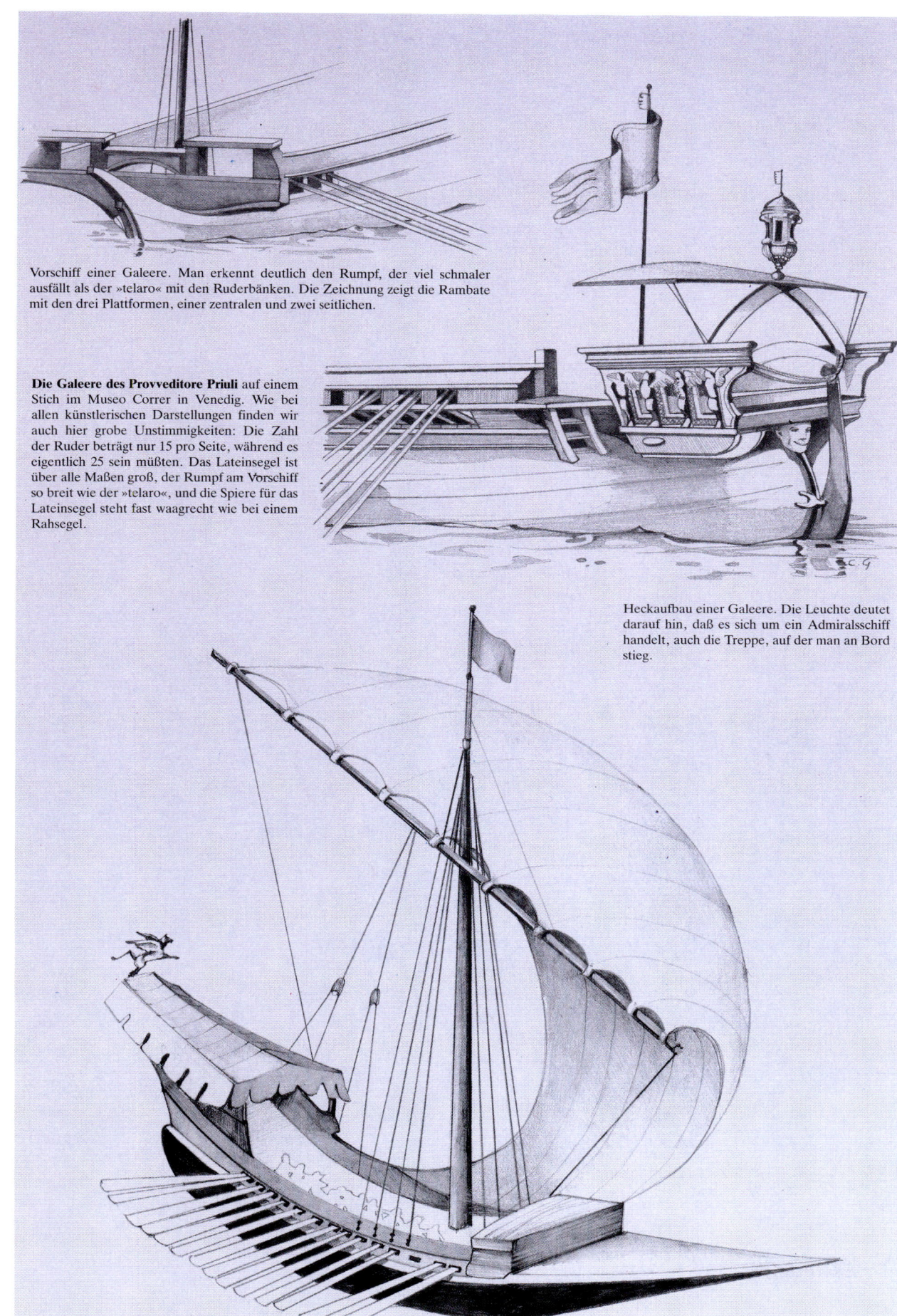

Vorschiff einer Galeere. Man erkennt deutlich den Rumpf, der viel schmaler ausfällt als der »telaro« mit den Ruderbänken. Die Zeichnung zeigt die Rambate mit den drei Plattformen, einer zentralen und zwei seitlichen.

Die Galeere des Provveditore Priuli auf einem Stich im Museo Correr in Venedig. Wie bei allen künstlerischen Darstellungen finden wir auch hier grobe Unstimmigkeiten: Die Zahl der Ruder beträgt nur 15 pro Seite, während es eigentlich 25 sein müßten. Das Lateinsegel ist über alle Maßen groß, der Rumpf am Vorschiff so breit wie der »telaro«, und die Spiere für das Lateinsegel steht fast waagrecht wie bei einem Rahsegel.

Heckaufbau einer Galeere. Die Leuchte deutet darauf hin, daß es sich um ein Admiralsschiff handelt, auch die Treppe, auf der man an Bord stieg.

schen den äußeren Schotten 33,74 m. Der Rumpf hatte 87 Spanten, davon fünf gleiche in der Mitte und gegen Bug und Heck jeweils 41 mit abnehmender Größe.

Die Segelausrüstung bestand aus zwei Masten mit Lateinsegeln, allerdings mit sechs Pardunen am Großmast anstatt mit sieben. Das Manuskript gibt keine Maße, weder für den Mast noch für die Segelspieren. Es werden vier Segel genannt: Artemon (Vorsegel), ein kleines Lateinsegel (Terzaruolo), Großsegel und ein kleines viereckiges Notsegel, das bei Schlechtwetter und heftigem Wind am Heck aufgezogen wurde. Besonders bemerkenswert war, daß für die Romanische Galeere drei Steuerruder vorgeschrieben waren: ein zentrales und zwei seitliche.

Die Anweisungen für den Bau einer »schlanken« Galeere in dem genannten Manuskript sind völlig ungenügend und unklar. Es werden im Gegensatz zu den Flandrischen und Romanischen Galeeren keine Maße angegeben, weder für das gesamte Schiff noch für bestimmte Abschnitte davon.

Was die genuesischen Galeeren anbelangt, so verfügen wir über keine Bauanleitung wie bei den venezianischen Galeeren, doch kennen wir gesetzliche Bestimmungen des Ufficio di Gazaria. Die Genueser Galeeren sind kleiner als die Romanischen, die im Manuskript der Biblioteca Magliabechiana beschrieben sind. Wir können annehmen, daß diese Galeeren, wie die venezianischen und die übrigen zeitgenössischen Typen im Mittelmeerraum zwei Masten mit Lateinsegeln besaßen. Wahrscheinlich hatten die Schiffe auch drei Steuerruder wie die venezianische Galeere.

Wie bereits angedeutet, gibt keines der verfügbaren Dokumente an, wo die Handelswaren verstaut wurden. Erinnern wir uns daran, daß die Galeeren ein Deck besaßen, das niedrig über dem Wasser lag. Darauf befand sich eine riesige, oben ungedeckte und unten offene Struktur: der »Telaro«, auf dem die Bänke der Ruderer und die Dollen für die Ruder befestigt waren. Der Laderaum für die Waren mußte sich im

eigentlichen Rumpf befinden, denn es war unmöglich und von Gesetzes wegen verboten, dort Waren zu stapeln, wo die Ruderer saßen.

Die lateingetakelten Schiffe Venedigs

Die im Mittelmeer gebräuchlichen Handelsgaleeren waren zu jener Zeit keinesfalls der einzige Schiffstyp in diesem Meer. Dokumente berichten uns auch von Naos und Koggen. Im Kapitel über die Schiffe der Kreuzfahrer wurde schon ausgeführt, daß Venedig wie Genua über Schiffe mit mehreren Decks verfügten. Sie waren mit Lateinsegeln ausgerüstet, hatten Kastelle und noch zwei seitliche lateinische Steuerruder und konnten 800 bis 1000 Menschen transportieren. Die Dokumente aus der Zeit zwischen 1248 und 1268 beweisen uns, daß man von den römischen Lastschiffen mit ihren Rahsegeln auf große Schiffe mit Lateinsegeln übergegangen war, die ganz allgemein »Navi grosse«, »große Schiffe« genannt wurden.

Lateingetakelte Schiffe, Koggen und Galeeren existieren im Mittelmeer sicher durch das ganze 15. Jh. hindurch, bis man sich endlich Rechenschaft darüber ablegte, daß die Galeeren mit ihrer riesigen Besatzung, ihrer geringen Nutzlast und ihren bescheidenen nautischen Qualitäten nicht mehr für den Handel taugten. In Frankreich wurden die letzten Kriegsgaleeren um 1720 gebaut. Das lateingetakelte Schiff hatte ein einziges Deck, kein Bugkastell, keinen Heckaufbau, weder Offiziersunterkünfte noch sonstige Schlafräume. Die Länge des Kiels betrug 20,76 m, die des Decks 27,78 m; Breite am Schiffsboden 3,11 m, Breite des Decks 8,30 m, Höhe des Decks von der Bilge 3,29 m. Es war ein einziges Steuerruder vorhanden mit einer Höhe von 1,38 m; das Ruderblatt maß in der Breite 1,38 m. Das Schiff mußte zwei Beiboote und eine Gig mitführen.

Die Segelausrüstung bestand aus zwei Masten mit Lateinsegeln. Der weiter vorne gelegene Mast maß von der Mastspur bis zur Spitze 24,91 m und lag damit 21,61 m über

»Sao Gabriel«, Rekonstruktion jener Karracke, mit der Vasco da Gama am 8. Juli 1497 von Lissabon in See stach und am 18. Mai 1498 in Calicut, dem heutigen Kozhikode, an der Malabarküste eintraf, nachdem er das Kap der guten Hoffnung umschifft und quer über den Indischen Ozean gesegelt war. Das Schiff unterscheidet sich in einigen Punkten von der klassischen Karracke, denn es hat zwei Rahsegel an den beiden vorderen Masten. Der Mastkorb befindet sich nicht an der Mastspitze, sondern zwischen dem eigentlichen Mast und dem Masttop, und anstatt der bei Karracken üblichen Heckform zeigt die Rekonstruktion das abgeflachte Heck einer Galeone.

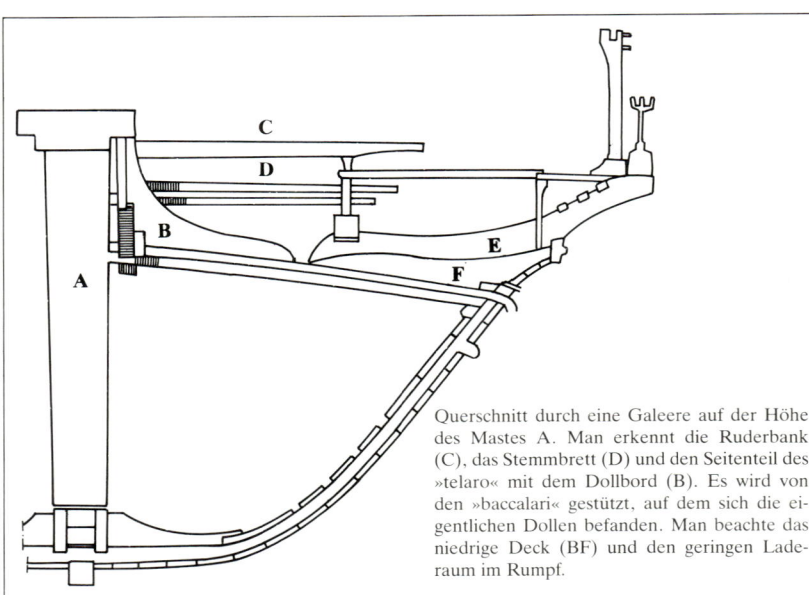

Querschnitt durch eine Galeere auf der Höhe des Mastes A. Man erkennt die Ruderbank (C), das Stemmbrett (D) und den Seitenteil des »telaro« mit dem Dollbord (B). Es wird von den »baccalari« gestützt, auf dem sich die eigentlichen Dollen befanden. Man beachte das niedrige Deck (BF) und den geringen Laderaum im Rumpf.

Rekonstruktion des Schiffes, mit dem Amerigo Vespucci in den Jahren 1499 und 1500, 1501 und 1502 sowie 1503 und 1504 die Küsten Südamerikas erforschte. Unter dem Bugspriet befindet sich kein Sprietsegel.

dem Deck. Der Großmast war fast so hoch wie die Länge des Decks, und die Segelspiere war genauso lang wie das Deck.

Aufbruch zu neuen Ländern

Von 1499 bis 1500 erforschten Hojeda und Vespucci die Küsten des neuen Kontinents, den Kolumbus entdeckt hatte; doch sie fanden keine Passage, die es ihnen erlaubt hätte, weiter nach Westen zu segeln. Die Entdeckung dieser Passage vom Atlantik zum Pazifik verdanken wir dem portugiesischen Seefahrer Ferdinand Magellan. Er war am 20. September 1519 von Sanlúcar de Barrameda in See gestochen und erforschte vom 21. Oktober bis zum 28. November 1520 als erster die Straße, die heute seinen Namen trägt. Es erreichten allerdings nur drei Schiffe den Pazifik. Magellan wurde später auf den Philippinen getötet. Zwei weitere Schiffe gingen verloren. Von den fünf Schiffen kam nach drei Jahren, am 6. September 1522, nur noch die »Victoria« unter ihrem Kommandanten Sebastiano del Cano im Hafen von Sanlúcar an. Der Chronist dieser ersten Erdumsegelung: Antonio Pigafetta. Über fünfzig Jahre danach wiederholte eine Flotte englischer Schiffe mit Francis Drake an der Spitze diese Unternehmung und folgte dabei ziemlich genau dem Weg, den Magellan vorgezeichnet hatte. Die kleine Flotte, die aus fünf Schiffen bestand, stach am 13. Dezember 1577 von England aus in See. Während der kältesten Monate blieb sie in Patagonien und durchfuhr dann im August die Magellanstraße. Während eines Sturms im Pazifik gingen vier Schiffe verloren. Nur die »Golden Hind«, mit Drake an Bord, kam am 26. September 1580 wieder in Plymouth an und hatte damit die Erdumsegelung wiederholt.

Die Existenz Australiens wurde 1606 von Luis Váez de Torres entdeckt, der dieses Land beim Durchfahren der Straße, die heute seinen Namen trägt, von weitem gesehen hatte. Es war ihm freilich nicht klar, daß er einen bisher unbekannten Erdteil vor sich hatte. Die Niederländer Willem Janszoon und Dirk Hartogszoon erforschten dann die Küsten Australiens und kamen zu dem Schluß, daß es sich um einen eigenen Kontinent handelte.

Darstellung der Erdkugel, darin eingezeichnet sind die Seereisen von Magellan und Sebastiano del Cano. Die Puttenköpfe geben die zwölf Windrichtungen mit den entsprechenden Namen an.

Rekonstruktion der »Victoria« aus Magellans Flotte, welche die erste Erdumsegelung zu Ende führte. Magellan war am 20. September 1519 mit fünf Schiffen in Sanlúcar de Barrameda aufgebrochen. Er fuhr an der Küste Südamerikas entlang und erreichte am 1. Oktober 1520 die Einmündung zu der Meeresstraße, die heute seinen Namen trägt. Er erforschte die Durchfahrt bis zum 28. November und fuhr dann mit den drei verbliebenen Schiffen quer über den Pazifik. Auf den Philippinen wurde er von Eingeborenen getötet. Eines der drei Schiffe mußte dort aufgegeben werden, so daß nur noch zwei übrig blieben. Schließlich umschiffte nur noch die »Victoria« unter Sebastiano del Cano das Kap der guten Hoffnung und kam nach 23monatiger Abwesenheit am 6. September 1522 wieder in Sanlúcar de Barrameda an. Von den eingeschifften 239 Mann kehrten nur 18 zurück, unter ihnen der Vicentiner Antonio Pigafetta, der eine genaue Chronik der Reise verfaßte.

43

Von der Entdeckung Amerikas bis zur Einführung des Chronometers (1492–1758)

Der Zeitabschnitt, von dem hier die Rede sein soll, liegt ganz in der Epoche der Neuzeit, deren Beginn man auf das Jahr 1492 legt. Als Begrenzung für diesen Zeitabschnitt haben wir das Jahr 1758 genommen. Damals wurde erfolgreich der erste Schiffschronometer erprobt, eine Präzisionsuhr, die auch auf einem schwankenden Schiff zuverlässig ging. Dieser Umstand ist für die Geschichte der Navigation von größter Bedeutung, denn das Chronometer ermöglichte es den Seefahrern, Längengrade zu bestimmen. Schon in der Antike war es durch Beobachtung von Sternen oder der Sonne gelungen, den jeweiligen Breitengrad zu berechnen, aber erst in der zweiten Hälfte des 18. Jahrhunderts wurde dies für die Längengrade möglich.

Daraus folgt, daß alle jene großen Seefahrer, die unbekannte Ozeane bereisten und neue Kontinente, Inseln, Wasserstraßen und Meeresteile entdeckten, mehr oder minder aufs Geratewohl losfuhren und sich für die Längenbestimmung nur nach Schätzungen richten konnten.

Navigationskunst, Kartographie, Signale

In jenem Zeitalter der Entdeckungen machte die Navigation durchaus Fortschritte, erfuhr aber keine wesentlichen Neuerungen. Die Instrumente für die Beobachtung von Sternen, für die Bestimmung der Fahrtgeschwindigkeit und der Abdrift wurden immer besser. Weil man damals – wie gesagt – den Längengrad nicht bestimmen konnte, mußte eine besondere Navigation mit Hilfe der Breitengrade genügen. Wer einen Hafen oder eine Insel mit bekanntem Breitengrad suchte, fuhr erst mit Hilfe der Koppelnavigation so weit, daß er mit Sicherheit östlich (oder westlich) des Bestimmungsortes ankam. Auf dem betreffenden Breitengrad angelangt, fuhr er westwärts (ostwärts), bis er auf den gesuchten Ort stieß. Trotz aller Schwierigkeiten unternahmen berühmte Seefahrer gerade in dieser Zeit die größten Entdeckungsreisen und erste Weltumsegelungen, die wichtige Beiträge zur Kartographie lieferten. Sie erlaubten es zum Beispiel, wenn auch nur annähernd, den Verlauf der amerikanischen Pazifikküste aufzuzeichnen, die Lage der Philippinen zu bestimmen und eine nicht existierende Halbinsel am Ende des asiatischen Kontinents zu eliminieren, einen letzten Rest der ptolemäischen Kartographie.

Kartographie. Einen bedeutenden Beitrag auf dem Gebiet der Seekarten lieferten die Holländer. Die Niederlande wurden 1609 von Spanien unabhängig und waren die Heimat großer Seefahrer und Kartographen. Der berühmteste war Gerhard Kremer (1512–1594), der allerdings unter seinem latinisierten Namen Mercator viel bekannter ist. Er eröffnete in Löwen eine kartographische Anstalt und konstruierte Karten nach wissenschaftlichen Prinzipien und nicht nach empirischen Verfahren des Mittelalters. Die größere Genauigkeit der niederländischen Karten beruhte auch auf einer genaueren Bestimmung der Meridiandistanzen zwischen zwei Orten, die im Jahr 1617 von Snellius mit Hilfe der Triangulation erstmals zwischen Alkmar und Bergen-

op-Zoom durchgeführt wurde, sowie auf den Breitenbestimmungen, Reiseberichten und Skizzen der niederländischen Seefahrer.

Im Jahr 1569 veröffentlichte Mercator seine berühmte Weltkarte nach dem Prinzip der Zylinderprojektion, die heute noch Mercatorprojektion genannt wird. Seine Weltkarte war allerdings keine Seekarte. Die Darstellung der Erde nach der Zylinderprojektion hat den großen Nachteil, daß die Gebiete nördlich und südlich des Äquators verzerrt wiedergegeben werden, und zwar um so mehr, je näher sie bei den Polen liegen. Auf einer Mercatorkarte ist Grönland beispielsweise größer als ganz Nordamerika, was mit der Wirklichkeit überhaupt nicht übereinstimmt. Auch die Meridiane konvergieren nicht zu den Polen und vereinigen sich dort nicht, sondern sind untereinander parallel.

Für den Seefahrer hat diese Projektion jedoch einen außerordentlichen Vorteil. Sie verwandelt den eigentlich kreisförmigen Kurs zwischen zwei Punkten auf der Erdoberfläche in eine Gerade. Überdies schneidet diese Gerade die verschiedenen Meridiane unter einem konstanten Winkel. Mit anderen Worten: Die Mercatorprojektion hält den Winkelabstand zur Nordrichtung, wie sie der Kompaß zeigt, immer konstant. Wenn das Schiff auf der kugelförmigen Oberfläche der Erde seinen Kurs mit Hilfe des Kompasses beibehält, so schneidet es alle Meridiane unter demselben Winkel (Loxodrome), und sein Kurs sieht auf der Mercatorkarte geradlinig aus. Die modernen Seekarten folgen alle der Mercatorprojektion, da die Fehler aufgrund der Zylinderprojektion in jenen Breitengraden nur eine geringe Rolle spielen, in denen sich der größte Teil der Schiffahrt abwickelt. Für Polgebiete hingegen braucht man Seekarten mit anderen Projektionsverfahren.

Zu Mercators Zeiten waren diese Eigenheiten noch wenig bekannt, und seine Karten waren weniger Hilfsmittel für die Navigation als wertvolle Kunstwerke und Sammlerobjekte, die in Bibliotheken aufbewahrt wurden. Tatsächlich waren im 17. und 18. Jh. und sogar noch in den ersten Jahrzehnten des 19. Jh.s Seekarten nicht jedermann zugänglich. Diese seltenen Dokumente waren für jene Seefahrer gedacht, die auf Kosten des Staates oder großer Handelsgesellschaften – wie die verschiedenen Indienkompanien – die fernen Meere befuhren. Die Kapitäne kleinerer Handelsschiffe besaßen sicher keine solchen Karten, sondern mußten sich mit sehr viel lückenhafteren, sozusagen mittelalterlichen Dokumenten begnügen, obwohl der Buchdruck nunmehr eine genaue, schnelle und billigere Vervielfältigung bereits möglich gemacht hatte.

Signale. Die Signalgebung entwickelte sich, als einzelne Länder reguläre Kriegsmarinen aufzubauen begannen. Es wurde notwendig, Botschaften zwischen Schiffen auszutauschen, die weiter voneinander entfernt waren als nur in Rufdistanz. Tagsüber kamen optische Zeichen mit Flaggen in Gebrauch, nachts verwendete man Leuchten und nach Einführung der Artillerie auch Kanonenschüsse.

Seit der zweiten Hälfte des 14. Jh.s führte

Astrolabium aus dem Jahr 1585 im National Maritime Museum London. Mit solchen Instrumenten ermittelte man die Höhe der Sonne, aus der man dann mit Hilfe entsprechender astronomischer Tafeln die geographische Breite des Standorts berechnen konnte.

Geographische Karte in Mercatorprojektion. Es sind die Längen vom 130. bis 190. Grad und die Breiten vom 35. Grad nördlicher Breite bis zum 10. Grad südlicher Breite abgebildet, wobei der Äquator durch eine Doppellinie dargestellt wird. Auf der Karte ist Indien abgebildet, allerdings noch sehr ungenau und mit merkwürdigen Proportionen, was nicht erstaunt, denn die Karte stammt aus der Mitte des 16. Jh.s.

die Marine der Republik Venedig ein besonderes System ein zur Bestätigung, ob ein Signal empfangen und verstanden worden sei: Wenn die Kapitänsgaleere ein Zeichen mit Flaggen oder Leuchten gab, mußte jede einzelne Galeere derselben Gruppe dasselbe Signal abgeben als Beweis dafür, daß sie es richtig verstanden hatte. Gleichzeitig wurden die so wiederholten Signale auch für noch weiter entfernte Schiffe entzifferbar.
1704 veröffentlichte der Malteserorden ein Signalhandbuch für seine Marine. Es beruhte auf der Verwendung von zehn viereckigen Flaggen für die Signale tagsüber und von zwei Leuchten bei Nacht.
Die britische Marine verwendete zum Signalisieren auch die Segel. Der Code von Sir Walter Raleigh von 1617 zum Beispiel sah als Signal das dreimalige Hissen und Reffen des Marssegels vor. Dieses Signal war sicher leicht zu sehen, doch die Ausführung dürfte den Seeleuten Mühe bereitet haben.
Sir Edward Cecil führte 1665 in seinem Code den gemischten Gebrauch von Segeln und Flaggen ein. Doch bereits 1680 gab der Duke of York in seinen »Instructions of His Majesty Fleet in Sailing« die Verwendung der Segel zu Signalisierungszwecken wieder auf. In britischen Admiralitätssignalbüchern hält sich dieses Verfahren allerdings bis ins 19. Jh. Auch die französische Marine kannte einen Flaggencode. Admiral Tourville vereinfachte Ende des 17. Jh.s dieses System und verwendete nur noch 35 Flaggen.

Schiffsbau und Segelausrüstung

Die Schiffsbaukunst entwickelte sich weiter, verließ das rein handwerkliche Niveau und stellte sich allmählich auf wissenschaftliche Basis. Zu Ende geht die Zeit der mittelalterlichen Anleitungen für den Bau von Galeeren und Seglern, wie wir sie im vorigen Kapitel kennengelernt haben und die man als Werk eines Schiffsbaumeisters betrachten kann, ohne Konstruktionszeichnungen und damit nur dem zuständigen Handwerker verständlich. In dieser Zeit entstehen bereits richtige Traktate mit technischen Zeichnungen, Gesamtansichten und Einzeldarstellungen, in denen die Schiffskonstruktionen wissenschaftlich untersucht werden.

Die Wissenschaft vom Bau zwei- bis viermastiger Schiffe, mit zwei oder drei Decks, mit Bugkastellen und Heckaufbauten, drei oder vier Zwischendecks wurde besonders in England und den Niederlanden gepflegt, später auch in Spanien und Frankreich. Die übrigen Mittelmeerländer, zum Beispiel die italienischen Seerepubliken, kümmerten sich wenig, denn ihre Flotten bestanden überwiegend noch aus Galeeren.
Was die Schiffsbaukunst anbelangt, so sei an das englische Manuskript »Fragments of Ancient English Shipwrightry« erinnert, das Matthew Baker zugeschrieben und in der Pepysian Library aufbewahrt wird. Es stammt aus dem Jahr 1580 und enthält interessante Zeichnungen, die man freilich noch nicht mit modernen Konstruktionsplänen vergleichen kann. Weitere ebenfalls englische Traktate tragen den Titel »Treatise on Shipbuilding« (um 1620–1625) und »Doctrine of Naval Architecture«, geschrieben 1670 von Sir Anthony Deane.
Auch wenn die Briten und die Niederländer begonnen hatten, den Schiffsbau auf sozusagen wissenschaftliche Basis zu stellen, waren sie noch nicht soweit, daß sie Stabilitätsrechnungen durchführen konnten. Im Grunde bauten auch sie ihre Schiffe weiterhin vorwiegend nach praktischen Erfahrungen.
Den eindrucksvollsten Beweis für das Fehlen von Stabilitätsrechnungen lieferte das schwedische Schiff »Wasa«, das am 10. August 1629 auf seiner Jungfernfahrt und noch am Eingang zum Stockholmer Hafen kenterte und sank. Gründe für das Unglück waren neben ungenügendem Ballast die geöffneten Geschützpforten, durch die das Schiff – bei plötzlicher Krängung in einer Bö – volllief.
Die Segelausrüstung, die sich im Mittelalter mit dem Lateinsegel, dem viereckigen Rahsegel der Koggen und dem doppelten Segel am Großmast der Karracken entwickelt hatte, führte am Ende zu drei Rahsegeln an den größeren Masten, d. h. am Großmast und am Fockmast.

Die Galeonen

Die Galeonen stellen jenen Typ des großen Schiffes dar, der in den Marinen des 16. und 17. Jh.s am weitesten verbreitet war. Sie zeigen allerdings im Vergleich zu den großen Karracken nur geringe Fortschritte und unterscheiden sich nicht viel von diesen: Es sind vier Masten vorhanden, die beiden Heckmasten mit Lateinsegeln, sowie hohe Heckkastelle mit mehreren Zwischendecks. Der Hauptunterschied zeigt sich in der Form des Buges; dieser ist nicht schnabelförmig mit weit vortretendem Kastell, sondern dieses endet deutlich hinter dem Vordersteven in einem Querschott. Das Vorschiff vor diesem Schott ist zum Galion verlängert, das schließlich das Bugspriet trägt. Wegen der eigentümlichen Form des Kastells hatten die Galeonen den Fockmast vor dem eigentlichen Kastell, d. h. am hinteren Teil des Galions und wiederum vor dem queren Bugschott. Nach dem Aufkommen der großen Kriegsschiffe mit bis zu drei Kanonendecks – gegen Mitte des 17. Jh.s, den sogenannten »Dreideckern«, wie auch bei den neuentwickelten Handelsschiffstypen der gleichen Zeit (Fleuten, Pinasschiffen, Katt,

45

Venezianische Galeone mit drei Masten aus dem 17. Jh. (Rekonstruktion). Man beachte den Bau des Kastells, unter dem nur ein breites Galion über den Steven hinausragt, den Heckaufbau mit mehreren Decks, die nach oben zu immer kürzer werden, die beiden vorderen Masten mit Rahsegeln und den hinteren Mast mit Lateinsegel.

Bark usw.) kann man schiffbaulich nicht mehr von Galeonen sprechen.

Das Galion war bei den Galeonen sehr lang und zugespitzt, verkürzte sich und rundete sich aber bei den Schiffen des 17. und 18. Jh.s.

Der Aufbau und die Segelausrüstung dieses Schiffstyps werden reichlich dokumentiert von Zeichnungen aus den ersten Jahren des 17. Jh.s. Über Schiffe späterer Jahre sind in englischen, niederländischen, schwedischen, französischen und dänischen Archiven zahlreiche Unterlagen vorhanden. Da man damals von jedem Schiff, das man bauen wollte, erst ein Modell in kleinem Maßstab herstellte, gibt es in vielen europäischen und vor allem englischen Museen reichhaltige entsprechende Sammlungen.

Spanische Galeone mit vier Masten aus dem 16. Jh. Der Fockmast trägt ein einziges Rahsegel, der Großmast deren zwei. Die Rahen der Untersegel sind niedergeholt, alle übrigen Segel geborgen. Das Deck zwischen dem Bugkastell und dem Heckaufbau trägt eine hölzerne Überdachung.

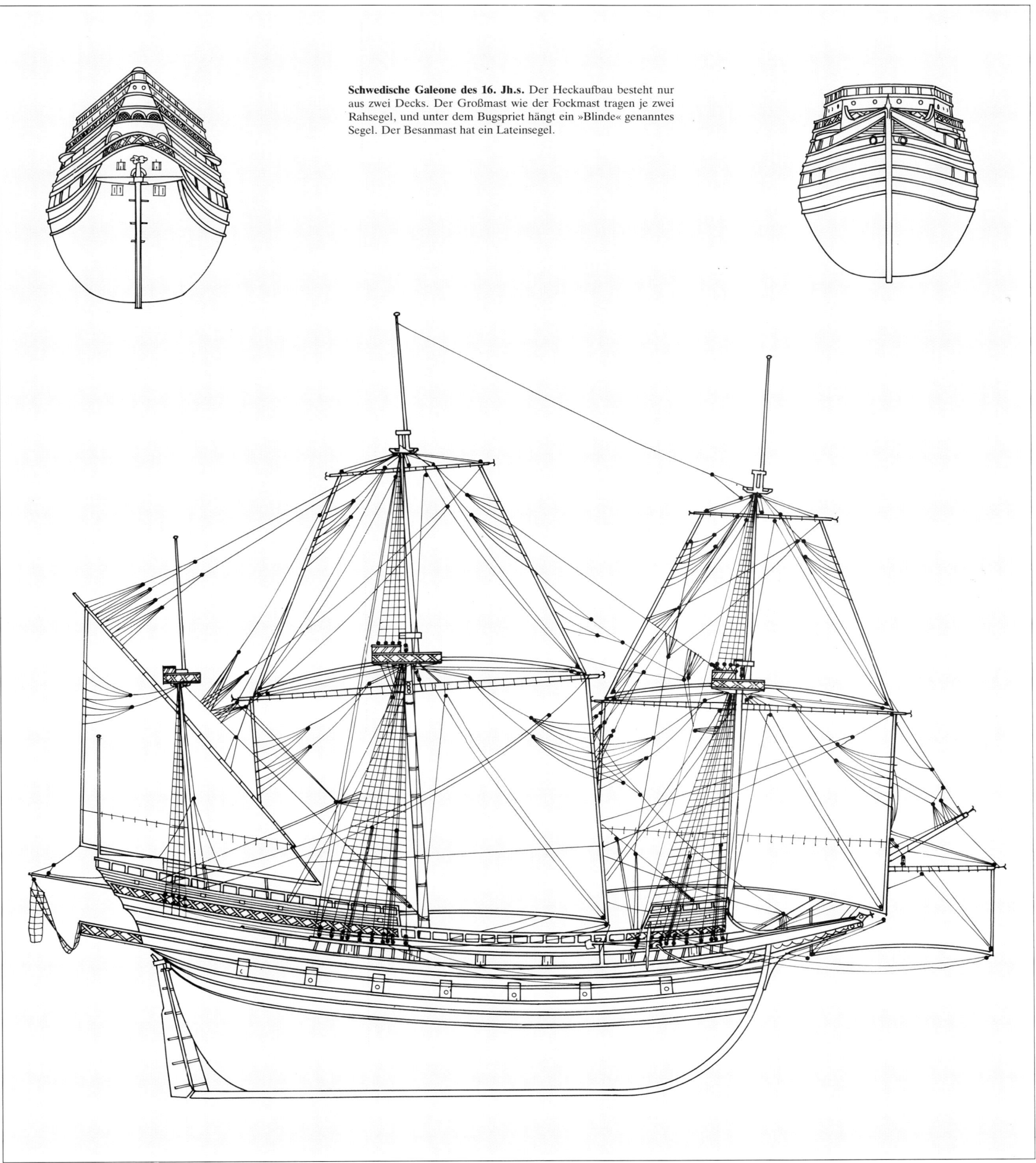

Schwedische Galeone des 16. Jh.s. Der Heckaufbau besteht nur aus zwei Decks. Der Großmast wie der Fockmast tragen je zwei Rahsegel, und unter dem Bugspriet hängt ein »Blinde« genanntes Segel. Der Besanmast hat ein Lateinsegel.

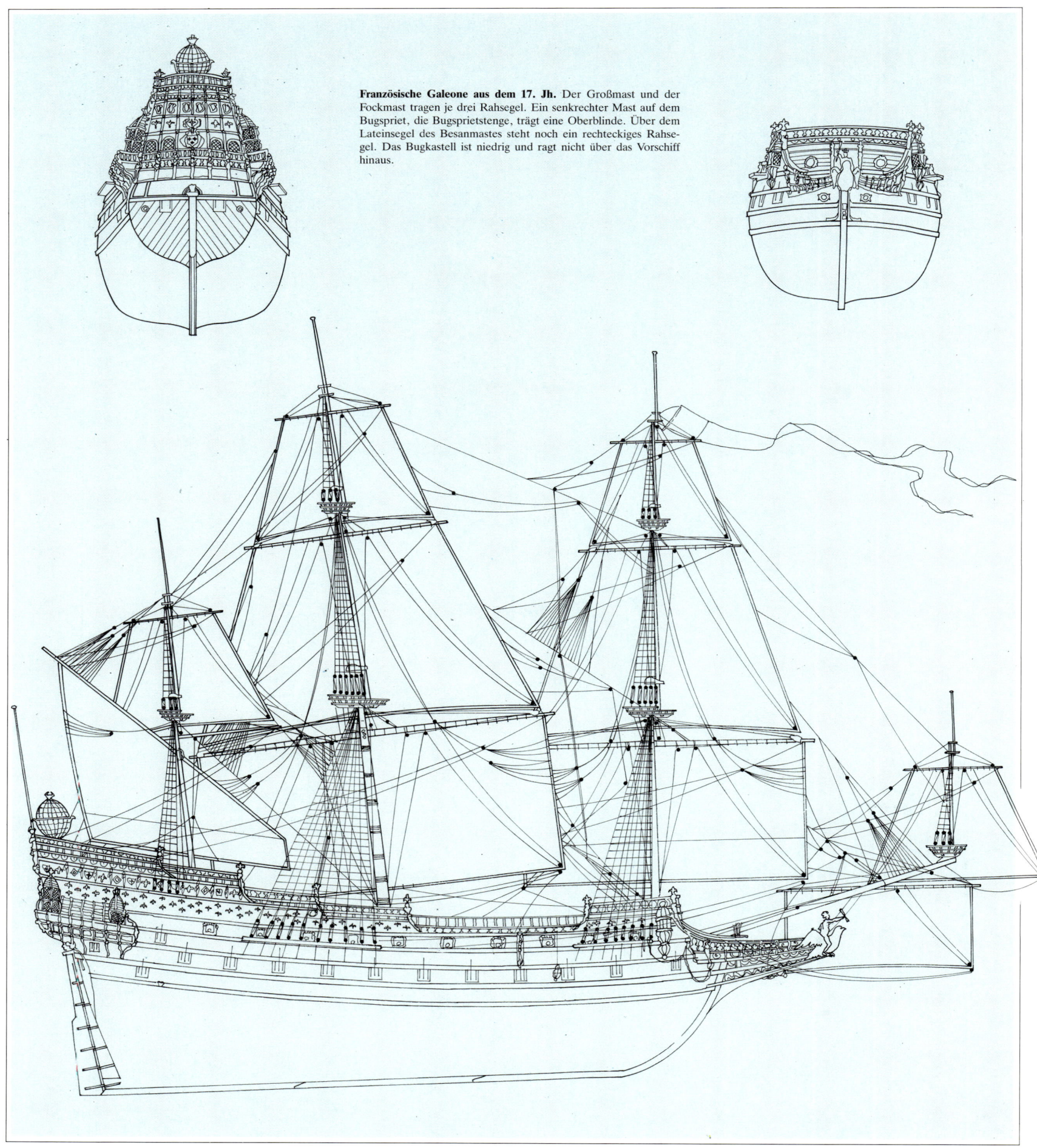

Französische Galeone aus dem 17. Jh. Der Großmast und der Fockmast tragen je drei Rahsegel. Ein senkrechter Mast auf dem Bugspriet, die Bugsprietstenge, trägt eine Oberblinde. Über dem Lateinsegel des Besanmastes steht noch ein rechteckiges Rahsegel. Das Bugkastell ist niedrig und ragt nicht über das Vorschiff hinaus.

Die Galeassen

Obwohl eine erhebliche sprachliche Ähnlichkeit zwischen den Bezeichnungen »Galeone« und »Galeasse« besteht, handelt es sich doch um zwei völlig verschiedene Schiffstypen, sowohl was die Struktur des Rumpfes, die Segelausrüstung, die Bewaffnung und die Antriebsart anbelangt.

Galeassen sind hauptsächlich als Kriegsschiffe bekannt. Es soll aber auch Handelsgaleassen gegeben haben. Die Quelle für diese Vermutung stellt ein gewisser Pietro Martire d'Anghiera dar, ein Italiener im Dienst des spanischen Königspaars Isabelle und Ferdinand. Er erzählt in einem Buch über seine diplomatische Tätigkeit in Ägypten mit dem Titel »Legatio Babilonica«, er habe in Venedig mit Patriziern sprechen können, und diese hätten ihm gesagt, schon seit einiger Zeit verwende man für den Transport von Handelswaren »große Galeeren«.

Diese Galeassen konnten im Laderaum ein Gewicht von 500 »coppe« und dasselbe Gewicht auf dem Deck tragen, wobei jede »coppa« einem Gewicht von 1000 »libbre« (Pfund) entspricht. Die Schiffe hatten 200 Mann Besatzung, davon 150 Ruderer, jeweils drei pro Seite auf einer Bank. Die Riemen wurden vor allem bei Windstille gebraucht, bei der Einfahrt in Häfen und bei der Ausfahrt sowie bei gefährlichen Passagen. Sonst fuhr man unter Segel.

Die Beschreibung von Anghiera, die aus dem Jahr 1501 stammt, läßt allerdings Zweifel daran aufkommen, ob die Galeassen, von denen er spricht, wirklich »große Galeeren« waren, die nichts mit den Kriegsgaleeren zu tun hatten.

Wahrscheinlich veränderte sich die Galeasse im Lauf der Zeit, behielt aber ihren Namen bei. Ein venezianisches Modell in Flachrelieftechnik, das die letzte Galeasse dieser Seerepublik darstellen soll, zeigt uns ein Schiff mit drei Lateinsegeln und einem Bugspriet. Durch ihn kam es, daß der Sporn völlig verschwand, früher eine wesentliche Waffe der Kriegsgaleassen.

Der Rumpf scheint sehr hoch gewesen zu sein und umschließt einen großen Laderaum. Am Bug befindet sich ein kleines Kastell mit Kanonen auf zwei Ebenen, am Heck ein ziemlich langer Aufbau. Die Riemen sind nicht dargestellt, doch kann man auf der Seitenstruktur des »Telaro« 27 entsprechende Öffnungen zählen. Die Handelsgaleasse hatte am Ende ihrer Entwicklung also eine ganz andere Rumpfform als die Galeere; sie glich vielmehr wegen der Form des Bugs und des Hecks einem »Schiff/Nave«, vor allem aber wegen der Rumpfhöhe. überdies behielt die Galeasse drei Masten mit den Lateinsegeln bei.

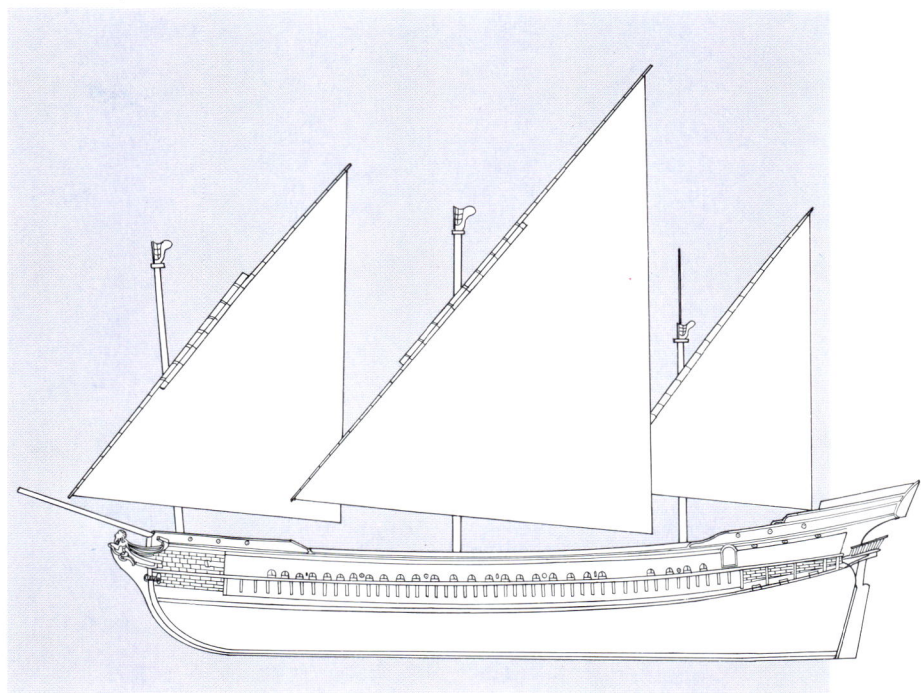

Venezianische Galeasse aus dem 17. Jh. Trotz der Namensähnlichkeit mit der Galeone handelt es sich um einen ganz anderen Schiffstyp mit niedrigem Rumpf und ohne Aufbauten, dafür mit schweren Riemen, die wie bei den großen Galeeren von mehreren Männern bedient wurden.

Typische Form eines Galions, einer Art Verlängerung des Decks über das Bugkastell hinaus. Auf dem Galion bediente die Besatzung die Blinden. Das Galion diente der Mannschaft auch als Latrine.

Die Dreidecker

Als »Dreidecker« bezeichnet man seit dem 17. Jh. Kriegsschiffe mit drei Decks. Sie sind aus den Galeonen hervorgegangen. Daraus darf man allerdings nicht schließen, daß die Galeonen Schiffe des 16. Jh.s und die »Dreidecker« und auch die »Zweidecker« Schiffe späterer Jahrhunderte waren. Diese Unterscheidung im nachhinein hat nur klassifikatorischen Wert, denn die Unterschiede zwischen jenen Schiffstypen waren anfänglich so gering, daß man auf einem Gemälde eine Galeone nicht von einem Dreidecker unterscheiden kann. Der erste richtige Dreidecker soll die englische »Prince Royal« mit dem Baujahr 1610 gewesen sein.

In jener Zeit begann man auch damit, die Kriegsschiffe zu klassifizieren. Man unterschied dabei, je nach Verwendungszweck und nach der Anzahl der mitgeführten Kanonen, Schiffe erster, zweiter usw. bis sechster Ordnung.

Die französische Marine unterteilte von 1661 an ihre Schiffe in verschiedene Ränge, und darunter waren die drei ersten Ränge wieder in zwei Ordnungen unterteilt. Ein »Dreidecker« mit mehr als 70 Kanonen galt als erstrangiges Schiff erster Ordnung; mit weniger als 70 Kanonen war es zweitrangig und erster Ordnung. Ein Schiff mit 60 Kanonen galt als zweitrangig und zweiter Ordnung, eines mit 34 Kanonen gehörte dem vierten Rang an usw.

In der britischen Marine war die Einteilung einfacher. Nach einer Verordnung der Admiralität aus dem Jahr 1653 galten Schiffe mit mehr als 90 Kanonen als erstrangig. Zweitrangige Schiffe mußten mehr als 80

Kanonen haben, drittrangige mehr als 50, viertrangige mehr als 38, fünftrangige mehr als 18 und sechstrangige mehr als sechs. Interessanterweise stieg der Sold der Offiziere mit dem Rang ihres Schiffes.

Diese Klassifizierungen sprechen nur von der Zahl der Kanonen, nicht von der Anzahl der Decks. Zu den »in der Linie« kämpfenden Schiffen gehörten auch solche, die nur zwei Decks aufwiesen (Zweidecker). Kleinere Typen wie Fregatten oder Korvetten zählten nicht zu den in der Linie kämpfenden Schiffen.

Als Drei- und Zweidecker bezeichnen wir hier nur jenen Schiffstyp, der die Weiterentwicklung der Galeone am Ende des 17. und im 18. Jh. darstellt.

Die Literatur und die Ikonographie liefern uns reichlich Material über die Kriegsschiffe jener Periode, aber über die Handelsschiffe dieser Zeit sind nur wenige Unterlagen erhalten geblieben.

Obwohl es keine Handelsschiffe mit der Bezeichnung Drei- oder Zweidecker gab, kann man doch annehmen, daß die Entwicklung der Rumpfform und der Segelausrüstung wie bei den Kriegsschiffen vor sich ging. Die Bestückung mit Kanonen war natürlich geringer und beschränkte sich auf das Hauptdeck, Zwischendeck und die Kastelle, während der Laderaum möglichst viel Platz für die Handelswaren bieten mußte.

Durch das ganze 17. und bis in das 18. Jh. hinein ist die Entwicklung der Dreidecker aus der Rumpfform der Galeone zu erkennen, nur, daß der Fockmast auf dem Kastell und nicht auf dem Galion befestigt war. Das

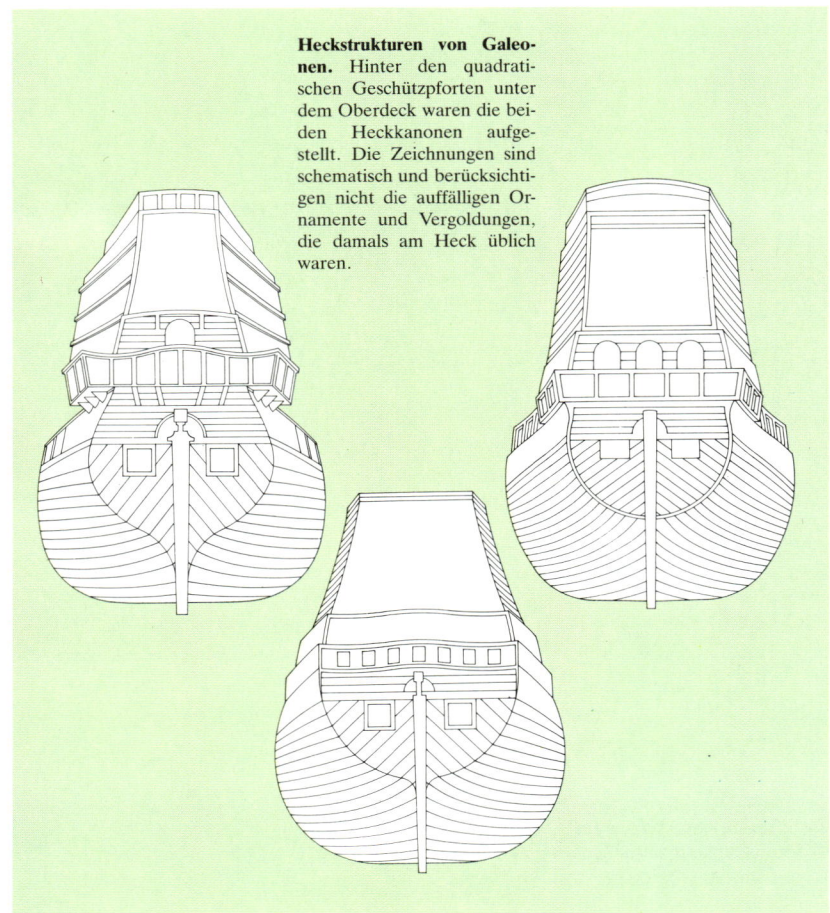

Heckstrukturen von Galeonen. Hinter den quadratischen Geschützpforten unter dem Oberdeck waren die beiden Heckkanonen aufgestellt. Die Zeichnungen sind schematisch und berücksichtigen nicht die auffälligen Ornamente und Vergoldungen, die damals am Heck üblich waren.

Bugkastell hatte stets einen viereckigen Grundriß, während der Heckaufbau, das sogenannte Halbdeck, sich bis zum Großmast erstreckte und achtern einen weiteren Aufbau, das Poopdeck, trug. Der über dem Wasser gelegene Teil des Rumpfes endete in einem Spiegelheck. Eine Neuerung, die allerdings auch bei den Galeonen eingeführt wurde, bestand im Vorhandensein von umfangreichen Galerien im Schiffsheck, die mit den verschiedenen Decks in Zusammenhang standen. Diese Galerien erstreckten sich auch auf die Seiten und waren mit hölzernen Flachreliefs, großen Glasfenstern, Vergoldungen, Skulpturen und Wappen geschmückt.

Der reiche Goldzierat erstreckte sich auch auf das Vorschiff, auf die Seiten des Galions und auf das vorderste Schott des Kastells sowie natürlich auch auf die Galionsfigur selbst. Diese Verzierungen fallen uns auf Gemälden ganz besonders auf. Meistens waren es Auftragsarbeiten bekannter Künstler, und auch die Schiffsmodelle liefern getreue Kopien davon. Ein weiteres bemerkenswertes Merkmal ist das Vorhandensein einer oder dreier großer vergoldeter Leuchten am Heck.

Die Nachfolgetypen sind im Unterschied zu den Galeonen von einer Besonderheit gekennzeichnet, dem Kranbalken, den es allerdings auch schon auf den Galeeren gab. Eigentlich sind es zwei Balken, die an den Seiten des Galions oder am vorderen Ende des Kastells hervortreten und die am Ende einen Rollenzug tragen. Die beiden Kranbalken dienten zum Aussetzen und Aufneh-

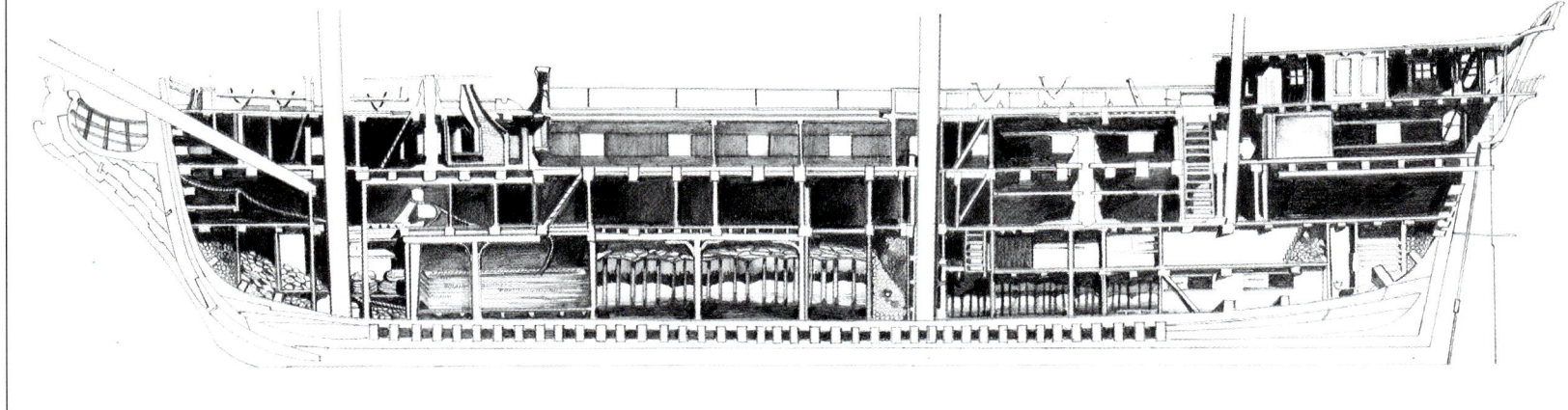

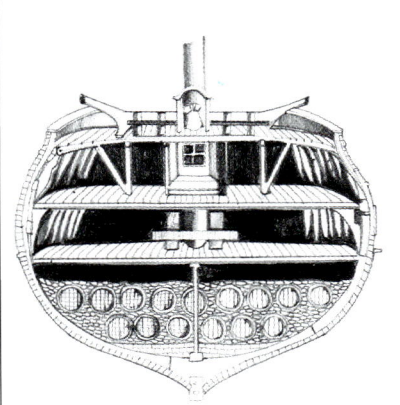

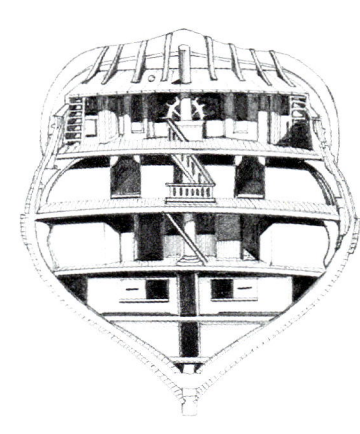

Längsschnitt und Querschnitte durch ein Schiff aus dem 18. Jh. Deutlich erkennbar ist der Stauraum im Vorderschiff für die Aufbewahrung der Taue, der Stauraum für die Wasserfässer und das Munitionslager mit Kugeln und Schießpulver für die Kanonen. Man beachte die beiden großen Gangspills: den einen hinter dem Fockmast, der vom Oberdeck aus bedient wird, und den anderen hinter dem Großmast mit Bedienung vom Batteriedeck aus. Im Querschnitt durch das Vorschiff und im Längsschnitt ist vor dem Stauraum für das Tauwerk der Querbalken zu erkennen, der den Ankertauen als Halt dient. Im Querschnitt durch das Achterschiff erkennt man das Steuerrad im unteren Teil des Aufbaus, der im Längsschnitt nicht so leicht zu erkennen ist. Hinter dem Spill im Vorschiff liegt der Kamin der Küche, die im Batteriedeck ihren Platz gefunden hat.

Galionsfiguren von Segelschiffen. Diese farbig bemalten Plastiken wurden an der Spitze des Galions unter dem Bugspriet angebracht. Im allgemeinen stand die dargestellte Figur in Zusammenhang mit dem Namen des Schiffes.

men der Anker. Mit ihrer Hilfe hob man diese hoch und brachte sie für die Fahrt an den Seiten des Kastells in Stellung.

Auf den ältesten Drei- und Zweideckern – sie sind vor allem niederländischer Herkunft – sind nicht zwei separate Balken, sondern ein einziger Balken vorhanden, der quer über dem Galion liegt und der an den beiden Enden für dieselbe Aufgabe die Rollenzüge trägt.

Im Hinblick auf die Segelausrüstung ist eine grundlegende Änderung im Aufbau der Masten bemerkenswert. Während bildliche Darstellungen von Karracken uns enorme zusammengesetzte Masten zeigen, richtige Kegel aus untereinander verbundenen Längselementen mit einem Mastkorb an der Spitze, waren die Masten der Galeonen und der Drei- und Zweidecker, obwohl ebenfalls »gebaut«, d. h. die Untermasten aus Längselementen zusammengesetzt und mit Wulings zusammengehalten, den bildnerischen Darstellungen zufolge viel dünner. Nur der Großmast und der Fockmast mit ihren rechteckigen Rahsegeln bestehen aus zwei Teilen: einem Untermast bis zur Mars und einer Stenge, die darüber hinausragt. Erst hatte der Mastkorb die Aufgabe, Männer im Ausguck aufzunehmen, doch später übernahm er eine andere Funktion. Er wurde mondförmig, rutschte hinunter zur Masthälfte und gab als Mars Halt für die Wanten des Masttops.

Bei größeren Drei- und Zweideckern bestanden die Masten auch aus drei Teilen: Untermast, Marsstenge und Bramstenge, die die Brahmrah hielt.

Auch der Besanmast bzw. Kreuzmast, wenn rahgetakelt, bestand auf den größeren Drei- oder Zweideckern aus Untermast und Stenge und hatte eine Mars, denn neben dem unteren Lateinsegel wurde weiter oben zwischen zwei Rahen ein Rahsegel (Kreuzmarssegel) gesetzt. Der Bonaventuramast fehlte bei den Drei- und Zweideckern.

Das Bugspriet bildete weiterhin Ansatzpunkt und Halt für die Stengen des Fockmastes und für die Rahen der »Blinde« und »Oberblinde« genannten Segel. Bildliche Darstellungen zeigen uns einen Mastkorb an der Spitze des Bugspriets, der auch eine Flaggenstange oder einen kleinen Mast, die Bugsprietstenge mit der entsprechenden Oberblinde trug. Die größeren Masten trugen drei Segel: Untersegel (Fock- bzw. Großsegel), Vor- und Großmarssegel und Vor- und Großbramsegel. Wie bei den Galeonen war auch hier das Marssegel viel größer als das Untersegel und hatte eine trapezförmige Form.

Die Rahen der Untersegel (Fock- bzw. Großrah) waren am Untermast unterhalb der Mars befestigt, während Mars- und Bramrahen an den Mars- und Bramstengen des Vor- bzw. Großmastes, zum Aufheißen eingerichtet, angebracht waren.

Im Kapitel über die Galeonen wurde auf die neue Art und Weise hingewiesen, das Steuerruder mit einer senkrechten Stange, dem Kolderstock, zu bewegen. Zu Beginn des 18. Jh.s wurde dieses primitive System durch ein solches von Tauen ersetzt, die man anfänglich mit einer Winde mit horizontaler Achse und zwei Kurbeln an der Seite beweg-

te. Sehr bald ersetzte man diese aber durch das klassische Steuerrad.

Die Fregatten

Die Kriegsmarinen des 19. Jh.s bezeichneten als Fregatten Schiffe mit zwei Decks und einer einzigen Kanonenbatterie unter dem Oberdeck. Denselben Namen trugen aber im Laufe der Zeit auch verschiedene Handels- und Kriegsschiffe. Wenn wir einmal kleinere Typen beiseite lassen, so finden wir bereits in der spanischen Marine des 16. Jh.s nicht sehr große Schiffe, die schneller waren als die Transportgaleonen und die im Hinblick auf Manövrierfähigkeit und Ausrüstung es mit den schnellen Piratenschiffen aufnehmen konnten. Es waren jedoch keine Kriegsschiffe. Im 18. Jh. zählte der schwedische Schiffsbauer Frederik Hendrik af Chapman in seinem Buch »Architectura Navalis Mercatoria« die Fregatte unter die Handelsschiffe. Er unterschied unter den Handelsschiffen fünf Typen: Fregatte, hagboat, pink, cat und barque.

Die Fregatte war Chapman zufolge ein Schiff mit drei Masten und einem Bugspriet; der Großmast und der Fockmast trugen rechteckige Rahsegel, der Besanmast war mit einem Rahsegel und einem Lateinsegel ausgerüstet, und am Bugspriet wurden Blinde und Oberblinde gesetzt. Die Fregatte hatte ein Bugkastell und ein Halbdeck, ein Spiegelheck und ein wenig hervortretendes Galion am Vorschiff und keine Galerien am Heck. Wie alle Handelsschiffe jener Zeit besaß die Fregatte eine Kanonenbatterie am

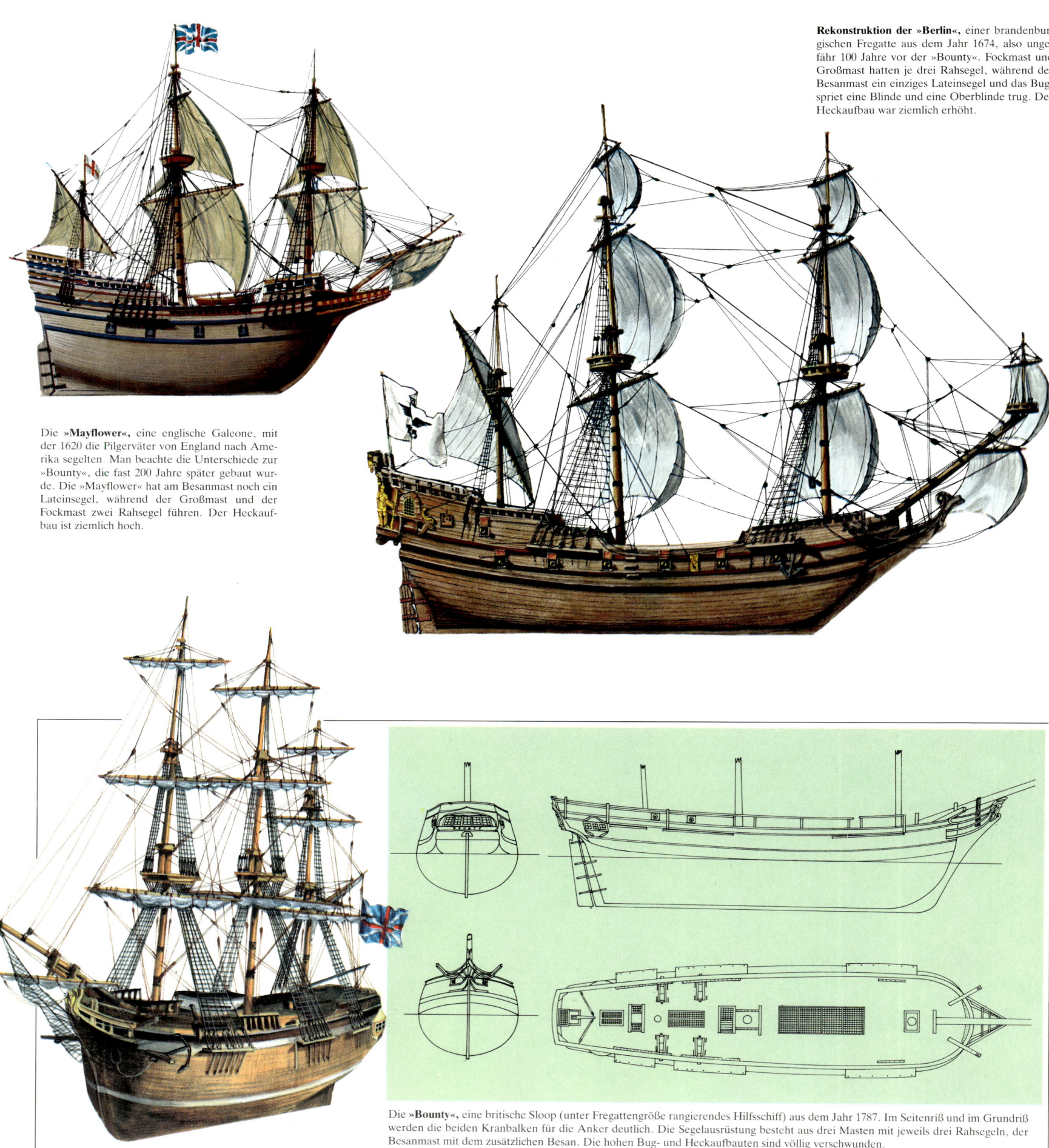

Die **»Mayflower«,** eine englische Galeone, mit der 1620 die Pilgerväter von England nach Amerika segelten. Man beachte die Unterschiede zur »Bounty«, die fast 200 Jahre später gebaut wurde. Die »Mayflower« hat am Besanmast noch ein Lateinsegel, während der Großmast und der Fockmast zwei Rahsegel führen. Der Heckaufbau ist ziemlich hoch.

Rekonstruktion der »Berlin«, einer brandenburgischen Fregatte aus dem Jahr 1674, also ungefähr 100 Jahre vor der »Bounty«. Fockmast und Großmast hatten je drei Rahsegel, während der Besanmast ein einziges Lateinsegel und das Bugspriet eine Blinde und eine Oberblinde trug. Der Heckaufbau war ziemlich erhöht.

Die **»Bounty«,** eine britische Sloop (unter Fregattengröße rangierendes Hilfsschiff) aus dem Jahr 1787. Im Seitenriß und im Grundriß werden die beiden Kranbalken für die Anker deutlich. Die Segelausrüstung besteht aus drei Masten mit jeweils drei Rahsegeln, der Besanmast mit dem zusätzlichen Besan. Die hohen Bug- und Heckaufbauten sind völlig verschwunden.

Unterdeck und weitere Kanonen am Oberdeck. Da die großen Handelsschiffe mit drei
Decks sehr teuer waren und mehr Mannschaft erforderten und weil das unterste
Deck ohnehin für den Warentransport nur
beschränkt zu gebrauchen war, bestanden
die Handelsflotten damals im allgemeinen
aus Schiffen mit zwei Decks und drei Masten, wie bereits beschrieben.

Ein solches von den Niederländern entwik-
keltes Schiff war die Fleute. Im Gegensatz
zur Fregatte hatte die Fleute ein rundes
Heck. Sie war für den Handel und Warentransport in europäischen Gewässern bestimmt, und da hier nur geringe Piratenge-
fahr bestand, führte sie im Unterdeck keine
Kanonenbatterie, sondern hatte nur auf
dem Oberdeck und unter dem Heckaufbau
einige wenige einzelne Kanonen.

Da die Berechnung der Zollabgaben bei
Passieren des Sundes nach der Breite des
Decks erfolgte, bekamen die seit Anfang
des 17. Jh.s gebauten Fleuten ein schmales
Deck mit stark nach oben konvergierenden
Bordwänden. Im Jahr 1669 veränderte man
diese Berechnungsgrundlagen, so daß die
späteren Schiffe vollere Formen aufwiesen
und das Oberdeck ebenso breit war wie das
Unterdeck. Der Name Fleute traf auf diese
Schiffe dann nicht mehr zu.

Die Marssegel der Fleuten waren größer als
die Untersegel. Die Niederländer unterteilten die Gesamtsegelfläche an höheren Masten in leichter zu handhabende, schmalere,
trapezförmige Segel, um die Zahl der Männer zur Bedienung der Segel deutlich zu
reduzieren. Im Jahr 1603 äußerte sich der
britische Admiral Walter Raleigh unzufrie-
den darüber, daß auf einem englischen
Schiff mit 100 t Tragkraft 30 Mann Besatzung vonnöten seien, während auf einem
entsprechenden niederländischen Schiff
zehn ausreichten. Eines der berühmtesten
Schiffe dieser Zeit, das sich als Fregatte
klassifizieren läßt, war die »Mayflower«. Sie
stach am 16. September 1620 von Plymouth
mit 102 Passagieren und einer Besatzung
von 20 Mann in See und segelte nach Nordamerika, wo die Pilgerväter die erste britische Niederlassung gründeten.

In der Kriegsmarine erfuhr die Fregatte als
Hilfsschiff für die Linienschiffsflotten – neben den Dreideckern unter den Linienschif-
fen – eine große Entwicklung.

Wie bei den Drei- und Zweideckern waren
auch bei den Fregatten das Bugkastell und
der Heckaufbau zu Beginn des 18. Jh.s so
hoch wie ein Zwischendeck geworden.
Praktisch hatten jedoch alle Einheiten über
dem Halbdeck ein weiteres kleines Poopdeck, so daß es am Heck über dem Hauptdeck zwei weitere Decks gab, die hinten von
Galerien mit weiten Fenstern abgeschlossen
wurden.

Die Segelausrüstung zu Beginn des 18. Jh.s
erfuhr eine Erweiterung, weil die ersten
Klüver auftraten, an Stagen zwischen Fockmast und Bugspriet gesetzt. Für die Anordnung dieser Klüver wurde das Bugspriet
durch eine, bisweilen sogar zwei Stengen
(Klüverbaum und fliegendem – unverstagt
angebrachtem – Klüverbaum) verlängert.
Nach einer kurzen Zeit der Koexistenz führte die Einführung der Klüver zum Verschwinden der am Bugspriet gefahrenen
Blinden.

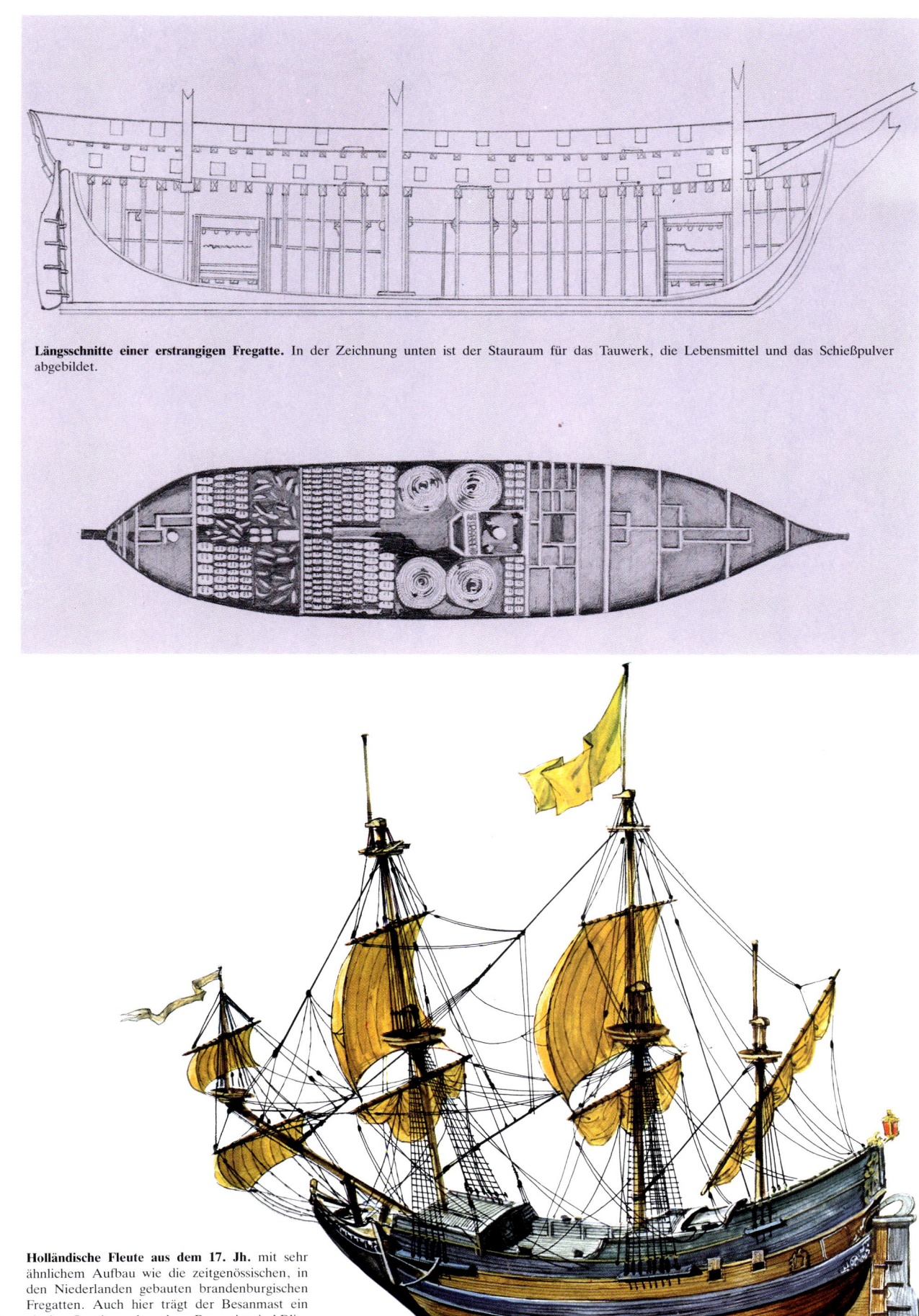

Längsschnitte einer erstrangigen Fregatte. In der Zeichnung unten ist der Stauraum für das Tauwerk, die Lebensmittel und das Schießpulver
abgebildet.

Holländische Fleute aus dem 17. Jh. mit sehr
ähnlichem Aufbau wie die zeitgenössischen, in
den Niederlanden gebauten brandenburgischen
Fregatten. Auch hier trägt der Besanmast ein
einziges Lateinsegel, und am Bugspriet sind Blinde und Oberblinde gesetzt. Die Klüver sind noch
unbekannt.

In derselben Zeit erscheinen die ersten Stagsegel, dreieckige Segel, die an den Stagen zwischen Großmast und Fockmast oder zwischen Großmast und Besanmast gesetzt wurden.

Die Indienfahrer

Die Entdeckung der Länder auf der anderen Seite des Atlantiks und in den ostasiatischen Meeren, die beide zunächst »Indien« genannt wurden (später unterschied man das asiatische Ostindien vom amerikanischen Westindien), führte dazu, daß zahlreiche Handelsgesellschaften gegründet wurden, die einen regen Handelsverkehr zwischen den Kolonien und dem Mutterland betrieben.

Besonders Spanien, das reiche Territorien in Mittel- und Südamerika in Besitz genommen hatte, raffte unvorstellbare Reichtümer zusammen und verschiffte sie mit oft großen Galeonenkonvois in die Heimat. Auch Portugal trieb regen Handel mit seinen amerikanischen Kolonien. Aber diese beiden

Staaten der iberischen Halbinsel kannten keine »indischen Kompanien« wie etwa die Niederlande, Großbritannien und – wenn auch in geringerem Maße – Frankreich und die skandinavischen Länder.

Tatsächlich befolgten Spanien und Portugal bei ihrem Handelsverkehr mit den beiden Indien ein System, das schon die Republik Venedig angewandt hatte, das des Staatsmonopols. An den Unternehmungen nahmen zwar schon private Reeder teil, doch mußten sie sich den strengen Regeln der Konvois unterwerfen, die von Staats wegen organisiert wurden.

Im Gegensatz dazu waren die indischen Kompanien mit privatem Kapital finanzierte Handelsgesellschaften, denen der Staat echte Souveränitätsrechte erteilte: Sie durften die Kolonien, für die sie das Handelsmonopol besaßen, besetzen, regieren und verwalten. Die Kompanien mußten überdies für die Ausrüstung von Anlaufhäfen sorgen, wo sich die Schiffe mit dem Nötigsten versorgen konnten. Sie hatten die Aufgabe, Befestigungen für die Verteidigung zu errichten und für die gesamte zivile wie militärische Organisation der Überseekolonien zu sorgen.

Schließlich mußten die Kompanien auch ihre Flotten für die langen Seereisen im Konvoi ausstatten und ihnen entsprechend bewaffnete Schiffe, bisweilen mit Landtruppen, als Geleitschutz mitgeben. Da die Hin- und Rückreise nach Ostindien mit der Umschiffung der Südspitze Afrikas bis 18 Monate dauern konnte, mußte eine Kompanie mindestens zwei Flotten ausrüsten, um eine ausreichende Frequenz zu erreichen. Die niederländische Ostindische Kompanie beispielsweise organisierte jedes Jahr drei Konvois, die aus jeweils 30 bis 40 Schiffen, jedes mit einer Tragfähigkeit von 600 bis 1000 t, bestand. Als Geleitschutz dienten Kriegsschiffe und sonstige bewaffnete Schiffe der Kompanie, und die Flotte folgte einer fest vorgeschriebenen Reiseroute, die in Amsterdam ihren Anfang nahm und in Batavia (Jakarta) endete.

Die wichtigsten indischen Kompanien waren die britische Ostindische Kompanie, gegründet im Jahr 1600 und aufgelöst 1858 – die Kolonisierung Indiens geht auf sie zurück –; die niederländische Ostindische Kompanie, gegründet 1602 und aufgelöst 1800, ferner die niederländische Westindische Kompanie, gegründet 1617, aufgelöst 1764, sowie die verschiedenen französischen indischen Kompanien, die sich mit ganz unterschiedlichen Schicksalen von 1628 bis 1769 hielten. Es sei noch an die englische Hudson-Bay-Kompanie und die schon 1553 gegründete Muscovy Company erinnert. (Der erste handelspolitische Zusammenschluß in England ist die 1551 von Sebastian Cabot gegründete »Company of Merchant Adventurers«. Die Niederländer gründeten 1594 die »Companie für ferne Länder«.)

Die Schiffe, derer sich die indischen Kompanien bedienten, waren die üblichen Typen des 17. und 18. Jh.s. Das Modell eines Schiffes der niederländischen Ostindischen Kompanie mit dem Namen »den Ary«, das 1725 gebaut und heute noch in Holland aufbewahrt wird, zeigt uns ein Kriegsschiff mit zwei Decks und 54 Kanonen in zwei Batterien, die eine auf dem Unterdeck, die ande-

Rekonstruktion der »Warren Hastings«, einem Schiff der britischen Ostindischen Kompanie vom Ende des 18. Jh.s. Alle drei Masten tragen drei Rahsegel wie auf der zeitgenössischen »Bounty«. Es ist noch eine Blinde vorhanden. Wie alle Schiffe der Ostindischen Kompanie war auch dieses bestückt, und zwar mit 44 Kanonen. Es wurde am 21. Juni 1895 von der französischen Fregatte »La Piémontaise« gekapert.

Die **»Geertruyd«,** eine Fregatte der niederländischen Ostindischen Kompanie aus dem Jahr 1717. Die Masten tragen alle Rahsegel; doch sind außerdem Blinde und Oberblinde vorhanden. Die »Geertruyd« war 40 m lang und trug 1000 t Nutzlast.

re auf dem Oberdeck, ferner weitere Kanonen auf dem Kastell und dem Heckaufbau. Eine Besonderheit dieser Schiffe, die in tropischen Gewässern fuhren, war das Vorhandensein eines »Sonnendecks«. Es lag in Höhe des Poopdecks und bestand aus Brettern, so daß das Halbdeck zum Teil gegen Sonneneinstrahlung geschützt war.

Während die britische und die französische Marine im 17. Jh. zahlreiche Dreidecker mit einer Bewaffnung von 80 bis 90 Kanonen gebaut hatten, zog die niederländische Marine wegen der flachen Fahrwasser und Sände vor der Küste leichter gebaute Schiffe mit zwei Decks vor. Diese waren damit schneller und manövrierfähiger als die größeren und stärker bestückten britischen Schiffe. Diese Leichtigkeit erwies sich beim Geleitschutz von Konvois als Vorteil, wo es oft zu Kämpfen mit kleinen, schnellen Piratenschiffen kam.

Die »**Brilliant**«, ein englisches dreimastiges Schiff, das 1775 in Dienst genommen wurde. Es hatte eine Tragkraft von 285 t. Das Bugspriet trägt Klüver und hat keine Blinden mehr. Das Focksegel ist geborgen.

»**East Indiaman**«, ein Schiff der britischen Ostindischen Kompanie aus dem Jahr 1775. Wie alle Schiffe der verschiedenen indischen Kompanien hatte es auf dem Deck eine Reihe von Kanonen. Das Bugspriet trägt keine Klüver, sondern Blinde und in der Entwicklung unter den Klüverbaum versetzte Oberblinde.

Walfangschiffe

Zu Beginn des 17. Jh.s begannen niederländische Fischer die arktischen Meere zur Jagd nach Walen aufzusuchen. Es handelt sich dabei um eine echte Jagd und nicht um eine Art Fischfang, denn die Wale werden noch heute mit Harpunen und nicht mit Netzen gefangen. Aus Dokumenten geht hervor, daß von 1676 bis 1722 genau 5886 Walfangschiffe ausgerüstet wurden. Sie fingen nahezu 33000 Wale, und das zeigt deutlich, welche Gewinne bei dieser Jagd zu erzielen waren.

Niederländisches Bootschiff aus dem 18. Jh. Dieser Typ unterschied sich von der Fleute schiffbaulich durch fülligere Formen, ein breiteres glattes Arbeitsdeck und vollgetakelte Masten. Die beiden vorderen Masten trugen je drei Rahsegel, der Besanmast war nur mit zwei ausgerüstet. Die Bootschiffe dienten für den Walfang. Man beachte den deutlich hervortretenden Kranbalken für den Anker.

Walfang mit der Harpune auf einer naiven Zeichnung aus dem 19. Jh. Ein Mann steht am Vorschiff und wirft die Harpune, die an einem langen Seil befestigt ist. Der getroffene Wal zieht das Walfangboot so lange hinter sich her, bis er erlegt ist.

Zu Beginn verwendete man keine besonderen Schiffe. Doch mit zunehmender Erfahrung ging man in den ersten Jahren des 18. Jh.s zu Schiffen über, die sich in einigen Punkten von den zeitgenössischen holländischen Fleuten unterschieden. Das waren die Walfangschiffe. Der Rumpf war breiter als bei den Fleuten, hatte am Bug keinen Galion, dafür eine spezielle Ausrüstung, zum Beispiel auf dem Deck eine große Winde, die achtern vom Fockmast stand. Ihre Trommel nahm die gesamte Schiffsbreite ein. Mit dieser Winde hob man mit Hilfe der großen, am Mast angeschlagenen Specktalje große aus dem Walkadaver gelöste Speckstreifen zur Verarbeitung an Deck. Die Tiere wurden also nicht wie bei den heutigen Walfängern über eine Gleitschiene an Deck gezogen, sondern man zerlegte die Speckschicht der längsseits liegenden Wale in breite »Blubberstreifen«. Man gewann damals nur die Barten und den Speck; den Kadaver ließ man treiben, weil man das Fleisch noch nicht kommerziell nutzte.

Diese Walfangschiffe besaßen ein glattes ununterbrochenes Deck als Arbeitsdeck, auf der die großen Speckstreifen so zerkleinert wurden, daß die Speckfässer durch die Spundlöcher aufgefüllt werden konnten. Im Gegensatz zu den Südseewalfängern wurde auf den Grönland- und arktischen Walfangschiffen der Speck nicht an Bord mit Hilfe großer Öfen zu Öl ausgekocht, sondern der zerkleinerte Speck in landfesten Trankochereien in England, Holland, Deutschland und sogar Spitzbergen verarbeitet.

Über das hintere Ende des Poopdecks lag quer ein Balken, an dessen Enden an jeder Seite eine Bootstalje befestigt war, mit denen das Heck der Fangboote aufgeheißt wurde. Deren Vorschiff wurde von einer weiteren am Großmast angebrachten Bootstalje hochgezogen. Diese Walfangboote, im allgemeinen vier bis sechs, wurden mit der Bootsalje auf das Deck gebracht.

Niederländisches Walfangschiff vom Ende des 18. Jh.s. Hinter dem Fockmast befindet sich die große Winde mit horizontalem Balken, mit der die großen Speckstreifen an Bord geheißt wurden. Unter der Großrah ist eine Talje befestigt. Die Wale wurden längsseits vertäut liegend zerlegt, doch nutzte man lediglich Barten und den Speck. Man beachte rechts und links vom Heckaufbau die Walfangboote, die mit Riemen fortbewegt wurden und die bei der direkten Jagd auf Wale mit der Harpune eingesetzt wurden.

Die drei Reisen von James Cook

Die drei Reisen, die Cook in den Jahren zwischen 1768 und 1779 durchführte, stellen eine wertvolle Informationsquelle über die Geographie Australiens, Neuseelands und die Inseln des Pazifiks dar, und das zu einer Zeit, da diese Länder in Europa praktisch noch unbekannt waren.

Seit der Zeit des Ptolemäus (2. Jh. v. Chr.) glaubte man, daß es auf der Südhalbkugel noch ein großes »terra australis« gebe. Aus den Forschungsergebnissen von 1642/43 des Niederländers Abel Janszoon Tasman schloß man auf die Existenz eines Landes, das man Neuholland nannte. Nach der Entdeckung des von Tasman »Van-Diemens-Land« genannten Tasmanien berührte er die Nordinsel Neuseelands, von der man annahm, daß sie mit einem großen Südkontinent in Verbindung stehe.

Die Reisen von Cook zeigten, daß dieser Südkontinent so nicht existierte und daß Neuholland und Neuseeland sowohl voneinander als auch von der Antarktis getrennt waren. Schließlich erforschte Cook auch den Küstenverlauf des äußersten Nordens des nordamerikanischen Kontinents auf der Pazifikseite.

Damals war das Chronometer gerade einge-

führt worden. Das Gerät von Kendall war 1769 fertig geworden, und Cook nahm es erst auf seiner zweiten und dritten Reise mit. Die Längenbestimmung beruhte deswegen noch hauptsächlich auf Schätzungen und den schwierigen Berechnungen mit Hilfe der Monddistanzen, und es darf uns nicht verwundern, wenn Cook einmal 137 astronomische Beobachtungen durchführte, um die Länge eines Standortes im Nordpazifik sicher zu bestimmen.

Cook hatte es vom einfachen Seemann zum Steuermann von Handelsschiffen gebracht und trat 1755 als 27jähriger in die Marine ein. Er war Geograph und nahm zwischen 1762 und 1767 den Verlauf der Küsten Labradors und Neufundlands auf.

Der Zweck seiner ersten Reise (25. August 1768 bis 12. Juni 1771) bestand darin, auf der Südhalbkugel eine Sonnenfinsternis zu beobachten, die durch das Vorbeiziehen der Venus vor dem Gestirn zustande kam. Die Expedition bediente sich der »Endeavour«, eines Kohlenschiffs mit 370 Tonnen Tragfähigkeit, das die britische Regierung eigens kaufte und unter das Kommando des Lieutenant James Cook stellte. Er bekam überdies die Aufgabe, jene wenig bekannten Meere genauer zu erforschen.

Die »Endeavour« stach am 25. August 1768

von Plymouth in See und wandte sich gegen Südamerika. Sie lief Madeira an, überquerte den Atlantik, gelangte nach Rio de Janeiro, umrundete Kap Hoorn, gelangte in den Pazifik und kam im April 1769 in Tahiti an. Hier hielt er sich einige Zeit auf, um den Astronomen die Gelegenheit zu den vorgesehenen Beobachtungen der Sonnenfinsternis zu geben. In dieser Zeit ließ er auch Karten vom gesamten Archipel der Gesellschaftsinseln anfertigen, der ungefähr zehn Inselchen umfaßt.

Nachdem dieser Teil der Aufgaben erfüllt war, begann die Rückreise, aber nicht auf der bereits befahrenen Route, sondern in Richtung Westen. Das Schiff segelte um Neuseeland herum (das von Tasman »Staatenland« genannt wurde). Man entdeckte dabei, daß es sich um zwei verschiedene Inseln handelt. Sie werden von einer Straße getrennt, die heute den Namen von Cook trägt. Er erforschte sodann die Ostküste Neuhollands von Kap Howe bis Kap York und landete am 23. August 1770, wobei er im Namen König Georgs III. von England das Land in Besitz nahm. Cook gab der Gegend den Namen New South Wales. Obwohl Australien damit englische Kolonie geworden war, behielt es bis zum Jahr 1849 den Namen Neuholland bei.

Die »Endeavour« kehrte über den Indischen Ozean und das Kap der guten Hoffnung nach England zurück und traf am 12. Juni 1771 nach ihrer Weltumsegelung in Downs ein.

Die zweite Reise (1772–1775) hatte unter anderem die Aufgabe, die Existenz eines Südkontinents zu beweisen. Cook übernahm im Dienstrang eines Commanders (Fregattenkapitän) die Leitung der Expedition, die diesmal aus zwei Schiffen bestand: der »Resolution« mit 460 t unter seinem Kommando und der »Adventure« mit 330 t unter Tobias Fourneaux. Cook stach am 13. Juli 1772 in Plymouth in See und fuhr in entgegengesetzter Richtung als das erste Mal. Er wandte sich gegen Südafrika, umschiffte das Kap der guten Hoffnung und segelte dann in den Indischen Ozean. Er fuhr zwischen der nördlichen und der südlichen Insel Neuseelands hindurch und gelangte zu den Marquesas-Inseln, zu den Neuen Hebriden, nach Neukaledonien und nach South Georgia. Den »australischen Kontinent« des Ptolemäus fand er allerdings nicht. Am 29. Juli 1775 kehrte er nach England zurück.

Die dritte Reise (1776–1780) hatte das Ziel, einen Durchgang vom Pazifik zum Atlantik im Norden des amerikanischen Kontinents

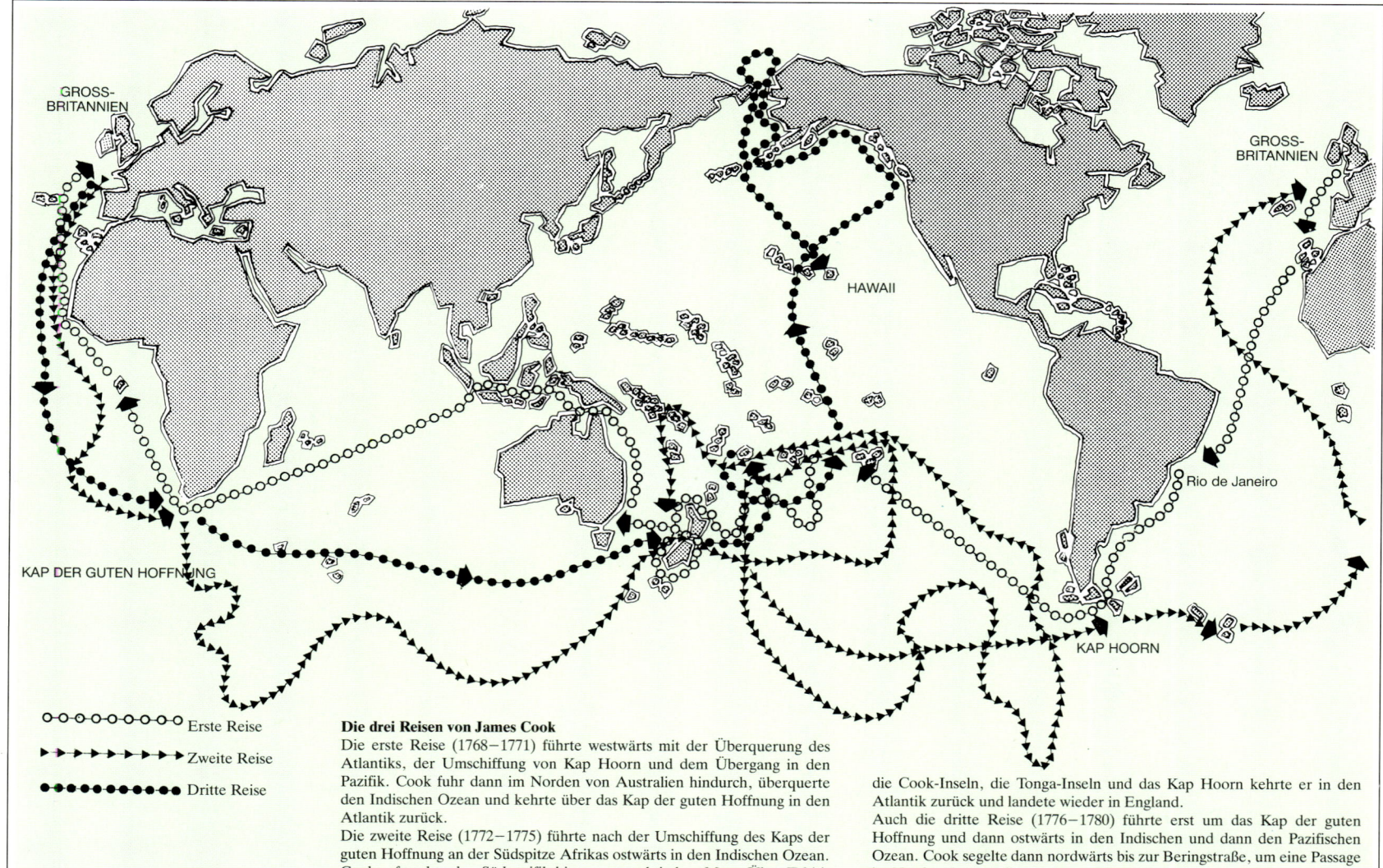

Die drei Reisen von James Cook

Die erste Reise (1768–1771) führte westwärts mit der Überquerung des Atlantiks, der Umschiffung von Kap Hoorn und dem Übergang in den Pazifik. Cook fuhr dann im Norden von Australien hindurch, überquerte den Indischen Ozean und kehrte über das Kap der guten Hoffnung in den Atlantik zurück.

Die zweite Reise (1772–1775) führte nach der Umschiffung des Kaps der guten Hoffnung an der Südspitze Afrikas ostwärts in den Indischen Ozean. Cook erforschte den Südpazifik bis zum antarktischen Meer. Über Tahiti,

die Cook-Inseln, die Tonga-Inseln und das Kap Hoorn kehrte er in den Atlantik zurück und landete wieder in England.

Auch die dritte Reise (1776–1780) führte erst um das Kap der guten Hoffnung und dann ostwärts in den Indischen und dann den Pazifischen Ozean. Cook segelte dann nordwärts bis zur Beringstraße, um eine Passage im Norden des amerikanischen Kontinents zu finden.

○○○○○○○○○○ Erste Reise

►►►►►►►► Zweite Reise

●●●●●●●●●● Dritte Reise

Die »Endeavour«, Rekonstruktion jenes Schiffes, mit dem James Cook 1768 bis 1771 seine erste Erdumsegelung unternahm. Das Schiff hat drei Masten mit Rahsegeln und am Besanmast einen Besan anstelle eines Lateinsegels. Die Segelausrüstung entspricht jener der »East Indiaman« der britischen Ostindischen Kompanie.

(Nordwestpassage) zu finden. Auch an dieser Reise waren zwei Schiffe beteiligt: die »Resolution« unter dem Kommando von Cook, der zum Kapitän zur See (Postcaptain) befördert worden war, und der »Discovery« unter Lieutenant Charles Clerke. Am 12. Juli 1776 stachen die beiden Schiffe in See, segelten an Afrika entlang und um das Kap der guten Hoffnung, gelangten erst in den Indischen und dann in den Pazifischen Ozean, wo sie sich ungefähr ein Jahr lang aufhielten, um Forschungen durchzuführen. Dabei wurden die Cook-Inseln und der hawaiische Archipel (Juni 1778) entdeckt. Als Cook die Küste Nordamerikas erreichte, mußte er die hohen Breiten (un-

Die »La Boudeuse«, jenes Schiff, mit der der Franzose Louis-Antoine de Bougainville in den Jahren 1766 bis 1769, also zehn Jahre vor Cook, den Pazifik erforschte. Er landete dabei auf Tahiti, Samoa und den Neuen Hebriden. Die Segelausrüstung war sehr ähnlich wie bei der »Endeavour«. Man beachte die Klüver und die neueingeführten Stagsegel.

gefähr 70. bis 71. Grad nördlicher Breite) verlassen, um den Eisbergen auszuweichen, und kehrte in den Zentralpazifik zurück, um dort zu überwintern. Am 14. Februar 1779 wurde Cook bei einem Konflikt mit Eingeborenen auf Hawaii getötet.
Lieutenant Clerke führte die Forschungen weiter, kehrte in die Beringstraße zurück, wo er allerdings wieder von Eisbergen bedroht wurde. So sah er sich gezwungen, nach Hause zurückzukehren. Jedoch auch er überlebte die Heimreise nicht. Nach über vierjähriger Seereise trafen die Schiffe unter dem Kommando von Lieutenant Gore am 4. Oktober 1780 wieder in England ein.

Die »Beagle«, jene Sloop unter Kommando von Captain Fitzroy, auf der Charles Darwin in den Jahren 1831 bis 1836 bei der Erforschung der brasilianischen, chilenischen und argentinischen Küste sowie der Inseln der Südsee beteiligt war und seine bedeutenden Erkenntnisse gewann. Rumpf und Segelausrüstung sind ähnlich wie bei der »Endeavour« und der »La Boudeuse«.

Das Segelschiff – Höhepunkt und Ausklang (1758–1930)

Wie bereits im vorigen Kapitel erwähnt, erlaubte es die Einführung des Chronometers den Seefahrern, den Längengrad genau zu bestimmen. Die westliche oder östliche Länge entspricht dem Winkelabstand eines bestimmten Standortes auf der Erde von einem bestimmten Meridian (Nullmeridian). Als diesen hat man nach allgemeiner Übereinkunft die Länge von Greenwich bei London gewählt.

Navigationskunst, Kartographie, Signale

Wenn ein Seemann gleichzeitig und genau die Uhrzeit seines Standorts und die des Nullmeridians kennt, so ist es ihm auch möglich, aus dem Zeitunterschied den eigenen Längengrad zu bestimmen. Das Problem der Längenbestimmung reduzierte sich also auf ein technisches Problem, das der genauen Zeitmessung. Dieses konnte allerdings erst 1759 gelöst werden, als es dem englischen Uhrmacher John Harrison gelang, eine Uhr – seine vierte – mit einem Uhrwerk zu bauen, die in einem kleinen Kasten Platz fand und damit an Bord eines Schiffes verwendbar war.

Vor dieser Zeit befand sich im Kompaßhäuschen vor dem Steuerruder der Kompaß, eine Kerze zur Beleuchtung sowie eine Sanduhr, die für einen Durchlauf meistens eine halbe Stunde benötigte. Mit ihrer Hilfe regelte man die Navigation und das Leben an Bord. Auf den Kriegsschiffen schlug der Wachhabende im allgemeinen nach jeder Umdrehung der Sanduhr eine Glocke, so daß nach einer vierstündigen Wache acht Schläge – »acht Glasen« – zu hören waren.

Das Problem der Bestimmung des Längengrades hatte die Seefahrernationen über Jahrhunderte hinweg beschäftigt. Im Jahr 1598 bot König Philipp III. von Spanien demjenigen einen hohen Geldpreis, dem die Lösung dieses Problems gelingen würde. Im Jahr 1714, knapp 120 Jahre danach, setzte das englische Parlament einen »Ausschuß für die Längenbestimmung« ein, und auch dieser bot viel Geld – 20 000 Pfund Sterling – für den, dem die Längenbestimmung auf mindestens ein halbes Grad genau gelänge, was selbst für die damalige Zeit noch eine ziemlich grobe Berechnung war.

Im Jahr 1735 hatte der Uhrmacher Harrison dem Ausschuß seine erste Uhr vorgestellt. Wegen ihrer Größe und Empfindlichkeit konnte man sie allerdings auf einem Schiff nicht mitführen. Nach einer zweiten und dritten Uhr, die ebenfalls noch ungeeignet

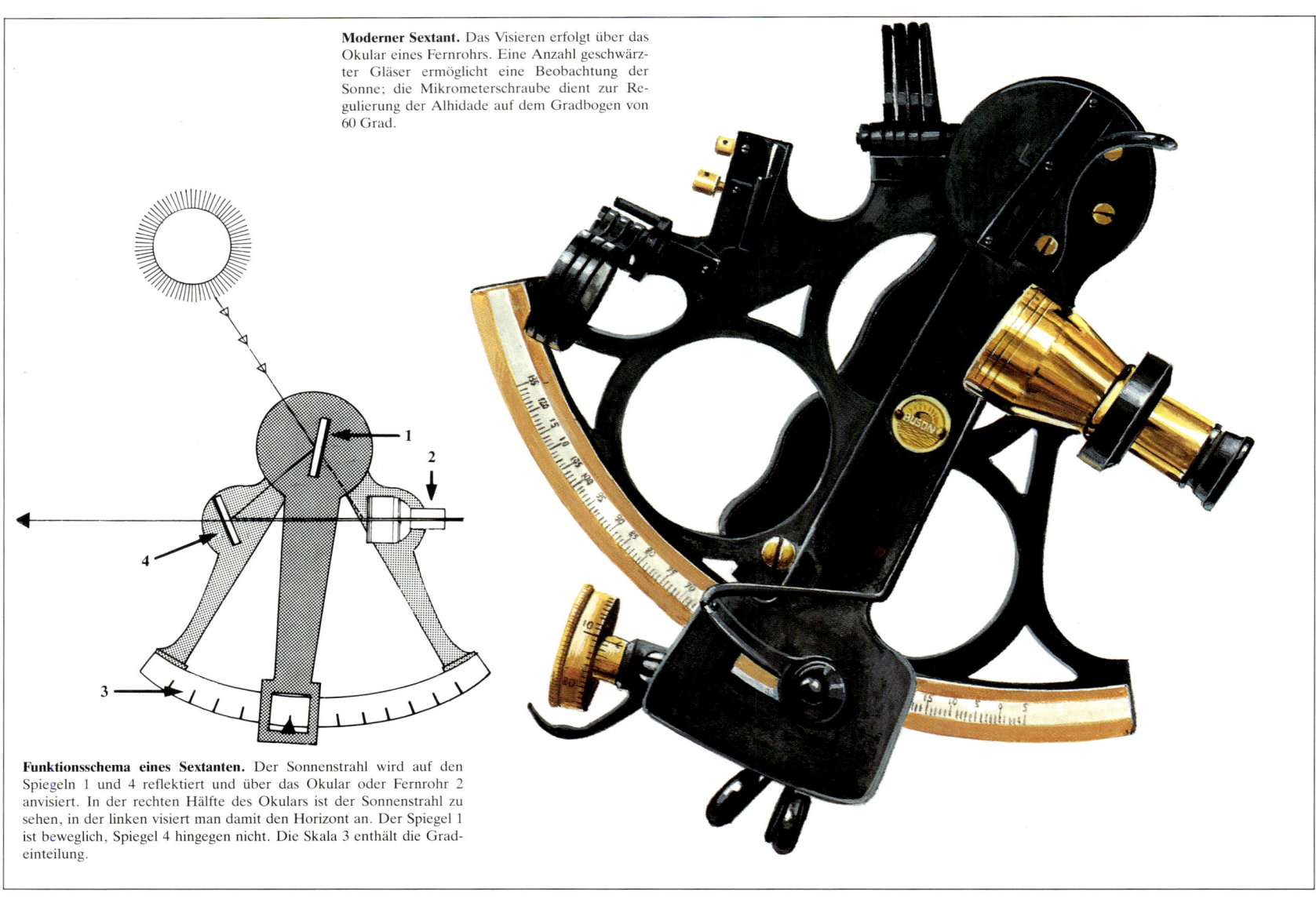

Moderner Sextant. Das Visieren erfolgt über das Okular eines Fernrohrs. Eine Anzahl geschwärzter Gläser ermöglicht eine Beobachtung der Sonne; die Mikrometerschraube dient zur Regulierung der Alhidade auf dem Gradbogen von 60 Grad.

Funktionsschema eines Sextanten. Der Sonnenstrahl wird auf den Spiegeln 1 und 4 reflektiert und über das Okular oder Fernrohr 2 anvisiert. In der rechten Hälfte des Okulars ist der Sonnenstrahl zu sehen, in der linken visiert man damit den Horizont an. Der Spiegel 1 ist beweglich, Spiegel 4 hingegen nicht. Die Skala 3 enthält die Gradeinteilung.

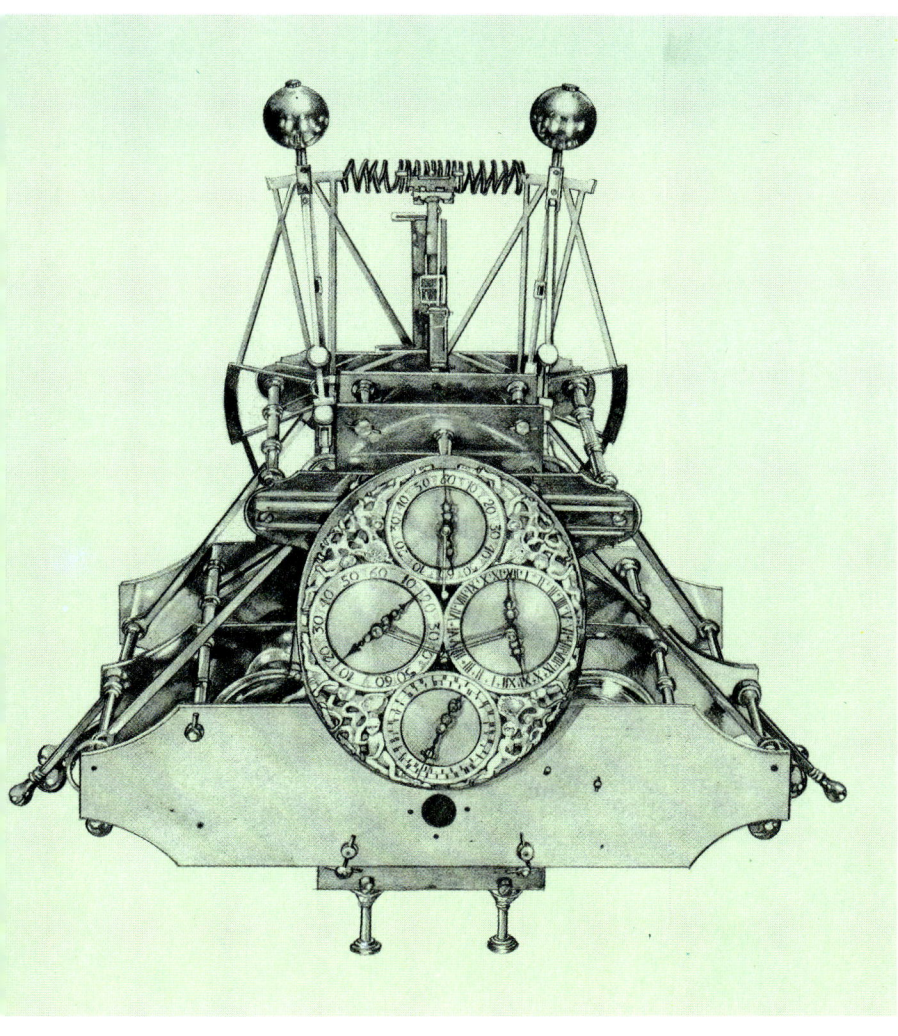

Das vierte Seechronometer von Harrison aus dem Jahr 1769. Diese Uhr war mit einem Durchmesser von 13 cm sehr klein und besaß einen Federantrieb und eine Unruh. Sie löste endgültig das Problem der Zeitmessung für die Längenbestimmung. Das abgebildete Stück ist die Replik von Larcum Kendall, die James Cook auf seiner dritten Reise mitgenommen hatte. Heute wird die Uhr im National Maritime Museum in London aufbewahrt.

◄ **Das erste Chronometer von John Harrison** aus dem Jahr 1735. Wegen seines Umfangs und der Empfindlichkeit der Mechanik konnte man es nicht auf Schiffen mitführen, doch löste es immerhin das Problem der Längenbestimmung auf dem Festland. Das Exemplar wird heute im National Maritime Museum in London aufbewahrt.

waren, präsentierte er 1759 schließlich sein Chronometer mit Federantrieb und Unruh. Dieses nun konnte endlich auf allen Schiffen verwendet werden.

Harrisons Chronometer wurde 1762 auf einer Reise zu den Bahamas ausprobiert. Dann bestellte der Ausschuß bei einem zweiten Uhrmacher namens Larcum Kendall eine Replik. Sie war 1769 fertig, und James Cook führte sie auf seiner zweiten Reise in den Pazifik von 1772 bis 1775 mit sich.

Die ersten Prototypen solcher Chronometer wurden natürlich zunächst auf Kriegsschiffen verwendet. Gegen Ende des Jahrhunderts gab es allerdings größere Serien davon, was zu einer Reduzierung des Preises führte, so daß zu Beginn des 19. Jh.s schon viele Handelsschiffe mit Chronometern ausgerüstet waren, zum Beispiel jene der verschiedenen indischen Kompanien.

Heute sind wir es gewohnt, immer wieder Zeitansagen zu bekommen, sei es durch Radio oder Fernsehen. Deswegen mag es uns merkwürdig erscheinen, daß das Observatorium von Greenwich erst 1833 damit begann, für die Kontrolle der Chronometer die Mittagszeit anzuzeigen, indem es auf seinem Turm einen gehißten Ball (kreisrundes Signal aus Stoff) fallen ließ.

Die Verbreitung der drahtlosen Telegraphie auf den Schiffen, die ab 1903 eingeführt wurde, erlaubte es schließlich, dieses Zeitzeichen den in Fahrt befindlichen Schiffen zur Chronometerkontrolle zu übermitteln. Mit diesem Service begann als erstes das astronomische Observatorium von Washington im Jahr 1905.

In der zweiten Hälfte des 19. Jh.s war die Navigation zu einer Wissenschaft geworden. Sie wurde an Universitäten gelehrt, und wer auf See Karriere machen wollte, mußte sie studieren. In dieser Zeit waren die Seekarten perfekt, die Chronometer und die Sextanten genau, die Ephemeriden der Gestirne veröffentlicht und jedermann leicht zugänglich. Für die Bestimmung des Schiffsstandortes verwendete man nunmehr die Standlinie, die von dem französischen Admiral Marcq Blond de St. Hilaire eingeführt wurde. Er wies darauf hin, daß man bei Gestirnsbeobachtungen die enormen Radien der betroffenen Kreisbögen als Geraden (Standlinie) betrachten könne. Bei mehreren gleichzeitigen Beobachtungen kreuzen sich also im Idealfall die Standlinien in einem Punkt, dem Schiffsort.

Seekarten. Als die Kriegsmarinen der wichtigsten Seefahrernationen eigene Kartendienste einzurichten begannen, machte die Kartographie große Fortschritte. Diese Institute haben die Aufgabe, Seekarten unter besonderer Berücksichtigung der Häfen anzulegen.

Die britische Marine führte als erste im Jahr 1795 einen Kartendienst ein. Er sollte nicht nur Karten der englischen Küstengewässer, sondern aller Weltmeere anfertigen. Sie kamen von 1823 an in den Handel und wurden auch von der Handelsmarine sowie von den Kriegsmarinen anderer Nationen verwendet. Auch in Deutschland kam es durch den steigenden Bedarf an zuverlässigen Seekarten zu Initiativen zu eingehenderen Seevermessungen. Das Ergebnis wurde 1833 bis 1838 in »Preußens Seeatlas« zusammengefaßt. 20 Jahre später folgte der Seeatlas für Elb- und Wesermündung, nicht lange danach eine planmäßige Vermessung der deutschen Nordseeküste. Die Karten enthalten Angaben über die Tiefenverhältnisse, über Fahrwasser, Gefahrenstellen sowie über Leuchtfeuer und Seezeichen. 1868 nahm die »Norddeutsche Seewarte« ihre Arbeit auf und wertete die Beobachtungen der Schiffsoffiziere über Strom und Wind, Gezeiten, Erdmagnetismus und meteorologische Erscheinungen aus. 1872 in »Deutsche Seewarte« umbenannt, wurde sie 1875 zu einer der Admiralität unterstellten Reichsanstalt. Später wurde sie dem Reichsmarineamt und ab 1919 dem Reichsverkehrsministerium unterstellt. Nach 1945 wurde die D.S. in Deutsches Hydrographisches Institut umbenannt. Sitz ist nach wie vor Hamburg.

Signale. In den vergangenen Jahrhunderten war die Signalgebung mit Hilfe von Flaggen und Leuchten fast ausschließlich bei den Kriegsflotten üblich. Zu Beginn des 19. Jh.s wurde allerdings das Bedürfnis immer stärker, sie auch auf Handelsschiffen zu verwenden, sei es für die Verständigung untereinander oder für den Austausch von Nachrichten mit Signalstationen auf dem Festland. Durch Privatinitiative wurden zunächst verschiedene Flaggencodes eingeführt. Sie unterschieden sich nicht nur von Nation zu Nation, sondern es gab auch innerhalb eines Landes, beispielsweise Englands, mehrere Codes, was damals zu beträchtlichen Verwirrungen führte. Einen viel verwendeten Code bot der noch heute gelesene Captain Marryat (»Sigismund Rüstig«).

Im Jahr 1836 hatte der Amerikaner Samuel Morse einen elektrischen Telegraphen und ein Alphabet aus Punkten und Strichen oder aus längeren oder kürzeren Intervallen patentieren lassen. In Form von Lichtsignalen erwiesen sich diese Zeichen als sehr geeignet für die nächtliche Kommunikation und ersetzten das alte System mit Leuchten oder farbigen Lampen.

Auf Einladung der italienischen Marine führte Guglielmo Marconi 1897 in La Spezia Versuche zur Übermittlung und im Empfang drahtloser Signale zwischen dem Festland und dem in Fahrt befindlichen Panzerschiff »San Martino« durch. Dabei konnten die Signale über eine Entfernung von 12 sm empfangen werden. Marconi gelang es

1902, solche Signale über den Atlantik hinweg zu senden, so daß sich ab 1903 die drahtlose Telegraphie in allen Handels- und Kriegsmarinen schnell ausbreitete.

Als erstes Schiff überhaupt wurde 1898 das Feuerschiff »East Godwin« permanent mit einer Anlage zur drahtlosen Telegraphie ausgerüstet. Als erstes Handelsschiff folgte der Passagierdampfer »Kaiser Wilhelm der Große« im Jahr 1900 mit einer solchen Anlage; gleichzeitig wurde das Borkum-Riff-Feuerschiff und die Landstation der Insel Borkum gleichermaßen ausgerüstet.

1930 wurde der internationale Signalcode aus dem Jahr 1897 neu herausgegeben und zweigeteilt: Ein Teil bezieht sich auf die Flaggensignale, der andere auf den Funkverkehr. Diese Neubearbeitung – 1934 ratifiziert – reduzierte die Zahl der Flaggen auf 40, der heute noch gültigen Zahl.

Vor der Einführung der drahtlosen Telegraphie und ungefähr bis zum Jahr 1920 verwendete man für die Kommunikation zwischen Schiff und Festland das Semaphoren-System. Man gebrauchte dazu eine Reihe von Zeichengebern mit schwenkbaren Flügeln, die entlang der Küste aufgestellt waren. Die Schiffe teilten ihre Botschaft mit Hilfe von Signalflaggen mit, und die Sema-

phoren sorgten für die Weiterleitung an Empfänger auf dem Festland und vermittelten auch Nachrichten an die Schiffe.

Die drahtlose Telegraphie erlaubte die Verständigung zwischen Schiff und Festland sowie zwischen Schiff und Schiff, verlangte aber kostspielige Apparaturen, die von ausgebildeten Funkern bedient wurden. Diese mußten die Botschaften im Morsealphabet verschlüsseln und empfangen können. In der Handelsmarine übernahmen die nautischen Offiziere nebenamtlich diese Aufgabe, während in der Kriegsmarine Unteroffiziere dafür verantwortlich sind.

Wegen der hohen Anschaffungs- und Betriebskosten wurden Funkstationen in der Handelsmarine zunächst nur auf den größten Frachtschiffen und besonders den Passagierschiffen eingerichtet. Kleinere Schiffe mußten noch lange ohne Funkeinrichtung auskommen. Die Londoner Konferenz des Jahres 1912 beschloß jedoch, daß alle Schiffe der Großen Fahrt mit Funkanlagen ausgerüstet werden sollten.

Die Armillarsphäre war ein Instrument alexandrinischer und arabischer Astronomen vom 2. bis zum 10. Jh. Das Gerät besteht aus mehreren metallener Ringen, ähnlich den Armreifen (lat. armil.a), die im römischen Heer als Schmuck in Gebrauch waren. Der waagerechte Ring stellt den Horizont dar, der senkrechte den Meridian des Beobachters. Ein weiterer Ring liegt in der Ebene der Ekliptik. Auf ihr kann man die Rektaszension, die Deklination und die Stundenwinkel ablesen.

Der Leuchtturm von Alexandria, gebaut um 280 v. Chr. von Sostratos von Knidos, auf einer alexandrinischen Münze dargestellt, die unter Domitian geprägt wurde. Das etwa 110 m hohe Weltwunder stürzte 1326 n. Chr. ein.

Die Tour d'Ordre bei Boulogne (links) und das elektrische **Leuchtfeuer von Eckmühl** an der Penmarch-Spitze in der Bretagne (rechts).

Schiffsbau und Segelausrüstung

Am Ende des 18. Jh.s und in den ersten Jahrzehnten des 19. Jh.s erreichte die Kunst des Baus von Holzschiffen ihren Höhepunkt und die Vollendung. Das gilt ebenso für den Bau großer Kriegsschiffe, vertreten etwa durch die Dreidecker wie für große Handelsschiffe mit drei oder vier rahbesegelten Masten. Die Wissenschaft vom Schiffsbau ging von Handwerksbetrieben auf Werften, unter Leitung von technisch ausgebildeten Konstrukteuren über, den Ingenieuren.

In den ersten Jahrzehnten des 19. Jh.s fand eine bedeutende Neuerung Eingang in den Schiffsbau: die Anwendung von Eisen für den Bau des Rumpfes, der Masten, der Rahen und der Aufbauten. Gegen den Eisenbau gab es jedoch lange Zeit Vorurteile, und viele bevorzugten nach wie vor Holz. Manche meinten zum Beispiel, das Eisen würde im Seewasser sehr viel schneller unbrauchbar werden als Holz; außerdem würden sich Inkrustrationen bilden, die zu starken Geschwindigkeitsminderungen führten. Vor allem dieses Vorurteil trug dazu bei, daß man zu einer Zwischenlösung griff: Man stellte die Spanten aus Eisen und die Planken aus Holz her, die Kompositbauweise.

Alle Teile, die nicht in Berührung mit dem Meer kamen und die gleichzeitig über die Stabilität des Rumpfes entschieden, waren aus Eisen, zum Beispiel Kiel, Kielschwein, Spanten, Decksbalken, Vorder- und Achtersteven, Holme unter den Decks und Stringer. Die Außen- und Decksbeplankung hingegen war noch ganz aus Holz.

Obwohl in der Kompositbauweise Eisen Verwendung fand, wurden Masten und Rahen weiterhin aus Holz hergestellt, wie auch für das stehende Gut – wie Wanten, Stagen und Pardunen – Eisen- und Stahldraht erst später eingeführt wurden. Der Rumpf war mit seinen Verstrebungen aus Metall gleichzeitig stabiler und leichter als ein entsprechender reiner Holzrumpf. Noch vorteilhafter wurde der Vergleich, wenn auch die Außenhaut ganz aus Metall war.

Bei der Außenhaut der Rümpfe verwendete man denn auch bald Eisenbleche. Für die Decks, besonders für die großen Oberdecks von Kriegs- und Handelsschiffen, blieb man allerdings – ausschließlich aus ästhetischen Gründen – beim Holz, doch gab es darunter noch eine Lage aus Metall.

Die Vorurteile gegenüber dem Eisenrumpf erwiesen sich bald als unbegründet, besonders nach einem unfreiwilligen »Versuch«, der viel Aufsehen erregte. Im Jahr 1838 trieb ein plötzlicher Sturm einige Schiffe gegen die englische Küste. Alle Schiffe mit Holzrümpfen zerbrachen oder erlitten Schäden, die man nicht mehr reparieren konnte. Nur die »Garry Owen« mit ihrem Eisenrumpf trug keine Schäden davon; sie strandete zwar ebenfalls, kam aber wieder flott. Die Kunde von dieser Begebenheit verbreitete sich schnell in ganz England und bei den anderen europäischen Seefahrernationen. So wurden die Zweifel und die Vorurteile gegenüber den Eisenrümpfen weitgehend beseitigt. Fast alle großen Segelschiffe der letzten Jahrzehnte des 19. Jh.s bekamen eiserne Rümpfe, bis sich um das Jahr 1885 Stahl als Schiffbaumaterial durchzusetzen begann.

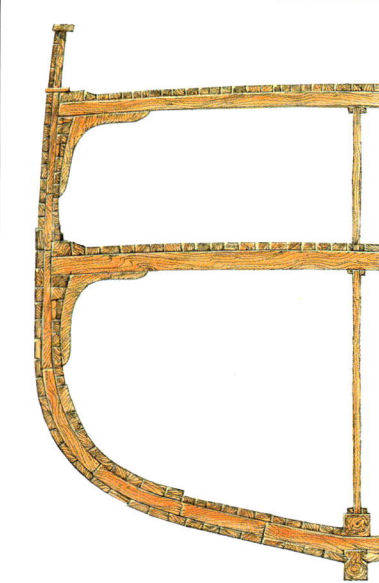 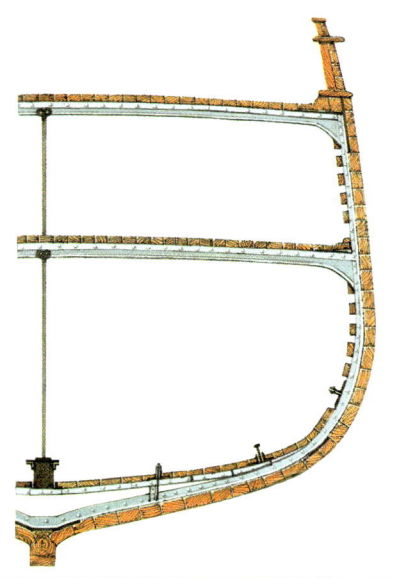

Querschnitt durch einen hölzernen Schiffsrumpf: Die Außenhaut besteht aus zwei Reihen zugeschnittener Holzprofile, die innen und außen an den Spanten gegeneinander versetzt angeordnet sind. Die Außenbeplankung setzt sich zusammen (von unten): Kielgang, Bodenbeplankung, Oberbeplankung, Berghölzer. Die Innenbeplankung heißt (von unten): Kielwegerung, Bodenwegerung, Kimmwegerung.

Querschnitt durch einen Schiffsrumpf in Kompositbauweise, also mit Spanten und Decksbalken aus Eisenprofil. Ganz aus Holz ist noch die Außenbeplankung und die Beplankung der Decks.

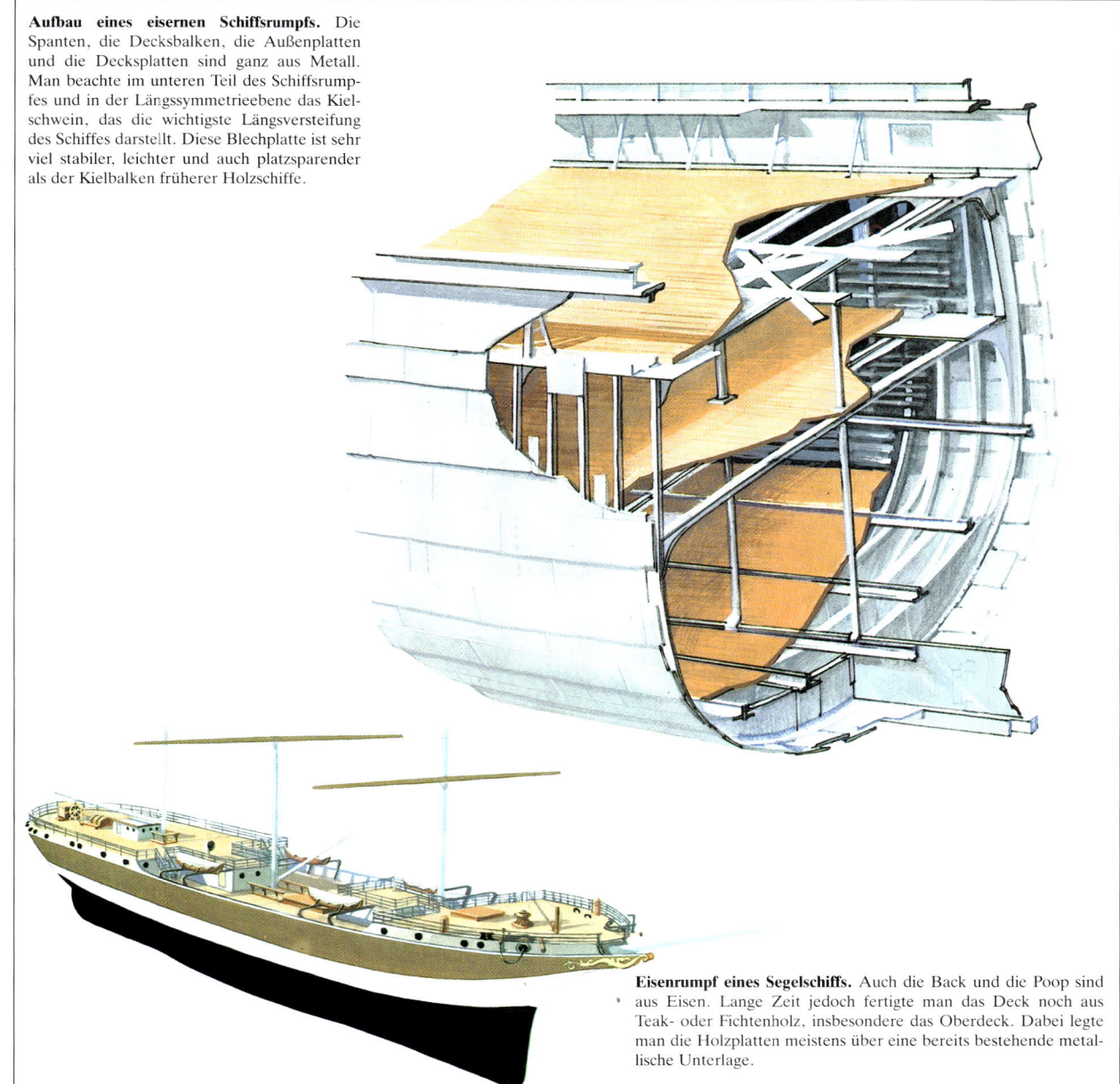

Aufbau eines eisernen Schiffsrumpfs. Die Spanten, die Decksbalken, die Außenplatten und die Decksplatten sind ganz aus Metall. Man beachte im unteren Teil des Schiffsrumpfes und in der Längssymmetrieebene das Kielschwein, das die wichtigste Längsversteifung des Schiffes darstellt. Diese Blechplatte ist sehr viel stabiler, leichter und auch platzsparender als der Kielbalken früherer Holzschiffe.

Eisenrumpf eines Segelschiffs. Auch die Back und die Poop sind aus Eisen. Lange Zeit jedoch fertigte man das Deck noch aus Teak- oder Fichtenholz, insbesondere das Oberdeck. Dabei legte man die Holzplatten meistens über eine bereits bestehende metallische Unterlage.

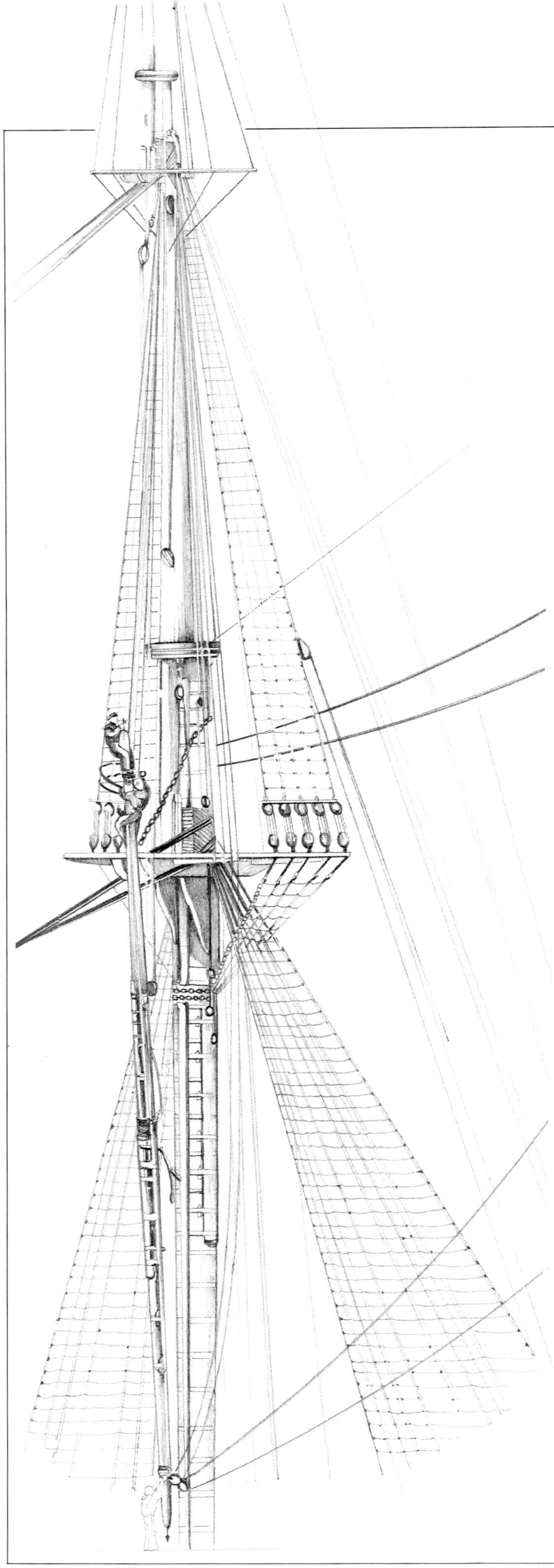

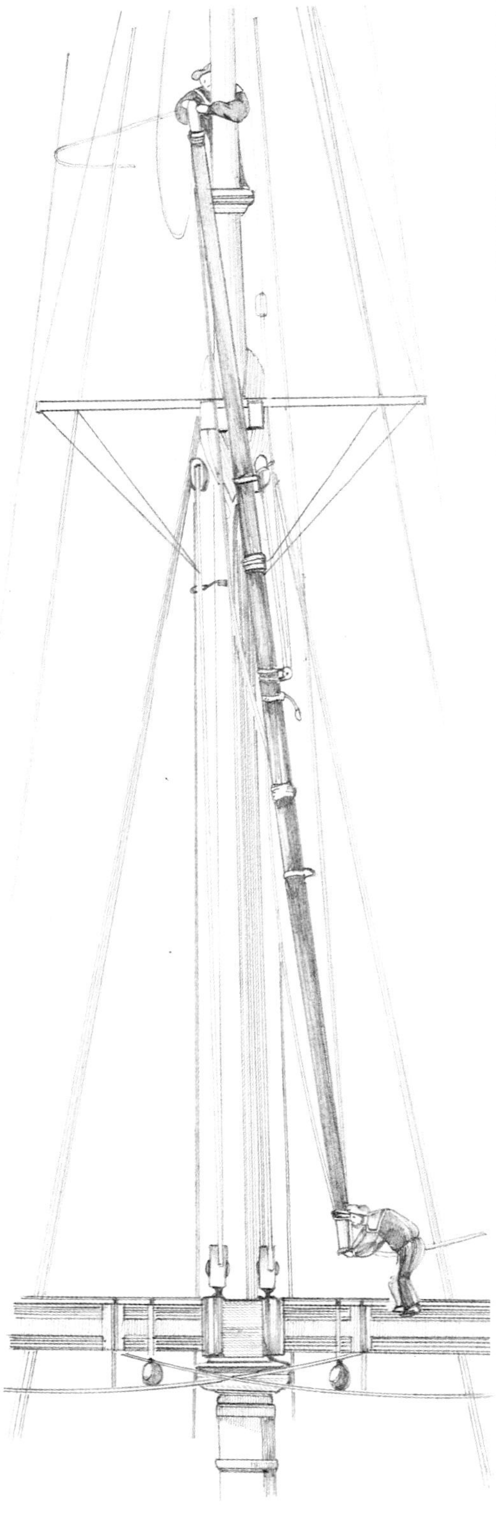

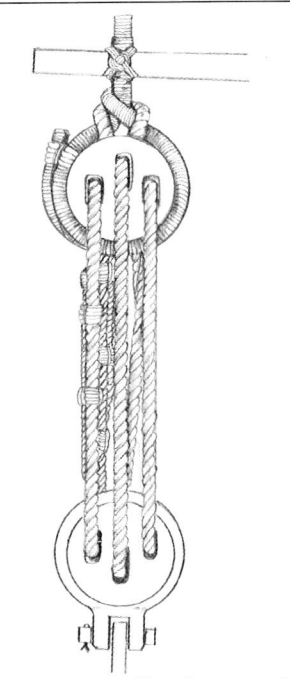

Wanten auf Holzschiffen, System zur Befestigung: Am unteren Teil der Pardune, die aus einem Tau aus Pflanzenfasern bestand, befestigte man eine sogenannte obere Jungfer aus Holz mit drei Löchern. Eine entsprechende untere Jungfer war an der Pütting befestigt. Das Taljereep wurde durch die Öffnungen der beiden Jungfern gezogen, und mit dessen Hilfe konnte man auch die Wanten spannen.

Spannen der Wanten auf Eisenschiffen: Am unteren Ende der Pardunen aus Eisendraht ist eine Gewindeschraube befestigt. Auch die Befestigung am Schiffskörper selbst erfolgt über eine Schraube. Die beiden einander gegenüberliegenden Schraubengewinde werden durch eine längliche hülsenähnliche Spannschraube verbunden, die innen ebenfalls Gewinde, wenn auch mit entgegengesetzter Drehrichtung, eingeschnitten hat. Durch Drehen der Spannschraube werden die Wanten gespannt.

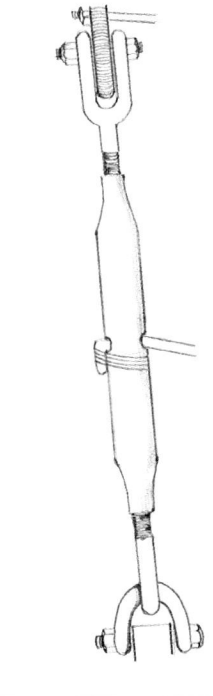

Die Unterrahen, Untermarsrahen und Unterbramrahen der rahgetakelten Masten wurden durch ein fest angebrachtes Rack gehalten, während die Obermars-, Oberbram- und Royalrahen an einem um den Mast aufheißbaren und fierbaren Rack oder (modern) an einem an einer Gleitschiene beweglichen Rack befestigt waren. In der Abbildung werden hier Mars- und Bramrahen z. B. zur Verringerung des Gewichtes, an Deck gegeben bzw. aufgebracht. Die Männer sind gerade dabei, die Toppnanten zu befestigen, um die Rah in die waagerechte Lage zu bringen.

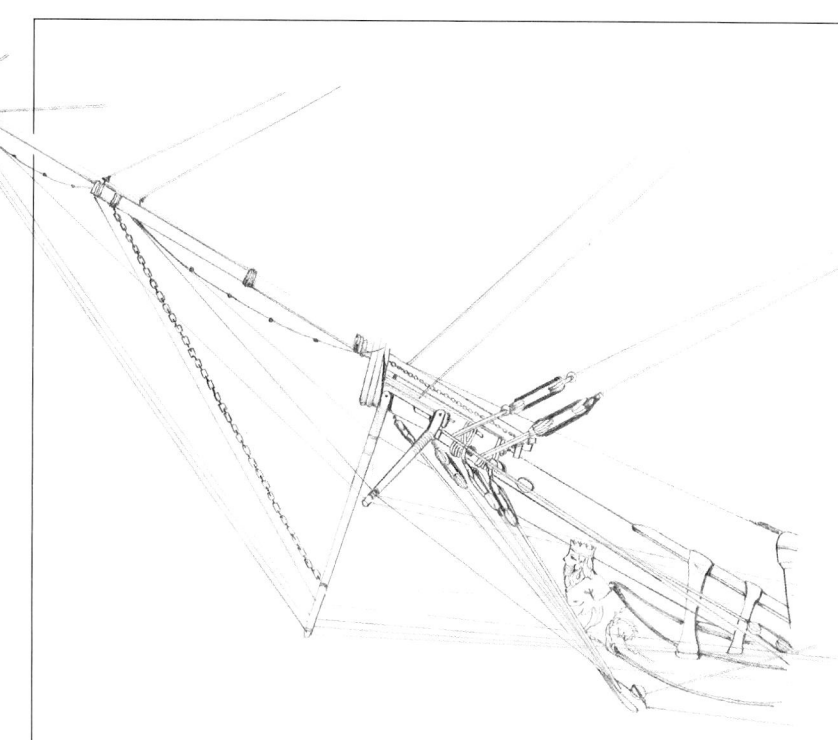

Am Bugspriet und dem Klüverbaum sind zahlreiche Stagen zum Halt und zur Verstärkung angebracht. Sie bestehen aus Stahlseilen oder auch Ketten. Die Stange in der Hälfte des Bugspriets ist aus Metall und heißt Stampfstock. Man beachte die Galionsfigur.

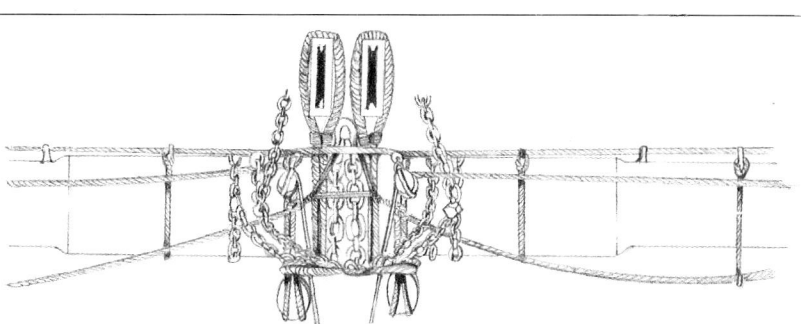

Unterrah des Vor- oder Großmastes, Zentraler Teil. Im oberen Teil ist das Jackstag zu erkennen, eine Metallstange, an der das Rahsegel mit der Reihleine angeschlagen wurde. Im unteren Teil erkennt man das Flußpferd, also jenes Tauwerk, auf dem sich die Seeleute mit den Füßen abstützten, während sie den Bauch gegen die Rah drückten. Mit den Ketten waren die Rahen befestigt; wie wurden später durch metallene Bügel ersetzt. Die beiden Taublöcke oben dienten als Leitblöcke für die Obermarsbrassen der Obermarsrah am nächsten weiter vorne gelegenen Mast.

Aufgeien der Segel mit Hilfe von Gordingen: Das Segel wird bis zur oberen Rahstange so hochgeholt, wie es in der linken Hälfte der Figur abgebildet ist.

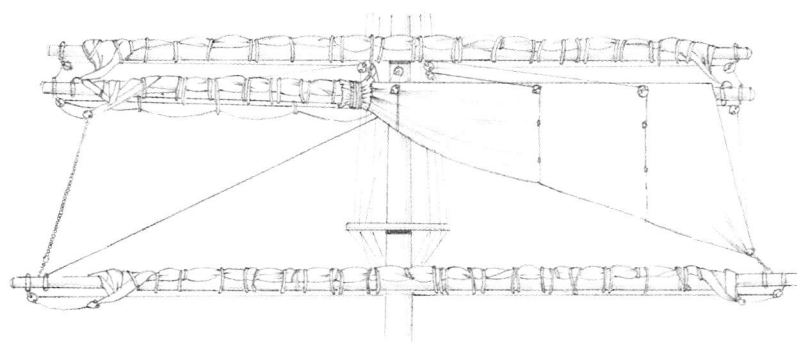

Geitaue eines Gaffelsegels.

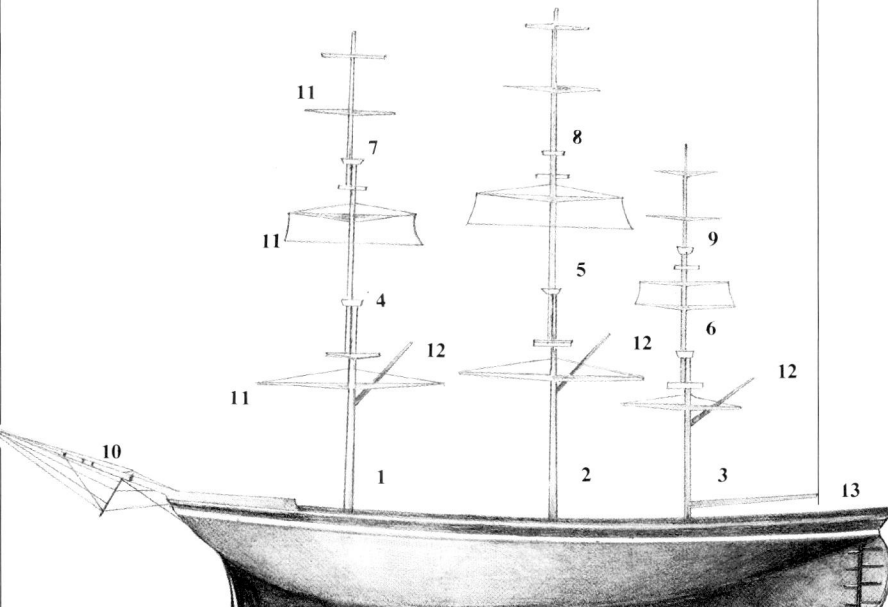

Die Masten eines Segelschiffes: 1 Fockuntermast; 2 Großuntermast; 3 Kreuzuntermast (der dritte vollgetakelte Mast heißt auch auf einem dreimastigen Schiff Kreuzmast); 4 Vormarsstenge; 5 Großmarsstenge; 6 Kreuzmarsstenge; 7 Vorbramstenge; 8 Großbramstenge; 9 Kreuzbramstenge; 10 Bugspriet und Klüverbaum (hier in einem Stück); 11 Rahen; 12 Besangaffel; 13 Besanbaum.

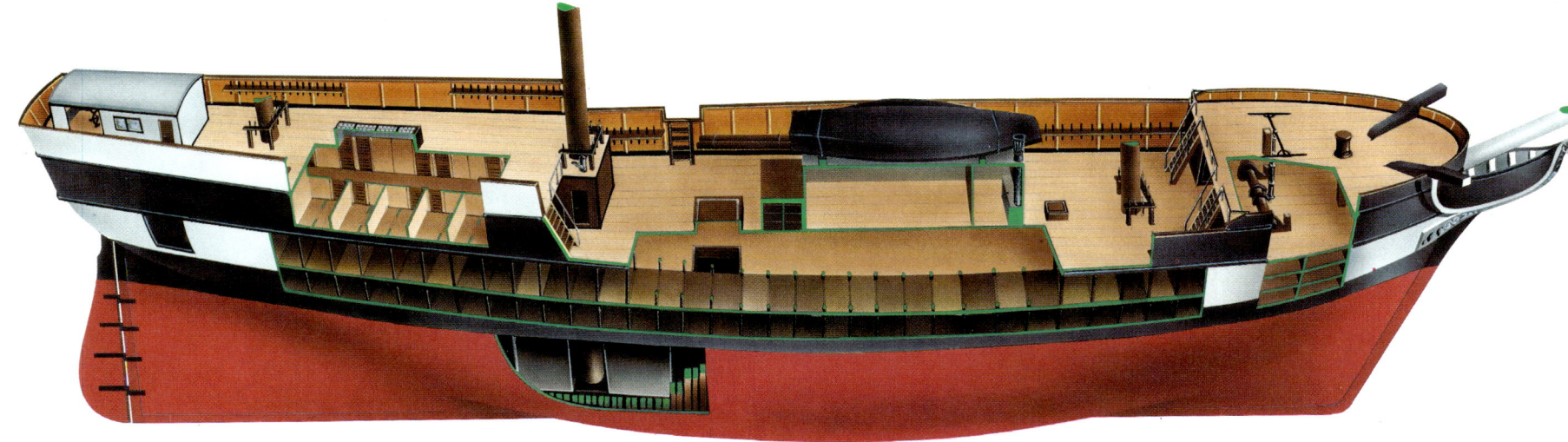

Das erste von der bekannten Werft Blohm + Voss gebaute Segelschiff aus Stahl war die Bark »Potrimpos« (1887) der Reederei F. Laeisz. Übrigens folgte nach dem letzten Holzbau der deutschen kaiserlichen Marine, der Korvette »Freya«, eine Kreuzerklasse, die zur Verhinderung von Anwüchsen unter Wasser eine doppelte mit Kupferblechen beschlagene Holzverschalung erhielten (»Leipzig« 1875, »Prinz Adalbert« 1876; 3925 t, 15 kn.)

Für den Bau kleinerer Segelschiffe benützte man weiterhin Holz, und aus diesem Stoff waren auch die letzten Briggs und Schoner bis 1925 oder 1930.

Auch die Segelausrüstung entwickelte sich weiter: durch Einführung der Klüver, der Stagsegel sowie des Besansegels anstelle des Lateinsegels am Besanmast. Diese Neuerungen, die in den letzten Jahrzehnten des 18. Jh.s zögernd aufkamen, verbreiteten sich dann doch schnell, weil die Klüver am Vorschiff und der Besan am Heck die Manövrierfähigkeit stark verbesserten.

Die großen Mars- und Bramsegel wurden je durch zwei kleinere Segel ersetzt, einem festen unteren und einem heißbaren oberen. Die Zahl der Segel pro Mast, die bei den Galeonen und den ersten Dreideckern drei betrug, erhöhte sich damit auf fünf und in einigen Fällen sogar auf sechs, weil als oberstes Segel noch ein Royalsegel hinzukam. Nur als Ausnahmefälle gab es Schiffe mit sieben Segeln pro Mast; die wenigen Exemplare mit einer solchen Takelung waren deutsche und britische Viermaster.

Die Einführung eiserner Masten und Rahen führte zu einer Veränderung der Segelform. Diese Entwicklung hatte allerdings schon zu Ende des 18. Jh.s bei den Schiffen mit höl-

zernen Masten und Rahen begonnen. Die Einführung der Dampfmaschine auf den Segelschiffen, in wenigen Fällen als Hilfsantrieb wie z. B. bei der Fünfmastbark »R. C. Rickmers«, diente sonst nur zur Erleichterung des Lade- und Löschbetriebs und führte nicht zur Mechanisierung der Segelhandhabung. Diese wurde bis zum endgültigen Verschwinden der Segelschiffe auch bei stürmischem Wetter von Hand ausgeführt. Daran änderte auch die an sich bemerkenswerte Erfindung des Engländers Cunningham nichts, dessen drehbare Marsrah es ermöglichte, die Marssegel zu bergen, ohne daß man dazu Männer auf den Mast zu schicken brauchte. Die Erfindung kam nur auf kleineren Seglern, meist Toppsegelschonern, zur Anwendung.

Große Handelsschiffe mit drei, vier und fünf Masten

Die Stabilität und Größe der Schiffsrümpfe vom 16. bis zum 18. Jh. hatten bis zu vier Masten erlaubt, zwei vordere mit Rahsegeln und zwei hintere mit Lateinsegeln. Zu Ende des 18. Jh's sah die übliche Segelausrüstung folgendermaßen aus: drei Masten mit Rahsegeln, wobei das Lateinsegel des dritten, wenn mit Rahen getakelt, Kreuzmast genannten Mastes durch ein Gaffelsegel, den Besan, ersetzt worden war, drei Rahsegel am Kreuzmast und kein Bonaventuramast mehr.

Kleinere Schiffe besaßen im allgemeinen zwei Masten und ein Bugspriet mit Klüverbaum, alle mit Rahsegeln oder Gaffelsegeln oder einer gemischten Besegelung: Rahsegel am einen Mast und Gaffelsegel am anderen.

Neben den zweimastigen Briggs und anderen kleineren Schiffen gab es auch Barken mit zwei rahgetakelten Masten und einem Besanmast sowie Schoner mit drei Masten. Dabei waren die Größenverhältnisse untereinander fließend. Je nach der Segelausrüstung unterschied man mehrere Bezeichnungen. Fockmast und Großmast mit Rahsegeln, Besanmast mit Gaffelsegeln: Bark; Fockmast mit Rahsegeln, Großmast und Besanmast mit Gaffelsegeln: Barkentine. Es gab keine Kriegsschiffe mit mehr als drei Masten, dafür Handelsschiffe mit vier oder fünf Masten. Die meisten Dreimastschiffe,

die bis ungefähr 1880 gebaut wurden, hatten hölzerne Rümpfe. Bei den Viermastern mit ihren größeren Ausmaßen bestanden die Rümpfe aus Metall, erst aus Eisen, dann aus Stahl. Es gab allerdings auch Viermaster, die noch ganz aus Holz waren, darunter sehr große amerikanische Viermastbarken wie die 1890 gebaute »Shenandoah« mit 3154 BRT, die »Susquehanna« oder die 1892 mit 3593 BRT größte je in Amerika gebaute Viermastbark »Roanoke«. Mehr als 5000 t trugen diese Schiffe, und die Masten der »Shenandoah« ragten vom Fuß bis zur Spitze 66 m empor. Das erste viermastige Schiff war jedoch die »Invention«, die 1801 in Bordeaux von einem gewissen Thibault gebaut worden war.

In den Jahren 1822 bis 1823 baute man einen zweiten hölzernen Viermaster mit der Segelausrüstung einer Viermastbark, das heißt, mit Gaffelsegel am vierten Mast, während die »Invention« an allen Masten Rahsegel hatte. Die Gründe, die zum Bau dieses zweiten und später eines dritten Viermasters führten, sind es wert, in Erinnerung gerufen zu werden. Am Ende des 18. Jh.s wurde in England das Holz für den Bau von Schiffen ziemlich knapp und teuer, und man mußte für die Lieferung auf die skandinavischen Staaten oder die große kanadische Kolonie zurückgreifen. Während der Transport von Skandinavien zu den britischen Inseln verhältnismäßig preisgünstig war, lagen natürlich die Kosten für kanadisches Holz sehr hoch. Ein Schiffsbauer von Port Glasgow namens Charles Wood wollte diese Kosten reduzieren, indem er in Kanada große Schiffe bauen ließ, sie mit Holz belud, nach England brachte und sie dort, zur Gewinnung weiteren Holzes, völlig ausschlachtete. Wood ließ in einer Werft bei Quebec zwei solche Schiffe bauen, die »Columbus« und die »Baron of Renfrew«. Die »Columbus« wurde im Juli 1823 vom Stapel gelassen und war nur sehr grob zusammengebaut, weil sie ja nur eine einzige Reise unternehmen sollte. Ihr Rumpf wurde nicht einmal gekalfatert, also durch Anbringen von Werg zwischen den Ritzen der Außenbeplankung wasserundurchlässig gemacht.

»Cosmos«, das große italienische Segelschiff, das 1865 gebaut wurde. Jeder der drei Masten trägt sechs Segel. Das bedeutet, daß es, abgesehen von den untersten Segeln, noch folgende Segel gab: Untermarssegel, Obermarssegel, Unterbramsegel, Oberbramsegel und Royalsegel.

Französische Viermastbark »Nord«, 2905 BRT groß, gebaut 1889 am Clyde (Barclay Curle + Co) aus Stahl.

◄ **Segelschiff mit drei Masten** und je fünf Segeln pro Mast: die »Narcissus« von 1875, auf der Josef Conrad 1884 von Bombay nach Dünkirchen fuhr.

Französisches Segelschiff mit vier Masten und Gaffelsegeln am Besanmast: die »Loire« aus dem Jahr 1897. Rumpf und Masten bestanden aus Stahl.

Britisches Segelschiff mit drei Masten und vier Segeln pro Mast. Die »Balclutha« – später »Star of Alaska« – wurde 1886 am Clyde gebaut. Sie war eines der ersten Segelschiffe mit Stahlrumpf und Stahlmasten. Heute liegt das Schiff unter seinem ersten Namen als Museumsschiff in San Francisco.

Der Toppsegelschoner »Armistad« im Jahr 1839. Ein kleines Schiff für den Sklaventransport von Kuba in die Vereinigten Staaten. Der Schoner war nur 23 m lang.

Sklavenschiff: Wie ihre Bezeichnung verrät, dienten die Sklavenschiffe dem Transport afrikanischer Sklaven nach Nord- und Südamerika. Es waren kleine, aber sehr schnelle Schiffe und konnten den Fregatten und Korvetten der Kriegsmarinen leicht entkommen, die im Atlantik kreuzten und den Sklavenhandel unterbinden sollten. Geschwindigkeit war auch deswegen wichtig, weil eine Infektionskrankheit in dem überfüllten Schiff sehr leicht um sich greifen konnte. Die Sklaven waren unter übelsten hygienischen Bedingungen im Zwischendeck untergebracht. Es kam damals gelegentlich vor, daß man alle Sklaven kurzerhand über Bord warf, wenn einer Kontrolle durch ein Kriegsschiff nicht zu entgehen war.

Die französische »Ouragan« von 1830 mit zwei Masten und drei Segeln pro Mast. Sie diente dem Sklaventransport, hatte einen sehr schlanken Rumpf und eine große Segelfläche, mit der sie hohe Geschwindigkeiten erreichte und Kriegsschiffen glatt davonfuhr. Das Schiff transportierte ungefähr 350 Sklaven.

Die Reise nach Großbritannien war ziemlich abenteuerlich, weil in den nicht gekalfaterten Rumpf Wasser eindrang. Das Schiff erreichte trotz eifrigen Pumpens sein Bestimmungsziel mit ungefähr drei Meter Wasser im Rumpf. Die »Columbus« wurde jedoch nicht wie vorgesehen auseinandergenommen, sondern unternahm Ende April 1825 eine weitere Reise nach Kanada, um wieder Holz zu holen. Bei der Überfahrt sank sie während eines Sturms.

Noch weniger Glück hatte der zweite Viermaster von Wood, die »Baron of Renfrew«. Sie erreichte im Oktober 1825 den Ärmelkanal, strandete beim Kap Long Sound; während man sie in den Hafen schleppte, wurde sie vom Sturm völlig zerstört.

Nach diesen beiden Viermastern wagten es die Schiffsbauer ungefähr 25 Jahre lang nicht mehr, derart große Schiffe in ihren Werften auf Kiel zu legen. Erst im Jahr 1853 wurde ein weiterer Viermaster vom Stapel gelassen, die »Great Republic«. Ihr Baumeister war der berühmte Donald McKay, der das Schiff auf eigene Rechnung gebaut hatte. Gleich auf der ersten Reise wurde die »Great Republic« in New York vom Feuer fast völlig zerstört, jedoch mit geänderter Takelage wiederhergestellt; sie diente weitere 19 Jahre, bis sie 1872, jetzt unter dem Namen »Denmark«, nahe den Bermudas in einem Sturm unterging.

Der Übergang zum Bau metallener Rümpfe, zuerst aus Eisen und dann aus Stahl, erlaubte eine Vergrößerung der Maße und damit der Tragkraft. Die metallene Struktur ermöglichte es auch, den ehemals einheitlichen großen Laderaum der Holzschiffe zu unterteilen, wobei Schotten eingefügt wurden. Das wiederum war von großem Vorteil für das Verstauen der Nutzlast und für den Fall eines Lecks oder eines Brandes, denn mit Hilfe der Schotten konnten Feuer und eindringendes Wasser auf einen Teil des Schiffes beschränkt werden.

Einen weiteren Fortschritt brachte die Installation von Dampfmaschinen mit entsprechendem Kessel. Sie lieferten Energie als Ersatz für die Muskelkraft der Matrosen, zum Beispiel für das Hieven des Ankers und beim Löschen und Laden der Ladung. Destillierapparate blieben auf den meisten Segelschiffen weiterhin unbekannt und waren nur auf einigen Auswanderer- und Coolieschiffen – auf ihren Reisen mit Arbeitskräften von Indien nach Westindien – üblich. Mit einer Meerwasserentsalzungsanlage an Bord konnte wertvolle Zeit gewonnen werden.

Schiffe mit fünf Masten und Rahsegeln gab es nur wenige. Mit Ausnahme der »Preußen« trugen alle am fünften Mast Gaffelsegel. Zahlreicher waren schon Fünfmaster mit Schonersegeln an allen Masten. Sie wurden von den Reedern der Vereinigten Staaten vorgezogen, denn solche Schiffe brauchten weniger Besatzung. Die wenigen Fünfmaster mit Rahsegeln waren die »France I« von 1890 und die »„France II« von 1911, beide natürlich unter französischer Flagge; die »Maria Rickmers« von 1892, die großartige »Potosi« von 1895 unter ihrem berühmten Kapitän Hilgendorff, die zusammen mit der »Preußen« von 1902 wohl in ihrer Beständigkeit die schnellsten Segelschiffe waren, und die unter deutscher Flagge fuhren.

Britisches Segelschiff mit drei Masten und fünf Segeln pro Mast: die »Star of India«, gebaut 1861 mit hölzernem Rumpf. Das 1100 BRT große typische Erzeugnis der berühmten Blackwall-Werft war in der Passagierfahrt zwischen England und Australien eingesetzt (1892 im Atlantik gesunken).

Britisches Segelschiff mit dem Namen »La Hogue«. Obwohl vom Typ der sogenannten Blackwall-Fregatten, war das Schiff bei Laing bei Sunderland gebaut worden. Jeder der drei Masten trug fünf Segel, dazu kam ein Gaffelsegel am Kreuzmast. Man beachte die vorgetäuschten Geschützpforten, die auf den Rumpf gemalt waren.

»Marlborough«, ein 1846 aus bester englischer Eiche und Malabar-Teakholz auf der Blackwall-Werft gebauter Ostindienfahrer. Die Abbildung zeigt das Schiff bei der Lotsenübernahme, wobei zur Fahrtverminderung die Untersegel aufgegeit und Bram- und Royalrahen eingefiert wurden, bei gleichzeitigem Auffieren der Bram- und Royalschoten. Das Schiff wurde 1888 abgewrackt.

Die Segel eines Dreimasters mit Rahsegeln:
1 Vorroyalsegel; 2 Vorbramsegel; 3 Vormarssegel; 4 Fock; 5 Großroyalsegel; 6 Großbramsegel; 7 Großmarssegel; 8 Großsegel; 9 Kreuzroyalsegel; 10 Kreuzbramsegel; 11 Kreuzmarssegel; 12 Besan; 13 Außenklüver; 14 Klüver; 15 Vorstengestagsegel. (Wie schon an der Höhe der Mars- u. Bramsegel zu erkennen ist, handelt es sich um ungeteilte Mars- bzw. Bramsegel.)

Verschiedene Typen von Segelschiffen

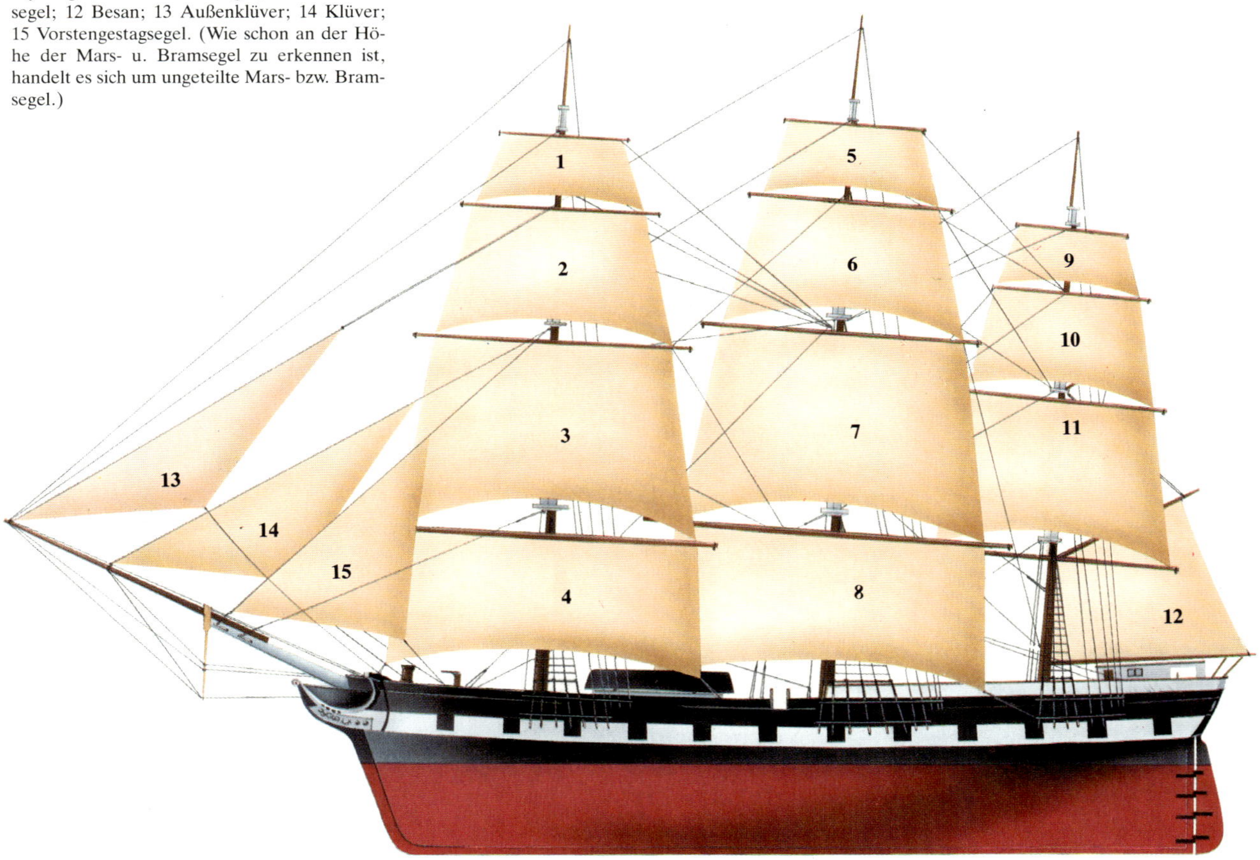

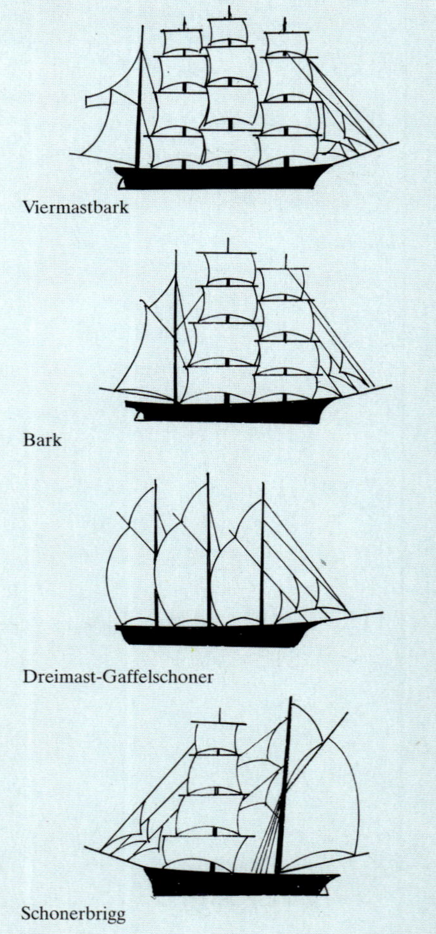

Viermastbark

Bark

Dreimast-Gaffelschoner

Schonerbrigg

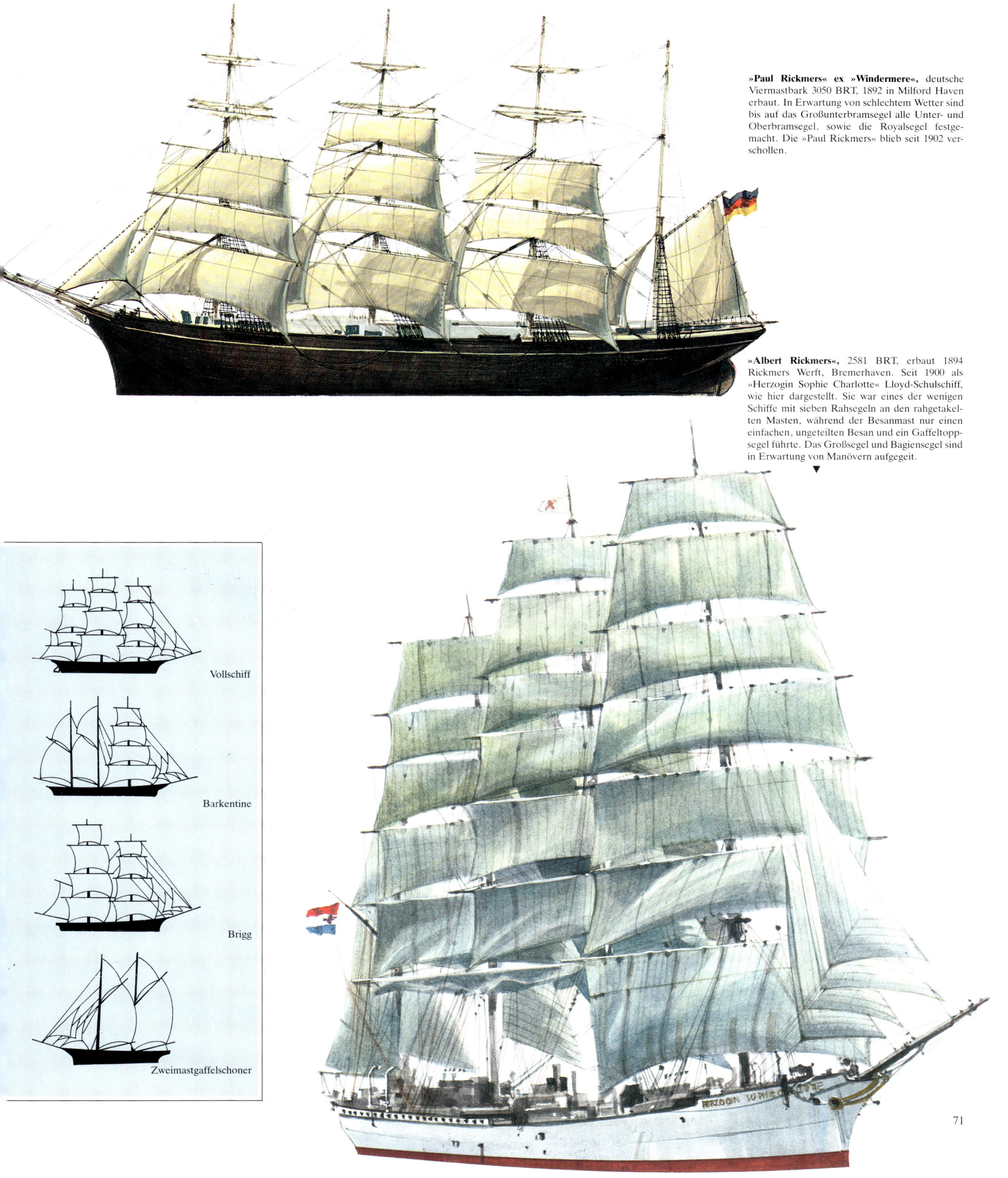

»Paul Rickmers« ex »Windermere«, deutsche Viermastbark 3050 BRT, 1892 in Milford Haven erbaut. In Erwartung von schlechtem Wetter sind bis auf das Großunterbramsegel alle Unter- und Oberbramsegel, sowie die Royalsegel festgemacht. Die »Paul Rickmers« blieb seit 1902 verschollen.

»Albert Rickmers«, 2581 BRT, erbaut 1894 Rickmers Werft, Bremerhaven. Seit 1900 als »Herzogin Sophie Charlotte« Lloyd-Schulschiff, wie hier dargestellt. Sie war eines der wenigen Schiffe mit sieben Rahsegeln an den rahgetakelten Masten, während der Besanmast nur einen einfachen, ungeteilten Besan und ein Gaffeltoppsegel führte. Das Großsegel und Bagiensegel sind in Erwartung von Manövern aufgegeit.

Vollschiff

Barkentine

Brigg

Zweimastgaffelschoner

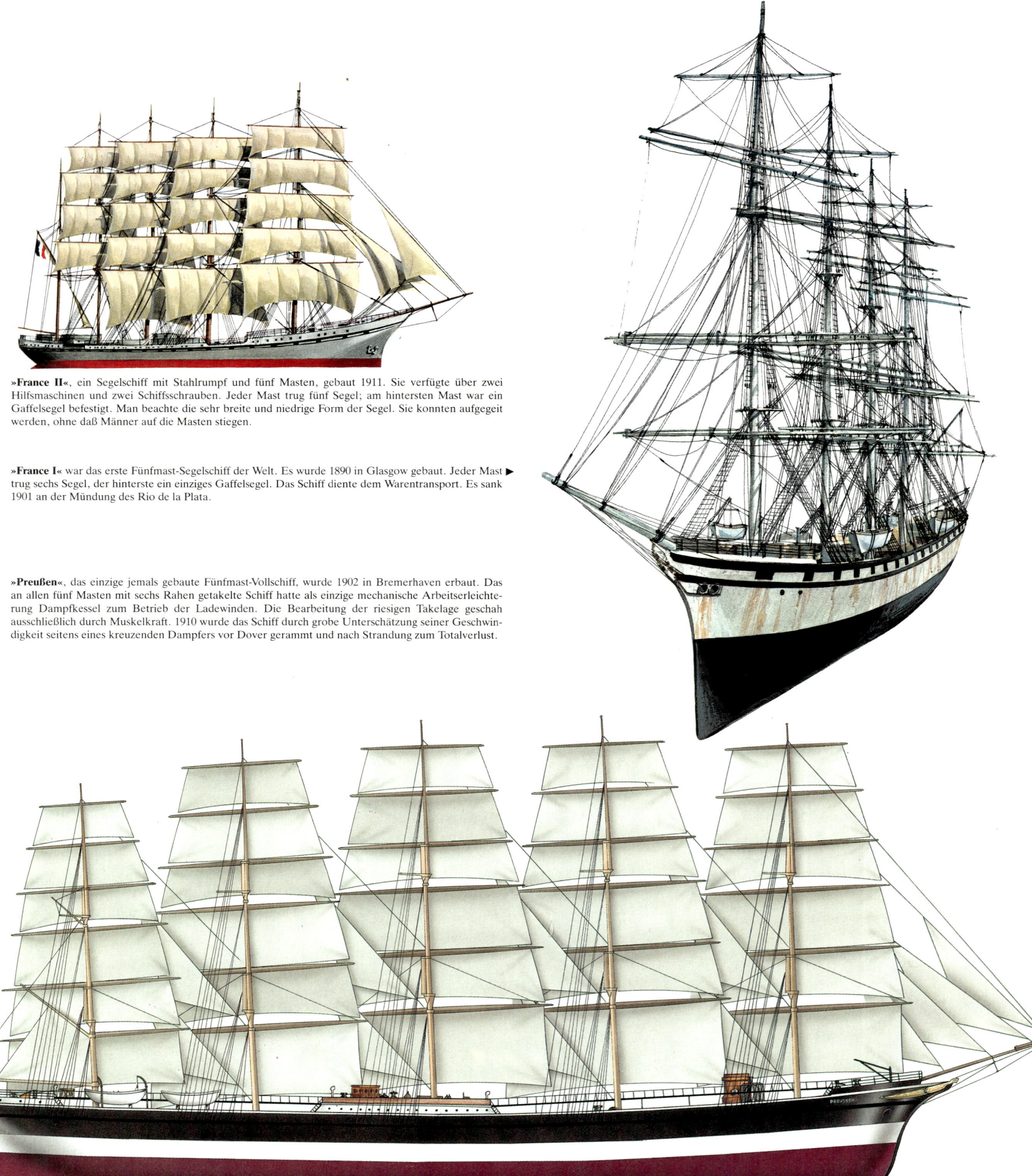

»France II«, ein Segelschiff mit Stahlrumpf und fünf Masten, gebaut 1911. Sie verfügte über zwei Hilfsmaschinen und zwei Schiffsschrauben. Jeder Mast trug fünf Segel; am hintersten Mast war ein Gaffelsegel befestigt. Man beachte die sehr breite und niedrige Form der Segel. Sie konnten aufgegeit werden, ohne daß Männer auf die Masten stiegen.

»France I« war das erste Fünfmast-Segelschiff der Welt. Es wurde 1890 in Glasgow gebaut. Jeder Mast ▶ trug sechs Segel, der hinterste ein einziges Gaffelsegel. Das Schiff diente dem Warentransport. Es sank 1901 an der Mündung des Rio de la Plata.

»Preußen«, das einzige jemals gebaute Fünfmast-Vollschiff, wurde 1902 in Bremerhaven erbaut. Das an allen fünf Masten mit sechs Rahen getakelte Schiff hatte als einzige mechanische Arbeitserleichterung Dampfkessel zum Betrieb der Ladewinden. Die Bearbeitung der riesigen Takelage geschah ausschließlich durch Muskelkraft. 1910 wurde das Schiff durch grobe Unterschätzung seiner Geschwindigkeit seitens eines kreuzenden Dampfers vor Dover gerammt und nach Strandung zum Totalverlust.

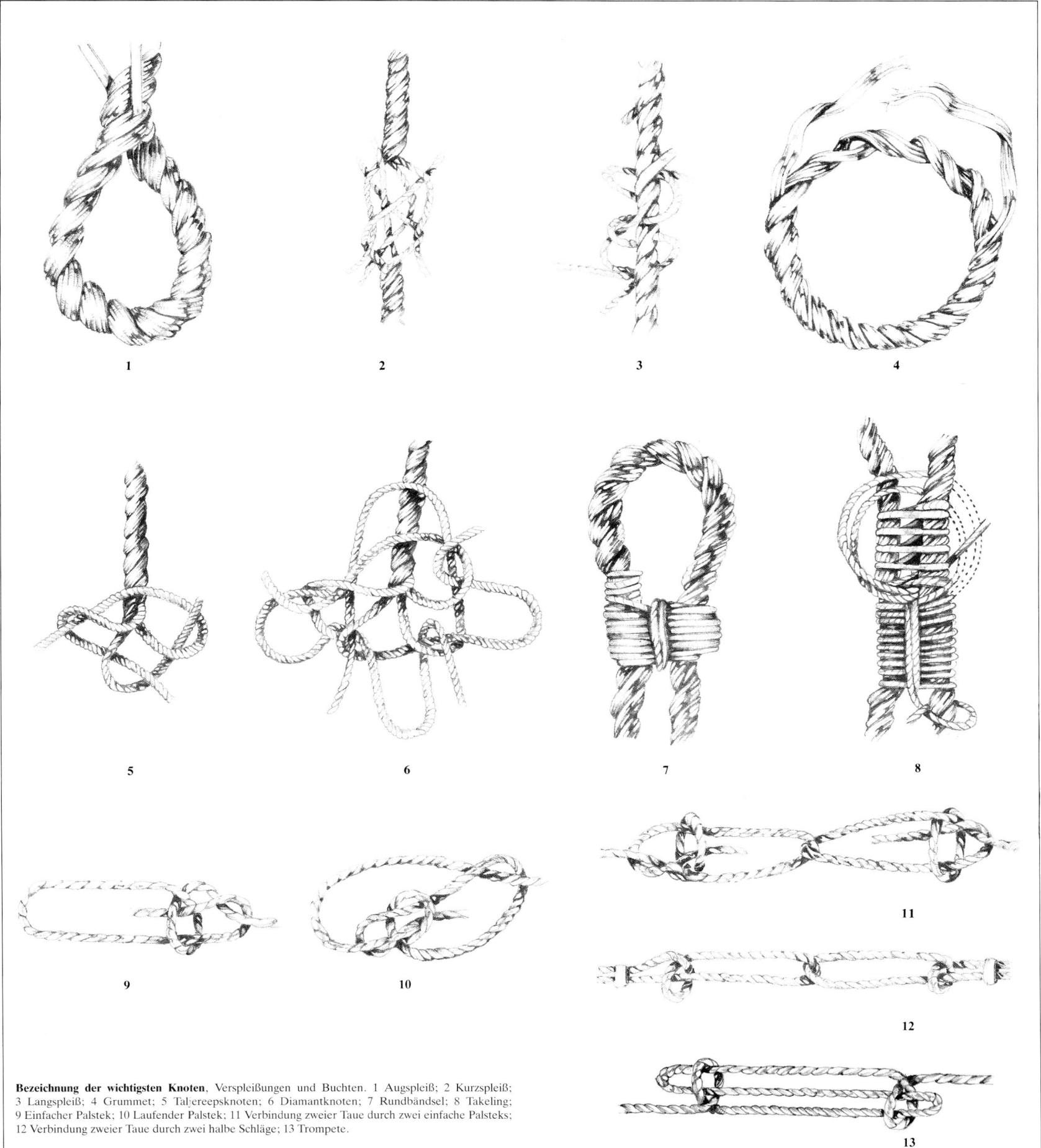

Bezeichnung der wichtigsten Knoten, Verspleißungen und Buchten. 1 Augspleiß; 2 Kurzspleiß; 3 Langspleiß; 4 Grummet; 5 Taljereepsknoten; 6 Diamantknoten; 7 Rundbändsel; 8 Takeling; 9 Einfacher Palstek; 10 Laufender Palstek; 11 Verbindung zweier Taue durch zwei einfache Palsteks; 12 Verbindung zweier Taue durch zwei halbe Schläge; 13 Trompete.

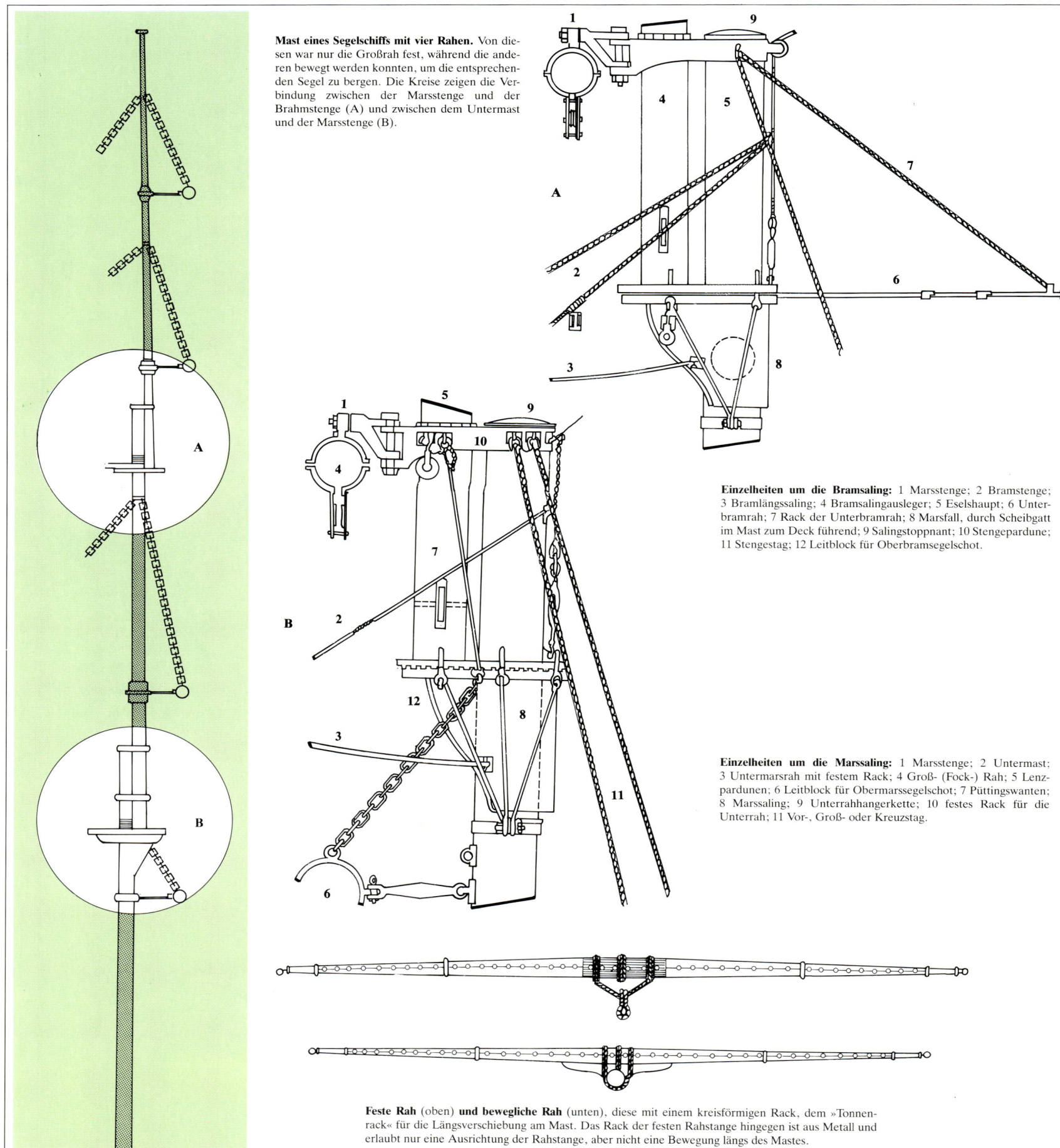

Mast eines Segelschiffs mit vier Rahen. Von diesen war nur die Großrah fest, während die anderen bewegt werden konnten, um die entsprechenden Segel zu bergen. Die Kreise zeigen die Verbindung zwischen der Marsstenge und der Brahmstenge (A) und zwischen dem Untermast und der Marsstenge (B).

Einzelheiten um die Bramsaling: 1 Marsstenge; 2 Bramstenge; 3 Bramlängssaling; 4 Bramsalingausleger; 5 Eselshaupt; 6 Unterbramrah; 7 Rack der Unterbramrah; 8 Marsfall, durch Scheibgatt im Mast zum Deck führend; 9 Salingstoppnant; 10 Stengepardune; 11 Stengestag; 12 Leitblock für Oberbramsegelschot.

Einzelheiten um die Marssaling: 1 Marsstenge; 2 Untermast; 3 Untermarsrah mit festem Rack; 4 Groß- (Fock-) Rah; 5 Lenzpardunen; 6 Leitblock für Obermarssegelschot; 7 Püttingswanten; 8 Marssaling; 9 Unterrahhangerkette; 10 festes Rack für die Unterrah; 11 Vor-, Groß- oder Kreuzstag.

Feste Rah (oben) **und bewegliche Rah** (unten), diese mit einem kreisförmigen Rack, dem »Tonnenrack« für die Längsverschiebung am Mast. Das Rack der festen Rahstange hingegen ist aus Metall und erlaubt nur eine Ausrichtung der Rahstange, aber nicht eine Bewegung längs des Mastes.

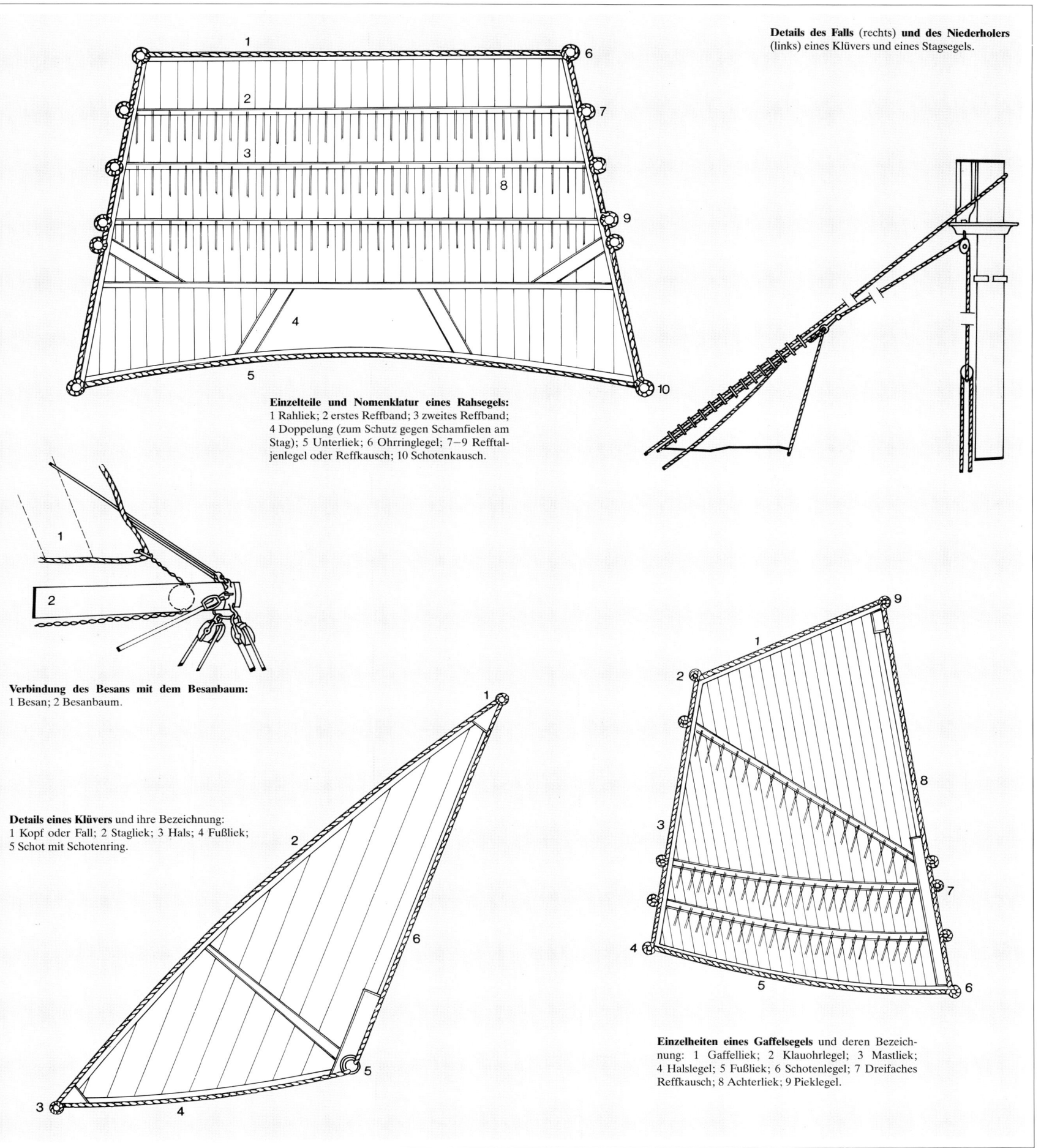

Einzelteile und Nomenklatur eines Rahsegels:
1 Rahliek; 2 erstes Reffband; 3 zweites Reffband; 4 Doppelung (zum Schutz gegen Schamfielen am Stag); 5 Unterliek; 6 Ohrringlegel; 7−9 Refftaljenlegel oder Reffkausch; 10 Schotenkausch.

Verbindung des Besans mit dem Besanbaum:
1 Besan; 2 Besanbaum.

Details eines Klüvers und ihre Bezeichnung:
1 Kopf oder Fall; 2 Stagliek; 3 Hals; 4 Fußliek; 5 Schot mit Schotenring.

Einzelheiten eines Gaffelsegels und deren Bezeichnung: 1 Gaffelliek; 2 Klauohrlegel; 3 Mastliek; 4 Halslegel; 5 Fußliek; 6 Schotenlegel; 7 Dreifaches Reffkausch; 8 Achterliek; 9 Pieklegel.

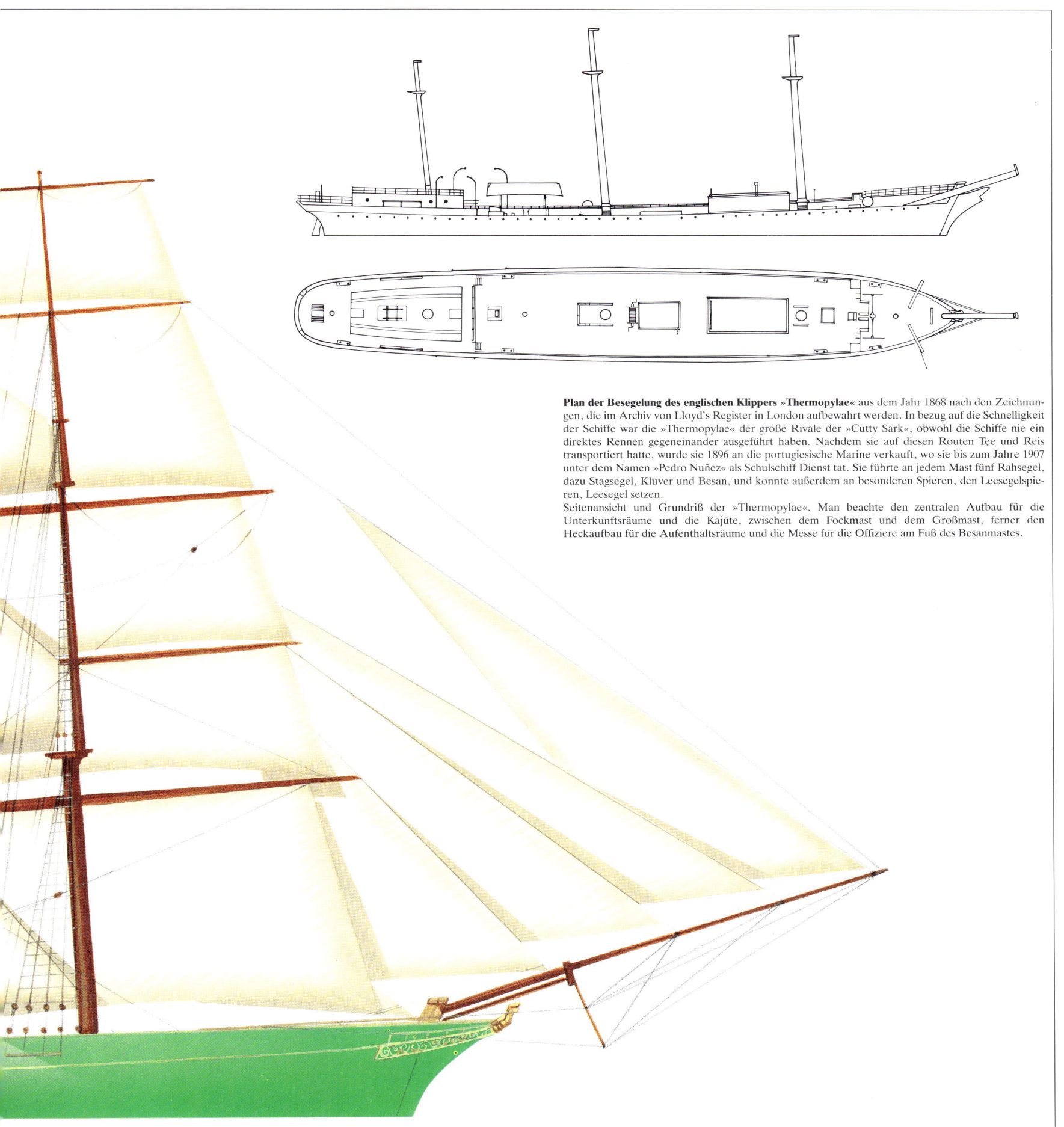

Plan der Besegelung des englischen Klippers »Thermopylae« aus dem Jahr 1868 nach den Zeichnungen, die im Archiv von Lloyd's Register in London aufbewahrt werden. In bezug auf die Schnelligkeit der Schiffe war die »Thermopylae« der große Rivale der »Cutty Sark«, obwohl die Schiffe nie ein direktes Rennen gegeneinander ausgeführt haben. Nachdem sie auf diesen Routen Tee und Reis transportiert hatte, wurde sie 1896 an die portugiesische Marine verkauft, wo sie bis zum Jahre 1907 unter dem Namen »Pedro Nuñez« als Schulschiff Dienst tat. Sie führte an jedem Mast fünf Rahsegel, dazu Stagsegel, Klüver und Besan, und konnte außerdem an besonderen Spieren, den Leesegelspieren, Leesegel setzen.

Seitenansicht und Grundriß der »Thermopylae«. Man beachte den zentralen Aufbau für die Unterkunftsräume und die Kajüte, zwischen dem Fockmast und dem Großmast, ferner den Heckaufbau für die Aufenthaltsräume und die Messe für die Offiziere am Fuß des Besanmastes.

Die Klipper

Die Geschwindigkeit durfte bei den frühen Segelschiffen keine große Rolle spielen. Die Reeder und die Schiffsbauer bemühten sich um Schiffe, die heftigen Stürmen und dem Wellengang widerstehen konnten und die vor allem eine große Tragkraft aufwiesen, denn der Gewinn wird um so größer, je mehr Ladung ein Schiff aufnehmen kann. Die Geschwindigkeit hing vom gerade herrschenden Wind ab, und so konnte eine Atlantiküberquerung, die bei günstigen Bedingungen 30 Tage dauerte, im ungünstigen Fall die doppelte oder dreifache Zeit in Anspruch nehmen. Diese Bedingungen galten bis in die ersten Jahrzehnte des 19. Jh.s hinein.

Erst zu Beginn des 19. Jh.s gewann der Faktor Zeit an Bedeutung und fand Berücksichtigung, aber eigentlich weniger aus kommerziellen Gründen, sondern eher um Gesetze zu umgehen und um schnelleren Kriegsschiffen zu entkommen. Tatsächlich waren Sklavenjäger und Schmuggler die ersten, die von der Schnelligkeit abhängig waren, denn mit leichteren und schnelleren Schiffen konnten sie von Kriegsfregatten und Korvetten nicht eingeholt und gestellt werden. Diese Schiffe hatten viel vollere Formen, waren schwerer und unter Segel auch langsamer.

»**Lightning**«, ein amerikanischer Klipper ähnlich der »Thermopylae« mit Leesegeln. Die Spieren für die Leesegel sind hier auf dem Bild nur an den festen und beweglichen Rahen der Vor- und Großmarssegel befestigt. Der Großmast trug sechs Rahsegel, der Fockmast fünf und am hintersten Mast stand außer Mars- und Bramsegeln ein Gaffelsegel.

Der englische Klipper »Cutty Sark« wurde in der Werft Scott & Linton in Dumbarton gebaut, aber in der Werft der Danny Brothers vervollständigt. Sie lief am 23. November 1869 vom Stapel. Nach ihrer Verwendung als Teeklipper in der Zeit zwischen 1870 und 1877, wobei eine Reise 107 bis 122 Tage dauerte, wurde sie von 1883 bis 1895 für den Wolltransport mit Australien eingesetzt. Eine Überfahrt dauerte 67 bis 98 Tage. 1895 wurde die »Cutty Sark« an einen portugiesischen Reeder verkauft, der sie in »Ferreira« umtaufte und bis 1921 betrieb. Im Jahr 1922 kaufte Wilfrid Dowman, ein Kapitän der englischen Handelsmarine, das abgetakelte Schiff und brachte es ins englische Falmouth zurück, wo er auf eigene Kosten das Schiff im ursprünglichen Zustand wieder herrichten ließ. Dabei wurden auch alle Einrichtungen entfernt, die der portugiesische Vorbesitzer hatte anbringen lassen. Im Jahr 1953 ging das Schiff in den Besitz einer Vereinigung für die »Cutty Sark« über, welche dieses Schiff noch heute in einem alten Trockendock in Greenwich konserviert.

Der Rumpf der »Cutty Sark« ist in Komposit-Bauweise aus Eisenspanten und Holzbeplankung gefertigt. Er ist 85,34 m lang, verdrängt 2133 t, und der Großmast ist über dem Oberdeck 45 m hoch. Die Segelausrüstung umfaßt Rahsegel an drei Masten, Klüver im Vorschiff und zusätzlich Gaffelsegel am hintersten Mast.

Der amerikanische Klipper »Dreadnought« aus dem Jahr 1853, drei Masten mit Rahsegeln, davon je fünf am Fockmast und am Großmast. Die Leesegel am Fockmast und am Großmast sind hier auf dem Bild nur im Luv angebracht. Das bedeutete, daß das Schiff »am Wind« segelte.

Der englische Klipper »Taeping« aus dem Jahr 1863, drei Masten mit Rahsegeln: vier am Fockmast, fünf am Großmast und drei am Kreuzmast, dieser wegen des Gaffelsegels mit der Unterrah ohne Segel.

◄ Der US-Klipper »Great Republic« aus dem Jahr 1853 war der einzige Klipper mit vier Masten. Die ersten drei Masten trugen Rahsegel, der Besanmast einen Besan und ein Gaffeltoppsegel. Man beachte, daß die Segel gegen oben sehr viel kleiner werden, im Gegensatz zur »France II« und zur »Preußen«, deren Segel breiter zugeschnitten waren.

Der englische Klipper »Coonatto« aus dem Jahr 1863. Die drei Masten trugen nur je vier Segel, zusätzlich ein Besan am Kreuzmast. Man beachte das Vorhandensein des Untersegels am Kreuzmast anstelle einer leeren Rah. Neun Jahre nach dem Stapellauf ging die »Coonatto« unter.

Die englische Bark »Berean« aus dem Jahr 1869 mit fünf Segeln am Fockmast und am Großmast und einem Ober- und Unterbesan am Besanmast. Dieses Schiff war einer der kleinsten Klipper mit Kompositrumpf. 1910 wurde die »Berean« von einem Dampfschiff gerammt, während sie unter norwegischer Flagge segelte. Schließlich baute man sie zu einem Brückenschiff für den Hafen von Falmouth um.

Der englische Klipper »Sobraon« aus dem Jahr 1866. Er hatte drei Masten mit je fünf Rahsegeln, ferner ein Besansegel am Kreuzmast. In der Zeichnung fehlen die Fock, das Großsegel und das Bagiensegel, sondern es sind nur deren Rahen abgebildet.

»Ariel«, ein englischer Teeklipper aus dem Jahr 1865 ist mit allen Leesegeln zu beiden Seiten des Fockmastes und des Großmastes abgebildet. Vermutlich aufgrund künstlerischer Freiheit wird das Royalsegel gerade aufgegeit.

Der englische Klipper »Torrens« aus dem Jahr 1875. Auf diesem in der Australienfahrt bei den Passagieren sehr beliebten Schiff war Josef Conrad einige Reisen Erster Offizier, wobei auf einer Reise zu seinen Passagieren W.H. Jacques und John Galsworthy zählten.

Die neuen Schnellsegler waren klein, hatten meist nur zwei Masten, mit scharfer und geradezu modern anmutender tropfenförmiger Rumpfform, wobei die größte Breite deutlich vor der Schiffsmitte lag. Gleichzeitig entfiel der bisher übliche zylindrische Zentralteil des Rumpfes.

Im Fernen Osten entwickelte sich ein ähnlicher Typ eines kleinen und schnellen Segelschiffs. Diese, anfangs hauptsächlich in Indien gebauten Schoner, später auch rahgetakelten Schiffe englischen und amerikanischen Ursprungs, wurden zwischen 1830 und 1850 als Opiumklipper bekannt, in einem Fahrgebiet, in dem die Interessen Großbritanniens 1840–1842 zur kriegerischen Auseinandersetzung mit China, dem »Opiumkrieg«, führten. Da die chinesische Regierung die Einfuhr indischen Opiums verhindern wollte, bedienten sich die Schmuggler für den Transport des Opiums von Indien nach China schneller Segelschiffe, die von den Küstenwachbooten nicht gestoppt werden konnten. Die Geschwindigkeit war auch nützlich, um den malaiischen Piraten zu entkommen, die in jenen Gewässern auf Beute lauerten.

Nach diesen eher stürmischen Anfängen gewann die Geschwindigkeit der Segelschiffe auch aus rein kommerziellen Gründen an Bedeutung. Tee gewinnt an Wert, je frischer er ist. Der schnelle Transport von Tee aus China – wobei die Südspitze Afrikas umsegelt werden mußte – war eine Geldfrage.

Bis zum Jahr 1834 war der Teehandel ein Monopol der großen britischen und niederländischen Ostindischen Kompanien gewesen, und der Tee stellte eines der wichtigsten Güter für jene Schiffe dar, die unter der Bezeichnung »East Indiaman« liefen.

Als in der Folge viele chinesische Häfen und auch der Teehandel europäischen und amerikanischen Schiffen zugänglich wurde, fiel das Monopol. Beim Transport konkurrierten nun auch Schiffe mit, die unter amerikanischer Flagge segelten. Gerade die Amerikaner waren es, die mit der Entwicklung der schnellen »Baltimoreschoner« den Bau großer Dreimastschiffe mit schlanken Rümpfen, scharf eingeschnittenem Vorschiff und hoher Geschwindigkeit einleiteten. Diese wurden Klipper genannt.

Der Pionier bei der Konstruktion von Klippern war der amerikanische Schiffsbauingenieur John Griffiths. Er errang mit dem Dreimaster »Rainbow« aus dem Jahr 1845 einen derartigen Erfolg, daß dessen Rumpfform sofort für den Bau zahlreicher anderer Schiffe übernommen wurde. Sie sollten fast alle im Teehandel eingesetzt wurden, denn die Importeure, vor allem die Engländer, zahlten hohe Preise für die neue Ernte, sofern sie möglichst schnell in Großbritannien ankam.

Während sich die Vereinigten Staaten bald vom »Teerennen« zurückzogen, um sich dem einträglichen Transport von Goldsuchern von der atlantischen zur kalifornischen Küste zuzuwenden, baute man in England in den Jahren 1850 bis 1870 85 Klipper.

Das »Teerennen« wurde in ganz Großbritannien zu einem Wettbewerb von nationaler Bedeutung, und verschiedene Schiffe brachten es dabei zu großer Berühmtheit, unter ihnen die »Cutty Sark«, die heute als

»James Baines«, ein amerikanischer Wollklipper für den Handel mit Australien. Im Jahr 1852 brauchte sie für die erste Reise von London nach Melbourne 86 Tage.

Museumsschiff nahe London dient, ferner die »Thermopylae«, die »Ariel«, die »Taeping« und andere. Eines der berühmtesten Teerennen war jenes aus dem Jahr 1866 zwischen der »Ariel« und der »Taeping«. Es ging unentschieden aus, denn beide Schiffe trafen gleichzeitig in der Themsemündung ein. 1872 dauerte das Rennen zwischen der »Thermopylae« und der »Cutty Sark« vier Monate, wobei die »Cutty Sark« ihr Ruder verlor und durch die schwierige Konstruktion eines Notruders mit nur sechs Tagen Verspätung in London ankam.

Die Öffnung des Suezkanals bedeutete das Aus für die Klipper und die Teerennen. Während die Route um Afrika herum für Segelschiffe günstiger war, hatten auf der Route durch das Rote Meer, den Suezkanal und durch das Mittelmeer die Dampfschiffe deutlichen Vorteil, denn sie brauchten für die Reise von China oder Indien nach England weniger Zeit.

Um 1875 wurden die wenigen verbliebenen Klipper durch Dampfschiffe ersetzt, denn der Faktor Tragkraft hatte immer mehr an Bedeutung gewonnen. Überdies konnte man mit Dampfschiffen den Zeitplan viel sicherere einhalten und war nicht mehr so von den Wetterbedingungen abhängig wie die Segelschiffe.

Einige Klipper wurden noch für den Transport von Wolle zwischen Australien und England um das Kap der guten Hoffnung eingesetzt. Aber als die Eisen- und Stahlschiffe weiter verbessert wurden und eine größere Ladekapazität erreichten, wandten

sich die Reeder ganz diesem Schiffstyp zu. Er war zwar in gewissen Fällen etwas weniger schnell, fuhr aber mit Sicherheit höhere Gewinne ein.

Im Gegensatz zu den später entstandenen großen Viermastern hatten fast alle Klipper bei erheblich geringerer Größe einen Holzrumpf. Die Schiffe amerikanischen Ursprungs waren dabei reine Holzschiffe, während die Engländer die Kompositbauweise bevorzugten.

Trotz geringerer Größe erreichten die an allen drei Masten rahgetakelten Schiffe aufgrund der optimalen Unterwasserform hohe Geschwindigkeiten, die die großen Viermastbarken trotz ihrer schweren Takelage wegen ihrer auf äußerste Tragfähigkeit konstruierten Rumpfform nicht erreichen konnten. Diese Schiffe stellten den größten Teil der Handelsflotten von 1880 bis zum Verschwinden der Segelschiffe dar. In dieser Zeit wurden gerade von den großen deutschen Viermastbarken Durchschnittsreisezeiten erzielt, wie sie vorher nicht bekannt waren. So segelten 1933 sowohl die »Priwall« wie auch die »Padua« (die heutige sowjetische »Krusenstern«) in 63 Tagen vom Englischen Kanal zum Spencer-Golf in Australien, und die »Priwall« schaffte noch 1938 in fünf Tagen und 14 Stunden die schnellste Kap-Hoorn-Umrundung aller Zeiten.

Kleinere Segelschiffe

Abgesehen von den großen Segelschiffen mit drei oder vier Masten und den schnellen Klippern bestand die Handelsschiffahrt aus Tausenden kleinerer Schiffe mit zwei oder drei Masten, die sich keineswegs darauf beschränkten, nur kurze Seereisen zu unternehmen. Genauso wie die großen Schiffe mit mehr Masten und größerer Tragkraft fuhren sie unverdrossen und mutig über die Ozeane.

Große Schiffe gehörten im allgemeinen namhaften Reedern oder später auch großen Reedereigesellschaften. Der Besitzer des kleinen Segelschiffs hingegen war mei-

Ein »Monster der Meere« war der amerikanische Siebenmastschoner »Thomas W. Lawson«. Die sieben Masten trugen nur Gaffel- und Gaffeltoppsegel sowie außer Klüvern je ein Stagsegel zwischen den Masten. Das Schiff wurde 1902 gebaut und brauchte für die Bedienung der Segel nur 15 Mann, weil die Winden von Dampf betrieben wurden. Nach nur fünf Dienstjahren ging sie 1907 vor den Scilly-Inseln unter.

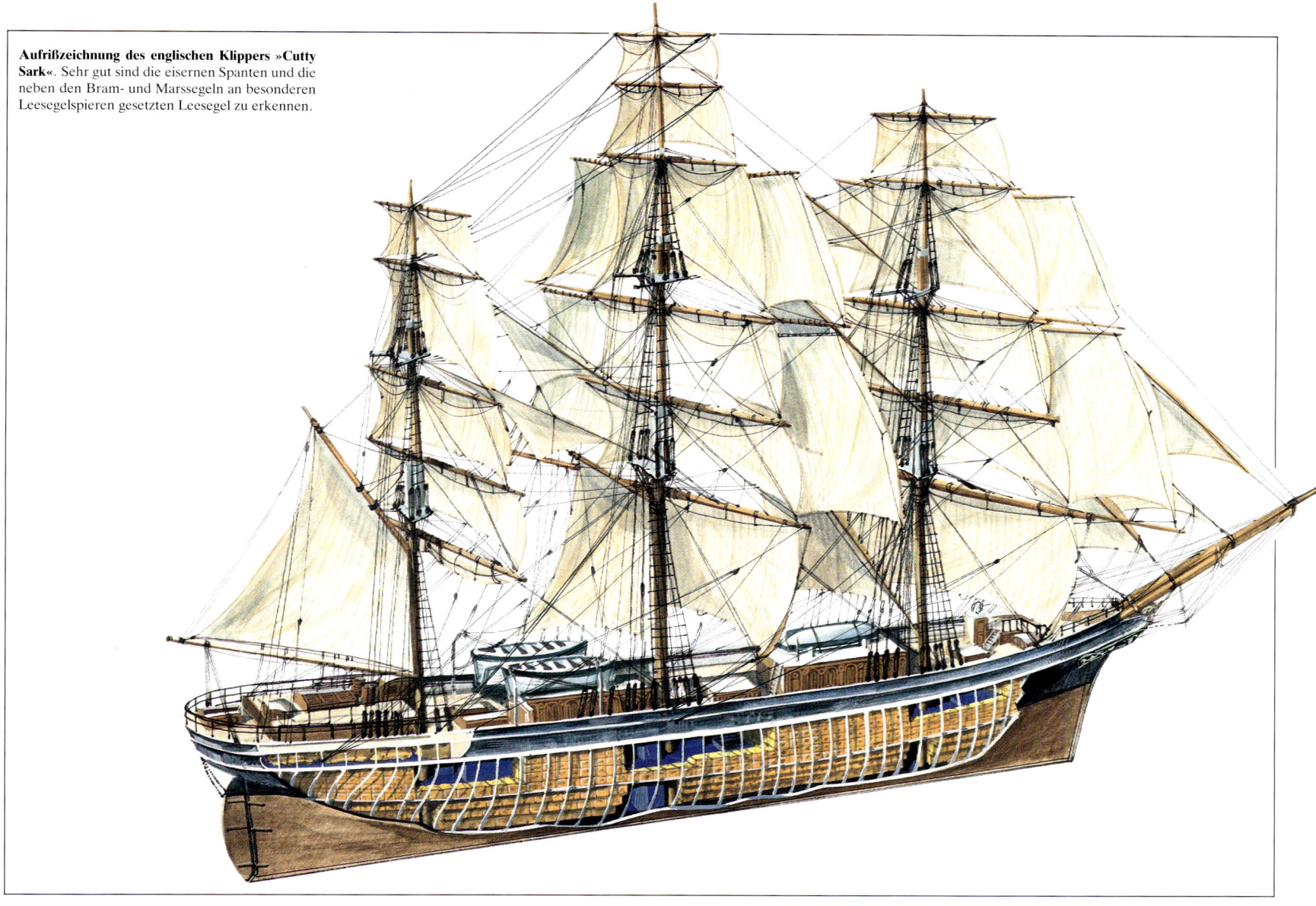

stens gleichzeitig der Kapitän. Es kam auch vor, daß sich mehrere Leute den Besitz eines solchen Schiffes teilten, dann sprach man von Schiffsparten, wobei die verschiedenen Eigner unterschiedlich viel Anteile besitzen konnten.

Im Unterschied zu den Drei- oder Viermastern, die in der Zeit um 1880 und 1890 schon einen Rumpf und Masten aus Stahl, Schotten zur Unterteilung des Laderaumes und stehendes Gut aus Eisendraht bekamen, blieben die kleineren Segelschiffe bei der Holzbauweise für den Rumpf und die Masten und bei einem einzigen großen Laderaum. Der Grund für diesen Unterschied beruht hauptsächlich auf der Tatsache, daß der Bau der kleinen Segelschiffe in Handwerksbetrieben erfolgte, oft einfach am Strand, und ohne hochentwickeltes Werkzeug. Der Bau von Metallrümpfen hingegen konnte nur in Werften mit industriell ausgerichteter Ausrüstung erfolgen und war entsprechend kostspielig. Holzrümpfe brauchten auch weniger Pflege als Eisenrümpfe. Vor allem mußten die Schiffe nicht regelmäßig ins Trockendock zur Reinigung und für den Neuanstrich der unter Wasser liegenden Teile. Für die Reinigung des Kiels war es

nicht nötig, das Schiff in das Trockendock zu bringen, sondern man konnte kleinere Schiffe einfach an einem freien Platz der Werft kielholen oder die Arbeit auf dem Strand durchführen. Man ließ das Segelschiff dazu stranden und legte es mit Hilfe von Flaschenzügen und Winden, die am Masttopp befestigt wurden, auf eine Seite. Wenn die Arbeiten durchgeführt waren, kippte man das Schiff auf die andere Seite und vollendete die Wiederinstandsetzung.

Für die Reparatur des Unterwasserteils kleinerer Segelschiffe verwendete man neben der Kielholung, auch Slips. Diese bestanden aus einer schrägen Ebene, auf der ein Wagen lief. Die schräge Ebene reichte so weit ins Meer, daß man das Schiff auf dem Wagen festmachen konnte. Dann zog man diesen mit Hilfe von Tauen und Winden auf der schrägen Ebene nach oben, bis das Schiff ganz aus dem Wasser war.

Wie die Drei- und Viermaster mit Holzrumpf war auch bei den kleineren Segelschiffen der Unterwasserteil des Rumpfes mit dünnen Kupferplatten abgedeckt. Sie hatten die Aufgabe, die Außenplanken vor dem Angriff von Meeresflora und Meeresfauna zu schützen. Die Ansammlung von

Pflanzen und Tieren beeinträchtigte nicht die Stabilität des Rumpfes, sondern führte auch zu einer Aufrauhung der Oberfläche. Damit stieg die Reibung, und die Fahrtgeschwindigkeit ging zurück, egal bei welchem Antrieb, mit Segel oder unter Dampfkraft. Für die Reinigung des Kiels griff man gelegentlich auch zu anderen Mitteln: Man ankerte einige Tage lang in einem Fluß oder an besonderen Stellen im Meer, wo das Wasser gelöste Stoffe enthielt, und diese sorgten dann dafür, daß die angehefteten Lebewesen zugrunde gingen.

Die kleinen Segelschiffe, und bisweilen auch die großen, mußten sich nach dem Löschen der Ladung im Bestimmungshafen oft nach einer neuen Ladung für die weitere Reise umsehen. Oft wartete aber in einem anderen Hafen eine Ladung auf Beförderung. So mußte man erst mit leerem Schiff anreisen, ein Unternehmen, das noch heute, bei Schiffen mit Motorantrieb, leicht unrentabel werden kann und damals für ein Segelschiff gefährlich war, denn es bestand immer die Möglichkeit, daß das ungenügend belastete Schiff bei starkem Wind kenterte. Nicht selten passierte dies entladenen Segelschiffen sogar im Hafen oder vor Anker auf der

Reede. Um das Kentern zu verhindern, nahm man Ballast auf.

Der Ballast auf Holzseglern bestand aus Steinen und Sand, die man in genügender Menge in den Laderaum schaffte. Im nächsten Hafen mußte der Ballast dann wieder gelöscht werden, um der Ladung Platz zu machen. Das Beladen und Entladen dieses vieltonnenschweren Materials wurde mit Muskelkraft durchgeführt, sei es von der Besatzung oder von Hafenarbeitern. Das Ganze bedeutete eine beträchtliche finanzielle Belastung und einen erheblichen Zeitverlust – undenkbar in unserer modernen Zeit. Heute nehmen die Schiffe mit Hilfe von Pumpen und ohne jeden Einsatz von Muskelkraft große Mengen Meerwasser als Ballast auf.

Natürlich erfolgte auch das Beladen und Löschen der Schiffe mit Handelsgütern nur durch Menschenkraft, denn Segelschiffe hatten keine mechanischen Kräne und Ladebäume. Auf Rahschiffen wurden die Unterrahen der verschiedenen Masten mit Drähten verbunden, an die Ladetaljen zum Aufhieven der Ladung, die auch ein Arbeiterteam nicht mehr tragen konnte, angeschlagen wurden.

Dies alles hatte zur Folge, daß ein bestimmtes Gewicht und eine bestimmte Masse überschreitendes Gewicht besondere Maßnahmen erforderte.

Schüttgut wie Getreide, Mineralien, Kohle und ähnliches wurden mit Hilfe von geflochtenen Körben oder in Säcken geladen und gelöscht, die Hafenarbeiter auf ihren Schultern schleppten. Für die sogenannten »schwarzen« Produkte wie das Rohöl, waren Holzfässer in Gebrauch, während man raffinierte Erzeugnisse wie Petroleum oder Paraffin in Metallbehältern transportierte. Das Petroleum stellte übrigens einen wichtigen Ladungsanteil zwischen Amerika und Europa und Amerika und Asien dar.

Kleine Segelschiffe konnten auch Passagiere aufnehmen, wenn sie ein Zwischendeck mit Kabinen hatten. Dieses zweite Deck fehlte bei den reinen Lastenseglern sehr oft. Diese hatten einen einzigen großen Laderaum mit einer Luke zwischen dem Fockmast und dem Großmast, was das Beladen und Entladen und die Übernahme von Ballast nicht gerade erleichterte.

Von etwa 1910 an ging der Bestand der großen wie der kleinen Segelschiffe wegen der Konkurrenz des Dampfschiffes immer mehr zurück, bis die Segler in den zwanziger und dreißiger Jahren bis auf wenige Ausnahmen ganz verschwanden. An ihre Stelle waren kleine Dampf- oder Motorschiffe getreten. Dabei verschwand das Segel zunächst natürlich nicht schlagartig, sondern stellte noch lange das wichtigere Antriebssystem dar. Anfangs diente der Motor nur als Hilfsantrieb und Manövrierhilfe, aber im Lauf der Zeit verzichtete man dann auf die kostspielige Segelausrüstung.

Obwohl kleine Segel-, Dampf- und Motorschiffe ausdrücklich von der Pflicht freigestellt waren, eine Funkstation mit sich zu führen – die Grenze lag jahrzehntelang bei 1600 BRT –, richteten einige Reeder den-

Der kanadische Schoner »Bluenose« aus dem Jahr 1921. Seine Besatzung hatte die Aufgabe, auf den Neufundlandbänken Fische zu fangen. Die beiden Masten trugen ein Schonergaffelsegel, Gaffeltoppsegel, sowie ein Stagsegel zwischen den Masten. Diese unter der Bezeichnung »Gloucester-Schoner« bekannten Schiffe besaßen hervorragende Segeleigenschaften.

noch welche ein. Auch wenn einige der letzten Segelschiffe bereits über Funkstationen und elektrisches Licht verfügten, brauchte man doch noch immer Menschenkraft, um die Segel zu bedienen.

Besondere Segelschiffe

Um das Jahr 1926 herum führte man Experimente zu einer Antriebsart durch, die zwar den Wind als Energielieferanten hatte, aber nicht Segel zu Hilfe nahm, sondern die Wirkung des Windes auf einen rotierenden Zylinder (Magnus-Effekt) ausnützte. Diese Vortriebseinrichtung hieß nach ihrem deutschen Erfinder Flettner-Rotor. Natürlich mußte das Schiff über Maschinen verfügen, welche die Zylinder in Drehbewegung versetzten.

In Deutschland wurde dazu der 455 BRT große Schoner »Buckau« mit seinem 200-PS-Hilfsmotor zu einem Rotorschiff umgebaut, das über zwei riesige senkrechte Zylinder verfügte, einen im Vorschiff, den anderen im Achterschiff. Ein zweites, 2077 BRT großes Schiff mit dem Namen »Barbara« besaß drei Flettner-Rotoren für den Antrieb bei Wind und zwei Dieselmotoren mit 1000 PS und zwei Schrauben für den Antrieb bei Windstille. Mit Hilfe der Rotoren und des Windes erreichte das Schiff eine Geschwindigkeit von 5,5 kn. Wenn die Schiffsschrauben dazugeschaltet wurden, kam man auf 10,5 kn. Die praktischen Ergebnisse waren aber nicht ermutigend, und diese beiden Schiffe blieben die einzigen, die jemals gebaut wurden. Strenggenommen waren es keine Segelschiffe, denn die Rotoren stellten nur eine Art Hilfsbesegelung dar, um den Antrieb durch Schiffsmotoren zu unterstützen.

Der US-Toppsegelschoner »Prince of Neufchâtel« zu Beginn des 19. Jh.s. Die Amerikaner setzten dieses bewaffnete Handelsschiff erfolgreich als »Privateer« (Kaperschiff) 1812–13 im Krieg gegen England ein. Die Segelausrüstung bestand aus Rahsegeln und Gaffelsegeln und ähnelt der der »Morrison«.

Der US-Toppsegelschoner »E.W. Morrison«. Er wurde am Ende des Jahrhunderts für die Schiffahrt auf den großen Seen gebaut. Der vordere Mast war außer mit einem Schonersegel mit Breitfock, Mars- und Bramsegel getakelt, der achtere Mast trug ein Marssegel und Gaffelsegel.

Das deutsche Schiff »Buckau«, das die Antriebskraft des Windes nicht mit Segeln, sondern mit Hilfe zweier großer rotierender Zylinder ausnützte. Nach Einbau der Rotoren wurde das Schiff in »Baden-Baden« umbenannt und an die Flettner-Rotorschiffahrt-GmbH-Berlin verkauft. Sie standen wie zwei Türme auf der Grenzlinie des vorderen bzw. des hinteren Deckdrittels. Zwei Dieselmotoren mit niedriger Drehzahl brachten die Rotoren zum Drehen. Durch den Magnus-Effekt fuhr das Schiff vorwärts. Die »Buckau« brauchte für die Fahrt von Danzig zum englischen Grangemouth zwölf Tage. Nach diesem ersten Experiment, das im Jahr 1926 durchgeführt wurde, baute man die Rotoren aus und machte aus der »Buckau« ein einfaches Motorschiff.

Das deutsche Schiff »Barbara«, ausgerüstet mit drei Flettner-Rotoren und zusätzlich zwei Schiffsschrauben. Sie war größer als die »Buckau«, hatte aber keinen kommerziellen Erfolg und wurde abgewrackt.

Erst in jüngster Zeit, in den Jahren 1979 und 1980, taucht das Segel bei den Überlegungen der Schiffsbauer wieder auf. weil die Erdölprodukte in der Zwischenzeit unerhörte Preissteigerungen erfahren haben.

Im Jahr 1979 baute man in Japan ein Versuchsschiff, die »Daioh«. Ihr Rumpf war die Nachbildung eines modernen Öltankerrumpfes mit 460000 t Tragkraft im Maßstab 1:15. Auf diesem kleinen Schiff mit 26,3 m Länge und 77 BRT brachte man drei Masten mit drei verschiedenen Versuchssegeln an. Der vorderste Mast trägt ein starres Segel mit den Maßen 7 × 4 m. Auf dem zweiten Mast spannen drei Rahstangen ein Segel aus synthetischem Gewebe aus, das ebenfalls 7 × 4 m mißt. Am dritten Mast befindet sich ein Besansegel, das am Besanmast 6,45 m und am Besanbaum 4,65 m lang ist.

Nach dem Experiment mit der »Daioh« wurde die »Shin Aitoku Maru« mit zwei Masten und starren Segeln aus synthetischem Gewebe in Dienst genommen. Einige Jahre später (1984) baute man ein zweites größeres Schiff, aber ebenfalls nur mit zwei Masten.

Auch die Vereinigten Staaten untersuchten kürzlich, ob man nicht wieder Segel einsetzen kann, doch wurden keine Motorschiffe damit ausgerüstet.

Alle diese modernen Versuche sind Experimente ohne weitere Auswirkungen geblieben.

Das japanische Schiff »Shin Aitoku Maru« mit zwei Masten und starren Segeln, Baujahr 1980. Wie man auf der Abbildung erkennt, kann man die Segel wie die Seiten eines Buches öffnen und schließen. Das Schiff verfügt, abgesehen von den Segeln, noch über einen normalen Dieselantrieb, der über eine Schiffsschraube wirkt. Im Jahr 1984 baute man ein zweites Schiff, die »Usuki Pioneer«, mit identischen Segeln, aber mit einem Tragvermögen von 26000 t anstelle von 1600 t.

Antrieb durch Maschinen (1850–1950)

Navigationskunst und Seekarten

In der zweiten Hälfte des 19. Jh.s war die Navigation zu einer Wissenschaft geworden. Ihre Grundlagen wurden in öffentlichen Schulen gelehrt, und wer bei der Marine Karriere machen wollte, mußte dieses Fach studieren.

Mit dem mechanischen Antrieb änderten sich auch die Probleme der Schiffsführung, denn Geschwindigkeit und Fahrtrichtung hingen nicht mehr von der variablen Kraft der Winde ab, sondern wurden über die Antriebsmaschine bestimmt. Man brauchte nicht mehr zahlreiche schwierige Manöver durchzuführen, um gegen den Wind zu fahren, und auch die Gefahr, vom Wind auf die Küste oder in seichte Gewässer getrieben zu werden, war nun geringer. Die nautische Kartographie hatte man inzwischen vervollkommnet, und die Seekarten und Hafenhandbücher waren frei verkäuflich und wurden allgemein verwendet.

Die Einführung des Eisens beim Bau der Schiffsrümpfe hatte zur Folge, daß zusätzliche magnetische Einflüsse auf den Kompaß einwirkten, dessen Nadel sich bekanntlich nach den Kraftlinien des Erdmagnetfeldes ausrichtet. Auf Holzschiffen wurde peinlich genau darauf geachtet, daß man keine eisernen Gegenstände in der Nähe des Kompasses anbrachte, die die Nadel ablenken würden. Auf Eisenschiffen war dies natürlich nicht mehr möglich.

Wegen der Beeinflussung durch das Eisen konnten die Kapitäne von Eisenschiffen, waren es nun Dampfschiffe oder Segelschiffe, nie ganz sicher sein, ob sie auch den richtigen Kurs hielten. Noch 1854 hatte es ein schreckliches Unglück gegeben, als das große neue Schiff »Tayleur« aufgrund einer Kompaßablenkung an der irischen Küste strandete, wobei über 300 Menschen ihr Leben verloren.

Um das Problem zu lösen, stellte eine von der Liverpooler Kaufmannschaft gegründete Kommission 1855 das »Liverpool Compass Committee« auf, das akzeptable Vorschläge erarbeiten sollte; es wurde dann einfach durch Kompensation des Kompasses gelöst. Zu beiden Seiten des Kompaßgehäuses brachte man kleine kugelige oder zylindrische Eisenmassen an, welche die verschiedenen magnetischen Einflüsse des viel größeren Eisenrumpfes und damit auch dessen Einfluß auf die Orientierung der Nadel neutralisierte. Das Kompaßgehäuse mit den Anbringungsstellen für die Kompensatoren wurde von W. Thomson, dem späteren Lord Kelvin, 1876 auf englischen Schiffen eingeführt und fand in den Handels- und Kriegsflotten aller Nationen schnell Verbreitung.

Die radikale Lösung für die Eliminierung des schädlichen Einflusses des eisernen Rumpfes auf die Kompaßfunktion fand man zu Beginn unseres 20. Jh.s, als man einen neuen Kompaßtyp einführte, der nicht auf der Orientierung der Kompaßnadel im Erdmagnetfeld beruhte, sondern auf der Eigenschaft des Kreisels, seine Drehachse beizubehalten. Den Kreiselkompaß führten im Seewesen 1908 der Deutsche H. Anschütz und im Jahr 1911 der Amerikaner E. A. Sperry ein.

Im Unterschied zum Magnetkompaß braucht der Kreiselkompaß für seine Funktion elektrische Energie. Der Magnetkompaß war früher normal neben dem Steuerrad angebracht; der Kreiselkompaß hingegen muß in einem eigenen geschützten Raum im Schiffsinneren (Mutterkompaß) installiert werden. Beim Steuerruder und an anderen Teilen des Schiffes sind Wiederholungskompasse (Tochterkompasse) aufgestellt, die

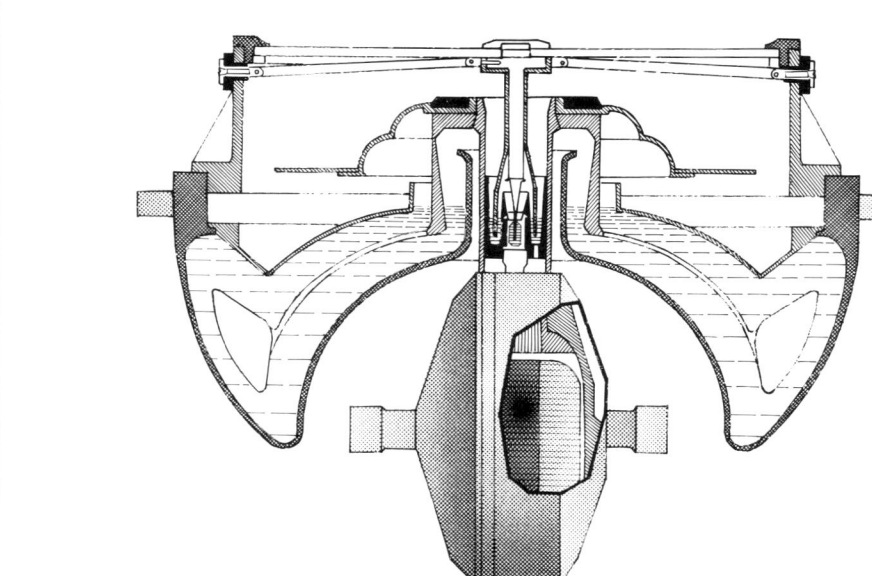

Kreiselkompaß von Anschütz (Schema). Der aus Stahlblech hergestellte und kardanisch aufgehängte Kompaßkessel hat die Form einer kreisförmigen Rinne, die mit Quecksilber gefüllt ist. Im Kessel schwimmt ein luftgefüllter Schwimmer, der über ein Verbindungsstück mit der Kompaßrose fest verbunden ist. Das Verbindungsstück geht in der Mitte in ein Halsstück über, das unterhalb des Kompaßkessels den in einen Stahlblech eingeschlossenen Kreisel trägt. Mit Hilfe eines fest am Kessel angebrachten Steuerstriches wird auf der frei rotierenden Kompaßrose der Kurs abgelesen.

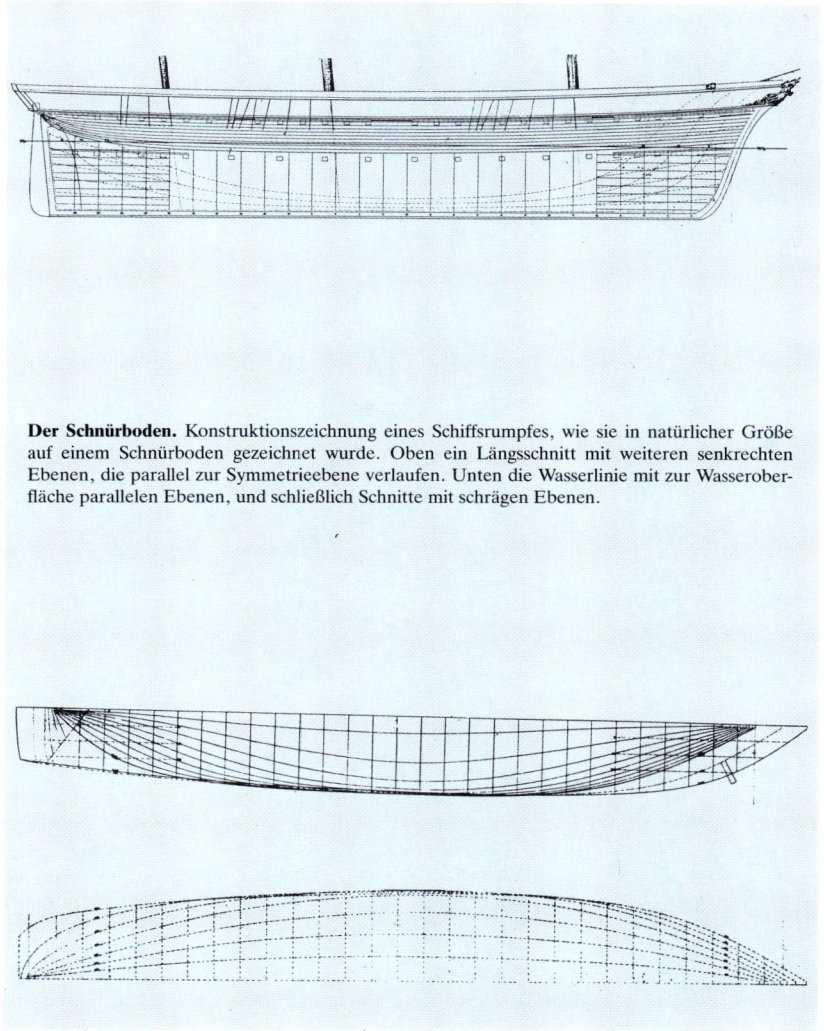

Der Schnürboden. Konstruktionszeichnung eines Schiffsrumpfes, wie sie in natürlicher Größe auf einem Schnürboden gezeichnet wurde. Oben ein Längsschnitt mit weiteren senkrechten Ebenen, die parallel zur Symmetrieebene verlaufen. Unten die Wasserlinie mit zur Wasseroberfläche parallelen Ebenen, und schließlich Schnitte mit schrägen Ebenen.

Moderner Magnetkompaß mit Gehäuse. Der eigentliche Kompaß wird von einem hohlen hölzernen Sockel getragen, in dem er kardanisch aufgehängt ist. Oberhalb der Kompaßnadel erkennt man die Beleuchtung für das Ablesen bei Nacht. Die beiden seitlichen Kugeln kompensieren magnetische Einflüsse von außen. Sie eliminieren den Eigenmagnetismus des Schiffes, der die Orientierung der Kompaßnadel beeinflussen kann.

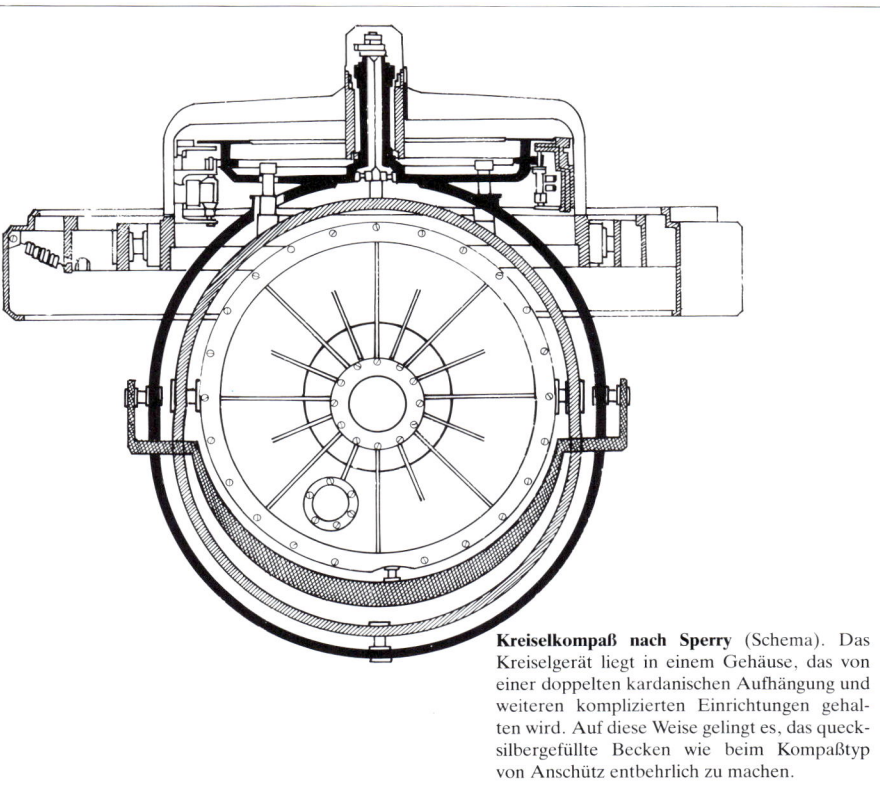

Kreiselkompaß nach Sperry (Schema). Das Kreiselgerät liegt in einem Gehäuse, das von einer doppelten kardanischen Aufhängung und weiteren komplizierten Einrichtungen gehalten wird. Auf diese Weise gelingt es, das quecksilbergefüllte Becken wie beim Kompaßtyp von Anschütz entbehrlich zu machen.

vom Mutterkompaß mit Informationen versorgt werden und die nur dessen Ergebnisse anzeigen.

Der Kreiselkompaß wurde anfangs wegen seiner Kostspieligkeit und seiner Größe normalerweise nur auf Kriegsschiffen und größeren Handelsschiffen verwendet, während man auf kleineren Schiffen weiterhin den Magnetkompaß beibehielt.

Schiffsbau

Die Umstellung von Holz auf Eisen und Stahl bedeutete im Schiffsbau eine Revolution, denn bis anhin war das Schiffebauen vor allem eine Angelegenheit traditionsverhafteter Handwerker gewesen. Mit Säge und Axt hatte man den verschiedenen Holzteilen des Rumpfes, den Spanten, den Deckstreben, den Steven und den Außenplanken die richtige Form gegeben. Eisen und Stahl dagegen können nur mit Werkzeugmaschinen geschnitten und gebohrt werden. Die Werften mußten sich nun allmählich sogenannte Schnürböden zulegen. Darunter versteht man lange Werkhallen mit glattem, lackiertem Holzparkett, auf dem der Schiffsrumpf in natürlicher Größe mit allen konstruktiven Details aufgezeichnet wurde: ein sonst im Industriebereich recht seltener Fall einer Zeichnung im Maßstab 1:1.

Der Zeichnung auf dem Boden entnahm man direkt die Maße, mit deren Hilfe man Muster der Elemente für den Eisenbau herstellte, Spanten ebenso wie Planken der Außenhaut und der Decks. Die Muster wurden dann in Werkstätten weitergeleitet, welche dann die Eisenbleche in der gewünschten Form zuschnitten. Da man die Metallteile untereinander mit Nieten verband, mußten die Arbeiter mit Einfach- oder Mehrfachbohrern Löcher anbringen. Dabei kam es natürlich darauf an, daß die Löcher bei den aneinanderzupassenden Teilen haarscharf übereinstimmten.

Der Übergang zum Eisenbau brachte auch eine Veränderung der Rumpfform. Beim Holzrumpf stellte der Kielbalken ein wichtiges Element für die Längsstabilität dar. Er verlief von vorn nach achtern und verband die beiden Steven. Auch beim Eisenbau wurde zunächst ein metallener Kielbalken beibehalten bzw. durch eine im Querschnitt rechteckige Eisenschiene ersetzt, die aus der Außenbeplankung hervortrat und Balkenkiel genannt wurde. Diese Struktur vergrößerte den Lateralplan, also die Seitenflächen des Unterwasserteils, und war auf Segelschiffen besonders nutzbringend, machte aber bei der Trockenlegung im Dock Probleme, weil auf die Kielstapel ein hoher Druck entstand.

Für Dampfschiffe war der Lateralplan ohne

Bedeutung. Folglich verschwand der Kielbalken bei Dampf- und Motorschiffen und wurde durch ein einfaches Eisenblech ersetzt, allerdings dicker als die benachbarten Eisenbleche der Außenbeplankung. Dieser sozusagen nach innen gerichtete Kiel erhielt den Namen Flachkiel.

Die Notwendigkeit, die Rollbewegungen zu verringern, d. h. jene Querbewegungen, die auftreten, wenn die Wellen seitlich heranrollen, führte zum Einbau von Schlingerkiel genannten Seitenkielen. Dies sind dünne Eisenblechstreifen, die zu beiden Seiten des Schiffes und senkrecht zu den Außenplanken angebracht werden; sie dämpfen die Rollbewegungen.

Auch die Form der metallenen Steuerruder war von den hölzernen sehr verschieden. Diese waren sehr hoch und sehr schmal gewesen. Jetzt wurden sie sehr flach und entwickelten sich in die Länge. Sie vergrößerten ihre Oberfläche auch über die Rotationsachse hinaus (Balanceruder oder Halbbalanceruder).

Wasserverdrängung, Rauminhalt und Tragfähigkeit

Die Wasserverdrängung eines Schiffes gleicht ganz einfach dessen Gewicht: Das archimedische Prinzip besagt, daß ein untergetauchter Körper eine nach oben gerichtete Kraft erfährt, die zahlenmäßig dem Volumen der verdrängten Wassermassen gleich ist. Damit ein Schiff schwimmt, muß es so viel Wasser verdrängen, wie seinem eigenen Gewicht entspricht. Der Begriff »Wasserverdrängung« illustriert dies recht gut.

Bei Handelsschiffen spricht man nicht von Wasserverdrängung, sondern von der Tonnage, üblicherweise in Bruttoregistertonnen

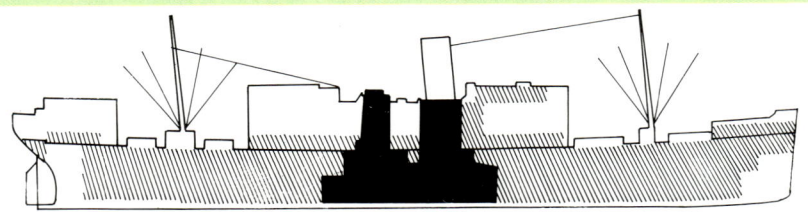

Schematischer Schnitt durch ein Schiff. In Schwarz ist der Maschinenraum eingezeichnet, der bei der Bruttoregister-, aber nicht bei der Nettoregistertonnage berücksichtigt wird. Die

Oberdeck

schraffierten Flächen bezeichnen die Laderäume und Passagierunterkünfte, die für die Berechnung der Nettoregistertonnen eine wichtige Rolle spielen.

(BRT) ausgedrückt. Die BRT umfaßt den ganzen Rauminhalt einschließlich aller Räume für Ladung, Maschinen und Unterkünfte. Die Nettoregistertonne (NRT) ist das Maß für den reinen Nutzraum, also Laderäume und Passagierunterkünfte.

In ähnlicher Weise geht man auch bei der Charakterisierung der Größe einer Handelsflotte vor. Wenn man dabei von x-Millionen Bruttoregistertonnen spricht, gibt man damit die Summe aller Rauminhalte aller Schiffe eines Landes an.

Wer keine Angaben darüber macht, ob es sich um den Rauminhalt oder die Wasserverdrängung handelt, gerät bald in Schwierigkeiten, denn unter einer »Tonne« (t) versteht man im allgemeinen Sprachgebrauch ein Gewichtsmaß mit 1000 kg, während die

Registertonne ein Hohlmaß darstellt. Sie entspricht 100 englischen Kubikfuß und in unserem Dezimalsystem 2,832 Kubikmeter. Der Rauminhalt eines Handelsschiffes gibt uns mithin ein Maß über dessen Ladefähigkeit, da es die Größe des Laderaumes beschreibt. Diese Aufgabe stellt überdies eine wichtige Zahl für die Erhebung von Steuern und Gebühren dar. Handelsschiffe müssen zum Beispiel für die Hafenbenützung und für die Schlepper Gebühren bezahlen, ebenso Wegegeld für die Fahrt durch Kanäle. All diese Gebühren werden aufgrund des Rauminhaltes berechnet. Jedes Schiff besitzt heute Papiere, in denen die entsprechenden Werte eingetragen sind.

Für Sportboote gilt seit 1970 die »International-Offshore-Rule«, die IOR-Formel, die

den Rennwert in Fuß angibt. Hiernach wird auch der »Eintonner Pokal« ausgesegelt. Diese Tonne hat mit der obenerwähnten Registertonne nichts gemeinsam. Es handelt sich vielmehr um eine Zahl, die man mit Hilfe einer Formel erhält. Darin spielen die Ausmaße des Rumpfes und die Segelfläche eine Rolle. Eintonner z. B. im Unterschied zu Halbtonnern nach IOR-Formel Boote von 27,5 Fuß.

Die Tragfähigkeit ist wie die Wasserverdrängung ein Maß für das Gewicht und gibt mit Gewichtseinheiten anstatt in Kubikmeter die Ladefähigkeit des betreffenden Schiffes an. Der Ausdruck »ein Öltanker von 200000 Tonnen« bedeutet also, daß das Schiff in seinen Tanks 200000 t Ladung aufnehmen kann.

Während der Rauminhalt sich nicht mathematisch als Funktion der Wasserverdrängung definieren läßt, kann man die Tragfähigkeit aus dem Gewichtsunterschied zwischen dem voll beladenen und dem leeren Schiff berechnen. In der englischen Terminologie spricht man von deadweight, was »totes Gewicht« bedeutet. Es handelt sich also um jenes Gewicht, welches das Schiff zusätzlich zu seinem Eigengewicht tragen kann. Dieses wiederum setzt sich zusammen aus dem Gewicht des Rumpfes, der Maschinen und der gesamten Ausrüstung. Mit anderen Worten: Das Eigengewicht des Schiffes ist nichts anderes als die Wasserverdrängung des unbeladenen Schiffes.

Bei Containerschiffen gibt man die Tragfähigkeit außer in Tonnen auch in TEU an. Diese Abkürzung bedeutet Twenty Foot Equivalent Unit. Man meint damit, wie viele Container mit 20 Foot (1 ft = 30,48 cm) Seitenlänge ein solches Schiff aufnehmen kann.

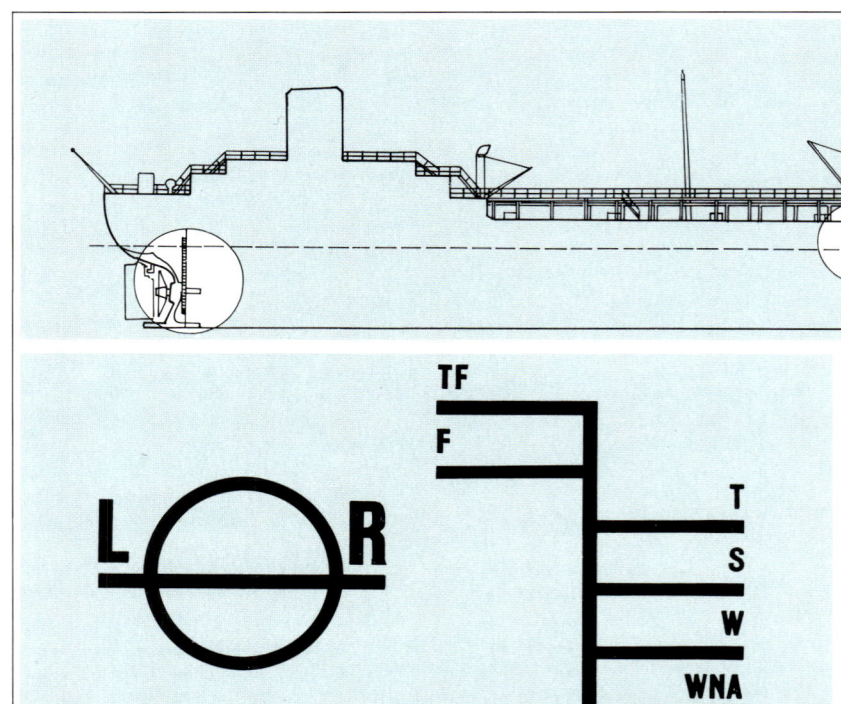

Freibord ist das an der Bordwand ermittelte vertikale Maß, um welches das Oberdeck bei voller Beladung noch frei über der Wasseroberfläche sichtbar sein muß. Es wird mittschiffs zwischen der Freibordmarke und der Oberkante des Vermessungsdecks gemessen. Die Freibordmarke besteht aus einem Kreis mit einer waagrechten Linie darin. Sie ist in der Mitte auf beiden Seiten des Schiffes zu sehen. Die Buchstaben L R bedeuten, daß die Bestimmung des Freibords mit Hilfe der Regeln des Lloyd's Register erfolgte. Unter deutscher Aufsicht vermessene Schiffe tragen in der Freibordmarke die Buchstaben GL: Germanischer Lloyd. Weitere Linien zeigen die maximale Eintauchtiefe unter bestimmten Bedingungen: TF (Tropical Fresh): in Süßwasser in tropischen Klimagebieten; F (Fresh): in Süßwasser; T (Tropical): in tropischen Klimagebieten; S (Summer: im Sommer; W (Winter): im Winter; WNA (Winter North Atlantic): im Nordatlantik zur Winterszeit.

Bei der Seitenansicht des Schiffes erkennt man in der Mitte die Freibordmarke, die links größer dargestellt ist. Die untere Fläche gibt den Rumpfteil an, der bei voller Beladung eingetaucht ist, während der weiße Teil das Gebiet oberhalb der Wasserlinie kennzeichnet.

Die Bestimmung der Leistungskraft von Maschinen

Bei der Einführung des mechanischen Antriebs erhob sich das Problem der Dimensionierung der Maschinen. Man mußte feststellen, wie stark diese Maschinen sein mußten, um einem gegebenen Schiff eine bestimmte Geschwindigkeit zu verschaffen.

Der Engländer William Froude begann als erster mit den Studien, die schließlich dazu führten, daß man die Ähnlichkeit des Verhaltens zwischen einem verkleinerten Modell und einem Schiff in natürlicher Größe erkannte. Im Jahr 1867 erhielt Froude von der britischen Admiralität die Korvette »Greyhound« zur Verfügung gestellt. Er wollte den Widerstand beim Schleppen messen und mit dem Widerstand eines verkleinerten Modells vergleichen.

1874 baute Froude in Chelson Cross bei Torquay an der südenglischen Küste unter Beteiligung der Admiralität das erste »Becken für schiffsarchitektonische Untersuchungen«. Darin untersuchte er systematisch den Widerstand der verbreitetsten Rumpfformen mit Hilfe von Modellen. Froude erkannte, daß der Schiffswiderstand in einen wellenbildenden und einen zähigkeitsbehafteten Anteil zerfällt. Seine Versuche führten zu der nach ihm benannten Reibungsformel und Ähnlichkeitsgesetz für den Wellenwiderstand.

So vollzog sich der Übergang vom Empirismus zu einer wissenschaftlichen Bestimmung des Wasserwiderstandes und zur genauen Proportionierung der Schiffsschraube und der Maschinen.

In den Versuchsbecken bestimmt man nicht nur den Wasserwiderstand, indem man Modelle hinter sich herzieht, sondern man führt auch Untersuchungen über den Eigenantrieb von Schiffen und vor allem über die Form der Schiffsschrauben durch.

Schlepper des Engländers Jonathan Hull aus dem Jahr 1736. Das Schiff sollte eine atmosphärische Newcomen-Maschine erhalten, wurde aber nicht gebaut, obwohl Hull die Maschine bereits in Birmingham bestellt hatte.

»Charlotte Dundas«. Sie wurde von einem Schaufelrad bewegt; für dessen Antrieb sorgte eine Dampfmaschine, die William Symington 1802 gebaut hatte. Das Schiff wurde auf dem Kanal Forth-Clyde erprobt, indem man es zwei Frachtkähne mit jeweils 70 t Fracht schleppen ließ.

Raddampfer

Der erste Antriebsmechanismus für dampfbetriebene Schiffe war das Rad. Zwar genügte eines, das im Heck eingebaut war, im allgemeinen aber verwendete man zwei Räder, die symmetrisch zu beiden Seiten des Rumpfes angeordnet waren.

Die ersten Schiffe mit mechanischem Antrieb überhaupt waren kleine Flußschiffe. Das erste Exemplar, von dem wir Kenntnis haben, war die »Pyroscaphe« des Franzosen Claude François Jouffroy d'Abbans. Sie hatte auf beiden Seiten je ein Rad und wurde 1783 auf der Saône bei Lyon ausprobiert. Im Jahr 1789 baute der Schotte Patrick Miller einen Katamaran, d. h. ein Schiff mit doppeltem Rumpf, mit einem einzigen Rad dazwischen. Es wurde von einer Maschine angetrieben, die der Engländer William Symington gebaut hatte.

Ein weiteres Schiff mit doppeltem Rumpf und einem Rad als Antrieb war das Kriegsschiff oder genauer gesagt Panzerschiff »Demologos«. Der erste Raddampfer für den Handel war die »Charlotte Dundas«, die Lastkähne auf dem Kanal Forth-Clyde schleppen sollte. Auf diesem Kanal wurde in jener Zeit viel getreidelt, und Lord Dundas

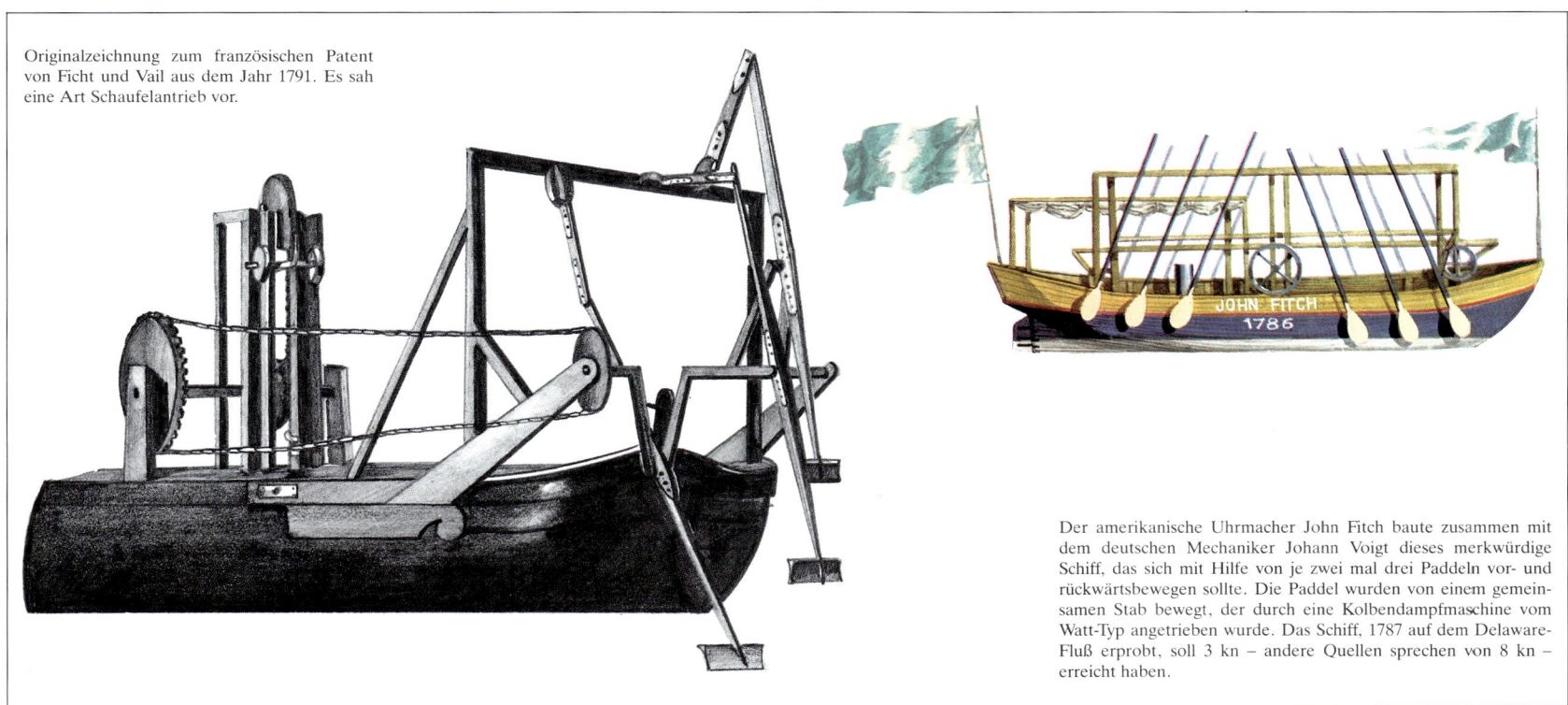

Originalzeichnung zum französischen Patent von Ficht und Vail aus dem Jahr 1791. Es sah eine Art Schaufelantrieb vor.

Der amerikanische Uhrmacher John Fitch baute zusammen mit dem deutschen Mechaniker Johann Voigt dieses merkwürdige Schiff, das sich mit Hilfe von je zwei mal drei Paddeln vor- und rückwärtsbewegen sollte. Die Paddel wurden von einem gemeinsamen Stab bewegt, der durch eine Kolbendampfmaschine vom Watt-Typ angetrieben wurde. Das Schiff, 1787 auf dem Delaware-Fluß erprobt, soll 3 kn – andere Quellen sprechen von 8 kn – erreicht haben.

»**Pyroscaphe**« des Franzosen Claude François de Jouffroy d'Abbans aus dem Jahr 1783 wurde von zwei seitlichen Rädern angetrieben. Die Erprobung erfolgte auf der Saône bei Lyon. Es handelte sich dabei um den ersten positiv verlaufenen Versuch der Dampfschiffahrt.

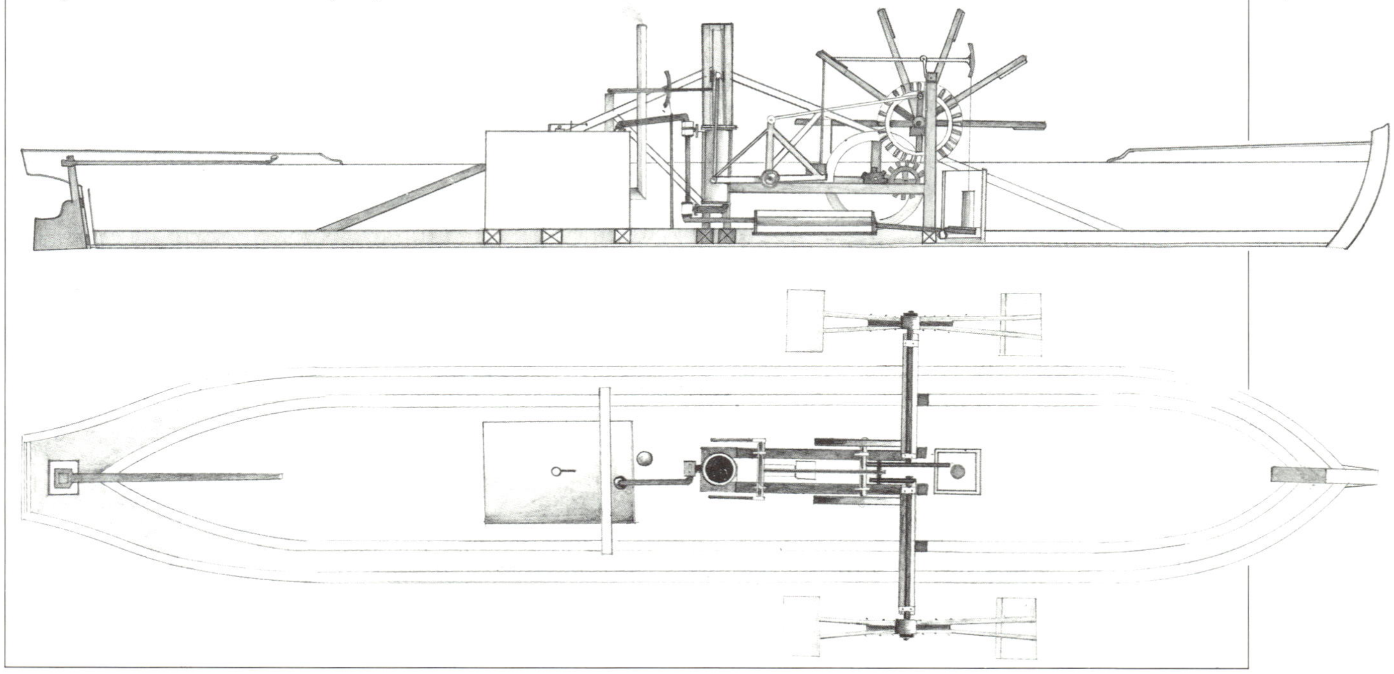

»**Phoenix**«. Nachdem es auf Flüssen bereits Raddampfer gab, war sie der erste Raddampfer der Seeschiffahrt. Sie wurde allerdings nur in Küstengewässern eingesetzt. Der Bau erfolgte 1808 durch John Stevens. Die »Phoenix« versorgte den Dienst zwischen New York und Philadelphia. Das Schiff sank bereits 1814 bei Trenton.

Robert Fultons erstes Dampfboot, das er in Paris baute (unten). Das Fahrzeug sank bereits vor der Probefahrt. Die geborgene Maschine baute Fulton in ein stärkeres Schiff ein, mit dem er 1803 eine erfolgreiche Versuchsfahrt unternahm (oben).

wollte die Pferde durch einen Dampfschlepper ersetzen. Er ließ dazu die »Charlotte Dundas« als Replik des Schiffes von Patrick Miller bauen. Sie hatte ein einziges Rad, das von einer Symington-Maschine mit ungefähr 10 PS angetrieben wurde.

Im März 1802 führte man die ersten Versuche durch, indem man zwei Lastkähne, die je 70 t trugen, ungefähr 20 Meilen weit schleppte. Die Eigentümer des Kanals hatten jedoch Bedenken gegen die Verwendung des Schiffes, das daraufhin abgewrackt wurde.

Ein gnädigeres Schicksal erfuhr die »Clermont«, die Fulton in den Vereinigten Staaten bauen ließ. Im Jahr 1807 transportierte das Schiff Passagiere auf dem Hudson zwischen New York und Albany. In Europa wurde die »Comet« von H. Bell in Dienst genommen. 1812 begann sie mit einem Passagierdienst auf dem Fluß Clyde und verkehrte zwischen Glasgow, Greenock und Helensburgh.

In jenen Jahren nahm man recht viele Hochseeschiffe in Dienst, die zugleich Segel- und Radantrieb besaßen – auch Kriegsschiffe; sie alle bedienten sich je nach den Umständen durchaus noch des Windes zum Antrieb. So sei an die englische »James Watt«

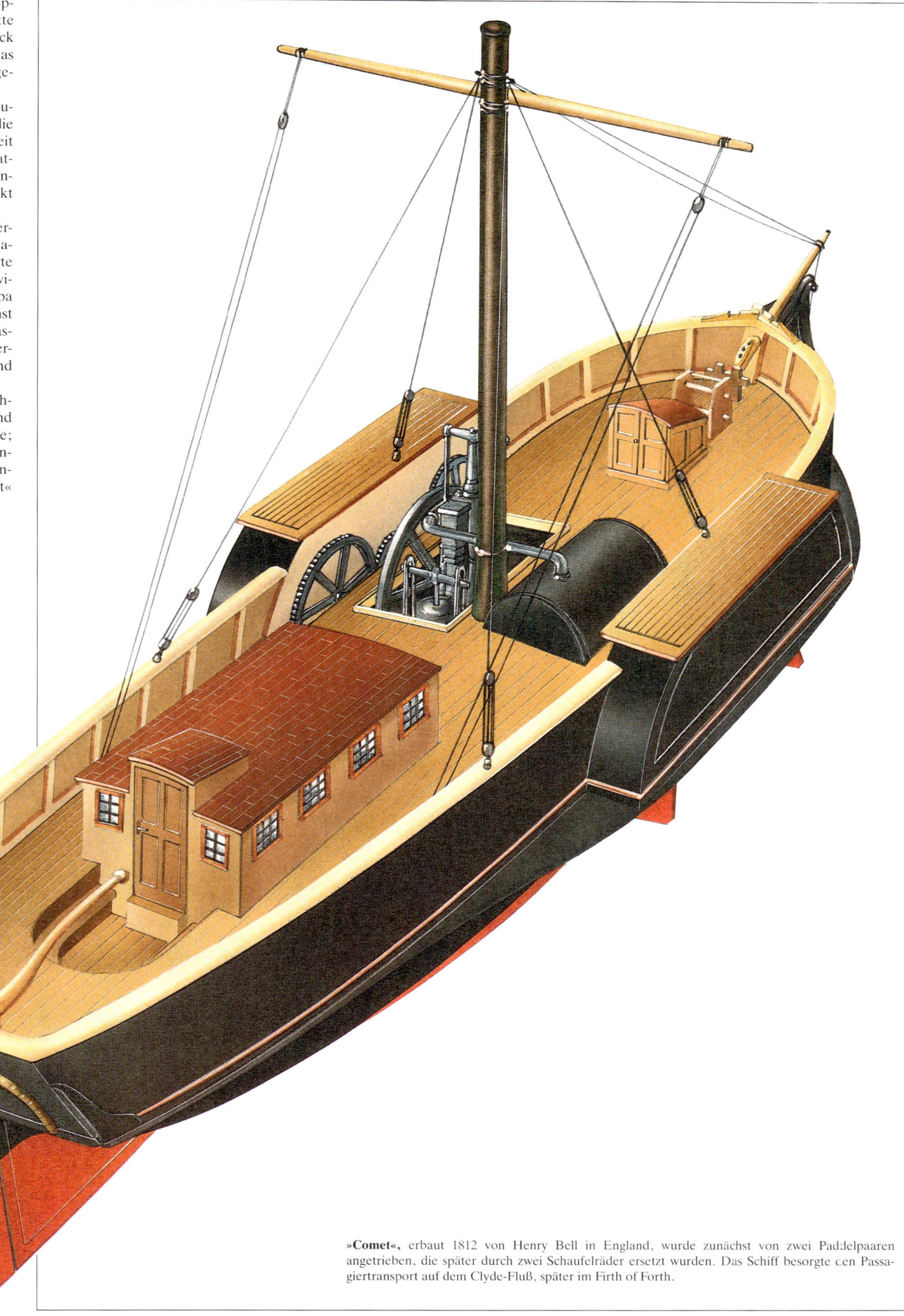

»Comet«, erbaut 1812 von Henry Bell in England, wurde zunächst von zwei Paddelpaaren angetrieben, die später durch zwei Schaufelräder ersetzt wurden. Das Schiff besorgte den Passagiertransport auf dem Clyde-Fluß, später im Firth of Forth.

»**Great Western**«. Sie hatte einen Holzrumpf und wurde von Isambard K. Brunel entworfen, demselben Ingenieur, der auch für die Konstruktion der »Great Eastern« verantwortlich war. Die Unterkünfte der Passagiere lagen alle unter Deck. Es gab Kabinen für 20 Passagiere erster und für 20 Passagiere zweiter Klasse. Die Besatzung setzte sich aus 60 Mann zusammen.

Das Antriebsaggregat bestand aus vier Kofferkesseln mit Feuerröhren. Diese dünnen Rohre, die sogenannten Flammrohre, führten ihre Abgase in einen Schornstein. Die Maschine entwickelte eine Leistung von 750 PS (550 kW).

Die »Great Western« startete bei ihrer ersten Atlantiküberquerung am 8. April 1838 in Bristol und kam am 23. desselben Monats in New York an. Dabei entwickelte sie eine mittlere Reisegeschwindigkeit von 8,7 kn. Da das Schiff Masten und Segel besaß, kann man nicht ausschließen, daß auch diese zum Antrieb beitrugen.

und die amerikanische »Savannah« erinnert. Die erste Atlantiküberquerung eines Raddampfers ohne Segelhilfe gelang im April/Mai 1827 dem niederländischen Dampfer »Curaçao« zwischen Hellevoetsluis und Paramaribo; er war allerdings in England gebaut worden. 1832 folgte ein kleiner kanadischer Dampfer, die »Royal William«.

Die große Transatlantikschiffahrt begann jedoch regulär im April 1838, als der Raddampfer »Great Western« mit hölzernem Rumpf und eigens für den Passagiertransport ausgerüstet den Liniendienst zwischen England und den Vereinigten Staaten aufnahm.

In denselben Tagen überquerte ein zweimastiger englischer Raddampfer der Steam Packet Company namens »Sirius« ebenfalls

den Atlantik und kam noch vor der »Great Western« in New York an. Die »Sirius« war jedoch einige Tage vorher in See gestochen und hatte – im Vergleich zu den 15 Tagen ihrer Konkurrentin – für die Überfahrt mit einer mittleren Geschwindigkeit von 6,5 kn 18 Tage und 10 Stunden gebraucht. Da das Schiff gegenüber der »Great Western« (1340 BRT) mit 700 BRT nur klein war, verbrauchte es seinen ganzen Brennstoffvorrat während der Fahrt. Um überhaupt am Bestimmungshafen anzukommen, mußte man auf der »Sirius« am Ende noch Möbel der Innenausstattung verbrennen.

Die Route für den Transatlantikverkehr war damit eröffnet. In England erhielt die Schiffahrtsgesellschaft Cunard Line von der Regierung die Konzession für den gesamten Postverkehr mit Nordamerika. Er wurde

mit hölzernen Raddampfern vom Typ der »Britannia« durchgeführt.

Die Schiffahrt mit Indien, dem Fernen Osten und Australien führte bis zur Eröffnung des Suezkanals erst um ganz Afrika herum. Bereits ab 1840 eröffnete die englische Schiffahrtsgesellschaft Peninsular & Oriental Steam Navigation (P & O) einen regelmäßigen gemischten Liniendienst: Die Waren und die Passagiere legten den Weg zwischen Port Said und Suez auf dem Land zurück. Dieselbe Gesellschaft fuhr mit ihrem Raddampfer »Hindustan« (2000 BRT, zusätzlich mit Masten und Segeln ausgerüstet) aber auch um die Südspitze Afrikas herum.

Im Jahr 1850 eröffnete die P & O auch den Liniendienst mit Australien.

Der größte Raddampfer – Raddurchmesser

»**Sirius**« war einer der ersten Raddampfer, die den Atlantik überquerten. Sie legte am 4. April 1838 in Cork ab und kam am 22. April in New York an. Die mittlere Reisegeschwindigkeit betrug 6,5 kn. Sie fuhr unter britischer Flagge.

17 m, Radgewicht 90 t – (und zusätzlicher Schiffsschraube – Durchmesser 7,32 m, Gewicht 36 t –) der Welt war die »Great Eastern«, die für die Reise nach Australien über das Kap der guten Hoffnung vorgesehen war. Die englischen Schiffsbauingenieure Isambard K. Brunel und J. Scott Russell waren für das Projekt verantwortlich. Sie brachten im Eisenrumpf viele Neuerungen unter und entfernten sich damit von der Bauweise der ersten Eisenrümpfe, welche nur ein Abklatsch der bisherigen Holzkonstruktion war. Der Rumpf der »Great Eastern« besaß im Gegensatz zu den bisherigen Segelschiffen Längsspanten, ähnlich dem Verfahren, das Brunel beim Bau einiger Eisenbahnbrücken angewendet hatte. Es gab einen vollständigen doppelten Boden und ein doppeltes Oberdeck. Diese bildeten die wichtigsten Elemente für die Längsstabilität, während zehn Querschotten für die Stabilität in der anderen Richtung sorgten. Das 207,25 m lange und 25,14 m breite Riesenschiff war von Anfang an vom Pech verfolgt: Nach einem vergeblichen Versuch am 3. November 1857 gelang der Stapellauf erst drei Monate später, am 31. Januar 1858, und zwar mit Hilfe von 20 hydraulischen Winden. Der Betrieb der »Great Eastern« auf der Transatlantikroute erwies sich als nicht gewinnbringend, denn selbst ausgebucht brachte er nicht die Kosten herein. Nach ungefähr zehn Reisen in den Jahren

»James Watt«. Sie war mit Segeln und Schaufelrädern ausgerüstet. Als erstes Dampfschiff fuhr sie an europäischen Küsten; sie besorgte den Dienst zwischen London und Leith.

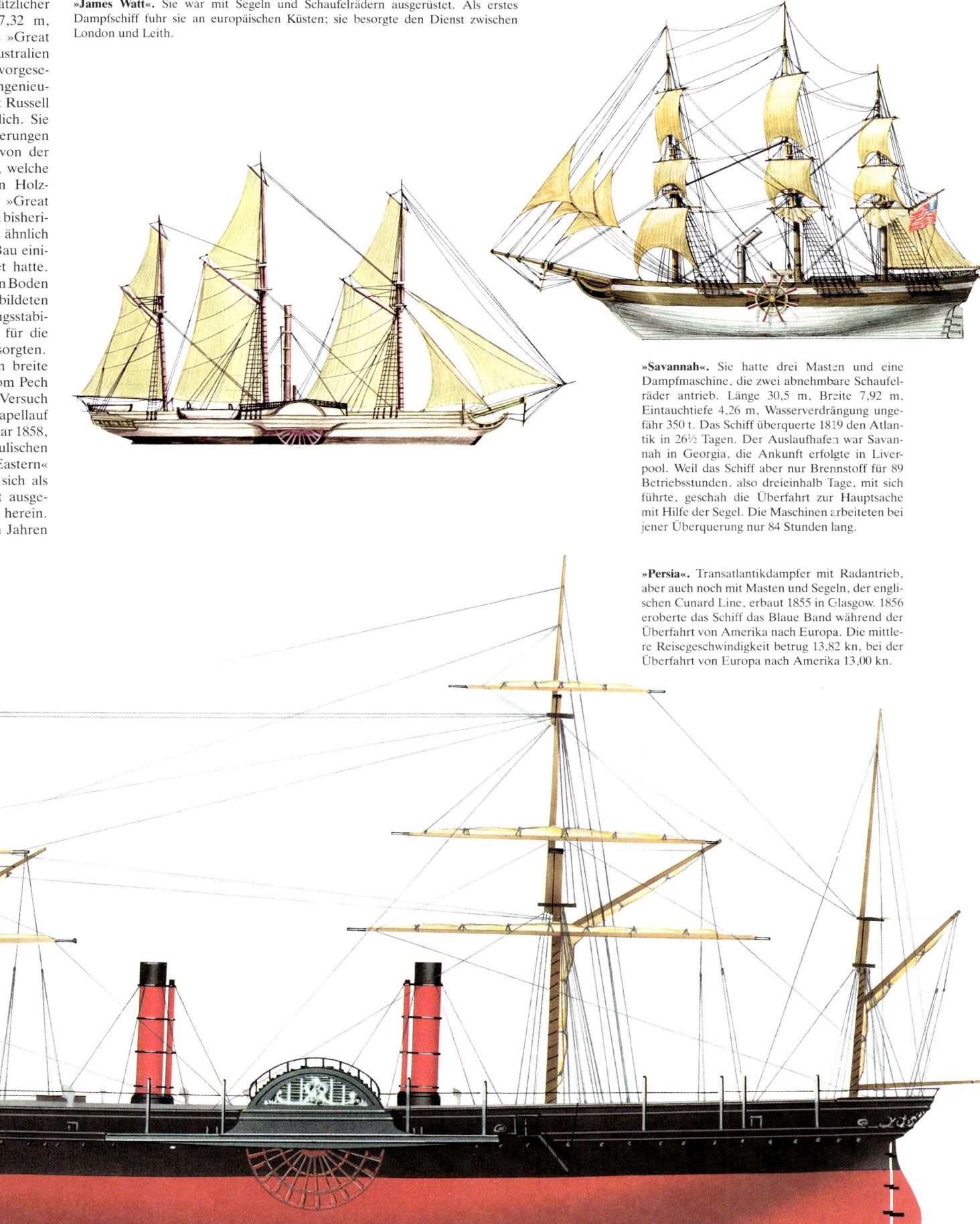

»Savannah«. Sie hatte drei Masten und eine Dampfmaschine, die zwei abnehmbare Schaufelräder antrieb. Länge 30,5 m, Breite 7,92 m, Eintauchtiefe 4,26 m, Wasserverdrängung ungefähr 350 t. Das Schiff überquerte 1819 den Atlantik in 26½ Tagen. Der Auslaufhafen war Savannah in Georgia, die Ankunft erfolgte in Liverpool. Weil das Schiff aber nur Brennstoff für 89 Betriebsstunden, also dreieinhalb Tage, mit sich führte, geschah die Überfahrt zur Hauptsache mit Hilfe der Segel. Die Maschinen arbeiteten bei jener Überquerung nur 84 Stunden lang.

»Persia«. Transatlantikdampfer mit Radantrieb, aber auch noch mit Masten und Segeln, der englischen Cunard Line, erbaut 1855 in Glasgow. 1856 eroberte das Schiff das Blaue Band während der Überfahrt von Amerika nach Europa. Die mittlere Reisegeschwindigkeit betrug 13,82 kn, bei der Überfahrt von Europa nach Amerika 13,00 kn.

Die »Great Eastern«, deren Stapellauf in Querrichtung erfolgte. Das Schiff hätte eigentlich am 3. November 1857 zu Wasser gelassen werden sollen, rührte sich aber nicht von der Stelle. Man benötigte drei Monate für die Vorbereitung des Stapellaufs, der dann am 21. Januar 1858 mit Hilfe von 20 leistungsstarken hydraulischen Winden stattfand.

Die »Great Eastern« im Wasser nach dem Stapellauf. Deutlich ist das große Schaufelrad auf der Backbordseite zu erkennen.

»Great Eastern«. Maße: Größte Länge 210,92 m, Länge der Wasserlinie 207,27 m, Breite 25,15 m, Eintauchtiefe 9,14 m. Die Wasserverdrängung betrug bei dieser Eintauchtiefe 27000 t. Rauminhalt 18915 BRT. Das Schiff konnte 4000 Passagiere aufnehmen: 800 in der ersten, 2000 in der zweiten und 1200 in der dritten Klasse. Es verfügte über einen doppelten Antrieb: einen für die Schaufelräder und einen weiteren für die Schiffsschraube. Die oszillierende Kolbenmaschine für den Schaufelradantrieb bestand aus vier sich paarweise gegenüberstehenden Zylindern von 6 Fuß Durchmesser und 14 Fuß Hub. Je zwei sich gegenüberliegende Zylinder wirkten auf eine Kurbel. Die Maschine indizierte 3411 PS (2508 kW) und wog 800 t. Die Schiffsschraube wurde von einer direkt wirkenden 4886 PS (3593 kW) leistenden Kolbenmaschine mit vier liegenden Zylindern angetrieben. Es waren zehn Kessel mit insgesamt 112 Feuerungen vorhanden. Sie erzeugten Dampf mit einem Druck von 1,5 kg/cm². Die Geschwindigkeit überstieg 14 kn. Das Schiff war auch mit Masten und Segeln ausgerüstet.

Die sechs Masten mit Gaffelsegeln der »Great Eastern«. Da es in der Schiffsbaunomenklatur keine geläufigen Namen für so viele Masten gibt, taufte man sie nach den Wochentagen, angefangen von Montag bis Samstag.

Längsschnitt durch die »Great Eastern«. Zu erkennen sind die zehn Kessel, die fünf Schornsteine, die beiden zentral gelegenen Antriebsmaschinen, die vordere für die Schaufelräder und die weiter achtern gelegene für die Schiffsschraube.

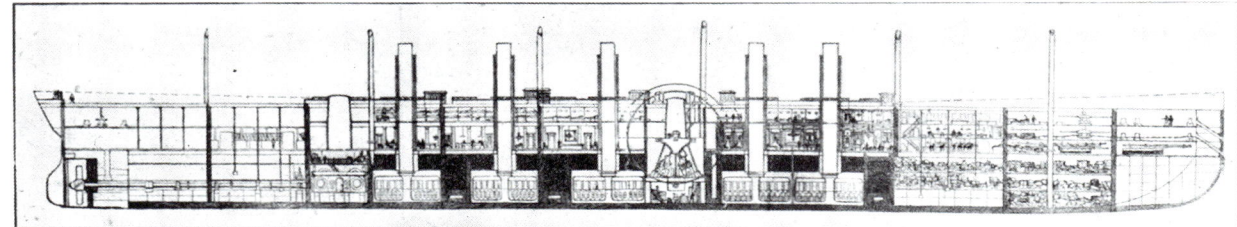

Unterkünfte für die Passagiere. Zeichnungen der französischen Zeitschrift »Le Monde Illustré« aus der Nummer vom 24. September 1859.

»**Mississippi**«. Amerikanischer Raddampfer aus dem Jahr 1850 für die Schiffahrt auf Flüssen. Da dieses Schiff nicht den Wellen und Meeresstürmen trotzen mußte, hatte es einen breiten Rumpf, der nur wenig eintauchte, und ein niedriges flaches Deck, das knapp oberhalb der Wasserlinie lag. Es war ein großer zentraler Aufbau vorhanden. Das Schiff nahm 1812 den Dienst zwischen New Orleans und Natchez auf, die 300 km voneinander entfernt liegen. Auffallend sind die beiden nebeneinanderstehenden hohen Schornsteine.

»**Massachusetts**«. Raddampfer der Küstenschiffahrt zwischen Boston und New York an der Atlantikküste der Vereinigten Staaten. Im Unterschied zur »Mississippi« lag das Oberdeck weiter über der Wasserlinie. Die Schornsteine standen hintereinander in der Symmetrieebene des Schiffes.

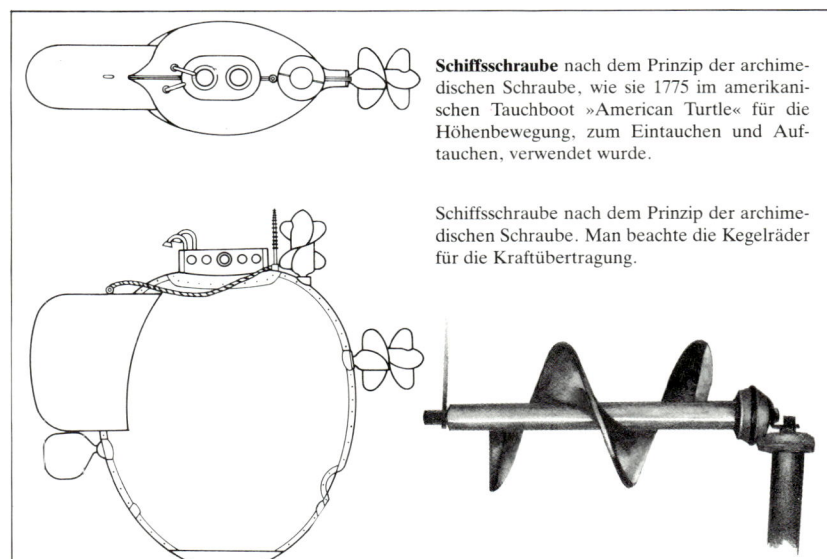

Schiffsschraube nach dem Prinzip der archimedischen Schraube, wie sie 1775 im amerikanischen Tauchboot »American Turtle« für die Höhenbewegung, zum Eintauchen und Auftauchen, verwendet wurde.

Schiffsschraube nach dem Prinzip der archimedischen Schraube. Man beachte die Kegelräder für die Kraftübertragung.

1860 bis 1863 – wobei das Schiff einmal beide Räder verlor – wurde die »Great Eastern« umgebaut, um unterseeische Telegraphenkabel von Großbritannien nach Amerika zu verlegen.

Nach dieser Tätigkeit lag die »Great Eastern« eine Zeitlang untätig im Hafen. Später baute man sie wieder zu einem Passagierschiff um, und noch später wurde sie wieder zu einem Kabellegerschiff, unter anderem auf der Strecke Bombay–Aden. 1888/89 schließlich wurde sie in Liverpool abgewrackt.

Der Antrieb mit Schiffsschrauben

Die Schraube als Schiffsantrieb findet man zum erstenmal in den Studien von Leonardo da Vinci im 15./16. Jh. Zu Beginn des 19. Jh.s beschäftigten sich viele Techniker mit dieser Antriebsart. Man hatte damals bereits, wenn auch handbetrieben, Schiffsschrauben für den Antrieb erster Tauchboo-

te verwendet. In der »American Turtle« von 1775 gab es zwei Schrauben: eine für die Bewegung in der Waagrechten und eine für die in der Senkrechten. Auch Fulton hatte für seine »Nautilus« des Jahres 1801 eine Antriebsschraube im Heck verwendet.

Erste verwendbare Schrauben entwickelte der Österreicher Josef Ressel zwischen 1812 und 1826, wo er Versuche mit dem Dampfschiff »Civetta« machte; weitere Studien unternahmen J. C. Stevens, Delisle (1820) und P. Sauvage (1832), der Engländer P.-F. Smith (1838) und der Schwede Ericsson (1836), die zu praktischen Ergebnissen führten, vor allem durch die englische Gesellschaft Ship Propeller Co. Diese baute 1838 die »Archimedes«, ein kleines Schiff mit 237 BRT, einer Maschinenleistung von insgesamt 66 PS (49 kW) und einer Smith-Schraube im Heck. Die Vorteile der Schiffsschraube im Vergleich zum Radantrieb waren beträchtlich. Besonders für Kriegsschiffe begrüßte man es, daß die offen daliegen-

Rad- oder Schraubenantrieb? Der Stich aus dem Science Museum in London stellt den von der Admiralität befohlenen Versuch dar, bei dem es um die Frage Rad- oder Schraubenantrieb ging. Das Experiment fand am 20. Juni 1849 statt. Die mit Schraubenantrieb versehene Sloop »Niger« (ein Schornstein) gelang es, die Raddampfer-Sloop »Basilisk« (zwei Schornsteine) abzuschleppen.

Vierzylinder-Dampfmaschine der englischen Sloop »Alecto«, erbaut von Mausdshay 1843 für den Antrieb der Schaufelräder. Je zwei Zylinder waren zusammengekoppelt. Man beachte das große Rad, das mit niedriger Drehzahl von den Zylindern angetrieben wird. Es bewegt jedoch ein kleineres Rad mit hoher Drehzahl, an der das Schaufelrad sitzt.
▼

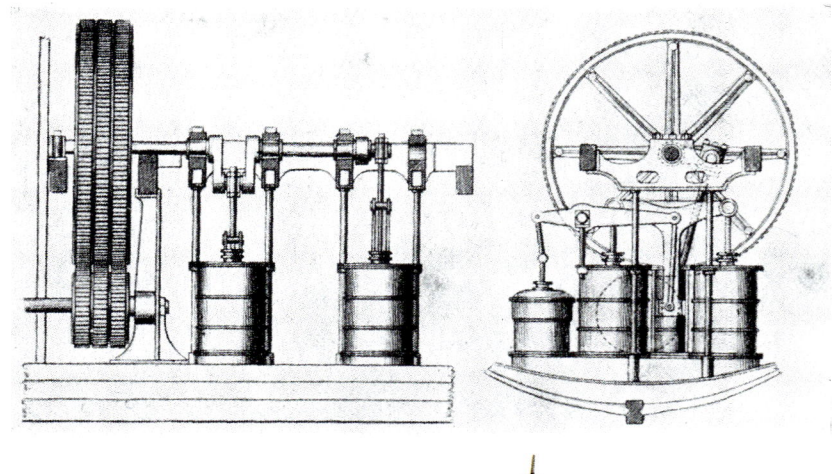

den, leicht verwundbaren und keineswegs widerstandsfähigen Räder verschwanden. Die britische Admiralität führte am 20. Juni 1849 einen historisch gewordenen Vergleich der beiden Antriebsarten durch. Man nahm dazu zwei Korvetten, die »Basilisk« mit normalen Antriebsrädern und die »Niger« mit einer Smith-Schraube. Die beiden Schiffe wurden durch Trossen miteinander verbunden – Heck gegen Heck – und fuhren in entgegengesetzter Richtung los. Es zeigte sich schnell, daß die »Niger« die »Basilisk« leicht abschleppen konnte, obwohl deren Räder unter vollem Dampf liefen.

Bereits am 3. April 1845 hatte im »Schlepperkrieg« (tug off war) zwischen den Sloops (Slups) »Rattler« und »Alecto« ein berühmtes Duell stattgefunden. Von den etwa gleich großen, mit gleichen nominellen Pferdestärken ausgerüsteten Schiffen zog die »Rattler« die »Alecto« mit einer Geschwindigkeit von etwa 2 kn. Die Schraube der »Rattler« wird im Science Museum South Kensington aufbewahrt. Trotz der nominellen Gleichheit der Maschinenstärken entwickelte die »Rattler« bei diesem Versuch 300 indizierte PS, die »Alecto« dagegen nur 141.

In der Folgezeit ging der Radantrieb stark zurück, und alle Kriegs- und Handelsschiffe erhielten Schiffsschrauben; bald verwendete man zwei, drei oder gar vier. Diese Zahl wurde nur in Ausnahmefällen übertroffen. Noch heute allerdings gibt es Radschlepper

In einem der ersten Versuche der britischen Admiralität über die Wirksamkeit des Schraubenantriebs gelang es am 3. April 1845 der Sloop »Rattler« (oben, mit Schraubenantrieb), die radangetriebene Sloop »Alecto« (links) abzuschleppen.

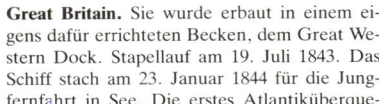

Great Britain. Sie wurde erbaut in einem eigens dafür errichteten Becken, dem Great Western Dock. Stapellauf am 19. Juli 1843. Das Schiff stach am 23. Januar 1844 für die Jungfernfahrt in See. Die erstes Atlantiküberquerung eines Schraubendampfers erfolgte am 26. Juli von Liverpool aus. Die »Great Britain« kam am 10. August 1845 in New York an. Damit brauchte sie für die Überfahrt 14 Tage und 20 Stunden.

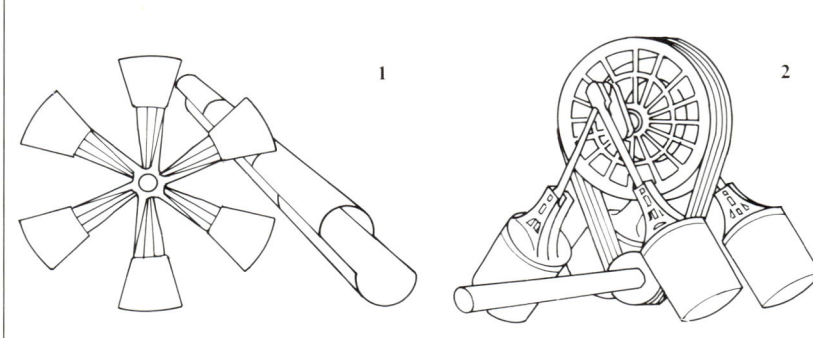

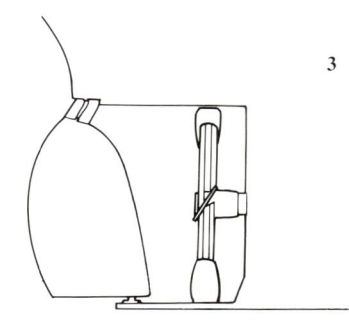

1 Die Schiffsschraube der »Great Britain« mit sechs Schraubenflügeln. Charakteristisch für die ersten Schiffsschrauben: sie waren völlig flach, und zwar nicht wie heute gegossen, sondern aus genieteten Platten »gebaut«.

2 Die Antriebsmaschine mit vier direkt wirkenden Zylindern. Auf der Kurbelwelle war eine Trommel angebracht über, die vier 7 t schwere Ketten liefen, die mit Zähnen in hölzerne Nüsse einer Trommel auf der Schraubenwelle faßten und so die Umdrehungen übertrugen.

3 Anordnung der Schiffsschraube und des Steuerruders. Das Steuerruder zeigt am unteren Ende die Andeutung einer Kompensation, da dieser Teil vor der Drehachse liegt.

und Flußschiffe mit einem einzigen Heckrad, besonders in den USA auf dem Mississippi.

Auch die »Great Britain«, die Brunel 1839 auf Stapel gelegt hatte, sollte ursprünglich zwei Räder erhalten. Dann aber wurde das Projekt verändert, und man übernahm den Schraubenantrieb. Die Maschine hatte vier Zylinder und entwickelte eine Leistung von 1000 PS (735 kW). Ihre Drehzahl von 18 U/min wurde mit Hilfe einer Riemenübersetzung auf 53 U/min gebracht.

Die »Great Britain« hatte einen Eisenrumpf, allerdings noch mit Querspanten und nicht mit Längsspanten wie die »Great Eastern«. Sie war 98,1 m lang, 15,5 m breit und tauchte 4,87 m ein. Sie konnte 360 Passagiere und ungefähr 800 t in zwei Laderäumen aufnehmen, einem am Heck und einem im Vorschiff. Sie verfügte über sechs Masten, von denen nur der zweite Rahsegel trug. Alle übrigen Masten trugen Gaffelsegel. Zwischen dem zweiten und dem dritten Mast befand sich ein einziger Schornstein. Später wurde die Zahl der Masten auf fünf reduziert, nach mehrfachem Besitzerwechsel auf vier, und der ursprüngliche Schornstein wurde durch zwei ersetzt. Im Jahr 1880

»Oceanic«, ein Transatlantikdampfer der englischen White Star Line, erbaut 1899 in Belfast. Sie hatte zwei Kolbenmaschinen, die zwei Schiffsschrauben antrieben, 15 doppeltbefeuerte Kohlekessel, und sie erreichte eine Geschwindigkeit von 19 kn. Typisch sind die beiden recht deutlich nach hinten geneigten Schornsteine.

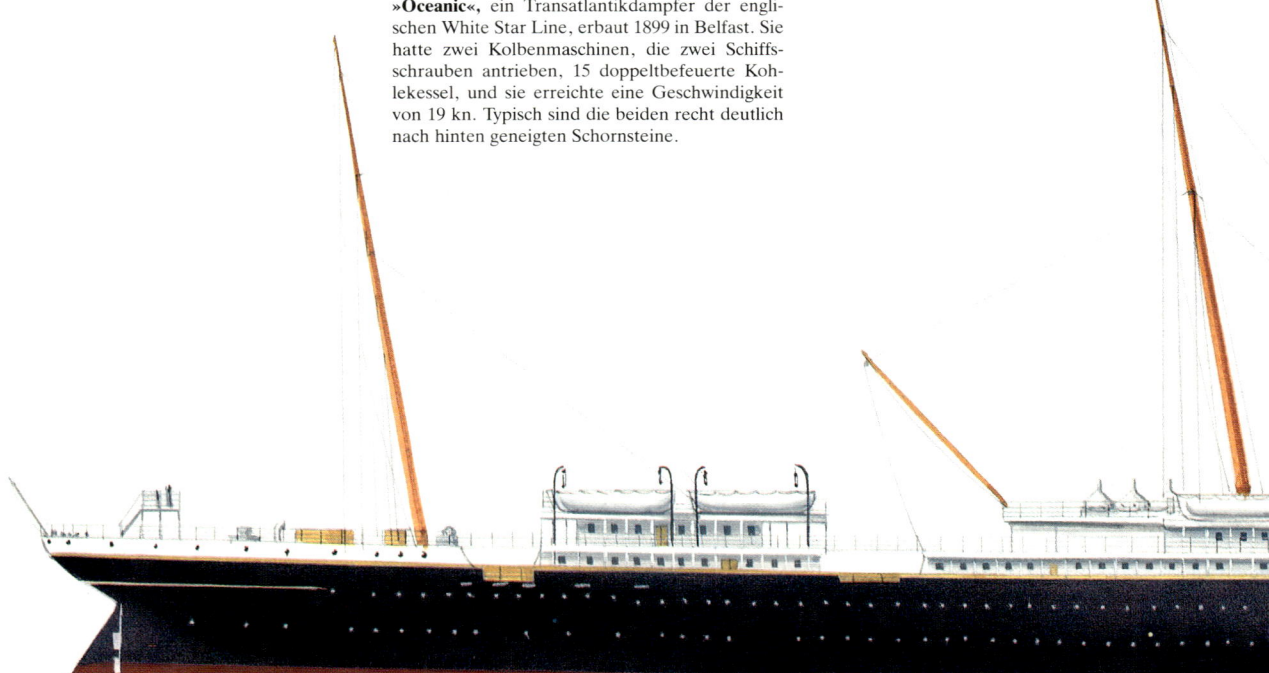

baute man die Heizkessel und die Maschinen aus und verwandelte das Schiff in einen Segler mit drei rahgetakelten Masten.

Alle Schiffe, mit Rad- oder Schraubenantrieb, behielten bis gegen das Jahr 1890 als weitere Antriebsart auch die Masten und die Segel bei. Die ersten Dampfer auf der Transatlantikroute, die keine Segel mehr mit sich führten, waren die »City of Paris« und die »City of New York«. Sie wurden für die britische Inman Line gebaut und 1888 bzw. 1889 in Dienst gestellt. Um eine möglichst hohe Geschwindigkeit zu erzielen, bekamen diese Schiffe einen Rumpf ähnlich denen der großen Klipper. Er war schlank, lang mit scharfem Vorder- und Achterschiff. Diese Rumpfformen beruhten noch auf empirischen Beobachtungen, denn erschöpfende Ergebnisse der systematischen Studien von William Froude lagen noch nicht vor.

Eines der größten und schnellsten Transatlantikschiffe mit zwei Schiffsschrauben am Ende des vergangenen Jahrhunderts war die deutsche »Kaiser Wilhelm der Große« des Norddeutschen Lloyd (NDL). Von der Vulcan-Werft in Stettin gebaut und 1897 in Dienst genommen, gewann sie gleich darauf das »Blaue Band« für die schnellste Überquerung des Atlantiks.

Bei den großen Transatlantikschiffen ging man von zwei auf drei Schrauben über. Die eigentlichen Neuerungen sollte man aber weniger in der Zahl der Schiffsschrauben als in der Maschinenausrüstung suchen, denn anstelle von Mehrfach-Expansionsmaschinen mit Hoch-, Mittel- und Niederdruckzylinder verwendete man in zunehmendem Maß Dampfturbinen.

Das erste Experiment mit einer Turbine auf einem großen schraubengetriebenen Schiff unternahm die britische Cunard Line. Sie hatte mit großem Interesse die Anwendung der Turbine auf Kriegsschiffen verfolgt und sich entschlossen, diesen Antriebstyp auch bei Handelsschiffen auszuprobieren. 1904

»La Normandie«, der erste französische Transatlantikdampfer. Der Stapellauf fand 1885 statt. Man beachte die Segelausrüstung: zwei vordere rahgetakelte Masten und zwei hintere Masten mit Gaffelsegeln. Das Schiff hatte nur eine Schiffsschraube und entwickelte eine Geschwindigkeit von 17 kn.

»City of New York« der Inman Line aus dem Jahr 1889; einer der ersten Transatlantikdampfer mit zwei Schiffsschrauben. Länge 121 m, Breite 19,2 m, Eintauchtiefe 12,21 m, Rauminhalt 10,499 BRT. Zusammen mit der »City of Paris« war sie das größte Schiff ihrer Zeit, denn die »Great Eastern« mit 18915 BRT war 1888 abgewrackt worden. Die »City of New York« konnte 540 Passagiere in der ersten, 200 Passagiere in der zweiten und 1000 Passagiere in der dritten Klasse aufnehmen. 1892 eroberte sie das Blaue Band mit einer Reisegeschwindigkeit von 20,10 kn/ostwärts.

baute sie zwei Schwesterschiffe: die »Caronia« und die »Carmania«.

Die »Caronia« hatte zwei Schiffsschrauben und verfügte über zwei Vierfach-Expansionsmaschinen. Die »Carmania« hingegen hatte drei Schiffsschrauben, die von drei Dampfturbinen angetrieben wurden, zwei Schornsteine für ihre kohlebefeuerten Kessel, und sie erwies sich als schneller und wirtschaftlicher als die »Caronia«. Deswegen entschloß sich die Cunard Line, zwei neue Transatlantikschiffe mit Dampfturbinenantrieb zu bauen, die »Lusitania« und die »Mauretania«, die beide 1907 ihren Dienst übernahmen.

Im Gegensatz zu den beiden Transatlantikschiffen der Cunard Line, die eine hohe Geschwindigkeit erreichen sollten, waren die Maschinen der »Titanic« und der »Olympic« der White Star Line auf einen möglichst wirtschaftlichen Betrieb ausgelegt. Es handelt sich um einen gemischten Antrieb aus zwei Dreifach-Expansionsmaschinen für die beiden seitlichen Schiffsschrauben und einer Niedrigdruckturbine für die zentrale Schiffsschraube. Diese Antriebsmaschinen konnten dem Schiff eine Geschwindigkeit von 22 kn erteilen.

Nach der »Titanic« und der »Olympic« be-

»**City of Paris**« der Inman Line, erbaut 1889 in England. Das Schiff war bei der Indienstnahme neben der »City of New York« der erste Transatlantikdampfer, der von zwei Kolbenmaschinen angetrieben wurde und auch über zwei Schiffsschrauben verfügte und zugleich, wieder neben der »City of New York« das größte Dampfschiff der Welt. Sie erreichte eine Geschwindigkeit von 21 kn und damit den Rekord westwärts.

»**Teutonic**«. Ein Transatlantikdampfer der White Star Line, erbaut 1889 in England. Sie verfügte über zwei Kolbendampfmaschinen, die zwei Schiffsschrauben antrieben, und erreichte eine Geschwindigkeit von 20 kn. Die »Teutonic« eroberte 1891 mit 20,43 kn das Blaue Band.

»**Campania**« der Cunard Line, erbaut 1893 in Glasgow. Sie war zusammen mit der zur gleichen Zeit auf der gleichen Werft gebauten »Lucania« das größte und schnellste Atlantikpassagierschiff zu Ende des letzten Jahrhunderts.
Mit zwei Kolbendampfmaschinen erreichten die Zweischraubenschiffe über 21 kn. Im Wettstreit um den Rekord hielt am Ende die »Lucania« beide: westwärts mit einer Durchschnittsgeschwindigkeit von 21,85 kn und ostwärts mit 22 kn. 1901 baute man auf der »Campania« eine Funkstation ein: Damit war sie einer der ersten Transatlantikdampfer, der über eine solche Einrichtung verfügte.

»**Kroonland**«. Ein Transatlantikdampfer der amerikanischen Red Star Line, erbaut 1902 in Philadelphia. Sie besorgte den Passagiertransport auf der Linie Antwerpen–New York. Die Kroonland hatte zwei Kolbendampfmaschinen, zwei Schiffsschrauben und erreichte 15 kn.

»**Caronia**«, ein Schiff der englischen Cunard Line, erbaut 1905. Zusammen mit ihrem Schwesterschiff »Carmania« diente sie vor allem dem praktischen Vergleich zweier Antriebstypen. Die »Caronia« hatte zwei Kolbendampfmaschinen und zwei Schiffsschrauben, während die »Carmania« über drei Turbinen und drei Schiffsschrauben verfügte. Letztere erwies sich als schneller und entwickelte mit 20 kn zwei Knoten mehr als die »Caronia«.

kamen alle Transatlantikschiffe vier Schiffsschrauben. Schließlich nahm man als Brennstoff nicht mehr Kohle, sondern Öl. Die
Turbinen wurden weiter vervollkommnet
und wirkten nicht mehr direkt auf die Wellen der Schiffsschrauben. Vielmehr besaßen
sie ein Untersetzungsgetriebe. Damit erreichten die Schiffe größere Geschwindigkeiten, und am Ende, nach 1937, benötigte
man für eine Überfahrt weniger als vier
Tage. Das Untersetzungsgetriebe erlaubte
es, eine Gruppe von zwei oder drei Turbinen für den Betrieb einer einzigen Schiffsschraube einzusetzen. Man konnte damit
auch die Drehzahl so wählen, daß die
Schrauben die größte Leistung abgaben.
Dies war bei einer Umdrehungszahl der
Turbine von ungefähr 4000 U/min der Fall,
während die Schrauben bei ihrem Leistungs-
maximum bis über hundert Umdrehungen
in der Minute machten.

Was die Anbringung der Schiffsschrauben
betrifft, so lagen diese immer am Heck. Es
gab und gibt allerdings Schiffe mit Schrauben am Vorschiff und am Achterschiff. Es
handelt sich dabei aber um Spezialfahrzeuge
wie Eisbrecher und Fährschiffe.

Es gibt aber auch Schiffsschrauben, die einen Querschub erteilen. Diese Schrauben
kamen um 1950 auf und sind am Vor- wie
am Achterschiff angebracht, innerhalb eigener Tunnels quer durch den Rumpf. Diese
Schrauben, die einen Schub in seitlicher
Richtung erteilen, werden in engen Gewässern eingesetzt oder bei sehr niedriger Geschwindigkeit, wenn das Schiff nicht mehr
auf Bewegungen des Steuerruders reagiert.
Früher behalf man sich bei solch einge-
schränkter Manövrierfähigkeit mit Schleppern. Seit den fünfziger Jahren wurden in
sehr viele Handelsschiffe solche Schrauben
für den seitlichen Schub eingebaut.

▲**»Kaiser Wilhelm der Große«.** Länge 199,5 m,
Breite 20,1 m, Rauminhalt 14350 BRT. Sie konnte 558 Passagiere der ersten, 338 Passagiere der
zweiten Klasse und 1074 Auswanderer aufnehmen. Zwei riesige Dreifach-Expansionsmaschinen mit zusammen 28000 PS (20591 kW) trieben
die beiden Schiffsschrauben an. Für jeden Ar-
beitstakt gab es zwei Zylinder, insgesamt acht für
jede Maschine, und die Niederdruckzylinder hatten einen Durchmesser von 2,85 m. Das Schiff
des Norddeutschen Lloyd wurde in der Vulcan-
Werft in Stettin gebaut und nahm 1897 den
Dienst auf. Die »Kaiser Wilhelm der Große«
eroberte dreimal das Blaue Band: 1898 auf der
Reise von Europa nach Nordamerika, die fünf
Tage, 22 Stunden und 20 Minuten dauerte, mit
22,29 kn Geschwindigkeit; 1897 und 1898 auf
der Strecke von Nordamerika nach Europa mit
22,35 kn bzw. 22,51 kn.

»Deutschland«. Transatlantikdampfer der Ham-
burg-Amerika-Line. Stapellauf 1900, Rauminhalt 16500 BRT, zwei Schiffsschrauben, angetrieben von zwei Vierfach-Expansionsmaschinen
mit 34000 PS (25000 kW), Länge: 208,5 m; Breite: 20,4 m. Das Schiff konnte 450 Passagiere der
ersten, 300 Passagiere der zweiten, 300 Passagiere der dritten Klasse und 1000 Zwischendeckpas-
sagiere aufnehmen, während die »Kaiser Wilhelm der Große« deren 1074 beherbergen konnte. Die »Deutschland« eroberte 1900 mit einer
Reise von fünf Tagen, 15 Stunden und 46 Minuten und einer Reisegeschwindigkeit von 22,46 kn
das Blaue Band. 1910 wurde »Deutschland« zum
Kreuzfahrtschiff umgebaut und in »Königin Lui-
se« umbenannt.
▼

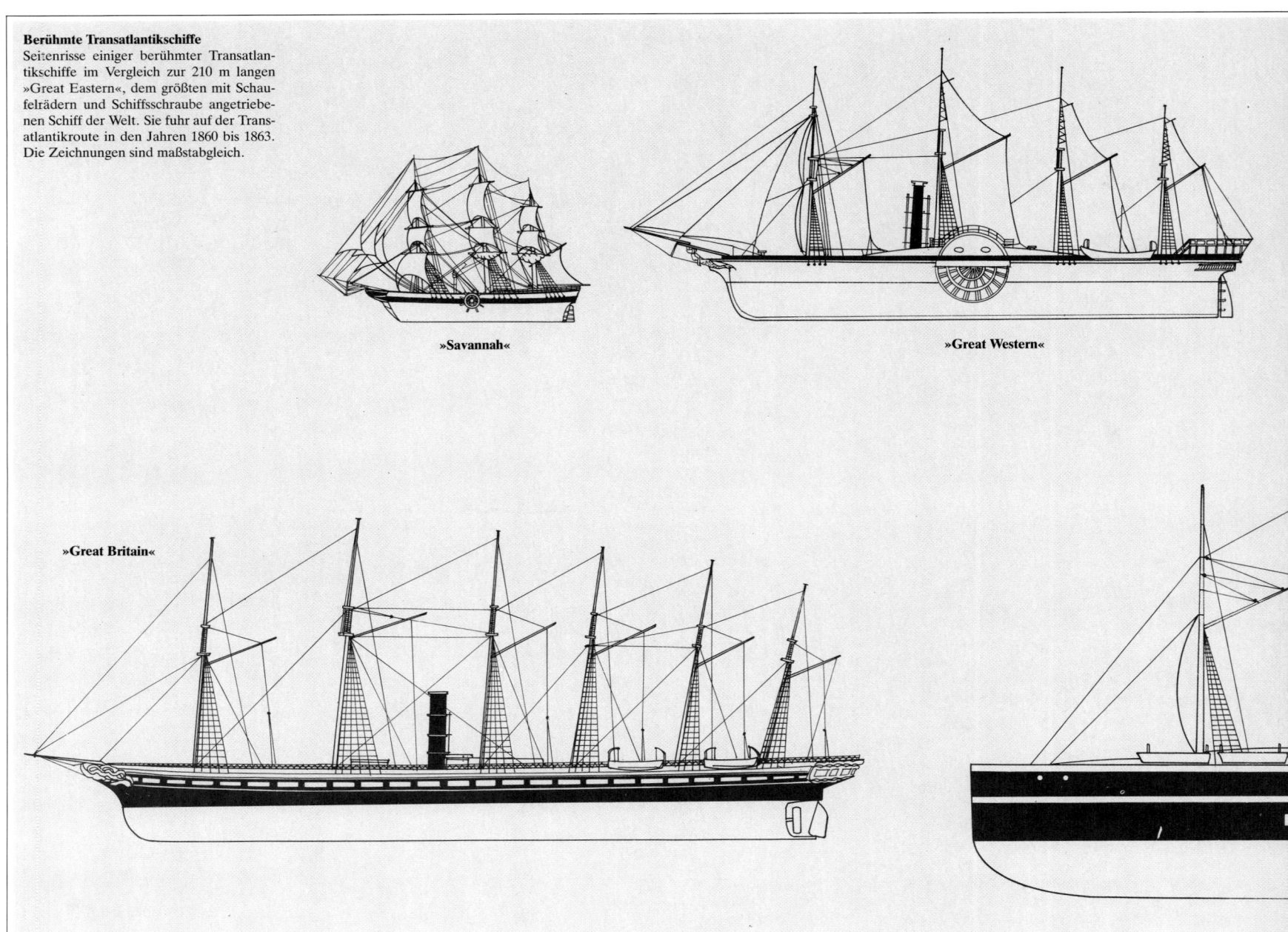

Berühmte Transatlantikschiffe
Seitenrisse einiger berühmter Transatlantikschiffe im Vergleich zur 210 m langen »Great Eastern«, dem größten mit Schaufelrädern und Schiffsschraube angetriebenen Schiff der Welt. Sie fuhr auf der Transatlantikroute in den Jahren 1860 bis 1863. Die Zeichnungen sind maßstabgleich.

»Savannah«

»Great Western«

»Great Britain«

Die Schiffsschrauben haben im Lauf der Zeit ihre Form stark verändert. Die ältesten hatten noch ganz die Form von Schneckengewinden, z.B. mit zwei Windungen bei F. P. Smiths Dampfschiff »Archimedes« von 1838. Später teilte man die Windungen auf mehrere Flügel auf, bis schließlich J. I. Thornycroft (1843–1918) die heutige Form entwickelte.

Bis ungefähr ins Jahr 1950 hatten Schiffsschrauben drei oder vier feste Flügel; sie waren an der Nabe starr befestigt und hatten eine symmetrische Form mit großer Oberfläche.

Obwohl schon 1850 patentiert, seit 1928 auf Kreuzern und seit 1935 auf Handelsschiffen verwendet, ging man verbreitet erst seit etwa 1950 zu Schrauben mit verstellbaren Flügeln über. Diese können während der Fahrt ihren Winkel im Vergleich zur Rotationsachse der Schraube verändern. Damit ist es möglich, bei konstanter Drehgeschwindig-

keit und unter Beibehaltung der Rotationsrichtung die Geschwindigkeit in weiten Bereichen zu verändern, sowohl im Vorwärts- wie im Rückwärtsgang. Dies hat vor allem den großen Vorteil, daß man die Drehrichtung der Antriebsmaschine nicht mehr verändern muß.

Schiffsschrauben mit verstellbaren Flügeln sind natürlich viel komplizierter und viel kostspieliger als die früheren Starrflügelschrauben. Wegen ihrer Vorteile erreichten sie aber eine enorme Verbreitung und sind heute in fast jedem Schiff vorhanden. Die Schiffsschraube mit verstellbaren Flügeln (controllable pitch propeller oder Verstellpropeller) erlaubt eine Flexibilität des Manövrierens, die man mit Starrflügelschrauben nicht erreichen konnte. Das gilt vor allem für Schiffe mit Dieselmotoren mit ihren hohen Umdrehungen. Trotz der Verstellbarkeit blieb die Form der Schraubenflügel gegenüber den Starrflügelschrauben

unverändert, nur die Nabe weist einen größeren Durchmesser auf.

Die Zahl der Flügel betrug bis ungefähr 1950 drei oder vier. Heute ist sie auf fünf und in einigen Fällen auf sechs oder sogar sieben angestiegen. Auch die Form der Flügel beginnt sich nun zu verändern; sie ähnelt mehr und mehr den krummen Türkensäbeln.

Während die alten Flügel im Hinblick auf die zentrale Achse eine symmetrische Form aufweisen, erhalten die Schiffe in zunehmendem Maße eine asymmetrische Heckform, die in Hinblick auf die Schraube einen besseren Strömungsverlauf und damit höhere Geschwindigkeiten bzw. Brennstoffersparnis gewährleisten. Auch sonst zeigen diese modernen Schiffsschrauben erhebliche Vorteile. Sie erzeugen neben größerer Leistungsausbeute weniger Geräusche und Erschütterungen. Zur Zeit haben sie aber die Verbreitung der Schiffsschrauben mit verstellbaren Flügeln noch nicht erreicht.

Passagierschiffe

Bei den Segelschiffen haben wir nicht zwischen Frachtern und Passagierschiffen unterschieden. Diese Differenzierung wird nun aber bei Schiffen mit mechanischem Antrieb unumgänglich, denn beide Typen zeigen ganz eigene Merkmale.

Segelschiffe hatten im allgemeinen keine besonderen Unterkunftsräume für Passagiere. Bei der einen Reise nahm das Zwischendeck Ladung auf, bei der nächsten fanden dort Passagiere Unterkunft. Das war auch leicht möglich, denn die notwendige und sehr bescheidene Einrichtung konnte man ohne Schwierigkeiten auf- und abbauen.

Mit dem Aufkommen der mechanischen Antriebsarten entstand bald ein Schiffstyp, der zunehmend dem Transport von Passagieren und ihrem Gepäck diente. Diese Schiffe wiesen immer bequemere Aufenthaltsräume für die Passagiere auf, verloren

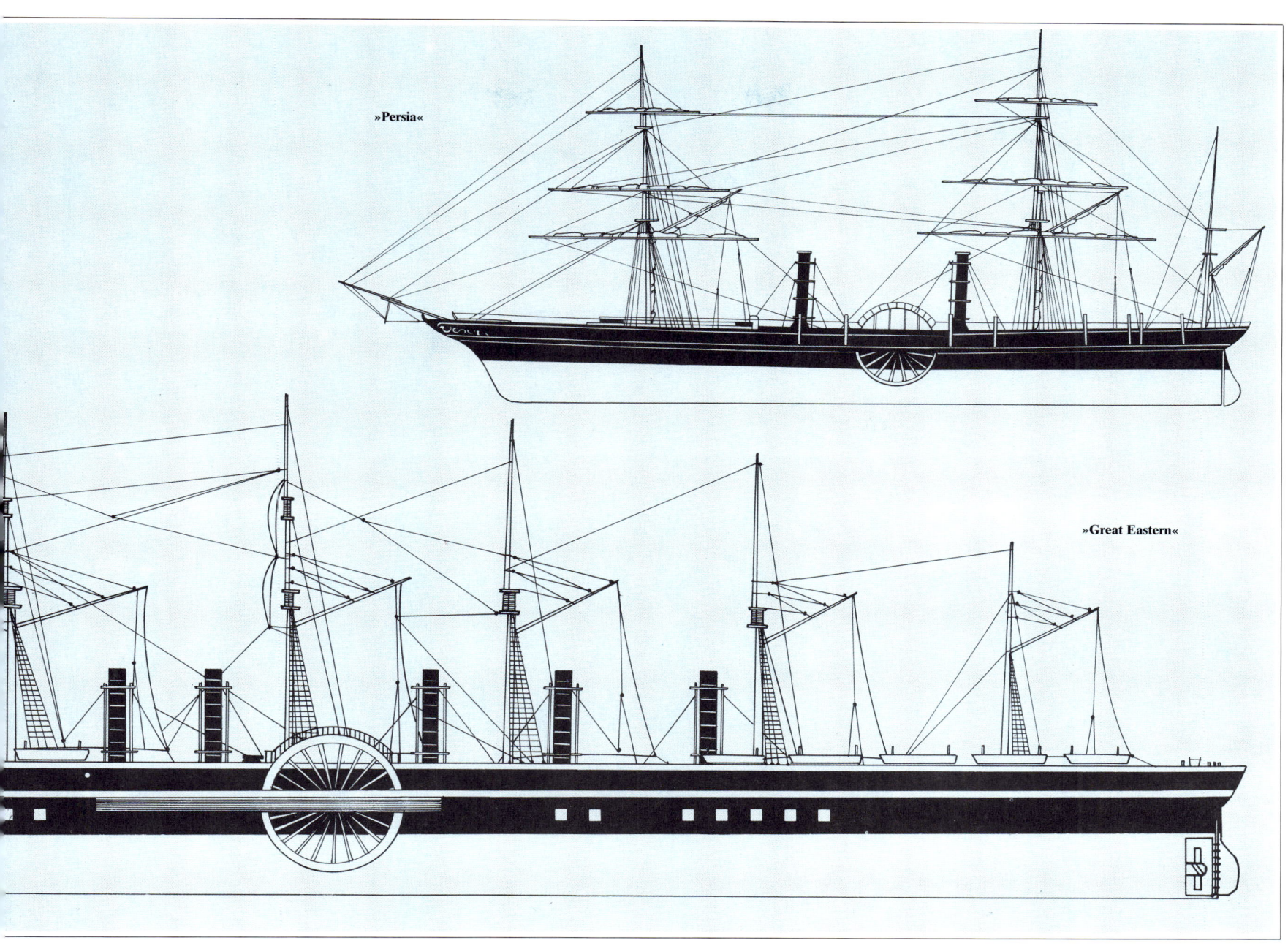

»Persia«

»Great Eastern«

dabei aber Laderaum für den Warentransport. Im Lauf der Jahre nahm auf den Passagierschiffen der Ladungsanteil, der anfänglich ziemlich groß gewesen war, immer mehr ab, denn auch die Maschinen wurden immer größer und reduzierten den Laderaum noch mehr. Bei den Passagierschiffen, besonders auf der Transatlantikroute, erhielt der Faktor Geschwindigkeit eine beträchtliche kommerzielle Bedeutung. Deswegen mußten immer leistungsstärkere Maschinen eingebaut werden, die am Ende fast den gesamten nicht von Passagieren belegten Raum unter Deck einnahmen. Anstelle einer einzigen Antriebsmaschine mit mittlerer Leistung wurden nach und nach zwei, drei oder gar vier Maschinen mit höherer Leistungskraft verwendet. Damit nahm auch der Dampfbedarf enorm zu, und anstelle von ein oder zwei Heizkesseln auf Frachtschiffen benötigte man 18 oder 20 oder gar 24 Kessel, wobei man neun- bis zwölfmal soviel Raum

brauchte. Dann darf man auch nicht vergessen, daß diese riesigen Passagierschiffe zum Beispiel bei einer Überquerung des Atlantiks viele tausend Tonnen Kohle verbrannten, die sehr viel Bunkerkapazität in Nähe der Kesselräume beanspruchten und unter Deck untergebracht werden mußten.
Die Passagierschiffe, die zwischen 1850 und 1880 gebaut wurden, behielten Masten und Segelausrüstung bei, und das führte dazu, daß man auf dem Oberdeck keinerlei Aufbauten anbringen konnte, denn der Raum mußte ja frei bleiben für die Handhabung der Segel. Auf solchen Schiffen lagen die Passagierunterkünfte, zu jener Zeit noch recht bescheiden, in einem oder zwei Decks unter dem Oberdeck. Bequemer wurden diese Kabinen erst, als die Hilfsbesegelung wegfiel und man auf dem Deck Aufbauten errichten konnte. Dies geschah zwischen 1880 und 1890.
Das erste Schiff für den Passagierdienst zwi-

schen Europa und Nordamerika war wohl die bereits erwähnte »Great Western«, die 1837 für eine eigens gegründete Reedereigesellschaft, die Great Western Steamship Company, vom Stapel gelassen worden war. Der erste wichtige Schraubendampfer (mit Segelausstattung) auf der Transatlantikroute war die »City of Glasgow«, erbaut für die Inman Line und 1850 in Dienst genommen. Kurz darauf lief 1853 noch der letzte hölzerne Passagierdampfer, die für die Cunard Line gebaute »Arabia«, zur Jungfernfahrt nach New York aus. 1864 wurde die Maschine herausgenommen und das Schiff zu einem Segelschiff umgebaut. Ein weiterer Passagierdampfer der Inman Line, der den Betrieb auf der Nordatlantikroute 1869 aufnahm, war die »City of Brussels«, ein Einschraubenschiff mit Rahbesegelung. Sie war das erste schraubenbetriebene Passagierschiff mit über 3000 BRT, genau 3081 BRT. Später wurde das Schiff in wichtigen Teilen

umgebaut, etwa indem man ein eisernes Deck für bequemere Passagierunterkünfte über dem Oberdeck anbrachte. Nach diesem Umbau stieg der Rauminhalt auf 3747 BRT.
Das Verschwinden der Segel hing mit dem Einbau von zwei Maschinen und zwei Schiffsschrauben zusammen. Die ersten Transatlantikschiffe mit zwei Schiffsschrauben waren die »City of New York« und die »City of Paris«, die beide der englischen Inman Line gehörten. Die Schiffe traten 1888 bzw. 1889 in Dienst.
Im Jahr 1897 nahm jener große deutsche Transatlantikdampfer »Kaiser Wilhelm der Große« mit vier Schornsteinen und einem großen zentralen Aufbau mit der Höhe von drei Zwischendecks seine Fahrten auf und wurde zum Stolz der deutschen Handelsmarine.
Der zentrale Aufbau erlaubte Spaziergänge, und zwar an seitlichen Gängen der verschie-

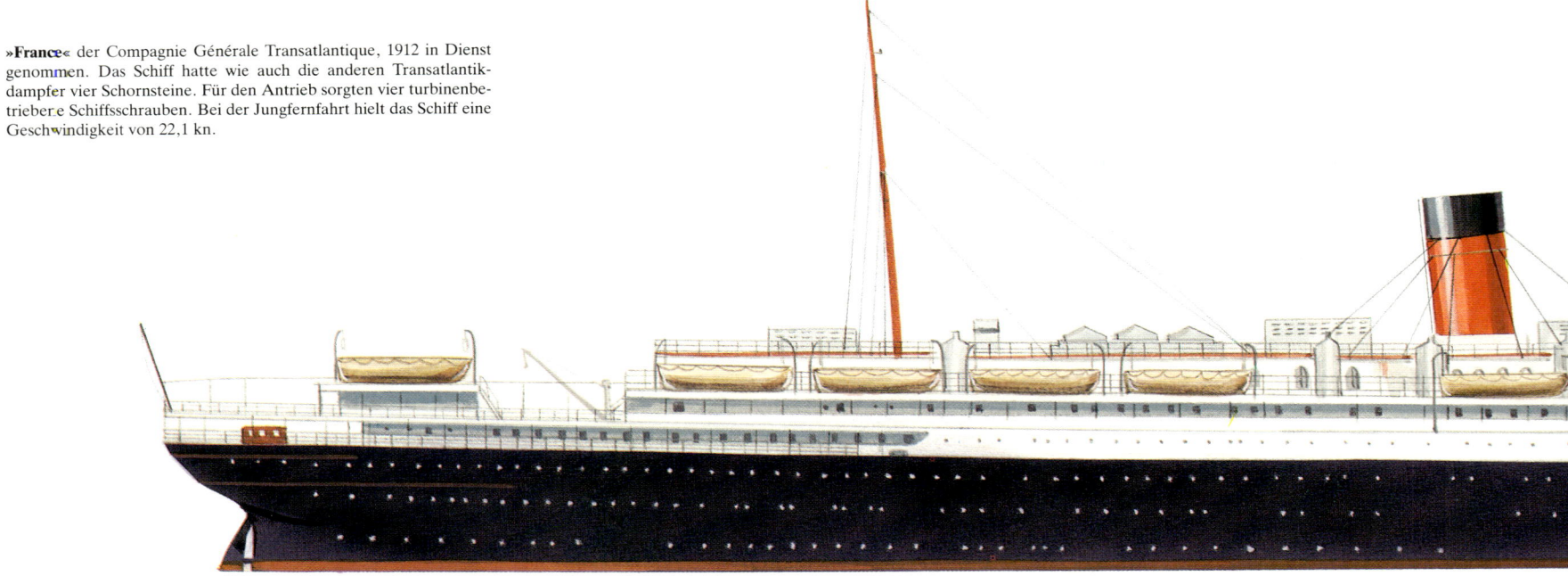

»**France**« der Compagnie Générale Transatlantique, 1912 in Dienst genommen. Das Schiff hatte wie auch die anderen Transatlantikdampfer vier Schornsteine. Für den Antrieb sorgten vier turbinenbetriebene Schiffsschrauben. Bei der Jungfernfahrt hielt das Schiff eine Geschwindigkeit von 22,1 kn.

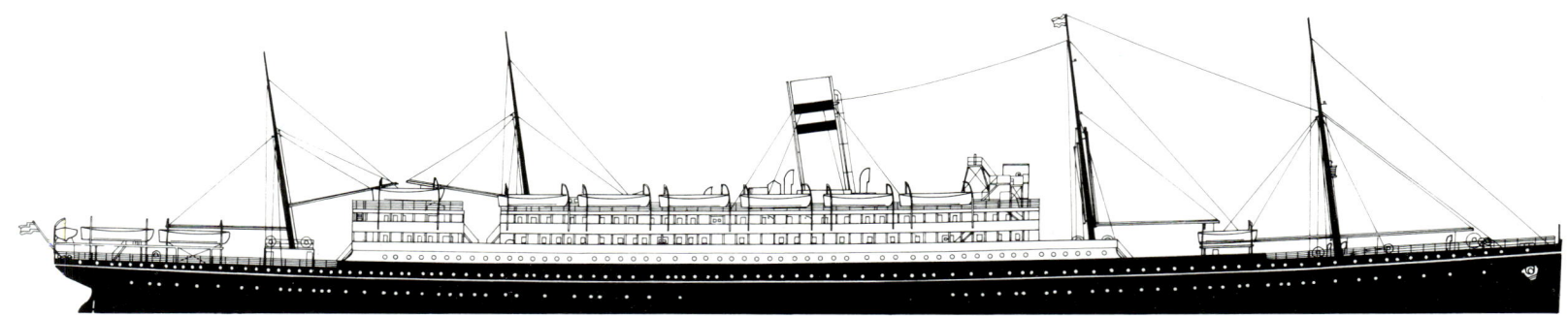

»**New Amsterdam**« der Holland America Line, 1906 in Dienst gestellt. Das Schiff hatte als Merkmal im Vergleich zu den drei bis vier sonst üblichen nur einen einzigen Schornstein. Es verfügte über eine Kolbendampfmaschine mit zwei Schiffsschrauben und erreichte 16 kn. Man beachte die vier Masten. Das Schiff fuhr bis 1932.

»**Empress of Britain**« der Canadian-Pacific Railways, 1906 in Dienst gestellt. Sie hatte zwei Schornsteine und zwei Masten. Den Antrieb besorgten zwei Kolbendampfmaschinen mit vier Arbeitstakten, die ihre Kraft auf zwei Schiffsschrauben übertrugen. Das Schiff entwickelte 16 kn. Es waren neun kohlebefeuerte Kessel und sechs Laderäume vorhanden. 1930 wurde unter gleichem Namen ein neues Schiff in Dienst gestellt.

»**Berengsfjord**« der Norwegian-America Line, 1913 in Dienst gestellt. Sie verfügte über Kolbendampfmaschinen mit 28500 PS (20958 kW), die zwei Schiffsschrauben antrieben und eine Geschwindigkeit von 16,5 kn ermöglichten. 1947 ging das Schiff in den Besitz der italienischen Gesellschaft Cosulich über, die es unter dem Namen »Argentina« auf der Südamerika-Route einsetzte. 1955 kam das Schiff an Israel und fuhr unter dem Namen »Jerusalem«. 1959 wurde es abgewrackt. ▶

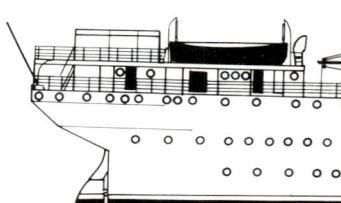

denen Decks, die zu den Kabinen und den Aufenthaltsräumen führten; dort konnten sich die Passagiere unterhalten. Diese Möglichkeit hatte es auf den bisherigen aufbaulosen Passagierschiffen nicht gegeben. Der Aufbau ermöglichte überdies Passagiersalons, die zwei oder drei Zwischendecks hoch waren.

In den Aufbauten und im Oberdeck befanden sich die Kabinen für die Passagiere erster und zweiter Klasse, die über alle Annehmlichkeiten verfügten. Im Unterdeck hingegen lagen die Unterkünfte für die Auswanderer, die natürlich viel bescheidener ausgestattet waren.

Um den Geschwindigkeitsrekord zu brechen, den ein Schiff der englischen Inman Line hielt, bauten die deutschen Ingenieure auf der »Kaiser Wilhelm der Große« zwei riesige und außerordentlich starke Vierfach-Expansionsmaschinen mit einer Gesamtleistung von 28000 PS (20590 kW) ein; die »City of Paris« z.B. verfügte nur über

19000 PS (13965 kW). Ihre Maschinen wurden von Kohlekesseln mit Dampf versorgt.

Die schnellste Atlantiküberquerung gelang der »Kaiser Wilhelm der Große« im November 1897 zwischen New York und den Needles (Felsengruppe vor Isle of Wight). Sie dauerte fünf Tage, 17 Stunden und 8 Minuten bei einer mittleren Geschwindigkeit von 22,35 kn. Um diese Geschwindigkeit zu erreichen, verbrauchte das Schiff enorme Kohlemengen: 520 t alle 24 Stunden und insgesamt 3120 t für die Überfahrt.

In den ersten Jahren des 20. Jahrhunderts wurden die Kolbendampfmaschinen durch Dampfturbinen ersetzt. Das führte auch zu einer Vermehrung der Schraubenzahl bis auf vier. Die Durchschnittsgeschwindigkeit erreichte und übertraf dadurch 25 kn. Das mit Turbinen ausgerüstete Transatlantikschiff »Caronia« ist als eine Versuchseinheit zu betrachten, so daß man als die ersten beiden Schiffe auf der Transatlantikroute,

die mit Turbinen ausgerüstet waren, die »Virginian« und die »Victorian« nennen kann. Sie wurden 1905 für die Allan Line gebaut und auf der Route zwischen Liverpool und Kanada eingesetzt. Beide Schiffe hatten einen großen zentralen Aufbau, drei Deck hoch, und einen einzigen riesigen Schornstein. Die aus Hochdruck- und Niederdruckturbinen bestehende Antriebsanlage wirkte direkt auf die Schraubenwelle. In den Feuerungen der Kessel wurde Kohle verbrannt.

Als Beispiele für Passagierschiffe mit Turbinenantrieb und vier Schiffsschrauben seien die »Mauretania« und die »Lusitania« genannt. Sie nahmen 1907 den Dienst auf und gehörten der englischen Cunard Line. Auch diese Schiffe hatten vier Schornsteine, die leicht nach achtern geneigt waren und nicht genau vertikal standen wie auf der »Kaiser Wilhelm der Große«. Ein drei Decks hoher Aufbau erstreckte sich von der Kommandobrücke, die etwas achtern vom

vorderen Mast lag, bis fast ganz nach hinten. Die beiden Schiffe konnten in der ersten Klasse 563 Passagiere, in der zweiten 464 und in der dritten 1138 Passagiere unterbringen.

Die »Mauretania« trat am 16. November 1907 ihre erste Überfahrt von Queenstown (dem heutigen Cobh in Irland) nach New York an. Sie erreichte dabei eine Geschwindigkeit von 23,6 kn. Im August 1929 wurde der Betrieb der Kessel von Kohle auf Öl umgestellt, was eine Geschwindigkeitserhöhung auf 27,22 kn brachte. Von 1931 an verwendete man die »Mauretania« als Kreuzfahrtschiff. Nach ihrer am 26. September 1934 in New York begonnenen letzten Reise wurde sie schließlich aufgelegt und 1935 verschrottet.

Das Schwesterschiff »Lusitania« wurde am 7. Mai 1915 vor der irischen Küste von einem deutschen Unterseeboot torpediert. Ungefähr 1200 Menschen kamen dabei ums Leben. Unter den Opfern waren auch 124

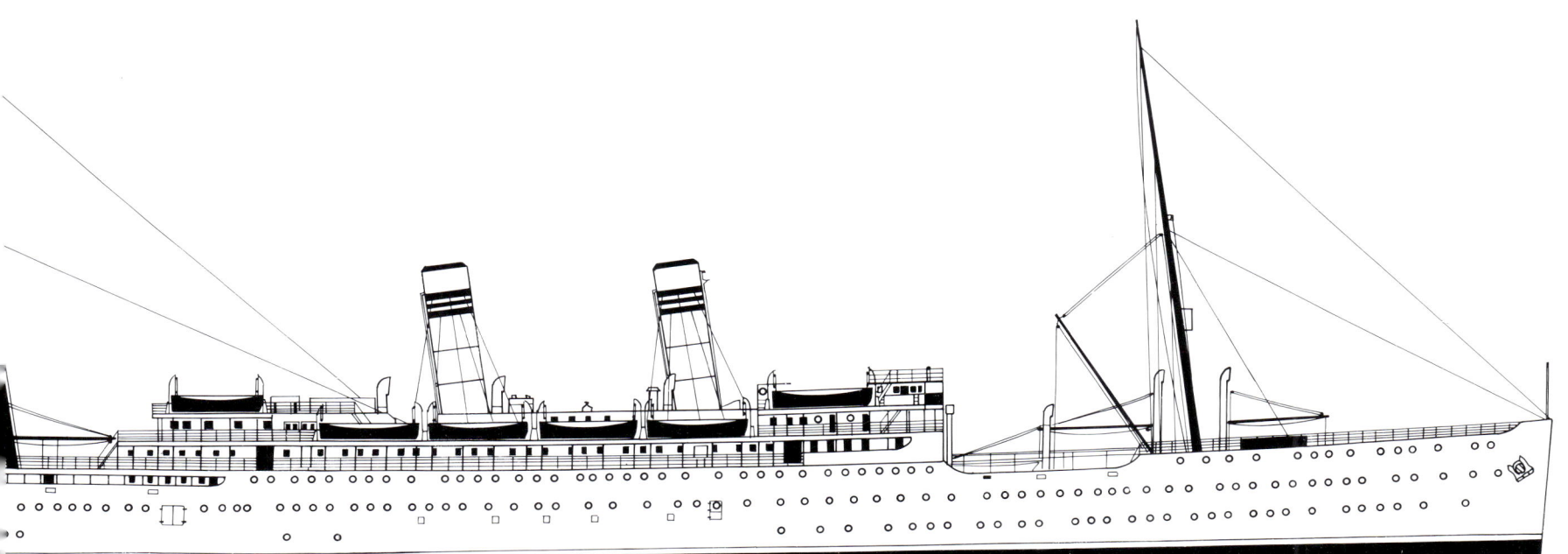

amerikanische Bürger, deren Tod einen großen Einfluß auf die öffentliche amerikanische Meinung im Hinblick auf einen Kriegseintritt hatte.

Ebenfalls vier Schornsteine und kohlebefeuerte Kessel hatten die beiden großen Transatlantikschiffe der White Star Line, die »Titanic« und die »Olympic«, die 1911 bzw. 1912 in Dienst gestellt wurden. Diese beiden großen Schiffe wurden mit allem möglichen Luxus ausgestattet, mit prächtigen Unterkünften, Salons, Turnsälen, türkischen Bädern, Wintergärten und einem großen Salon für Festlichkeiten, der über vier Decks reichte. Die Werbung behauptete, diese Schiffe seien unsinkbar, weil der Rumpf über 15 Schotten und elf Decks verfügte, davon vier oberhalb des Oberdecks. Die Jungfernfahrt beider Schiffe stand unter keinem guten Stern: Die »Titanic« stieß in der Nacht vom 14. auf den 15. April 1912 mit einem Eisberg zusammen und sank, während die »Olympic« vom englischen Kreuzer »Hawke« gerammt und schwer beschädigt wurde. Man stellte sie jedoch wieder her und wrackte sie erst 1937 ab.

Der technische Fortschritt führte dazu, daß in die großen und schnellen Passagierschiffe Turbinen als Antriebsmaschinen eingebaut wurden und daß man anstelle von Kohle Öl verbrannte. Auch die Kessel wurden verbessert und lieferten mehr Dampf bei höheren Drücken.

Die Einführung des Erdöls als Treibstoff hatte zur Folge, daß man viel weniger Heizer benötigte als bisher. Da man Öl mit Pumpen hochsaugen kann, ist die Lagerung auch in unzugänglichen und schwer nutzbaren Räumen möglich, zum Beispiel im Doppelboden.

Die Einführung verbesserter Kesseltypen führte zu einer drastischen Verringerung ihrer Anzahl. Während die »Mauretania« von 1907 noch 25 kohlebefeuerte Kessel hatte, führte die ölbefeuerte »Rex« von 1931 nur noch deren zwölf. Dabei hatte die Maschine der »Mauretania« eine Leistung von 68000 PS (50000 kW), die der »Rex« aber 136000 PS (100000 kW), also genau das Doppelte. Die Kessel der »Mauretania« waren sogenannte Walzenkessel oder Flammrohrkessel, während die »Rex« mit Kesseln vom dreieckigen Typ der Siederohrkessel ausgestattet war, die leichter sind und eine größere Dampfausbeute brachten.

Die Entwicklung der Kesseltechnik bewirkte auch, daß die großen Passagierschiffe ihr Aussehen veränderten. Die Zahl der Schornsteine, die über den großen Transatlantikschiffen in der Zeit bis 1915 auf vier

Ausschnitt aus einem der Salons der »Lusitania« der Cunard Line.

gestiegen war, ging bei den Schiffen, die nach 1920 gebaut wurden, plötzlich auf zwei herunter. Auch die Form der Schornsteine veränderte sich: Bei kohlebefeuerten Schiffen waren sie lang und schlank; dank der Ölfeuerung wurden sie nun niedrig und im Querschnitt elliptisch. Diese Veränderungen hatten keine ästhetischen, sondern funktionelle Gründe, denn die Kohlekessel funktionierten normalerweise mit natürlichem Zug: Die Luft drang von sich aus in die Brennkammer ein, weil hier wegen des Austritts der Brenngase ein Unterdruck entstand. Und dieser wurde, grob gesagt, um so größer, je höher der Schornstein war. Bei der Ölfeuerung sind es Ventilatoren, die die Luft in die Brennkammer ansaugen. Die Saugwirkung des Schornsteins verlor damit an Bedeutung. Bei den ältesten Ölkesseln setzte man den gesamten Raum unter Druck, während bei den modernen Typen die Luft nur unter höherem Druck in das Innere des Kessels geleitet wird.

Die »Bremen« und die »Europa« des Norddeutschen Lloyd, die 1929 bzw. 1930 in Dienst gestellt wurden, hatten zwei Schornsteine und vier Schiffsschrauben. Die beiden Schiffe waren sich, was Ausmaße und Wasserverdrängung anbelangt, nicht ganz gleich. Die ursprünglich niedrigen elliptischen Schornsteine beider Schiffe wurden später erhöht.

Die »Bremen« wie die »Europa« hatten elf Decks, davon vier oberhalb des Oberdecks. Die Einrichtung war luxuriös. Die »Bremen« hatte ein kleines Flugzeug an Bord, das sich einen Tag vor der Ankunft im Bestimmungshafen in die Luft erhob und die

»Mauretania« und **»Lusitania«.** Diese beiden großen Schiffe der Cunard Line nahmen 1907 den Dienst auf. Sie waren 240,8 m lang, 26,8 m breit und hatten einen Rauminhalt von 31938 BRT. Das Antriebsaggregat bestand aus vier Parson-Turbinen, von denen die beiden Hochdruckturbinen die zwei äußeren Schrauben und die beiden Niederdruckturbinen die zwei Innenschrauben antrieben. Bei der Drehzahl von 180 U/min entwickelten sie eine Leistung von 68000 PS (50000 kW). Die Geschwindigkeit lag bei 23 kn. Als man die Kessel von der Kohle- auf Ölbefeuerung umrüstete, erreichten die Schiffe 27 kn. Jeden Tag wurden 850 t Kohle verbraucht. In viereinhalb Tagen, die ein Schiff für die Überfahrt brauchte, verfeuerte man mithin 3800 t Kohle, die jeweils im Hafen gebunkert werden mußten. Es waren 25 Kessel vom zylindrischen Typ »Marino« vorhanden, davon 23 mit doppelter Befeuerung. Insgesamt gab es also 48 Feuerstellen zu beaufsichtigen. Die Besatzung umfaßte 938 Mann, davon 358 Mann allein als Maschinenpersonal, und davon wiederum 56 Maschinisten, also Offiziere und andere Männer, die sich nur um die Turbinen und die anderen Maschinen kümmerten. 192 Männer sorgten für das Funktionieren der Heizkessel, und 120 Männer schafften Kohle herbei. Die »Lusitania« wurde am 7. Mai 1915 von einem deutschen U-Boot versenkt. Die »Mauretania« blieb bis 1934 in Dienst.

»Aquitania«. Großer Transatlantikdampfer der Cunard Line, erbaut 1914 in Glasgow. Sie verfügte über vier Turbinen, die ebenso viele Schiffsschrauben antrieben und eine Leistung von 56000 PS (41180 kW) erbrachten. Das Schiff erreichte 23 kn. Länge 274,6 m, Breite 29,57 m. Die »Aquitania« konnte 517 Passagiere der ersten, 614 Passagiere der zweiten und 2052 Passagiere der dritten Klasse aufnehmen. Sie blieb bis Dezember 1949 in Dienst.

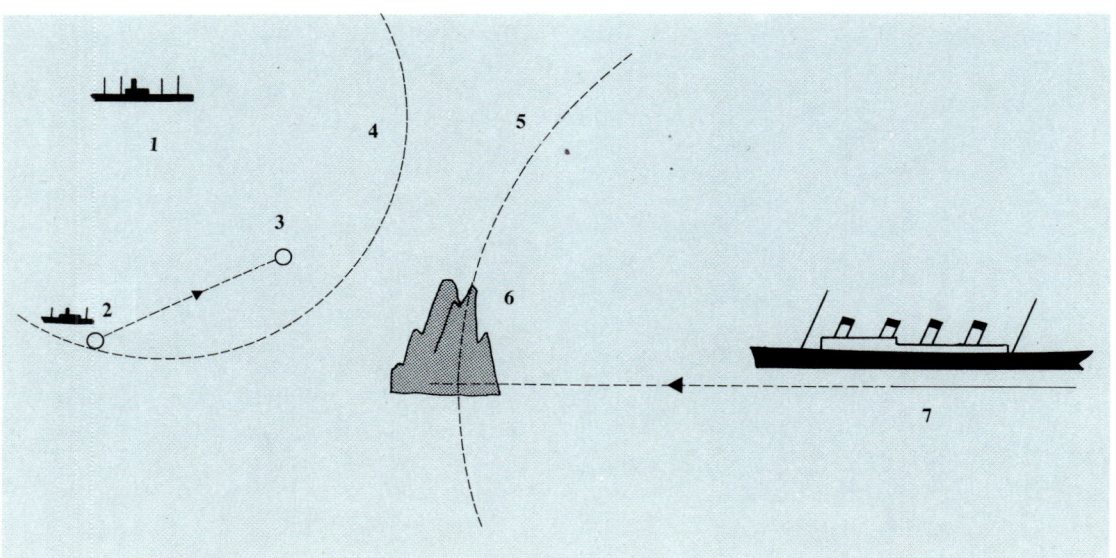

Die Unglücksnacht der »Titanic« am 14. April 1912, zwei Stunden vor der Katastrophe: 1   die »Californian«, die nicht zu Hilfe kam, um 22.50 Uhr;   2/3   Nicht identifiziertes Schiff, das sich davonmachte, um 22.50 Uhr und um 23.40 Uhr;   4   Sichtbereich von der Brücke der »Californian« (6 sm);   5   Sichtbereich des Ausgucks der »Titanic« (11 sm);   6   geschätzter Standort des Eisbergs;   7   »Titanic« um 22.50 Uhr, Kurs 236, Geschwindigkeit 22 kn.

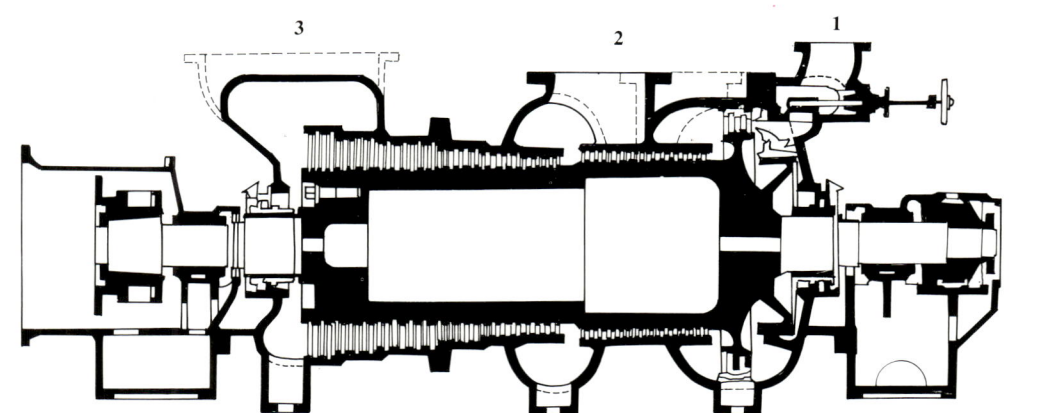

Schnitt durch eine Hochdruckturbine (oben) und eine Niederdruckturbine (unten) für den Schiffsantrieb. Der Heißdampf tritt in die Hochdruckturbine über die Zuführung 1 rechts außen ein. Er dehnt sich in der Turbine über zwei abwechselnd starre und bewegliche und zunehmend größere Schaufeln aus. Der Dampf verläßt dann über die Ableitung 3 am entgegengesetzten Ende die Turbine und gelangt über die zentrale Öffnung 1 in die Niederdruckturbine (unten). Dort dehnt er sich nach rechts und nach links über die beiden, teils starren, teils beweglichen und zunehmend größeren Schaufelräder aus. Nach der Expansionsphase in dieser Turbine wird der Dampf über die zentrale Öffnung 2 in den Kondensator geleitet. Nur bei Kreuzfahrtgeschwindigkeit tritt der Dampf über die Öffnung 1 in die Hochdruckturbine ein. Bei voller Kraft hingegen wird er über die Zuführung 2 geleitet und arbeitet nur in der zweiten linken Hälfte der Turbine. Die Schaufelräder weiter rechts werden übersprungen und drehen sich leer mit. An die Niederdruckturbine ist eine dritte Turbine mit Rückwärtsgang, ganze rechts außen, angebaut. Sie besteht nur aus zwei Schaufelrädern; die Dampfzufuhr erfolgt über die Öffnung 4. Selbstverständlich weist diese Turbine für den Rückwärtsgang eine viel geringere Leistung auf als die übrigen Turbinen. Mit der Niederdruckturbine ist ein schnelles Triebrad 5 verbunden, das über ein »langsames Rad« 6 der Schiffsschraube eine geringer Drehzahl erteilt. Ein entsprechendes Triebrad (im Bild nicht dargestellt) befindet sich auch bei der Hochdruckturbine. Beide Turbinen wirken auf eine Schiffsschraube ein.

Das unterschiedliche Merkmal einzelner Turbinensysteme besteht in der Art, wie die gesamte Bewegungsenergie des Dampfes in einzelnen Bruchteilen genutzt wird. Die Ausnutzung erfolgt entweder durch eine größere Zahl hintereinander geschalteter Leit- und Laufräder oder durch eine feststehende Umkehrschaufelung zwischen zwei Laufrädern. Die Umsetzung der Kraft von der Turbine auf die Schraubenwelle geschieht durch verschieden große unterschiedliche Zähnezahl aufweisende, ineinandergreifende Zahnräder zur Veränderung der Drehzahl.

Post noch vor der Ankunft des Dampfers auslieferte. Das Schiff brannte im März 1941 im Hafen von Bremerhaven durch den Racheakt eines Schiffsjungen aus. Das Schwesterschiff »Europa« wurde nach dem Krieg an Frankreich ausgeliefert. Unter französischer Flagge fuhr das Schiff von 1950 bis 1961 als »Liberté« und wurden dann abgewrackt.

Ein weiteres Beispiel eines großen Passagierschiffs mit zwei Schornsteinen und vier Schiffsschrauben ist die italienische »Rex«. Die Maschinen der »Rex« bestanden aus vier Turbinengruppen, welche vier Schiffsschrauben mit einem Durchmesser von 4,74 m und einem Gewicht von 16 t bewegten. Die Kraftübertragung von den Turbinen auf die Achsen der Schiffsschrauben geschah über ein Untersetzungsgetriebe. Die »Rex« hatte zwölf Kessel, davon acht mit je zwei Feuerungen, die Dampf mit einem Druck von ungefähr 25 kg/cm^2 produzierten. Das Antriebsaggregat entwickelte eine Leistung von 124000 PS (91190 kW), die eine Reisegeschwindigkeit von 28 bis 29 kn ermöglichten.

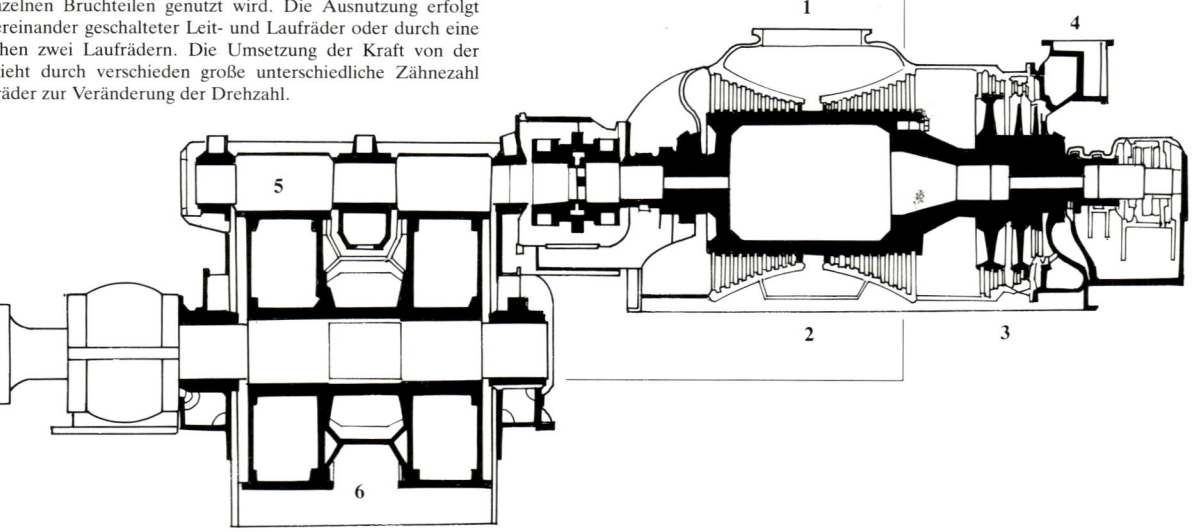

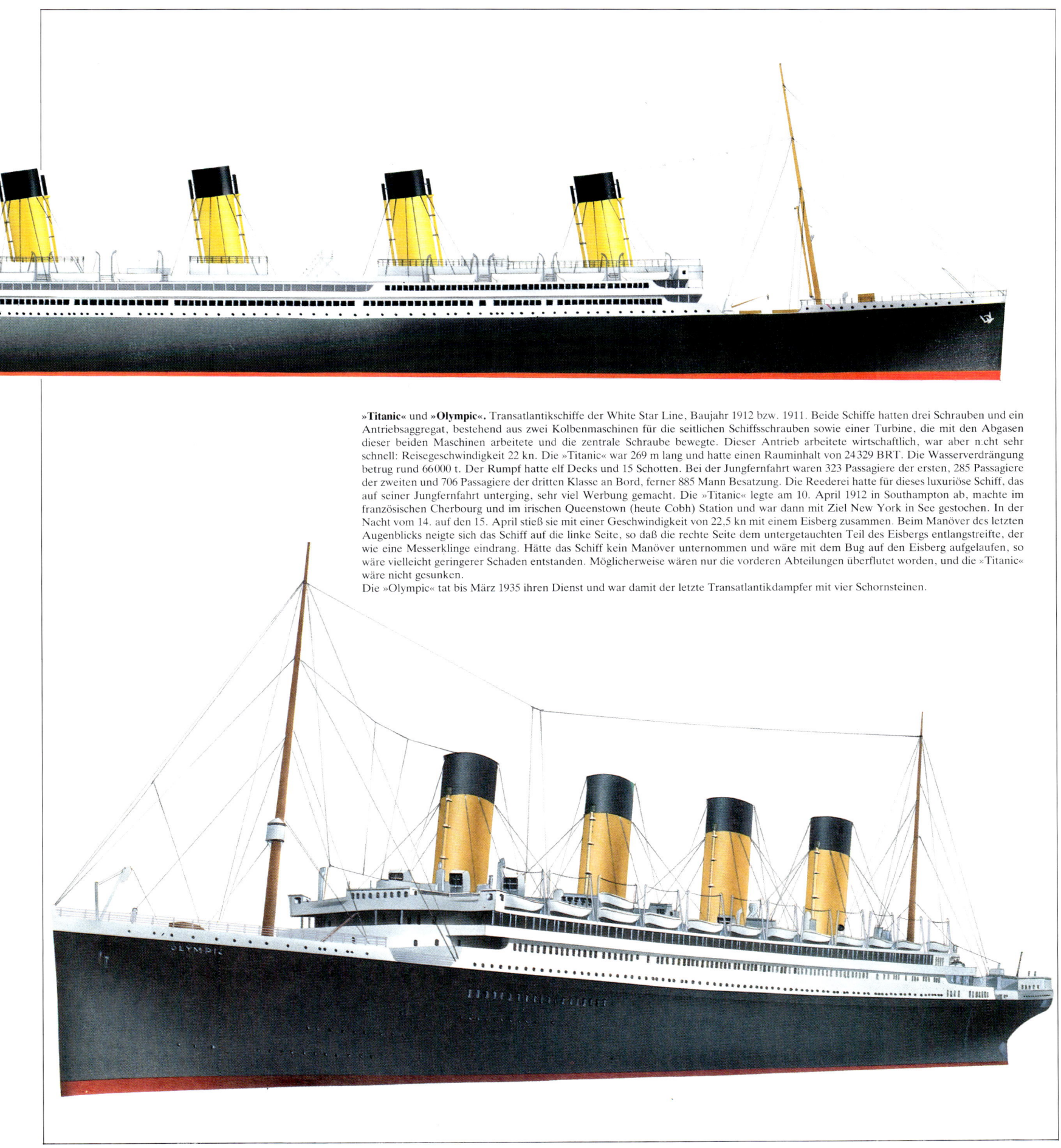

»Titanic« und **»Olympic«.** Transatlantikschiffe der White Star Line, Baujahr 1912 bzw. 1911. Beide Schiffe hatten drei Schrauben und ein Antriebsaggregat, bestehend aus zwei Kolbenmaschinen für die seitlichen Schiffsschrauben sowie einer Turbine, die mit den Abgasen dieser beiden Maschinen arbeitete und die zentrale Schraube bewegte. Dieser Antrieb arbeitete wirtschaftlich, war aber n.cht sehr schnell: Reisegeschwindigkeit 22 kn. Die »Titanic« war 269 m lang und hatte einen Rauminhalt von 24329 BRT. Die Wasserverdrängung betrug rund 66000 t. Der Rumpf hatte elf Decks und 15 Schotten. Bei der Jungfernfahrt waren 323 Passagiere der ersten, 285 Passagiere der zweiten und 706 Passagiere der dritten Klasse an Bord, ferner 885 Mann Besatzung. Die Reederei hatte für dieses luxuriöse Schiff, das auf seiner Jungfernfahrt unterging, sehr viel Werbung gemacht. Die »Titanic« legte am 10. April 1912 in Southampton ab, machte im französischen Cherbourg und im irischen Queenstown (heute Cobh) Station und war dann mit Ziel New York in See gestochen. In der Nacht vom 14. auf den 15. April stieß sie mit einer Geschwindigkeit von 22.5 kn mit einem Eisberg zusammen. Beim Manöver des letzten Augenblicks neigte sich das Schiff auf die linke Seite, so daß die rechte Seite dem untergetauchten Teil des Eisbergs entlangstreifte, der wie eine Messerklinge eindrang. Hätte das Schiff kein Manöver unternommen und wäre mit dem Bug auf den Eisberg aufgelaufen, so wäre vielleicht geringerer Schaden entstanden. Möglicherweise wären nur die vorderen Abteilungen überflutet worden, und die »Titanic« wäre nicht gesunken.

Die »Olympic« tat bis März 1935 ihren Dienst und war damit der letzte Transatlantikdampfer mit vier Schornsteinen.

»Imperator«. Deutscher Transatlantikdampfer mit 52 117 BRT. Er wurde 1913 in Dienst genommen und gehörte der Hamburg-Amerika-Linie. Eigentlich wurde das Schiff unter dem Namen »Europa« auf Kiel gelegt, doch kurz vor dem Stapellauf, der am 12. Mai 1912 unter dem Beisein Kaiser Wilhelms II. stattfand, änderte man den Namen in »Imperator«, und am Bug brachte man einen riesigen kaiserlichen Adler an. Nach dem Ersten Weltkrieg gelangte die »Imperator« als Repara-

tionszahlung an England und fuhr unter dem Namen »Berengaria« für die Cunard Line. Länge 277 m, Breite 22,90 m, Turbinenantrieb mit vier Schiffschrauben, 74000 PS (54420 kW), 24 kn Reisegeschwindigkeit. Das Schiff konnte 908 Passagiere der ersten, 972 Passagiere der zweiten Klasse und 1172 Auswanderer aufnehmen; die Besatzung umfaßte 1180 Mann. 1938 fing das Schiff im Hafen von New York Feuer und wurde nach der Überführung in England verschrottet.

»Ile de France«, einer der berühmtesten Transatlantikdampfer der französischen Compagnie Générale Transatlantique, Baujahr 1926, 43450 BRT, Turbinenantrieb mit vier Schiffsschrauben, 55000 PS (40447 kW), Kreuzfahrtgeschwindigkeit 23 kn. Das Schiff beherbergte 677 Passagiere der ersten Klasse, 214 Passagiere der Touristenklasse und 463 Passagiere der dritten Klasse. Die Besatzung bestand aus 810 Mann. Das Schiff tat bis 1960 Dienst. Die ursprünglich drei Schornsteine wurden später auf zwei reduziert.

Speisesaal der ersten Klasse und Zweibettkabine der ersten Klasse der »Ile de France«.

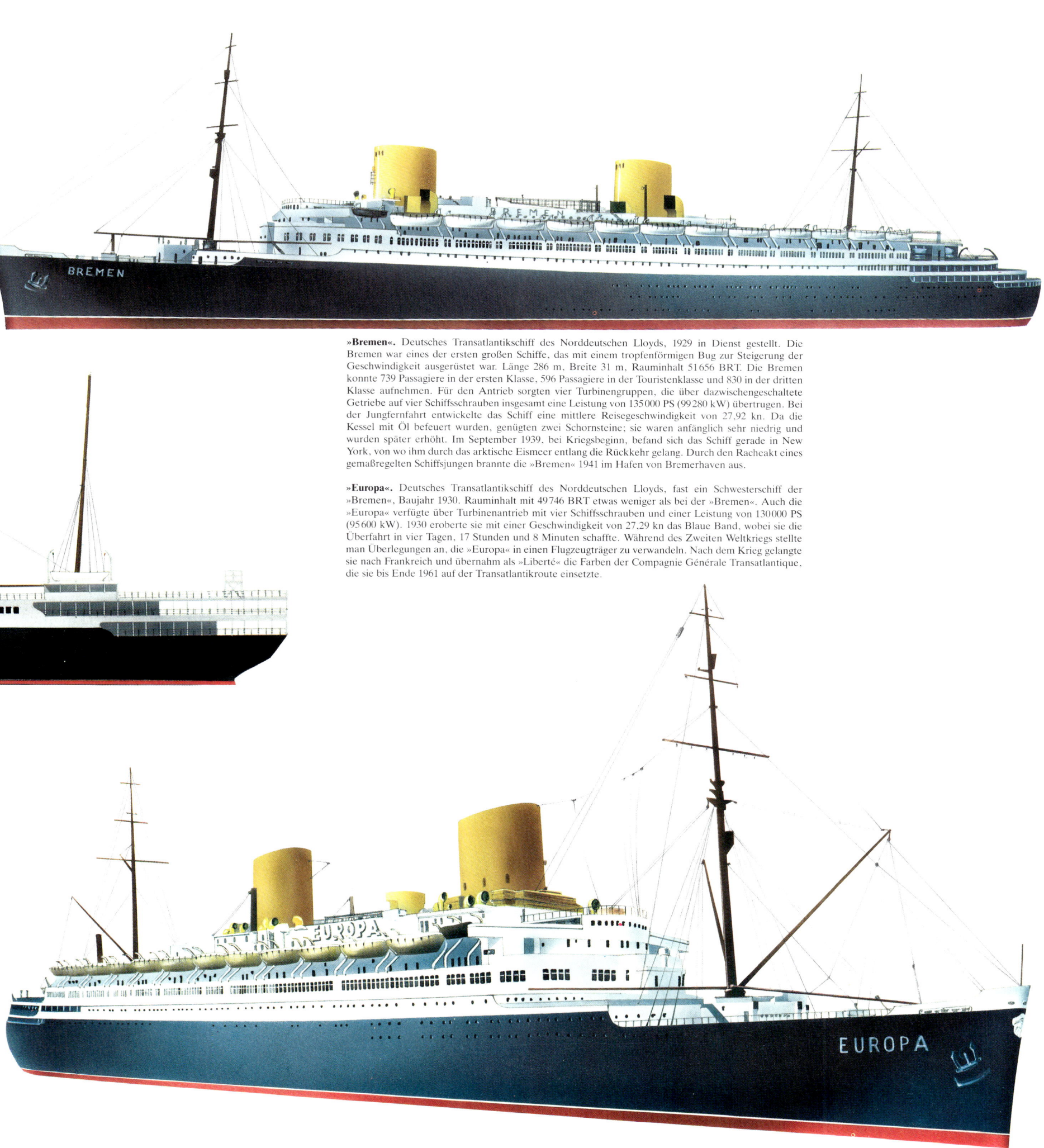

»Bremen«. Deutsches Transatlantikschiff des Norddeutschen Lloyds, 1929 in Dienst gestellt. Die Bremen war eines der ersten großen Schiffe, das mit einem tropfenförmigen Bug zur Steigerung der Geschwindigkeit ausgerüstet war. Länge 286 m, Breite 31 m, Rauminhalt 51656 BRT. Die Bremen konnte 739 Passagiere in der ersten Klasse, 596 Passagiere in der Touristenklasse und 830 in der dritten Klasse aufnehmen. Für den Antrieb sorgten vier Turbinengruppen, die über dazwischengeschaltete Getriebe auf vier Schiffsschrauben insgesamt eine Leistung von 135000 PS (99280 kW) übertrugen. Bei der Jungfernfahrt entwickelte das Schiff eine mittlere Reisegeschwindigkeit von 27,92 kn. Da die Kessel mit Öl befeuert wurden, genügten zwei Schornsteine; sie waren anfänglich sehr niedrig und wurden später erhöht. Im September 1939, bei Kriegsbeginn, befand sich das Schiff gerade in New York, von wo ihm durch das arktische Eismeer entlang die Rückkehr gelang. Durch den Racheakt eines gemaßregelten Schiffsjungen brannte die »Bremen« 1941 im Hafen von Bremerhaven aus.

»Europa«. Deutsches Transatlantikschiff des Norddeutschen Lloyds, fast ein Schwesterschiff der »Bremen«, Baujahr 1930. Rauminhalt mit 49746 BRT etwas weniger als bei der »Bremen«. Auch die »Europa« verfügte über Turbinenantrieb mit vier Schiffsschrauben und einer Leistung von 130000 PS (95600 kW). 1930 eroberte sie mit einer Geschwindigkeit von 27,29 kn das Blaue Band, wobei sie die Überfahrt in vier Tagen, 17 Stunden und 8 Minuten schaffte. Während des Zweiten Weltkriegs stellte man Überlegungen an, die »Europa« in einen Flugzeugträger zu verwandeln. Nach dem Krieg gelangte sie nach Frankreich und übernahm als »Liberté« die Farben der Compagnie Générale Transatlantique, die sie bis Ende 1961 auf der Transatlantikroute einsetzte.

»Celtic«, großes britisches Passagierschiff, 1901 in Dienst genommen. Als erster Transatlantikdampfer hatte die »Celtic« mehr als 20000 BRT (20904 BRT). Die Kolbendampfmaschine entwickelte eine Leistung von 14000 PS (10296 kW) und ermöglichte dem Schiff über zwei Schrauben eine Geschwindigkeit von 16 bis 17 kn.

Die Transpazifikdampfer

Auch im Pazifik taten von 1870 an große Passagierschiffe Dienst. Damals begann die American-Australian Line einen regelmäßigen Dienst zwischen der Westküste der Vereinigten Staaten und Australien mit den Raddampfern »Wonga-Wonga«, »City of Melbourne« und »Ajax«. 1883 richtete sie eine Verbindung zwischen San Francisco und Honolulu ein.

Auch Kanada und Australien wurden verbunden, und zwar von der Canadian-Australasian Royal Mail Line über eine Route, die von Vancouver nach Sydney und zurück führt. Auch Japan richtete Schiffahrtslinien mit der Westküste Amerikas ein.

Das US-Shipping board

Im Bestreben, die US-Schiffahrt dem Weltniveau anzugleichen, wurde 1916 als Regierungsbehörde das Shipping board gegründet. Zur Produktionsbeschleunigung wurden Standardtypen entwickelt, darunter Passagierschiffe zwischen 7530 BRT bis 14200 BRT. Unter Verantwortung dieser Behörde entstanden insgesamt etwa 3500 Schiffe, davon ca. 600 herkömmliche Holzschiffe. Die Vorbereitungszeit und Einrichtung der Werften ließ die Produktion jedoch z. T. ,erst Jahre nach Friedensschluß 1919 anlaufen. So wurden in diesem Bauprogramm nach 1920 noch über 2300 (6000000 BRT) nicht benötigte Schiffe fertiggestellt, zu denen praktisch alle Passagierschiffe gehörten. Ihren Ersatz fanden sie in den seit 1938 entwickelten Standardtypen, zu denen außer den bekannten Liberty- und Victory-Schiffen auch sechs unter Verantwortung des Shipping Board gebaute Typen mit insgesamt 70 über 10000 BRT große Passagierschiffsneubauten gehörten, die von 1942 bis 45 zum Einsatz kamen.

»President Jefferson«, ein Fracht- und Passagierdampfer, also für den Transport einer Ladung sowie von Passagieren. Sie tat auf den Pazifikrouten Dienst und war im Besitz der American President Line. Das Schiff wurde 1920 gebaut und gehörte zur »Klasse 502« des Shipping board. Eine Turbinenmaschine trieb zwei Schiffsschrauben an. Man beachte anstelle der Masten die vier Pfahlmasten, welche die Ladebäume trugen.

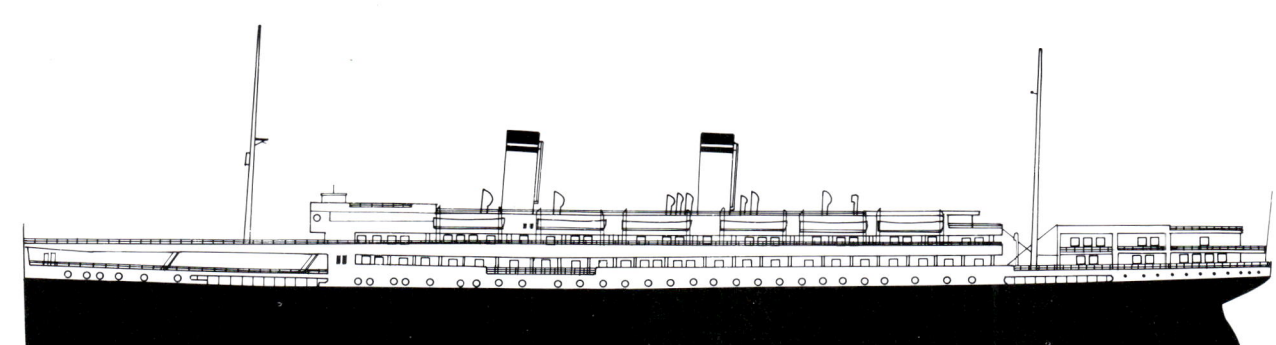

»Principessa Mafalda«. Italienischer Transatlantikdampfer der Società Navigazione Generale Italiana, Baujahr 1909, Rauminhalt 9000 BRT. Das Schiff erreichte traurige Berühmtheit, als am 25. Oktober 1927 die Welle einer Schiffsschraube brach. Sie löste sich aus ihrer Umhüllung und riß ein riesiges Loch in die Bordwand, durch das Wasser eindrang. Das Schiff sank bei den Abrolhos-Inseln dicht vor der Küste Brasiliens. Von den 1256 Passagieren und den 287 Mann Besatzung starben 314, unter ihnen auch der Kommandant Guli.

»Conte di Savoia«, erbaut in Triest 1929, im Besitz des Lloyd Sabaudo, eingesetzt auf der Nordatlantikroute. Stapellauf am 28. Oktober 1931. Diese Datum wählte das faschistische Regime, weil es an Mussolinis Marsch auf Rom erinnerte. 1932 ging das Schiff in den Besitz der Società Italiana di Genova über. Die Turbinen entwickelten eine Leistung von 130000 PS (95600 kW). Zwei Schiffsschrauben, Höchstgeschwindigkeit 29,5 kn, Rauminhalt 48502 BRT, Länge 248 m, Breite 29 m, 500 Passagiere der ersten, 366 Passagiere der zweiten Klasse, 412 Passagiere der Touristenklasse und 922 Passagiere der dritten Klasse. Die »Conte di Savoia« war das erste mit Kreiselstabilisatoren ausgerüstete italienische Passagierschiff. Sie hatte elf Decks, zwei Schornsteine und eine besonders sorgfältige Ausstattung. Während des Kriegs lag sie in Venedig. Nach dem Waffenstillstand wurde sie von deutschen Flugzeugen in Brand geschossen, und nach dem Krieg wrackte man das Schiff ab.

»Conte Grande«. Sie entstammt einer Serie von Schiffen mit der Bezeichnung »Conte«. Ein Transatlantikdampfer der Gesellschaft Lloyd Sabaudo für den Verkehr mit Nordamerika. Gebaut in Triest, Stapellauf 1927. Der Dampfer fuhr sechs Jahre lang nach New York und von 1933 an nach Südamerika. Rauminhalt 25661 BRT, 280 Passagiere der ersten, 420 der zweiten, 290 der dritten und 660 der vierten Klasse. Die »Conte Grande« wurde während des Zweiten Weltkriegs von den Vereinigten Staaten beschlagnahmt und als »Monticello« in einen Truppentransporter umgewandelt. 1947 kam das Schiff an Italien zurück, und 1961 wurde es ausgemustert.

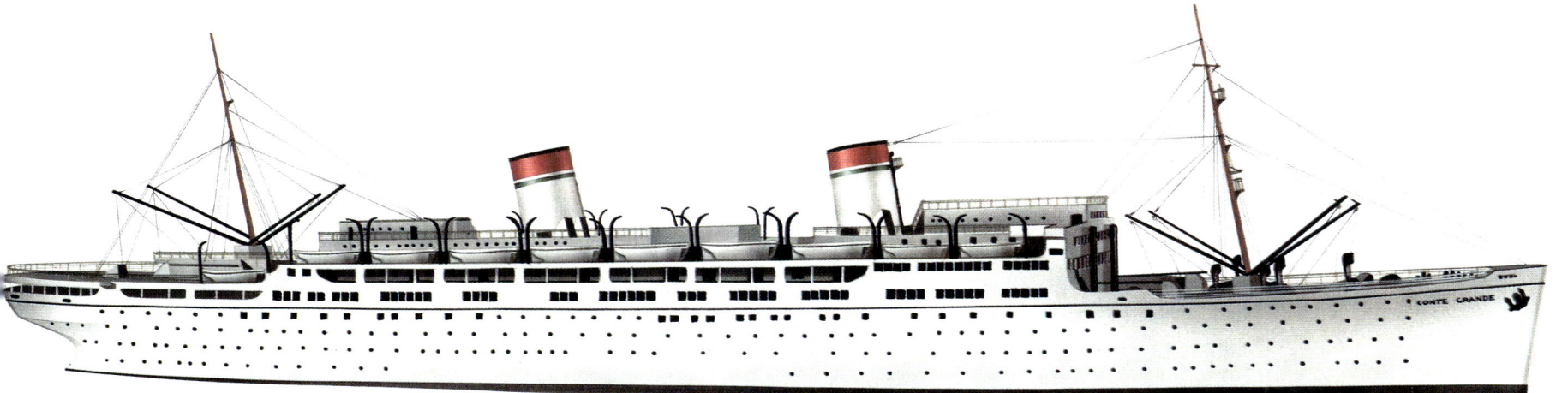

»Normandie«. Nach der ersten »Normandie« von 1912 ließ die Compagnie Générale Transatlantique 1932 eine zweite prestigeträchtige »Normandie« vom Stapel laufen. Der Rauminhalt betrug 83433 BRT, also 32372 BRT mehr als die zeitgenössische »Rex«. Der Turbinenantrieb mit den vier Schiffsschrauben entwickelte eine Leistung von 162000 PS (119135 kW). Schon bei der Jungfernfahrt im Mai 1935 eroberte das Schiff mit einer Reisegeschwindigkeit von über 30 kn das Blaue Band. Der Antrieb war turboelektrischer Art, bei der die Energie der Turbinen nicht mit Hilfe von Kupplungsgetrieben, sondern über Elektromotoren an die Schiffsschrauben weitergegeben wird. Die »Normandie« war praktisch das einzige Schiff dieser Größe mit einem solchen Antrieb.
Maße: Länge 313,6 m, Breite 35,9 m. Das Schiff konnte 848 Passagiere der ersten Klasse, 670 Passagiere der Touristenklasse und 454 Passagiere der dritten Klasse aufnehmen, insgesamt also 1972 Personen. Dazu kamen 1410 Mann Besatzung. Während des Zweiten Weltkriegs wurde das Schiff nach New York überführt, wo man mit der Umwandlung in einen Truppentransporter begann. Am 9. Februar zerstörte aber ein Brand, der nicht unter Kontrolle zu bekommen war, die »Normandie«.

Speisesaal und Aufenthaltsraum der »Normandie«. Man beachte die Lampen von Lalique im Speisesaal und die großen Fenster des Salons.

Bei der Überfahrt vom 11. bis 15. August 1933 legte die »Rex« die Strecke von Gibraltar nach New York, also 3181 sm, in vier Tagen, 13 Stunden und 58 Minuten zurück. Die mittlere Geschwindigkeit lag bei 28,92 kn, die maximale Geschwindigkeit bei 29,61 kn. Nach nur sieben Dienstjahren wurde die »Rex« im Jahr 1940, bei Kriegseintritt Italiens, in Triest außer Dienst gestellt, wo sie am 9. September 1944 nach einem Luftangriff sank. Nach dem Krieg wurde sie abgewrackt.
Ein französisches Passagierschiff war die »Normandie«, erbaut in der Werft Penhoet in Saint-Nazaire für die Compagnie Générale Transatlantique. Die Jungfernfahrt fand am 29. Mai 1935 statt. Mit diesem Schiff kehrte man zu drei zylindrischen Schornsteinen zurück, während der große zentrale Aufbau fast bis zum äußersten Heck reichte.

Seitlich gesehen fiel er treppenartig ab und erlaubte damit weite bequeme Spaziergänge im Freien, geschützt vor dem Wind.
Die »Normandie« verfügte über einen ganz eigenen Antrieb, nämlich turboelektrischer Art, das einzige Beispiel dieser Art für derart große und schnelle Schiffe. Der turboelektrische Antrieb besteht aus einer Gruppe von Turbinen, welche Stromgeneratoren antreiben. Diese wiederum liefern den Strom zum Betrieb von Elektromotoren, die die Wellen der Schiffsschrauben antreiben. Die »Normandie« verfügte über 29 ölbefeuerte Kessel, die einen Dampfdruck von 28 kg/cm² erreichten. Die Kessel speisten vier Gruppen von Turbinen mit Wechselstromgeneratoren und einer Drehzahl von 2430 U/min, jede davon mit einer Leistung von 33400 kW (45300 PS). Jeder Wechselstromgenerator speiste einen eige-

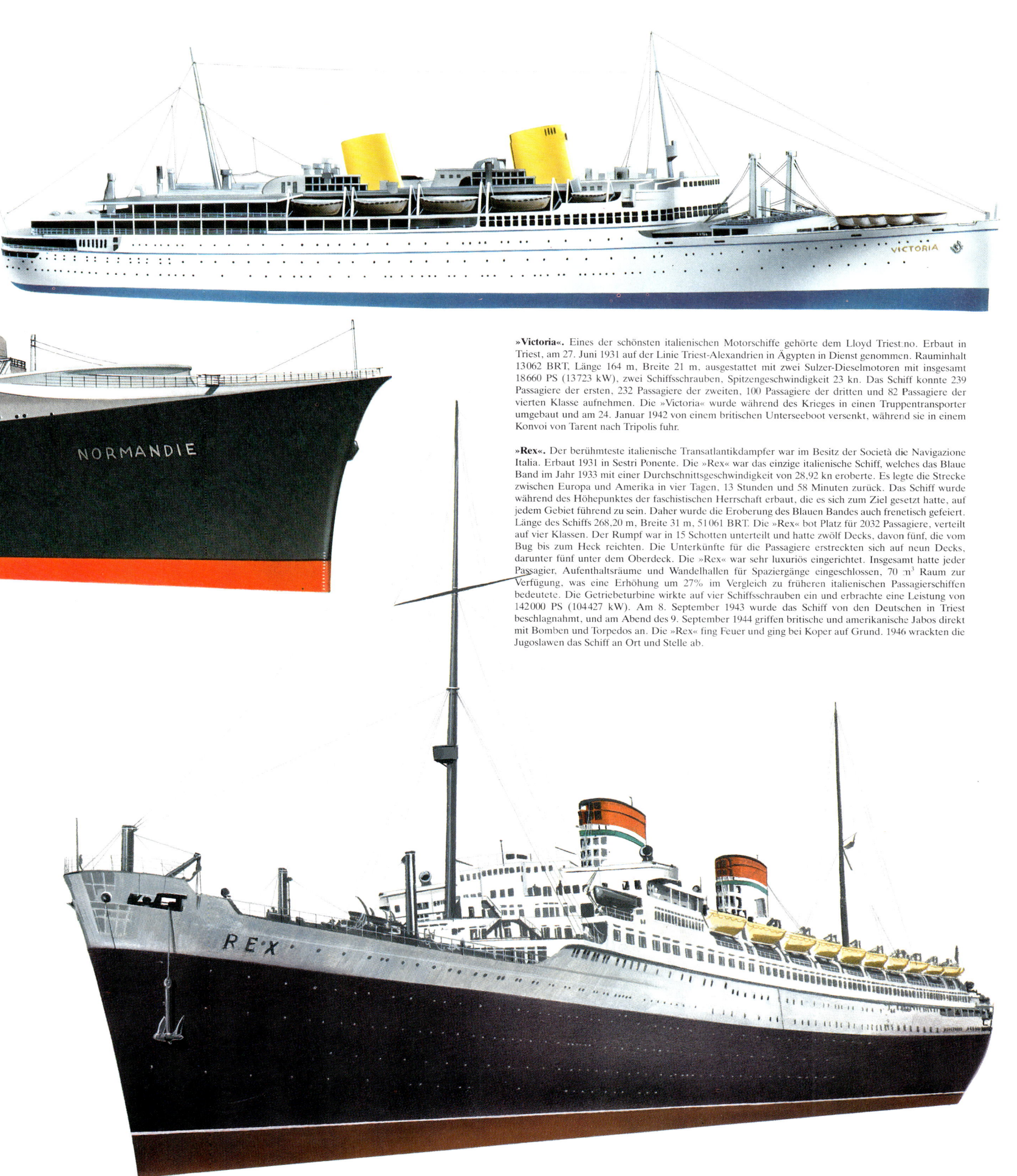

»Victoria«. Eines der schönsten italienischen Motorschiffe gehörte dem Lloyd Triestino. Erbaut in Triest, am 27. Juni 1931 auf der Linie Triest-Alexandrien in Ägypten in Dienst genommen. Rauminhalt 13062 BRT, Länge 164 m, Breite 21 m, ausgestattet mit zwei Sulzer-Dieselmotoren mit insgesamt 18660 PS (13723 kW), zwei Schiffsschrauben, Spitzengeschwindigkeit 23 kn. Das Schiff konnte 239 Passagiere der ersten, 232 Passagiere der zweiten, 100 Passagiere der dritten und 82 Passagiere der vierten Klasse aufnehmen. Die »Victoria« wurde während des Krieges in einen Truppentransporter umgebaut und am 24. Januar 1942 von einem britischen Unterseeboot versenkt, während sie in einem Konvoi von Tarent nach Tripolis fuhr.

»Rex«. Der berühmteste italienische Transatlantikdampfer war im Besitz der Società die Navigazione Italia. Erbaut 1931 in Sestri Ponente. Die »Rex« war das einzige italienische Schiff, welches das Blaue Band im Jahr 1933 mit einer Durchschnittsgeschwindigkeit von 28,92 kn eroberte. Es legte die Strecke zwischen Europa und Amerika in vier Tagen, 13 Stunden und 58 Minuten zurück. Das Schiff wurde während des Höhepunktes der faschistischen Herrschaft erbaut, die es sich zum Ziel gesetzt hatte, auf jedem Gebiet führend zu sein. Daher wurde die Eroberung des Blauen Bandes auch frenetisch gefeiert. Länge des Schiffs 268,20 m, Breite 31 m, 51061 BRT. Die »Rex« bot Platz für 2032 Passagiere, verteilt auf vier Klassen. Der Rumpf war in 15 Schotten unterteilt und hatte zwölf Decks, davon fünf, die vom Bug bis zum Heck reichten. Die Unterkünfte für die Passagiere erstreckten sich auf neun Decks, darunter fünf unter dem Oberdeck. Die »Rex« war sehr luxuriös eingerichtet. Insgesamt hatte jeder Passagier, Aufenthaltsräume und Wandelhallen für Spaziergänge eingeschlossen, 70 m^3 Raum zur Verfügung, was eine Erhöhung um 27% im Vergleich zu früheren italienischen Passagierschiffen bedeutete. Die Getriebeturbine wirkte auf vier Schiffsschrauben ein und erbrachte eine Leistung von 142000 PS (104427 kW). Am 8. September 1943 wurde das Schiff von den Deutschen in Triest beschlagnahmt, und am Abend des 9. September 1944 griffen britische und amerikanische Jabos direkt mit Bomben und Torpedos an. Die »Rex« fing Feuer und ging bei Koper auf Grund. 1946 wrackten die Jugoslawen das Schiff an Ort und Stelle ab.

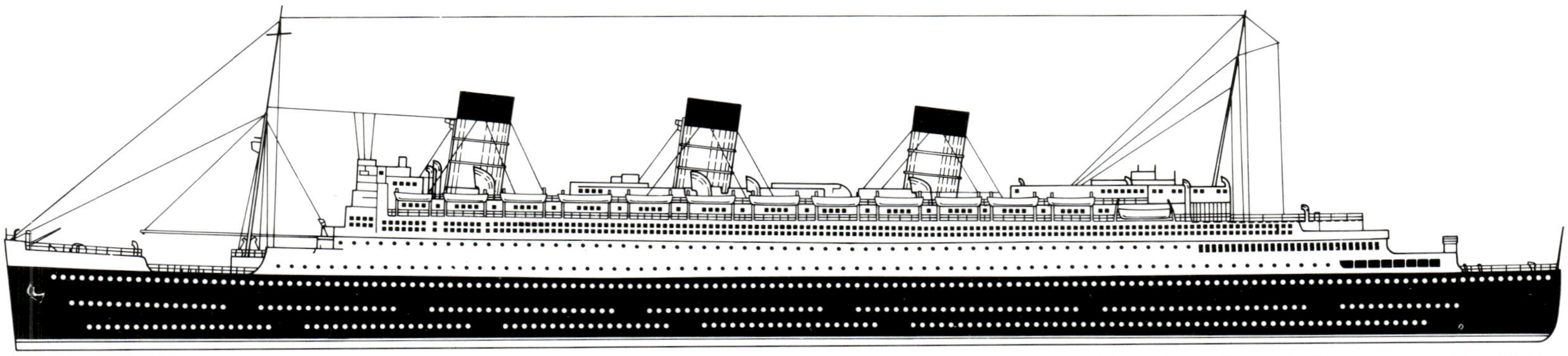

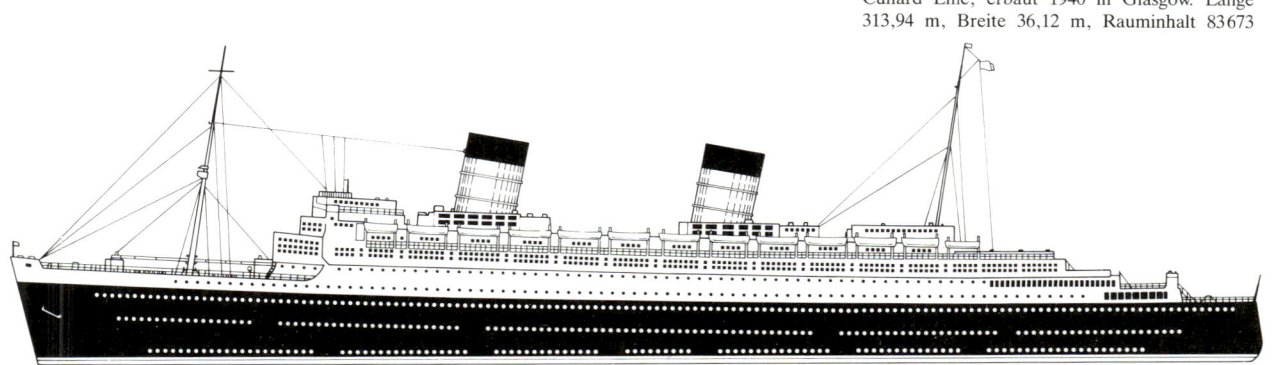

»Queen Mary«. Erbaut 1930 für die Cunard Line, 80773 BRT, Länge 310,5 m, Breite 34,2 m, Turbinenantrieb mit 160000 PS (117664 kW) vier Schiffsschrauben, Höchstgeschwindigkeit über 30 kn, 24 ölbefeuerte Kessel, drei Schornsteine, Stapellauf am 26. September 1934, Beginn der Jungfernfahrt am 27. Mai 1936. Die »Queen Mary« gewann das Blaue Band mit einer Geschwindigkeit von 30,58 kn, wobei sie für die Überfahrt drei Tage, 20 Stunden und 42 Minuten brauchte.

Zu Beginn des Zweiten Weltkriegs wurde sie noch im September 1939 nach New York überführt und dort in einen Truppentransporter umgewandelt. Diese Aufgabe übte das Schiff bis September 1946 aus. Danach wurde es wieder zu einem Passagierschiff umgebaut und nahm mit 81235 BRT den Dienst im Juli 1947 auf bis September 1967 . Dann kaufte sie die Stadt Long Beach die »Queen Mary«, wandelte sie in ein Museum um, wrackte sie aber 1978 schließlich ab.

»Queen Elizabeth«, Transatlantikdampfer der Cunard Line, erbaut 1940 in Glasgow. Länge 313,94 m, Breite 36,12 m, Rauminhalt 83673 BRT, Turbinenantrieb mit einer Leistung von 160000 PS (117664 kW), vier Schiffsschrauben, Geschwindigkeit 29 kn. Für die Dampferzeugung waren zwölf ölbefeuerte Kessel mit zwei Schornsteinen vorhanden. Am 2. März 1940 überführte man die »Queen Elizabeth« nach New York und baute sie in einen Truppentransporter um. Zu Ende des Krieges wandelte man sie wieder in ein Passagierschiff zurück, und am 16. Oktober 1946 unternahm sie die erste Reise von Southampton nach New York. Das Schiff blieb bis April 1968 in Dienst. 1970 kaufte sie ein Reeder aus Hongkong, und im Jahr 1972 wurde sie in diesem Hafen von einer Feuersbrunst zerstört. Sie konnte 823 Passagiere der ersten, 662 Passagiere der zweiten und 798 Passagiere der dritten Klasse aufnehmen. Die Besatzung bestand aus 1296 Mann.

»Mauretania«. Zweites Schiff dieses Namens der englischen Cunard Line. Rauminhalt 35738 BRT, Turbinenantrieb, zwei Schiffsschrauben, Geschwindigkeit 23 kn. Das Schiff nahm 1939, kurz vor dem Ausbruch des Zweiten Weltkriegs, den Dienst auf und schaffte gerade eine Reise von Southampton nach New York und zurück. Im September wurde es in einen Truppentransporter umgebaut. Nach Kriegsende nahm die »Mauretania« am 26. April 1947 wieder den Passagierdienst auf. 1965 rüstete man sie ab.

nen Elektromotor. Insgesamt erreichte das Antriebsaggregat eine Leistung von 165000 PS (121340 kW).

Bei der Überfahrt von Le Havre nach New York, die vom 29. Mai bis zum 3. Juni 1935 dauerte, entwickelte die »Normandie« eine mittlere Geschwindigkeit von 29,98 kn und fuhr damit während eines großen Teils der Reise über 30 kn. Bei der Rückreise lag die mittlere Geschwindigkeit bei 30,31 kn. Während der Fahrt waren jedoch starke Erschütterungen des Rumpfes spürbar. Man behob sie dann, indem man die ursprünglichen Schiffsschrauben mit vier Flügeln durch solche mit drei Flügeln ersetzte. Während der Besetzung Frankreichs durch

die Deutschen im Juni 1940 befand sich die »Normandie« in New York, wo die Amerikaner sie zu einem Truppentransporter umbauten. Während der Arbeiten brach jedoch am 9. Februar 1942 ein Feuer aus, was dazu führte, daß das Schiff durch die aufgenommene Löschwassermenge unstabil wurde und am Kai kenterte. Nach der Hebung wurde die »Normandie« nicht mehr in Dienst gestellt, sondern 1946 abgewrackt. Ein weiteres Transatlantikschiff mit drei Schornsteinen war die englische »Queen Mary« der Cunard Linie, 1935 in Dienst gestellt. Sie hatte normale Antriebsmaschinen mit Turbinen und Getrieben sowie vier Schiffsschrauben.

Zu Beginn des Krieges baute man die »Queen Mary« zu einem Truppentransporter um. Von 1947 bis 1967 versah sie den Liniendienst, gelangte dann in den Besitz einer amerikanischen Gesellschaft und wurde in ein Museum und ein schwimmendes Hotel verwandelt.

Zum Schluß dieser Aufzählung großer Passagierschiffe sei noch an die amerikanische »United States« erinnert. Sie wurde 1952 in Dienst gestellt, überquerte mit einer mittleren Geschwindigkeit von 34,51 kn den Atlantik und erreichte bei einer Fahrt von den Vereinigten Staaten nach Europa sogar 35,59 kn.

Die »United States« war eigentlich kein nor-

males Passagierschiff, sondern erhielt ein sehr starkes Antriebsaggregat, so daß sie schnell in einen Truppentransporter umgewandelt werden konnte. Aus diesem Grund wurde der Bau teilweise von der US-Regierung finanziert, und Daten über den Antrieb unterlagen der Geheimhaltung.

Zwanzig Jahre später gab man diese Zahlen frei, nicht zuletzt auch, weil das Schiff 1969 aufgelegt wurde. Der Antrieb bestand aus vier Turbinengruppen ähnlich wie bei den Flugzeugträgern der Midway-Klasse, aber ohne Kreuzfahrtturbinen. Acht Babcock-Kessel lieferten Dampf mit einem Druck von 70 kg/cm² und einer Temperatur von 510°C.

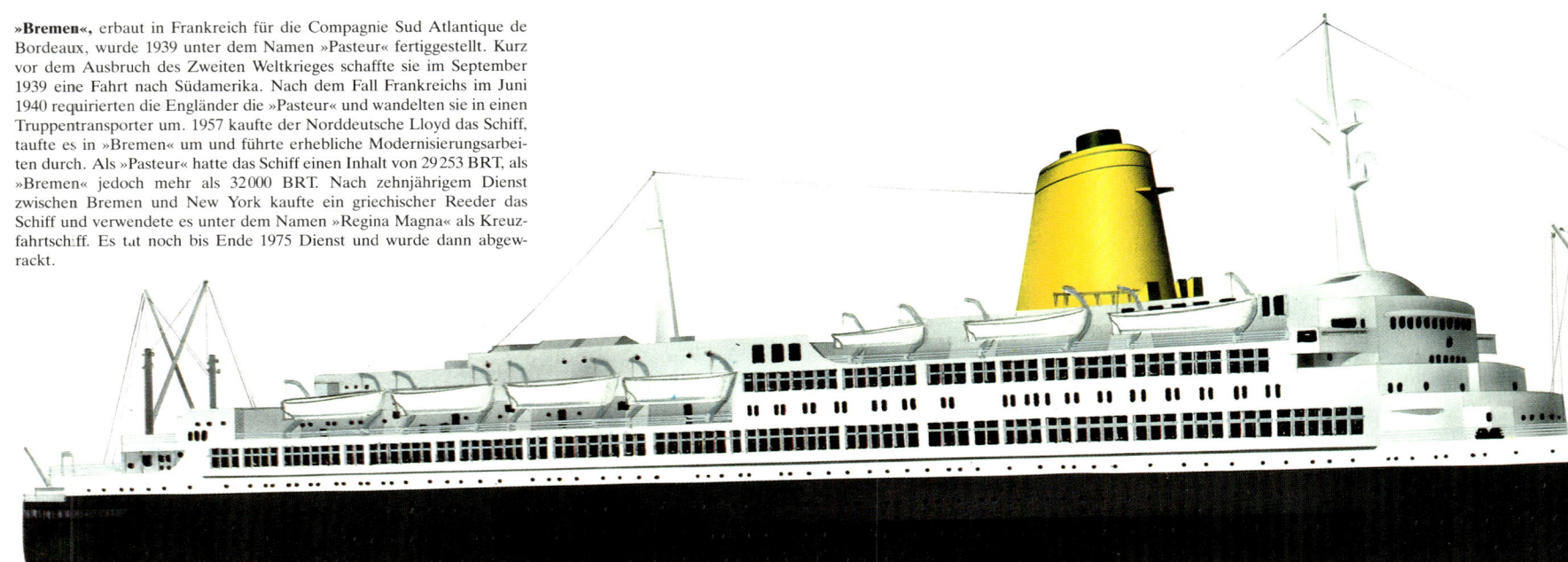

»Bremen«, erbaut in Frankreich für die Compagnie Sud Atlantique de Bordeaux, wurde 1939 unter dem Namen »Pasteur« fertiggestellt. Kurz vor dem Ausbruch des Zweiten Weltkrieges schaffte sie im September 1939 eine Fahrt nach Südamerika. Nach dem Fall Frankreichs im Juni 1940 requirierten die Engländer die »Pasteur« und wandelten sie in einen Truppentransporter um. 1957 kaufte der Norddeutsche Lloyd das Schiff, taufte es in »Bremen« um und führte erhebliche Modernisierungsarbeiten durch. Als »Pasteur« hatte das Schiff einen Inhalt von 29253 BRT, als »Bremen« jedoch mehr als 32000 BRT. Nach zehnjährigem Dienst zwischen Bremen und New York kaufte ein griechischer Reeder das Schiff und verwendete es unter dem Namen »Regina Magna« als Kreuzfahrtschiff. Es tut noch bis Ende 1975 Dienst und wurde dann abgewrackt.

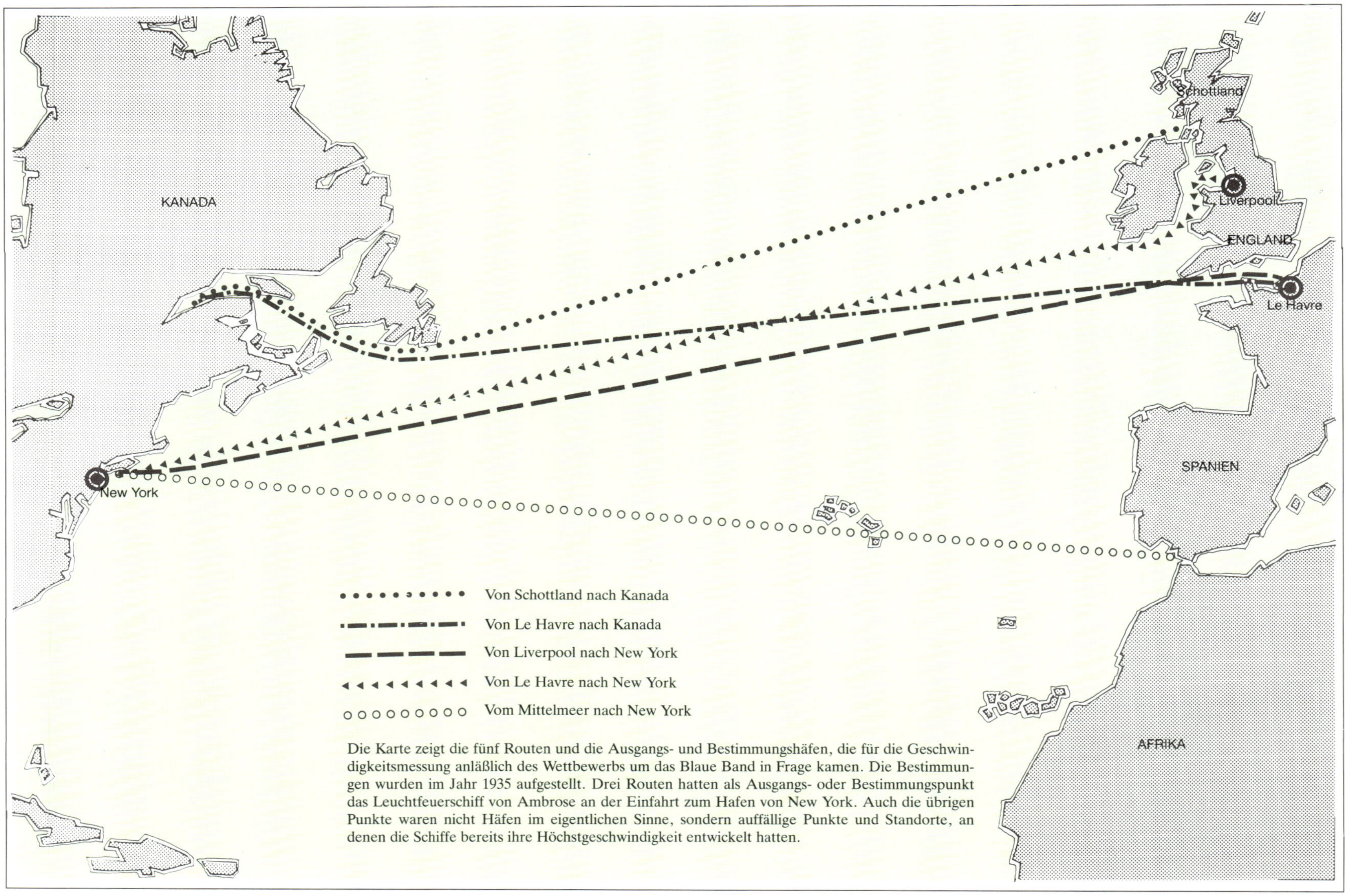

• • • • • • •	Von Schottland nach Kanada
▪—▪—▪—▪	Von Le Havre nach Kanada
— — — —	Von Liverpool nach New York
◀ ◀ ◀ ◀ ◀ ◀ ◀	Von Le Havre nach New York
○ ○ ○ ○ ○ ○ ○ ○	Vom Mittelmeer nach New York

Die Karte zeigt die fünf Routen und die Ausgangs- und Bestimmungshäfen, die für die Geschwindigkeitsmessung anläßlich des Wettbewerbs um das Blaue Band in Frage kamen. Die Bestimmungen wurden im Jahr 1935 aufgestellt. Drei Routen hatten als Ausgangs- oder Bestimmungspunkt das Leuchtfeuerschiff von Ambrose an der Einfahrt zum Hafen von New York. Auch die übrigen Punkte waren nicht Häfen im eigentlichen Sinne, sondern auffällige Punkte und Standorte, an denen die Schiffe bereits ihre Höchstgeschwindigkeit entwickelt hatten.

Dieses große Passagierschiff nahm den Liniendienst 1952 auf, als der Transozeanflug schon allgemein verbreitet war. Die »United States« war deswegen kein großer wirtschaftlicher Erfolg, denn die meisten Reisenden zogen eine Überquerung des Atlantiks in wenigen Stunden einer viertägigen Schiffsreise vor. Nach ungefähr 17 Jahren wurde das Schiff 1969 stillgelegt.

Das Blaue Band

Auf der Nordatlantikroute zwischen Europa und Nordamerika entstand zwischen den verschiedenen Reedereien bald eine Art sportlicher Wettbewerb, welches Schiff das schnellste sei. Für diese Konkurrenz wurde schließlich das »Blaue Band« geschaffen. Es gehörte jeweils dem Schiff, das die Atlantik-Überfahrt in der einen wie der anderen Richtung am schnellsten zurücklegte.
Die Trophäe wurde erst 1935 gestiftet, und zwar vom englischen Abgeordneten Sir H. Keates Hales unter dem Namen »North Atlantic Blue Ribbon Challenge Trophy«,

später auch einfach »Hales Trophy« genannt. Sie bestand aus einer Silberskulptur, welche die Reederei des schnellsten Schiffes bekommen sollte.
Nachdem die Trophäe von einer Gesellschaft zur anderen gewandert war, gelangte sie 1952 schließlich in den Besitz der United States Lines, die sie noch heute hält, weil der »United States« kein schnelleres Passagierschiff mehr folgte.
Schon lange vor der Einführung des Blauen Bandes hatte ein ehrgeiziger Wettbewerb um den Geschwindigkeitsrekord geherrscht. Aus diesem Grunde werden in der Liste jener Schiffe, die diese Auszeichnung verdienten, auch solche aufgeführt, die den Transatlantik-Rekord auch vor der Einführung des Blauen Bandes hielten, etwa die »Great Western« oder die »Bremen«.
Natürlich konnte man bei der Verleihung des Blauen Bandes nicht die Dauer der Überfahrt als Vergleichsmaßstab nehmen, da diese von der Lage des Start- wie des Bestimmungshafens abhing. Und diese waren natürlich je nach Dampfer verschieden.

Für die Überfahrt von Europa nach Nordamerika brauchte zum Beispiel die »Scotia« 1864 acht Tage und vier Stunden und entwickelte dabei eine mittlere Reisegeschwindigkeit von 13,54 kn, während die »City of Paris« gleich lange brauchte, aber 13,77 kn entwickelte. Im Jahr 1892 brauchte die »City of Paris« fünf Tage und 14 Stunden und entwickelte eine Geschwindigkeit von 20,70 kn. Die »Campania« mit einer Stunde weniger Überfahrtszeit erreichte 1891 hingegen 21,21 kn, und der HAPAG-Schnelldampfer »Deutschland«, der länger brauchte, nämlich fünf Tage, 15 Stunden und 46 Minuten, entwickelte 1897 gar 22,46 kn. Die Kapitäne achteten darauf, daß die Zeit bei der Vorbeifahrt an bestimmten Punkten genau festgehalten wurde. Mit Hilfe der zurückgelegten Seemeilen bestimmte man dann die mittlere Reisegeschwindigkeit während der Überfahrt. Natürlich befanden sich diese Punkte im offenen Meer, wo das Schiff bereits seine Höchstgeschwindigkeit erreicht hatte. Zu den angegebenen Überfahrtszeiten muß man also noch jene Zeit

»United States«. Sie war und ist das schnellste Passagierschiff der Welt. Es eroberte 1952 mit einer Geschwindigkeit von 34,51 kn auf der Route von Europa nach den Vereinigten Staaten und mit 35,59 kn auf der umgekehrten Route das Blaue Band. Das Schiff wurde im Hinblick auf einen militärischen Einsatz gebaut. Es war 301,25 m lang, 30,7 m breit und hatte einen Rauminhalt von 53329 BRT. Es konnte 888 Passagiere der ersten, 524 Passagiere der zweiten und 544 Passagiere der dritten Klasse aufnehmen. Die Turbinen trieben zwei Schiffsschrauben an und entwickelten eine Leistung von 240000 PS (176496 kW). 1968 wurde das Schiff vom Transatlantikdienst abgezogen und für mögliche militärische Einsätze bereitgehalten. Es war mit nicht brennbaren Materialien ausgestattet und verfügte über einen »Sicherheitsdienst« wie auf einem Kriegsschiff.

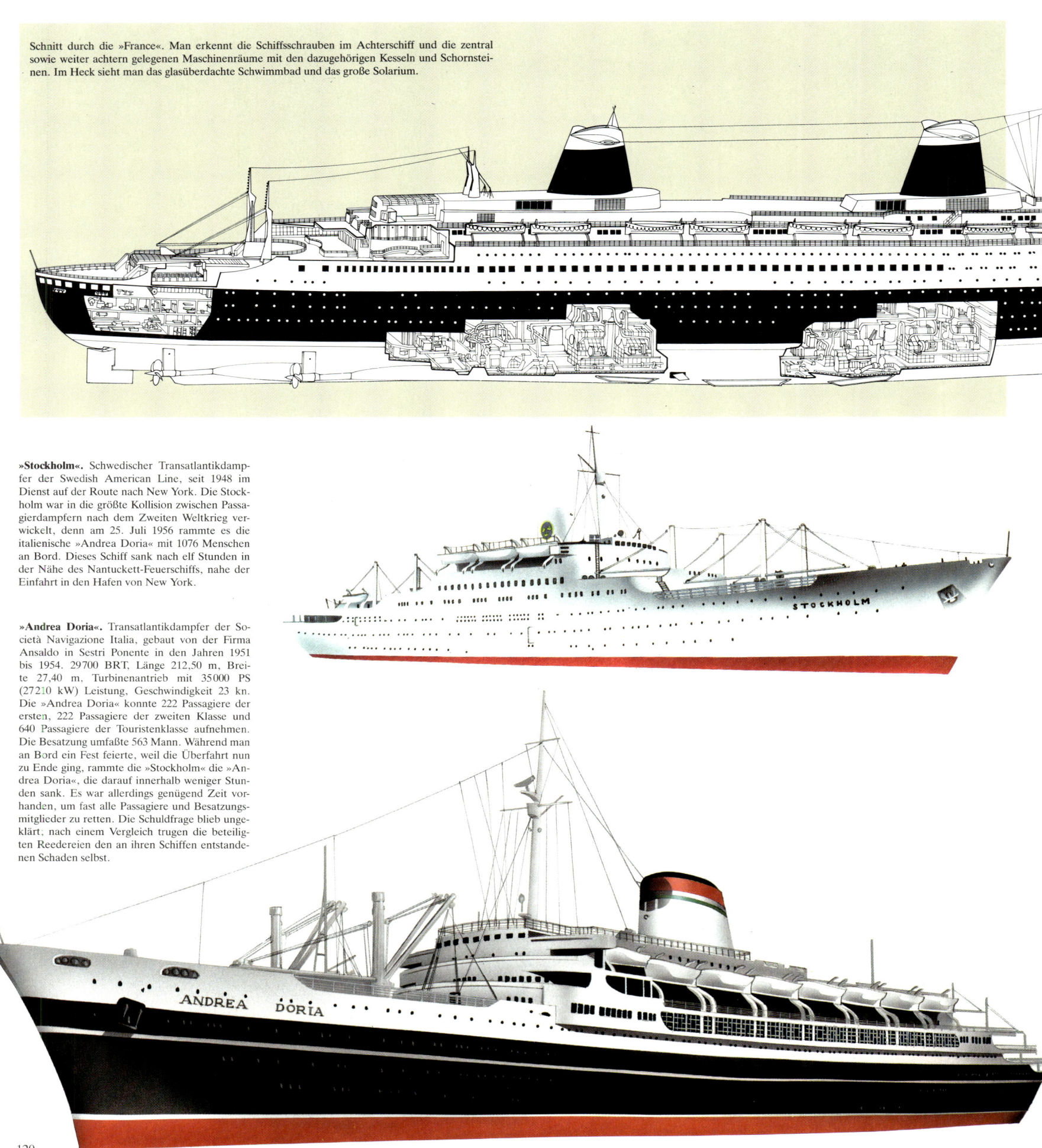

Schnitt durch die »France«. Man erkennt die Schiffsschrauben im Achterschiff und die zentral sowie weiter achtern gelegenen Maschinenräume mit den dazugehörigen Kesseln und Schornsteinen. Im Heck sieht man das glasüberdachte Schwimmbad und das große Solarium.

»Stockholm«. Schwedischer Transatlantikdampfer der Swedish American Line, seit 1948 im Dienst auf der Route nach New York. Die Stockholm war in die größte Kollision zwischen Passagierdampfern nach dem Zweiten Weltkrieg verwickelt, denn am 25. Juli 1956 rammte es die italienische »Andrea Doria« mit 1076 Menschen an Bord. Dieses Schiff sank nach elf Stunden in der Nähe des Nantuckett-Feuerschiffs, nahe der Einfahrt in den Hafen von New York.

»Andrea Doria«. Transatlantikdampfer der Società Navigazione Italia, gebaut von der Firma Ansaldo in Sestri Ponente in den Jahren 1951 bis 1954. 29700 BRT, Länge 212,50 m, Breite 27,40 m, Turbinenantrieb mit 35000 PS (27210 kW) Leistung, Geschwindigkeit 23 kn. Die »Andrea Doria« konnte 222 Passagiere der ersten, 222 Passagiere der zweiten Klasse und 640 Passagiere der Touristenklasse aufnehmen. Die Besatzung umfaßte 563 Mann. Während man an Bord ein Fest feierte, weil die Überfahrt nun zu Ende ging, rammte die »Stockholm« die »Andrea Doria«, die darauf innerhalb weniger Stunden sank. Es war allerdings genügend Zeit vorhanden, um fast alle Passagiere und Besatzungsmitglieder zu retten. Die Schuldfrage blieb ungeklärt; nach einem Vergleich trugen die beteiligten Reedereien den an ihren Schiffen entstandenen Schaden selbst.

hinzurechnen, die man für die Ablege- und Anlegemanöver im Hafen und für das Erreichen der Höchstgeschwindigkeit benötigte. So dauerte die Überfahrt einiger »Four Days Liners« (Viertagesschiffe) wie der »Normandie« und der »Queen Mary« in den Jahren 1936 und 1937 drei Tage und zwei bis 23 Stunden. Gerechnet aber vom Ablegen im Ausgangshafen bis zum Anlegen im Bestimmungshafen brauchten sie mindestens vier Tage und 18 Stunden.

Im allgemeinen war die Überfahrt von Nordamerika nach Europa schneller als die in umgekehrter Richtung. Als Beispiele seien hier erwähnt die »Britannia« von 1840 mit 8,5 kn auf der Reise nach Amerika und 10,56 kn auf der Rückreise nach Europa; die »Persia« 1856 mit 13 kn bzw. 13,82 kn; die »Alaska« von 1882 mit 16,08 kn und 16,82 kn; die »Bremen« 1929 mit 27,83 kn und 27,92 kn; die »Normandie« mit 28,98 kn und 30,31 kn; und schließlich 1952 die »United States«, die 34,51 kn bzw. 35,59 kn erreichte.

»France«. Die erste France lief 1863 vom Stapel. Diese »France« stammt aus dem Jahr 1962, als die Epoche der großen Transatlantikdampfer schon zu Ende ging. 66348 BRT, Länge 316 m, Breite 33 m, vier Schiffsschrauben. 160000 PS (117464 kW), Höchstgeschwindigkeit 35,21 kn. Die »France« konnte 407 Passagiere der ersten und 1637 Passagiere der Touristenklasse aufnehmen und stellte damit eines der seltenen Beispiele eines Transatlantikdampfers mit nur zwei Passagierklassen dar. 1974 wurde die »France« außer Dienst gestellt. Der norwegische Reeder Kloster kaufte sie und verwendet sie unter dem Namen »Norway« als Kreuzfahrtschiff. Man beachte die beiden seitlichen Flügel an den Schornsteinen; sie stellen Verlängerungen der Abgaskamine dar, was verhindert, daß sich der Rauch auf das hinterste Deck niederschlägt.

»Cristoforo Colombo«. Schwesterschiff der »Andrea Doria« mit ähnlichen Merkmalen und Maßen. Von 1954 bis 1973 fuhr sie auf der Route von Genua nach New York. Dann wurde sie an Venezuela verkauft, wo sie noch als schwimmendes Hotel diente.

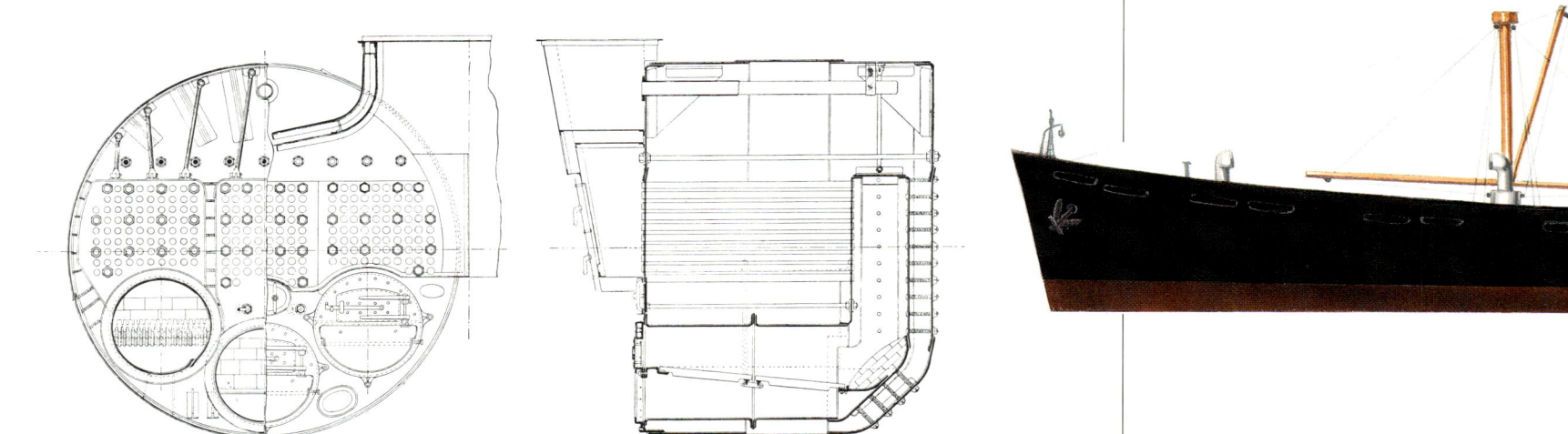

Vorderansicht und Schnitt durch einen Schiffszylinderkessel, auch Flammrohrkessel genannt. Die Kohle verbrannte in den drei Feuerstellen, die von wassergefüllten Röhren umgeben waren. Die Verbrennungsgase zogen nach hinten und kehrten über ein von Wasser umgebenes Röhrensystem wieder zur Vorderfront zurück. Dann stiegen sie über eine frontal gelegene und nach rechts umgelenkte Leitung zum Schornstein hoch, wie aus der Zeichnung links hervorgeht.

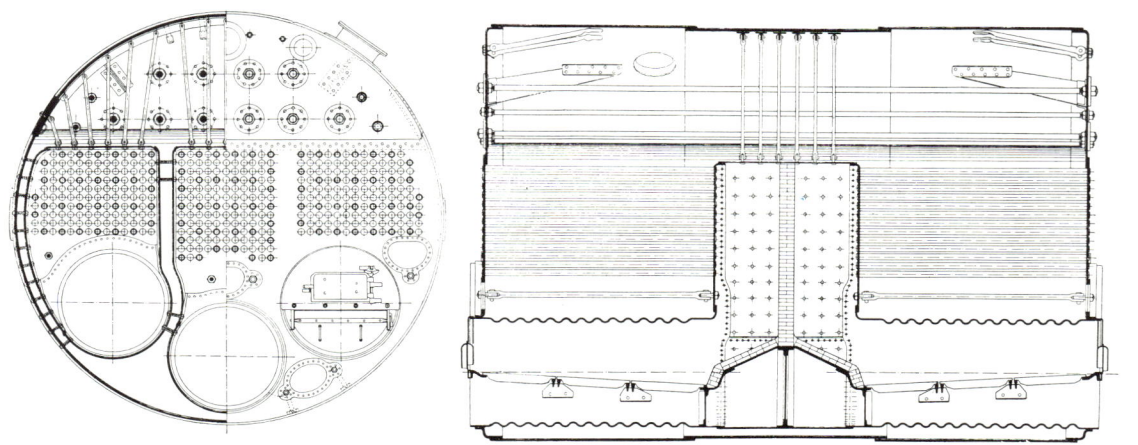

Frontalansicht und Schnitt über einen Schiffszylinderkessel mit doppelter Feuerung. Es sind auf jeder Seite drei Feuerstellen vorhanden. Die Verbrennungsgase nehmen denselben Weg wie beim oben abgebildeten Kessel mit einer Feuerung. In dieser Abbildung sind die Abzugröhren, welche die Gase zum Schornstein leiten, nicht dargestellt.

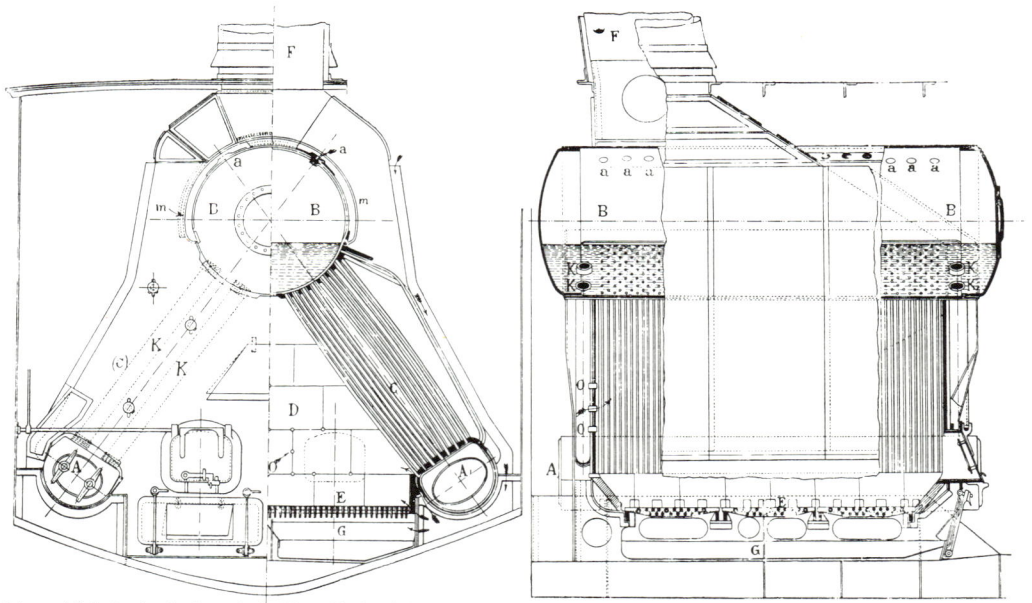

Frontalansicht und Schnitt durch einen dreieckigen Siederohrkessel vom alten Blechynden-Typ. Die Kohle verbrannte auf einem Grillrost zwischen zwei Wasserbehältern. Die Verbrennungsgase zogen um die mit Wasser gefüllten Röhrengruppen, welche den oberen mit den beiden unteren Wasserbehältern verbanden, und zogen dann zum Schornstein. Der Wasserdampf, der in der Nähe der Feuerungsstelle entstand, sammelte sich im oberen Teil des oberen Wasserbehälters an. Umgekehrt zog flüssiges Wasser in den Röhren, die weiter von der Feuerungsstelle entfernt waren, in die beiden unteren Behälter und sorgte für eine dauernde Füllung der Behälter wie auch der Röhren nahe der Feuerstelle.

Frachtschiffe

Die Frachtschiffe mit Maschinenantrieb unterscheiden sich deutlich von den Passagierschiffen und insbesondere von den großen Schiffen der Transatlantikroute. Sie haben alle Eisen- oder Stahlrümpfe und unterteilte Laderäume im Vor- und im Achterschiff; dazwischen liegt der Maschinenraum.

Die Räume für die Heizkessel und die Maschinenanlage sowie die Bunker für die Kohle, die als Brennstoff diente, lagen anfangs im Zentrum des Schiffes. Diese Mittschiffsanordnung der Maschinenanlage wurde bei den Frachtschiffen bis gegen 1950 beibehalten. Bei den Öltankern und bei einigen Kohleschiffen hingegen war sie aus landungstechnischen Überlegungen im Hinterschiff untergebracht.

Die Schiffe mit mechanischem Antrieb behielten für eine Reihe von Jahren die Masten und die Segelausrüstung bei: Zuerst trugen die vorderen Masten Rahsegel und die anderen Masten Gaffelsegel. Dann übernahm man für alle Masten Gaffelsegel. Schließlich wurde Kapitänen und Reedern klar, daß die Segel überflüssig geworden waren, und zwischen 1880 und 1890 verschwanden diese auch völlig. Die Masten hingegen blieben, denn sie übernahmen nun ganz andere Aufgaben, als Segel und Rahen zu tragen.

Mit Dampf ließen sich nicht nur das Schiff antreiben, sei es durch Schaufelräder oder Schraube, sondern auch Hilfseinrichtungen wie Ankerwinde und Rudermaschine.

Auch die zum Laden und Löschen der unterschiedlichsten Güter vorgesehenen Ladewinden wurden mit Dampf betrieben. Früher aus Holzbalken, später aus Stahlrohr bestehende kranartige Ladebäume waren an den in Lukennähe aufgestellten Masten oder Ladepfosten horizontal und vertikal beweglich angebracht.

Die Anzahl der Ladebäume für eine Luke richtete sich nach den Bedürfnissen des Fahrgebietes und der Art der Ladungen. Im Regelfall standen zwischen zwei und vier Ladebäume pro Luke zur Verfügung. Die Aufhängung eines Ladebaumes geschieht mittels eines Hangerdrahtes, während der Löschdraht von der Ladewinde durch verschiedene Leitblöcke über die Spitze des Ladebaumes in die Luke bzw. Leichter oder zum Kai führt, damit dort die zu bewegen-

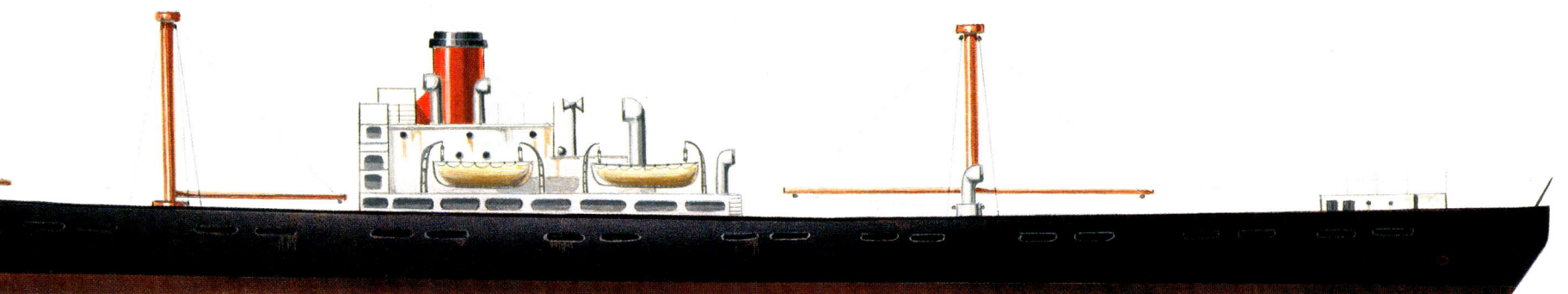

den Güter bequem angeschlagen werden können.

Auch die maschinenbetriebenen Schiffe sind bei Leerfahrten auf Ballast angewiesen. Dabei handelt es sich allerdings nicht mehr um den nur mühsam zu bearbeitenden Sand- oder Steinballast. Schiffe mit Maschinenantrieb und Eisenrumpf und doppeltem Boden pumpen Meerwasser in eigens dafür vorgesehene Ballasttanks im Doppelboden oder an den Schiffsenden (Vor- und Achterpiek). Segelschiffe hatten im allgemeinen auf dem Oberdeck außer ein oder zwei Deckshäusern als Mannschaftslogis und Kombüse keine weiteren Aufbauten, denn dieses mußte für die Handhabung der Segel frei bleiben. Frachtdampfer haben normalerweise einen Mittschiffsaufbau für Mannschafts- und Offiziersunterkünfte, Kombüse, Messen,

Kommandobrücke, und darüber erhebt sich der Schornstein. Es ist auch ein kleiner Heckaufbau möglich, bisweilen nur eine einfache Plattform, wo Vorräte untergebracht werden. Bei frühen Frachtdampfern befanden sich die Mannschaftsunterkünfte unter der Back, also im Vorschiff. Von diesem ersten Frachtschifftyp ging man gegen Ende des 19. Jh.s zum später verbreitetsten Dreiinseltyp über. Der charakteristische Seitenriß dieser Schiffe zeigt drei Erhebungen: das Backdeck, ein mittleres Hochdeck mit Aufbauten und das Poopdeck. Dazwischen liegen das vordere und das hintere Ladedeck mit den Luken und Ladeeinrichtungen. In der Zeit zwischen 1910 und 1930 gab es besondere englische Bezeichnungen zur Kennzeichnung einiger Frachtschifftypen, die sich von dem eben beschriebenen

Libertyschiff Typ EC2-S-61. Als Ersatz für die Kriegsverluste nach britischem Grundentwurf (Typ Ocean) in Amerika weiterentwickeltes Frachtschiff in Einfachbauweise. Insgesamt wurden 2710 Einheiten gebaut. Die als Schutzdecker mit 7176 BRT vermessenen Schiffe trugen 10000 t. Mit einer direkt wirkenden Dreifach-Expansionsmaschine erreichten sie eine Geschwindigkeit von 10–11 kn. Die 137,6 m langen und 17,4 m breiten Fünflukenschiffe ohne Back- und Poopdeck besaßen einen großen Mittelschiffsaufbau für Kommandobrücke und Mannschaftsräume. Für jede der drei Luken auf dem Vordeck und zwei Luken auf dem Achterdeck standen zwei 5-t-Ladebäume zur Verfügung sowie auf Vor- und Achterdeck je ein 50-t- bzw. 30-t-Schwergutbaum. Die Schiffe waren ursprünglich weder mit Hilfsdiesel, Funkpeiler noch Kreiselkompaß ausgerüstet.

Das System der Klassifikation der amerikanischen Einheitsschiffe beruht auf drei gemischten Buchstaben- und Zahlengruppen. Am Beispiel der Libertyschiffe Typ EC2-S-C1 gibt die erste Gruppe einen Hinweis auf den Typ des Schiffes. Der Zusatz E steht für emergency = Notfall, C für cargo = Frachtschiffe. (T = Tanker, P = Passagierschiff). Die 2 gibt einen Hinweis auf die Länge des Schiffes (1 = weniger als 400 Fuß, 2 = 400–450 Fuß ... usw.), die zweite Gruppe auf die Maschine, hier S für steam = Dampf (M = Motor usw.). Die dritte Gruppe weist auf den Konstruktionstyp und Sondereinrichtungen hin.

Anna Woermann der Woermann-Linie, erbaut 1883 auf der Reiherstiegwerft – Hamburg; 1110 BRT. Seit 1882 bot die Reederei mit Schiffen wie diesem einen regelmäßigen Dienst nach Afrika an, nachdem das 1847 gegründete Unternehmen mit eigenen Segelschiffen und seit 1878 mit dem ersten Dampfer unregelmäßige Abfahrten zu den eigenen Niederlassungen in Afrika betrieben hatte.

»Giyndwr«. Dreiinselschiff mit Ladeluke zwischen Brückenaufbau und Maschinenaufbau. Das 1904 in England erbaute und von den Deutschen bei Kriegsbeginn erbeutete Schiff wurde 1914 zu einem Wasserflugzeugträger (Bild) umgebaut. Das Vierlukenschiff mit einer 1600-PS (1177 kW)-Kolbendampfmaschine wurde 1940 griechisch und 1954 abgewrackt.

»Zar Ferdinand«. Ein älterer Fracht- und Passagierdampfer. 1914 in Livorno für Rumänien erbaut. Die Passagierräume befinden sich noch weitgehend unter Deck und in den Zwischendecks der Laderäume.

»Berenice«. Fracht-Passagier-Schiff, erbaut 1893. Das Schiff war noch mit drei zum Segeln eingerichteten Masten ausgerüstet, an denen Gaffelsegel gesetzt werden konnten. Die »Berenice« verfügte damit nicht über Ladebäume, sondern nur über vier kleine Kräne, je einen auf beiden Seiten der vorderen wie der hinteren Plicht. Das Schiff konnte 62 Passagiere aufnehmen, deren Kabinen im zentralen Aufbau lagen. Die »Berenice« entwickelte die nicht geringe Geschwindigkeit von 12,3 kn.

»Adeline Hugo Stinnes«, deutsches Frachtschiff, erbaut 1909, war ein Dreiinselschiff, mit kleiner Back und Poop und Mittschiffsaufbau und je zwei Ladeluken vorn und achtern. 2709 BRT, Kolbendampfmaschine mit 1700 PS (1250 kW) Leistung, Geschwindigkeit 11 kn. Nach dem Ersten Weltkrieg fuhr das Schiff unter belgischer Flagge und wurde 1964 abgewrackt.

ableiten ließen. Die Schiffe mit »raised quarter deck« hatten ein erhöhtes Achterdeck, Schiffe mit »welldeck« hatten ein verlängertes Backdeck, ein Welldeck. Zu erwähnen sind vielleicht noch die Schiffe mit »hurricane deck«, bei denen der Bugaufbau und der zentrale Aufbau durch ein gemeinsames, wenn auch nicht sehr widerstandsfähiges Deck miteinander verbunden waren; und schließlich die Schiffe mit »shelter deck«, einem durchgehenden Deck vom Vor- zum Achterschiff. Auf diesen Schiffen galt hauptsächlich aus vermessungstechnischen Überlegungen das Zwischendeck als Hauptdeck.

Der Transport von Schüttgut wie Kohle, Mineralien und Korn stellt wie der Transport von Flüssiggut eine erhebliche Gefahr für die Schiffsstabilität dar, wenn die Laderäume nicht vollständig gefüllt sind.

Bei Seegang oder Schräglage des Schiffes bei starkem Wind, besonders natürlich bei Segelschiffen, neigt die Ladung dazu, sich zu jener Seite zu verschieben, die dem Wind und dem Wellenschlag abgekehrt ist. Diese Schwerpunktsveränderung beeinflußt zwangsläufig die Stabilität und führt entweder zu einer dauernden Schräglage oder gar zum Kentern des Schiffes. Aus diesem Grund hatten einige Schiffe eine besondere Rumpfform. Im Querschnitt gesehen liefen die Rumpfseiten oberhalb des Oberdecks zusammen und bildeten ein »feeder« – der englische Ausdruck wird auch im Deutschen verwendet –, wodurch in den Laderäumen keine losen Oberflächen entstehen konnten, auch wenn sich das Schüttgut aufgrund der Roll- und Nickbewegungen während der Seefahrt einregelte und damit absenkte.

Die Schiffe dieses Typs bezeichnete man als »turretdeck-ship« oder auch Turmdecker. Beim ihrem Entwurf kamen Stabilitätsüberlegungen allerdings zu kurz, denn tatsächlich sind sie durch einseitigen Seeschlag wegen des tiefliegenden Hauptdecks bei

»Iberia«. Spanisches Frachtschiff, erbaut 1881, noch als Toppsegelschoner getakelt. Beide Masten verfügten auch über zwei Ladebäume. Das Schiff hatte einen Rauminhalt von 1331 BRT und vier Laderäume. Man beachte die recht kleinen Aufbauten.

schlechtem Wetter stabilitätsmäßig gefährdeter als die Normschiffe. Die hinter dem Entwurf stehende Überlegung war das Einsparen von Trimmkosten und gleichzeitiger Zeitersparnis beim Laden und Löschen.

Für die Verbrennung der Kohle in den Feuerungen braucht man Frischluft. Sie wurde über sogenannte Windhutzen in die Heizräume geführt. Diese Hutzen sind dicke Röhren, oben mit drehbarem trichterförmigem Kopfteil, in die der Fahrtwind die Außenluft in die Innenräume des Schiffes drückt. Die Windhutzen für den Heizraum standen neben dem Schornstein. Weitere Windhutzen sorgten auch für die Belüftung der Maschinenräume.

Die Frachtschiffe erlangten im Ersten wie im Zweiten Weltkrieg eine besondere Bedeutung, als man für den Transport von Kriegsmaterial immer mehr Tonnage benötigte, und auch natürlich in der Folge der vielen Versenkungen vor allem durch Unterseeboote. Besonders die Deutschen führten in beiden Weltkriegen einen erbitterten Kampf gegen Transportschiffe und Geleitzüge im Atlantik.

Im Ersten Weltkrieg (1914–18) wurden zur Deckung des Tonnagebedarfs zahlreiche stillgelegte Segler wieder in Fahrt gesetzt. Natürlich gaben die Alliierten und Neutrale bei der damals ungeheuer leistungsfähigen Industrie der Vereinigten Staaten auch zahlreiche Neubauten in Auftrag. Als die Vereinigten Staaten 1917 in den Krieg eintraten, wurden sehr viele Frachtschiffe mit Kolbenmaschinen der Größenordnung 2000 BRT und 5000 BRT gebaut, die nach der maßgeblichen Bauwerft »Hog-Island-Schiffe« genannt wurden.

Im Zweiten Weltkrieg (1939–1945) baute man gar 2600 Schiffe vom Typ EC2-S-C1 »Liberty« und 531 Schiffe vom Typ VC2 »Victory« sowie 438 Turbinentanker vom Typ T2, daneben als Truppentransporter sehr viele Fracht- und Passagierschiffe von 10 000 BRT bis 12 000 BRT. Nach Kriegsende blieben die Liberty- und Victory-Schiffe noch weitere zwei oder gar drei Jahrzehnte im Dienst. Sie wurden in großer Zahl anderen Ländern übergeben, um deren Verluste während der Kriegszeit auszugleichen.

Kombinierte Fracht- und Passagierschiffe

Die großen Schiffe, die ausschließlich der Passagierbeförderung dienten, konnten fast nur auf der Nordatlantikroute zwischen den größeren Häfen Europas und Nordamerikas gewinnbringend eingesetzt werden. Auf diesen Linien lag die Zahl der Passagiere in den verschiedenen Klassen so hoch, daß der Betrieb großer Passagierschiffe Gewinn garantierte. Die Reedereien lockten auf diesem hart umkämpften Markt mit immer kürzeren Fahrzeiten und immer luxuriöseren Schiffen.

Die Liniendienste konnten sich aber nicht auf den Nordatlantik beschränken. Schließlich gab es auch Bedarf zwischen Europa und Südamerika, zwischen Europa und dem Fernen Osten und Australien und zwischen den beiden entgegengesetzten Pazifikküsten. Um auch diese Routen zu bedienen, bei denen das Passagieraufkommen sehr viel geringer als zwischen Europa und Nordamerika war, verwendete man sogenannte Kombischiffe. Sie hatten eine beschränkte Zahl von Passagierunterkünften und gleichzeitig große Laderäume, die jene Frachteinnahmen brachten, die im wesentlichen die Kosten deckten und zum Gewinn beitrugen. Die Ausstattung dieser Schiffe erreichte natürlich nicht den Luxus der Transatlantikdampfer, war in den oberen Klassen aber dennoch passabel.

Um unter Deck Platz für den Warentransport zu gewinnen, durfte die Antriebsanlage nicht übermäßig groß ausfallen. Die Geschwindigkeit dieser Fracht-Passagier-Schiffe erreichte deswegen nie jene der Transatlantikdampfer. Im Äußeren unterschieden sie sich nicht sehr von den großen Passagierschiffen, denn auch sie besaßen große Aufbauten mit drei bis vier Decks, in denen die Unterkunfträume für die Passagiere lagen. Zu diesem gemischten Typ zählen die amerikanischen Schiffe mit der Bezeichnung 502 und 533, welche die USA zwischen den

»Oropesa«. Fracht-Passagier-Schiff, erbaut 1894 in England. Es hatte einen Rauminhalt von 5317 BRT und fuhr auf der Südamerika-Route. Die beiden Schiffsschrauben verliehen eine Geschwindigkeit von 15,5 kn. Im Ersten Weltkrieg wurde das Schiff in einen Hilfskreuzer umgebaut und 1915 Frankreich überlassen, wo es den Namen »Champagne« erhielt. 1917 versenkte ein deutsches Unterseeboot das Schiff.

»Iowa«. Einziges Frachtschiff mit fünf Lademasten, erbaut 1902 in England. Das Schiff konnte auch eine beschränkte Zahl von Passagieren aufnehmen, deren Kabinen im zentralen Aufbau lagen. Das Schiff war mit 11 500 BRT vermessen. Die Kolbendampfmaschinen trieben zwei Schiffsschrauben an und erlaubten eine Geschwindigkeit von 12 kn. Die »Iowa« wurde im Zweiten Weltkrieg eingesetzt und im Juni 1944 vor Arromanches versenkt, um einen künstlichen Nachschubhafen für die Invasionstruppen in der Normandie zu bilden.

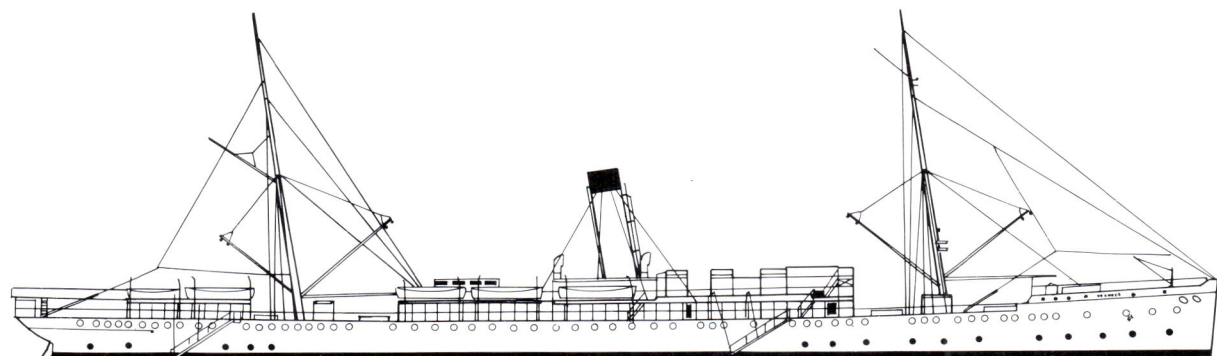

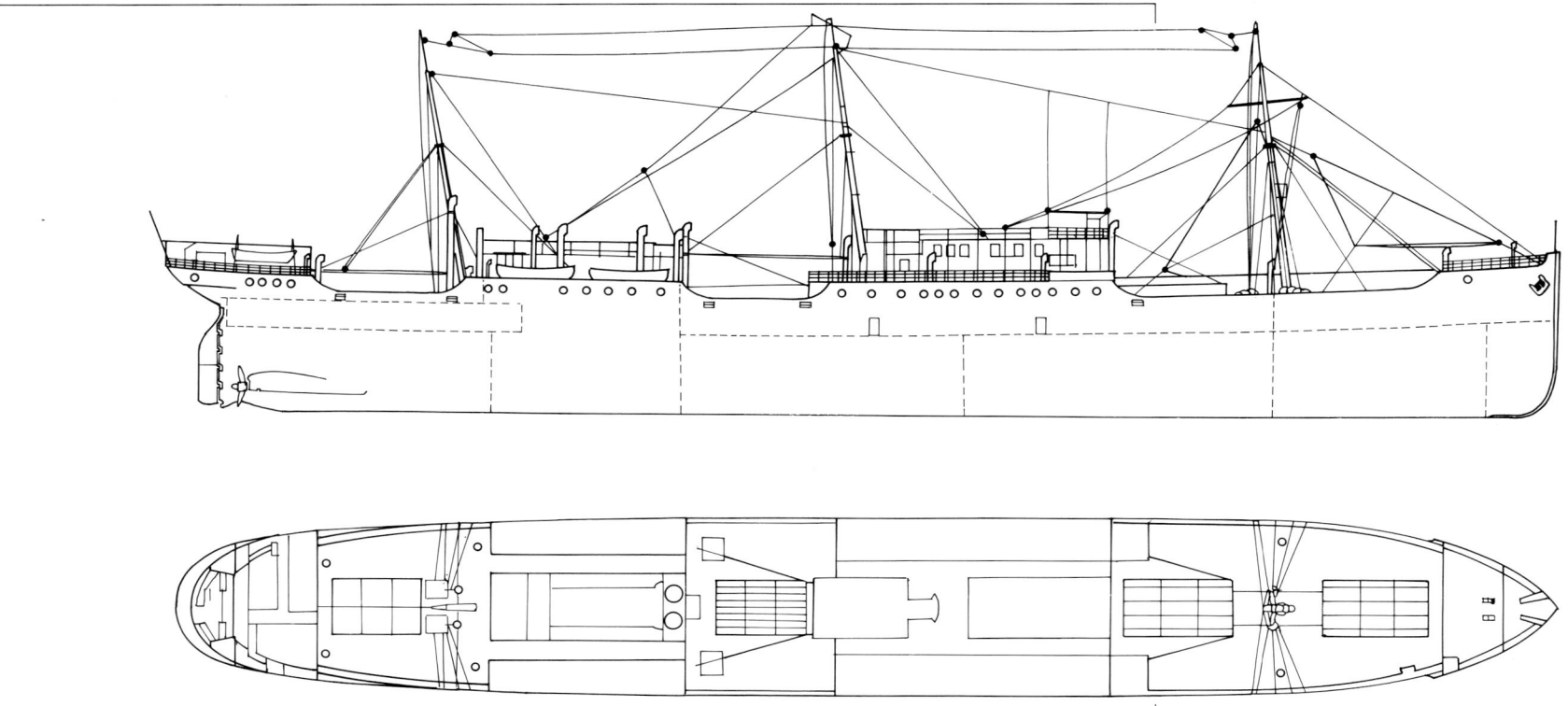

»Selandia«. Erstes seegehendes Frachtschiff mit Dieselmotor. Die »Selandia« hatte keine Schornsteine mehr und verfügte über zwei zentrale Aufbauten. Im vorderen lagen die Kommandobrücke und die Unterkunftsräume, während der hintere Aufbau über dem Maschinenraum lag. Zwei Laderäume lagen auf dem Vordeck. Die beiden Laderäume auf dem Achterschiff wurden durch ein erhöhtes Deck über dem Maschinenraum unterbrochen. Alle Laderäume wurden durch je zwei Ladebäume bedient. Außerdem war das Schiff mit einer Notbesegelung ausgerüstet.

Kriegen in großer Zahl bauten. Sie hatten einen zentralen, nicht sehr langen Aufbau und eine beträchtliche Zahl von Ladebäumen für die Ladungsarbeiten im Vor- und Achterschiff.

Als Kuriosität sei noch das amerikanische Schiff »Maui« erwähnt. Es wurde 1917 gebaut und gehörte der Reedereigesellschaft Matson Lines. Es hatte seine Maschinenanlage ganz im Heck anstatt in der Schiffsmitte.

Noch vor den Passagierschiffen wurden auf den Kombischiffen Dieselmotoren als Antriebsanlagen eingeführt.

Die Motorschiffe

Die Maschinenanlagen der Schiffe, die vor 1910 gebaut wurden, bestanden ausschließlich aus Dampfmaschinen. Eine Dampfmaschine setzt sich aus zwei deutlich getrennten Teilen zusammen: einer Dampferzeugungsanlage in Form eines Kessels, und der eigentlichen Maschine, bestehend entweder aus einer Kolbenmaschine oder aus Turbinen.

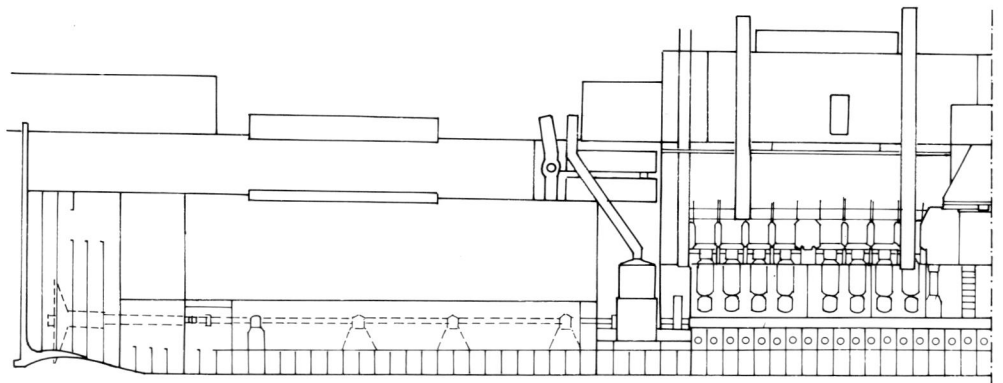

Anordnung des Maschinenraums der »Selandia«. Im Schnitt erkennt man die Auspuffrohre mit Windhutzen oberhalb des Dieselmotors. In der Draufsicht werden die beiden Motoren mit acht Zylindern deutlich. Jeder war direkt mit der eigenen Schiffsschraube verbunden.

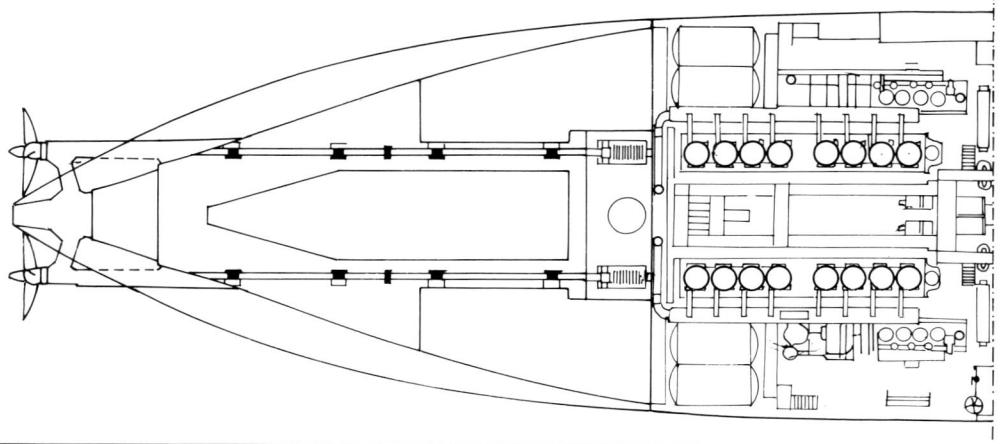

Der Motor mit innerer Verbrennung, nach dem Erfinder Rudolf Diesel auch Dieselmotor genannt, braucht keinen Kessel, da der Treibstoff direkt in die Zylinder eingespritzt wird und dort verbrennt. Die dabei entstehenden heißen Verbrennungsgase entfalten große Energiemengen und geben sie an die Zylinder ab. Der Dieselmotor fand zunächst – sehr zögernd – nur auf dem Festland Verbreitung. Der Verwendung des Dieselmotors als Schiffsantrieb standen vor allem zwei Gründe entgegen: seine relativ geringe Leistung und die Unmöglichkeit, die Drehrichtung des Motors und damit auch der Schiffsschraube zu verändern.

Schiffe hingegen müssen sowohl vorwärts

wie rückwärts fahren können. Bis zur Einführung des Verstellpropellers war dies nur möglich, wenn man die Drehrichtung der Schiffsschraube veränderte; Kolbendampfmaschinen mußten deswegen auch ihre Drehrichtung verändern können. Bei den Turbinen, die nur in einer Richtung laufen, behalf man sich mit einer zusätzlichen Rückwärtsturbine.

Es gelang aber ziemlich schnell, die Drehrichtung des Dieselmotors zu verändern, und zum ersten Einsatz kam dieser Antriebstyp in Unterseebooten. Schon seit 1905 baute die MAN U-Boot-Motoren für die deutsche und die französische Marine.

Seit dem Jahr 1903 wird der Dieselmotor in eine ganze Anzahl von kleinen Fahrzeugen der Küsten- und Binnenschiffahrt eingebaut, zuerst vermutlich in der französischen »Petit Pierre«, an deren Probefahrt Rudolf Diesel persönlich teilnahm.

In den Jahren 1903 und 1905 wurden die russischen Binnentankschiffe »Vandal« und »Sarma« mit Dieselmotoren ausgerüstet. Als erstes Hochseeschiff mit Dieselantrieb gilt der Petroleumtanker »Vulcanus«, ein Schiff der Anglo-Saxon von 2000 t Wasser-

verdrängung, 1910 in Amsterdam gebaut. Die Antriebsmaschine war ein einfachwirkender Sechszylinder-Werkspoor-Diesel. Die Maschine war umsteuerbar und leistete bei 180 U/min 500 PS (368 kW).

Nach diesen ersten Versuchen wurde 1912 das dänische Dieselfrachtschiff »Selandia« in Dienst gestellt. Der Antrieb bestand aus zwei Dieselmotoren von Burmeister & Wain, jeder mit einer Leistung von 1250 PS (920 kW), mit 140 U/min und direkter Verbindung zur Schiffsschraube. Das Schiff wurde schnell zum Anziehungspunkt für Reeder aus aller Welt, weil sich sein Betrieb von dem eines Dampfschiffes erheblich unterschied. Die Jungfernfahrt geschah mit 5000 t Fracht. Dabei legte die »Selandia« 2600 sm zurück, ohne sich einmal mit Brennstoff versorgen zu müssen. Nur acht Mann arbeiteten insgesamt im Maschinenraum, im Vergleich zu den 20 bis 25 Mann, die auf einem entsprechend großen Schiff mit Kesseln und Kolbenmaschinen notwendig waren.

Während des Ersten Weltkrieges (1914 bis 1918) stagnierte die Entwicklung der Motorschiffe, ging aber in der Nachkriegszeit wei-

ter. Weil der Motor wenig Platz beansprucht und auch wenig Brennstoff verbraucht, breitete er sich immer mehr aus. Die einen Dieselmotoren waren direkt mit der Schiffsschraube verbunden, andere verfügten über Kupplungsgetriebe mit verschiedenen Untersetzungen, so daß auch zwei oder mehr Motoren eine einzige Schiffsschraube antreiben konnten.

Unter den Motorschiffen mit Kupplungsgetriebe und Untersetzung seien erwähnt die »Havelland« und die »Münsterland« aus den Jahren 1921 und 1922. Sie hatten zwei MAN-Motoren mit zehn Zylindern, jeder mit einer Leistung von 1650 PS (1213 kW) und einer Drehzahl von 230 U/min.

Zwei Jahre später, 1923–1924, stellte eine weitere deutsche Reedereigesellschaft, die Hamburg-Südamerika-Linie, zwei Schiffe in Dienst, deren Aufgabe erklärtermaßen der Transport von Auswanderern war, die »Monte Sarmiento« und die »Monte Olivia«, mit 13625 bzw. 13750 BRT, vier Sechszylindermotoren, jeder mit 1750 PS (1289 kW) Leistung.

Im Jahr 1929 folgte die Hamburg-Amerika-Linie mit dem Passagiermotorschiff »St.

Louis«, mit 16732 BRT, vier Sechszylindermotoren Blohm + Voss – MAN mit je 3000 PS (2206 kW) Leistung sowie zwei Schiffsschrauben.

Getriebetypen mit der Möglichkeit zum Wechsel der Drehrichtung wurden in den Jahren 1938 bis 1939 für vier weitere Transatlantikschiffe der Hamburg-Südamerika-Linie in Betrieb genommen. Weiteste Verbreitung jedoch fanden sie in den Antriebsmotoren der drei Panzerschiffe vom Typ »Deutschland«, die in den Jahren 1929 bis 1936 entstanden.

Ein weiteres Schiff mit Dieselmotoren und Untersetzungsgetriebe ist die »Achille Lauro« (die später durch die Entführung im Sommer 1985 berühmt wurde). Sie wurde 1937 in den Niederlanden gebaut und mit acht Motoren mit je acht Zylindern und einer Gesamtleistung von 32000 PS (23533 kW) ausgestattet. Zwei Gruppen zu je vier Motoren treiben die beiden Schiffsschrauben an.

Im Lauf der Zeit wurden immer mehr Motorschiffe im Fracht- wie Passagierbereich in Betrieb genommen, und zwar mit Motoren, die direkt mit der Schiffsschraube verbun-

»Saturnia«. Großes Motorschiff für den Dienst auf der Transatlantik-Route, erbaut in Monfalcone, 23940 BRT, Länge 192 m, Breite 24 m, zwei Dieselmotoren mit 20000 PS (14700 kW), zwei Schiffsschrauben, Geschwindigkeit 21 kn und damit in dieser Hinsicht deutlich jenen Transatlantikdampfern unterlegen, die 30 kn und mehr erreichten. Die Amerikaner requirierten das Schiff im Zweiten Weltkrieg und stellten es dem Internationalen Roten Kreuz zur Verfügung. Die »Saturnia« versah von 1947 bis 1965 wiederum ihren Dienst auf der Transatlantik-Route. 1966 wurde sie abgewrackt.

den waren wie auch solchen mit dazwischengeschaltetem Kupplungsgetriebe. Der Dieselmotor zeigte seine Überlegenheit so deutlich, daß einige Reeder die Dampfmaschinen aus ihren Schiffen gegen Dieselmotoren austauschten.

Schiffe, deren Motor direkt mit der Schiffsschraube verbunden ist, haben »langsame«, große und schwere Dieselmotoren mit ungefähr 100 U/min. Bei Motorschiffen mit Untersetzungsgetriebe baut man schnellere, kleinere und leichtere Motoren ein. Ihre Leistung ist zwar insgesamt dieselbe, doch nimmt der Motor viel weniger Platz ein und läßt viel Raum frei für andere Verwendungszwecke.

Öltanker

Tankschiffe für den Transport von Erdöl machen heute einen großen Teil aller Handelsflotten der Welt aus, doch gibt es sie erst seit etwas mehr als hundert Jahren.

Das Erdöl stellt heute die wichtigste Energiequelle dar, und ohne Öl könnte man sich unser Leben gar nicht vorstellen. Bis zu Beginn des 19. Jh.s war das Erdöl so gut wie unbekannt, und nur in einigen wenigen Gebieten – zum Beispiel im Kaukasus, wo es von sich aus an die Erdoberfläche tritt – wurde es für Heizung und Beleuchtung verwendet.

Im Jahr 1859 begann die industrielle Nutzung des Erdöls gleichzeitig im Kaukasus und in Pennsylvania, und in beiden Gebieten begann man mit der Raffinierung des Rohprodukts, um Petroleum für Beleuchtungszwecke zu gewinnen.

Auf Initiative der Brüder Nobel, die in Baku Raffinerien eingerichtet hatten, nahmen 1860 in Rußland die ersten Öltransportschiffe, mit Segeln ausgerüstet und mit hölzernem Rumpf, den Dienst auf.

Für den Transport des amerikanischen Petroleums über den Atlantik verwendete man keine speziellen Segeltankschiffe, denn die raffinierten Produkte wurden in Metallbehältern, das Rohöl hingegen in Holzfässern befördert. Diese Art des Transports blieb bis in das 20. Jh. für die Verschiffung von Petroleum nach Asien bestehen. Die Idee, das Rohöl als Bulkladung zu transportieren, wie es die russischen Segler taten, setzte sich zuerst in England durch, wo am 1. August 1863 der Stapellauf des Holzseglers »Atlantic« stattfand, der im Rumpf Tanks hatte. Im praktischen Betrieb bewährte sich dieses Schiff aber nicht, so daß man 1869 ein zweites Segelschiff, die »Charles«, allerdings mit Eisenrumpf, baute. Dieses Schiff hatte keinen Antriebsmotor und damit auch keine Pumpen für das Beladen und das Löschen. Beide Tätigkeiten mußten mit von Fall zu Fall gelegten Röhrensystemen geschehen, und zwar mit Hilfe von Handpumpen.

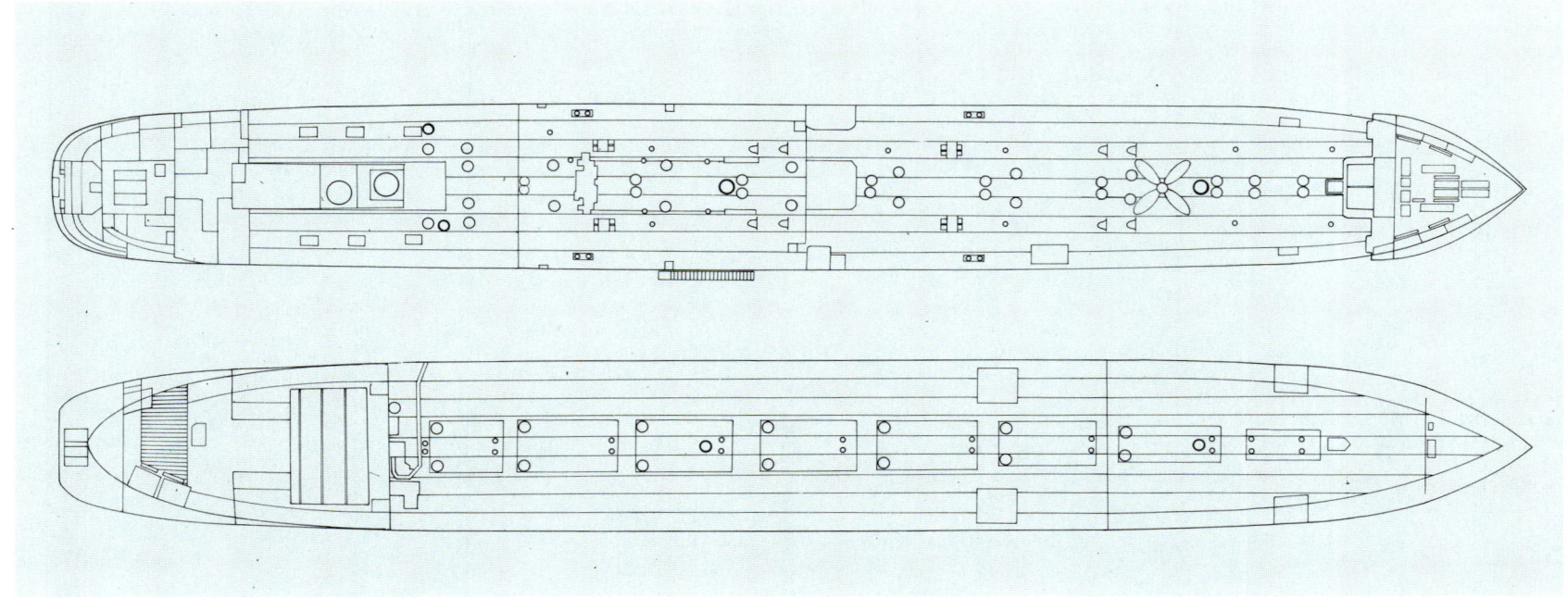

»Glückauf«. Der erste Tankdampfer der Welt hatte für die Hilfsbesegelung einen rahgetakelten Vormast und zwei Masten mit Gaffelsegeln. Länge 90,0 m, Breite 11,30 m, Eintauchtiefe in vollbeladenem Zustand 7,32 m. Die »Glückauf« konnte in 18 Tanks, die zu je 9 an beiden Seiten lagen, 3000 t Petroleum transportieren. Zwischen den beiden Tankreihen verlief in der Symmetrieebene des Schiffes ein Längsschott. Die Tanks lagen alle in der Mitte des Schiffs oder weiter vorne, während sich die Maschinenräume ganz hinten befanden, wie es auch bei den modernsten Öltankern unserer Tage noch üblich ist. In der Aufsicht erkennt man deutlich den Heckaufbau mit Maschinenoberlicht und den Unterkunftsräumen für die Offiziere. Die Mannschaftsräume lagen unter dem Backdeck. Im Schnitt durch das erste Deck erkennt man den Trunk mit den Ausgleichsräumen für die 18 darunterliegenden Tanks.

»Ark Royal«. Einer der ersten Öltanker mit der Antriebsanlage am Heck. Das Schiff wurde 1914 in Großbritannien erbaut, dann von der Marine gekauft und zu einem Schiff umgebaut, das Wasserflugzeuge aufnehmen konnte. Die Tanks wurden in Hangars umgewandelt. Zwei Kräne, die auf dem Deck deutlich zu erkennen sind, ließen die Flugzeuge ins Wasser oder nahmen sie von dort auf. Im Jahr 1923 baute man das Schiff zu einem Tender für Minensuchboote und 1946 zu einem Massengutfrachter um. Damals erhielt es den Namen »Anita«.

Die ersten Dampfschiffe, die für gemischten Betrieb mit dem Transport von Passagieren und Petroleum vorgesehen waren, hießen »Vaterland«, »Nederland« und »Switzerland«. Sie wurden 1872 und 1874 für eine belgisch-amerikanische Gesellschaft gebaut. Die Schiffe hatten einen Rauminhalt von ungefähr 2800 BRT, doch kommerzieller Erfolg war ihnen nicht beschieden. Die Decke der Tanks, in dem sich das Petroleum befand, war nämlich nur durch einen Zwischenraum von 60 bis 65 cm Dicke vom untersten Deck getrennt, in dem die Passagierunterkünfte lagen. Die Behörden erlaubten deswegen den Transport einer derart gefährlichen Ladung nicht.

Nach einer einzigen Reise, welche die »Vaterland« von den USA nach England unternahm, wurden die drei Schiffe für den Transport anderer Güter umgebaut.

Der erste Tanker, der diesen Namen auch wirklich verdiente, war die »Glückauf«. Der Engländer Henry F. Swan entwarf sie, und der Bau erfolgte in der Werft Armstrong & Co. in Newcastle on Tyne für den Reeder Wilhelm Anton Riedemann in Bremen. Der Antrieb bestand aus einer Kolbendampfmaschine, die aus einem Zylinderkessel gespeist wurde, der für eine Geschwindigkeit von 11 kn sorgte. Das Schiff besaß eine kurze Back; ein kleiner Brückenaufbau mit offener Brücke befand sich mittschiffs, und unter der langen Poop waren Dampfmaschine und Mannschaftsräume untergebracht. Ein langes schmales Trunkdeck diente als Ausdehnungsraum für die Ladung. Vorhanden waren auch Röhrensysteme für das Beladen und Entladen des Petroleums. Die dampfbetriebenen Pumpen lagen in einem eigenen Raum zwischen den Ladetanks und dem Kesselraum und konnten das Schiff innerhalb von zwölf Stunden beladen oder löschen.

Bei ihrer ersten Reise startete die »Glückauf« am 13. Juli 1886 mit Ballast in Newcastle und kam am Ende des Monats in New York an. Nachdem sie geladen hatte, überquerte sie den Atlantik wieder und kam Ende August in Bremerhaven an. Die Abreise von New York hatte sich durch einen bemerkenswerten Zwischenfall verzögert. Die Produzenten von Fässern und Metallbehältern, in denen man bis dahin das Petroleum und die entsprechenden anderen Raffinerieprodukte nach Europa transportiert hatte, merkten sofort, welche Gefahr das Schiff für ihre Geschäfte darstellte, und verhinderten einige Tage lang, daß die »Glückauf« Kohle bunkern konnte. Aus dieser Erfahrung ließ Reeder Riedemann die Kohlebunker vergrößern, so daß das Schiff genügend Brennstoff auch für die Rückfahrt mit sich führen konnte.

In der Folge baute Riedemann ein weiteres Tankschiff mit dem Namen »Vorwärts«. Es trat am 21. Dezember 1886 in Dienst. Doch schon vorher hatte der Reeder auf der Werft von Tecklenborg sein 1864 gebautes Vollschiff »Andromeda« durch Einbau von 72 miteinander verbundenen Tanks zu einem echten Bulktanker umbauen lassen. Das 1876 BRT große Schiff trat 1885 seine erste Reise an und war somit der erste Tanker, der eine Bulkladung von den Vereinigten Staaten nach Europa transportierte.

1886 liefen auch die Dampfschiffe »Sviet« und »Petrolea« mit einer Bulkladung russischen Erdöls in London ein. Gleichzeitig wurden fünf englische Tankschiffe in Dienst genommen. Die Entwicklung der Tanker sowohl nach Anzahl wie nach Tragfähigkeit geschah sehr schnell: 1903 ließ die Anglo-American Oil Co. in England die »Narragansett« bauen, die bereits 20000 t Rohöl in 20 Tanks transportieren konnte. Das war bereits das Vierfache des Ladungsvermögens der »Glückauf«. Das Beladen und Entladen geschah innerhalb von 24 Stunden.

Zu Ende des Ersten Weltkriegs 1918 hatten die Tankschiffe ein Fassungsvermögen von 11000 t bis 12000 t. 1921 ließ die Standard Oil in der Werft von Newport News den 175 m langen Öltanker »William Rockefeller« mit 14054 BRT und 20000 t Ladefähigkeit bauen. Die späteren Öltanker waren jedoch kleiner, weil der Tiefgang von 9 m die Einfahrt in die meisten Häfen unmöglich machte.

Eine Tragkraft von 20000 t wurde erneut in den Jahren 1936/37 erreicht: Die ersten waren die beiden französischen Schiffe »Sheherazade« und »Emil Miguet« mit 20320 t bzw. 21340 t Tragkraft.

1953 ließ ein kleiner unternehmungslustiger griechischer Reeder mit Namen Onassis in Hamburg einen Tanker mit der außergewöhnlichen Tragfähigkeit von 47000 t bauen. Er gab dem Schiff den Namen »Tina Onassis«. Es diente bis 1975 und wurde dann abgewrackt. Das Schiff hatte Turbinenantrieb, eine Schiffsschraube, war 236,21 m lang und 29 m breit. Bei voller Ladung tauchte es 11,4 m tief, also um ungefähr 2,5 m mehr als die »Rockefeller« aus dem Jahr 1921, welche für die damalige Zeit zu groß gewesen war. Der Motor hatte eine Leistung von 17000 PS (12500 kW) und ermöglichte dem Schiff eine Geschwindigkeit von 16,5 kn.

Das Rennen um die schiere Größe bei den Öltankern ging aber weiter und erreichte nach der Schließung des Suezkanals im Jahr 1967 einen Höhepunkt. Wir haben bereits darauf hingewiesen, welchen Einfluß Schüttgut auf die Stabilität eines Schiffes im Zusammenhang mit den Rollbewegungen ausüben kann. Noch stärker beeinflussen offene flüssige Güter die Stabilität, denn ihre Oberfläche schwankt mit den Schiffsbewegungen mit. Der Schiffsbauer muß solche Flüssigkeitsspiegel ganz besonders berücksichtigen. Heute kann er berechnen, wie sie die Stabilität verringern. Eine erste Maßnahme, um die Wirkung der beweglichen Flüssigkeitsspiegel einzudämmen, besteht darin, die Breite der Tanks zu verringern. Schon bei der »Glückauf« waren sie nur halb so breit wie das Schiff gewesen, denn ein zentrales Schott halbierte das ganze Schiff. Bei modernen Öltankern ist die Schiffsbreite in mehrere Mittel- und Seitentanks unterteilt. Seit der »Glückauf« verfügten anfangs alle Tanks über einen Ausdehnungsraum (Trunk). Diese Ausgleichsgefäße befanden sich bei der »Glückauf« in einem Zwischendeck und damit unter dem Oberdeck. Bei modernen kleineren Schiffen liegen sie hingegen auf dem Oberdeck.

Bei den großen Tankern ging man schon nach dem Ersten Weltkrieg von den Trunks ab, behalf sich mit Überlaufleitungen und zog bei der Beladung den Ausdehnungskoeffizienten in Betracht.

Das Zeitalter der Spezialschiffe – Von 1950 bis heute

Navigation, Kartographie, Seezeichen

Die Jahre nach dem Zweiten Weltkrieg mit den Fortschritten der Elekronik führten zu wesentlichen Veränderungen in der Navigation: Sie wurde dabei allerdings immer abhängiger von der Funktion komplizierter Apparaturen; Erfahrungen und Können des Menschen, die Beobachtung von Gestirnen und eigenhändige Berechnungen sind nicht mehr gefragt.

In der Küstennavigation kamen zu den herkömmlichen Leuchttürmen die Funkfeuer hinzu, sei es nun Richtfunk- oder Drehfunkfeuer.

Bereits nach dem Ersten Weltkrieg waren auf vielen Schiffen Funkpeiler eingebaut worden; heute sind sie auf jedem Seeschiff vorhanden. Sie erlauben dem Kapitän, bestimmte von Landstationen ausgesendete Funksignale aufzufangen und mit ihrer Hilfe jederzeit auch bei schlechter Sicht den Standort seines Schiffes festzustellen und schwierige Gewässer zu befahren.

Eine weitere wichtige Navigationshilfe ist das Radar, das in den ersten Jahren des Zweiten Weltkrieges entwickelt wurde. Mit dieser Funkortung und -messung kann man auf Bildschirmen die Küsten, die Inseln und die Schiffe erkennen, selbst bei Nacht und unter schwierigsten Sichtverhältnissen.

Die Erfindung des Radars geht letztlich auf ein 1904 erteiltes deutsches Patent zurück (DRP 165546), das dem Erfinder Christian Hülsmeyer für seinen bereits 1900 konzipierten Gedanken erteilt wurde, ein Gerät zur Ortung von Schiffen durch Rückstrahlung elektrischer Wellen zu bauen.

In der Hochseeschiffahrt kann man den Standort des Schiffes – anstatt durch Beobachtung der Gestirne – durch Hyperbelnavigation, d. h. durch Entfernungsmessung von bestimmten Funkstationen, bestimmen. Die am weitesten verbreiteten Systeme sind das Loran- und das Decca-Verfahren.

Natürlich setzen alle elektronischen Navigationssysteme (Funkfeuer, Loran-, Decca-Verfahren) voraus, daß auf dem Schiff besondere Empfängerstationen und auf dem festen Land besondere Sender installiert sind. Diese Geräte sind zeitlich und der Wellenlänge nach aufeinander abgestimmt. In der Anfangszeit mußte man für die Bestimmung des Schiffsstandortes besondere Seekarten heranziehen, auf denen verschiedenfarbige Hyperbelbündel aufgetragen waren. Sie stellten die Funkstandlinien von Leit- und Nebensendern dar. Heute gibt es Apparate, die direkt die Breiten- und Längengrade angeben.

Seit den sechziger Jahren werden spezielle Navigationssatelliten in Erdumlaufbahnen gebracht. Sie dienen der Flug- wie der Schiffsnavigation und sind mit künstlichen Gestirnen vergleichbar: Ähnlich wie man Sterne mit dem Sextanten beobachtet, so peilt man diese Satelliten mit Funksignalen an, und diese geben auf Fragen der Benutzer sogar Antwort.

Bei diesen künstlichen Satelliten unterscheidet man zwei Typen: Die einen haben dieselbe Winkelgeschwindigkeit wie die Erde und behalten ihren Standort über der Erde dauernd bei. Die anderen Satelliten weisen eine andere Winkelgeschwindigkeit auf und kehren in regelmäßigen Abständen zu einem bestimmten Punkt über der Erdoberfläche zurück.

In den Jahren um 1960 schoß die Marine der Vereinigten Staaten die Navigationssatelliten des Systems Transit in den Weltraum.

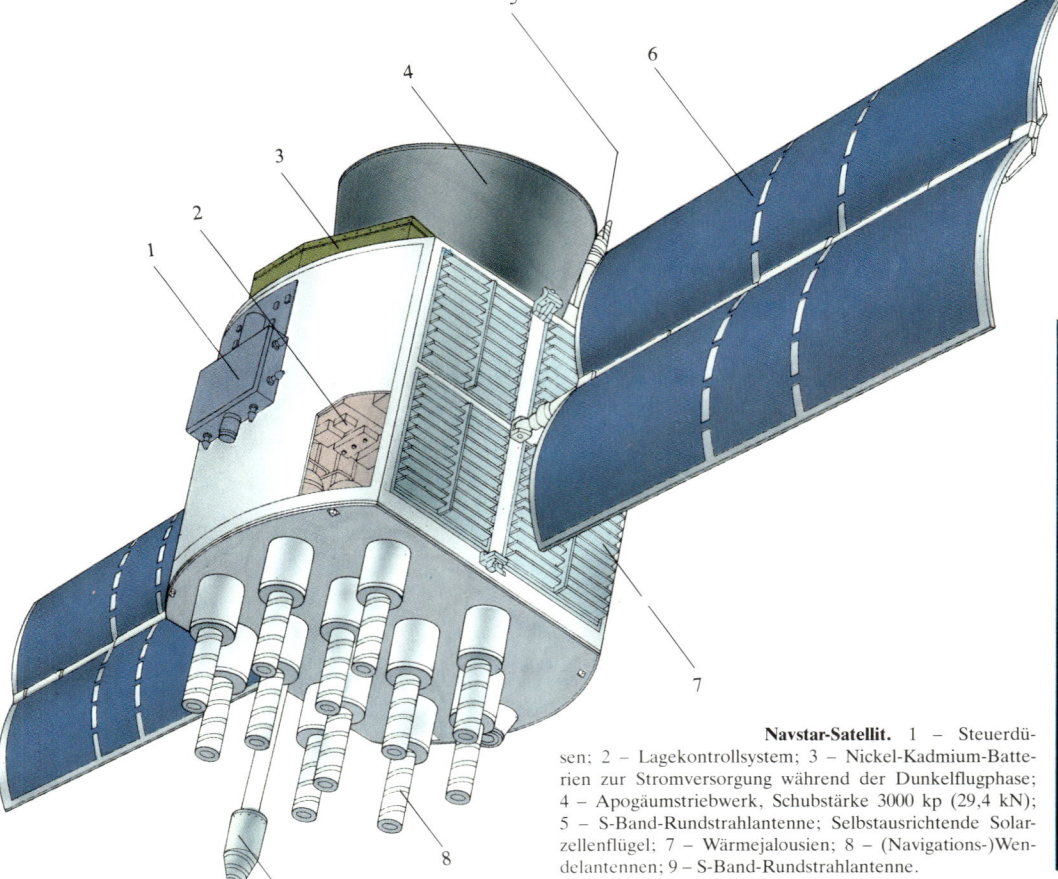

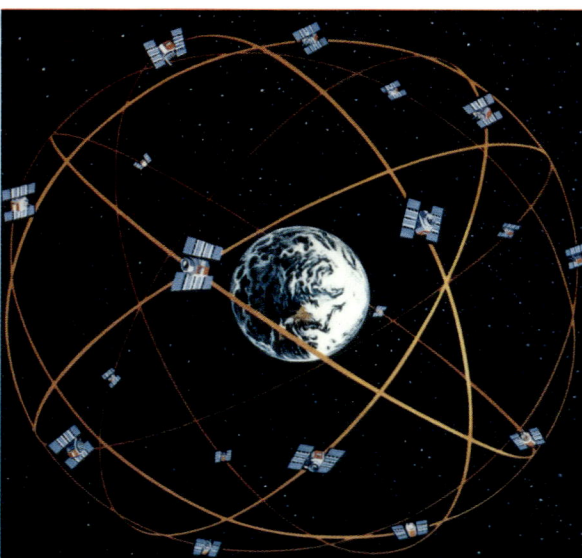

Navigationshilfe. Schematische Zeichnung eines künstlichen Navstar-Satelliten. Darunter sind die Umlaufbahnen abgebildet, auf denen sich diese Satelliten bewegen.

Navstar-Satellit. 1 – Steuerdüsen; 2 – Lagekontrollsystem; 3 – Nickel-Kadmium-Batterien zur Stromversorgung während der Dunkelflugphase; 4 – Apogäumstriebwerk, Schubstärke 3000 kp (29,4 kN); 5 – S-Band-Rundstrahlantenne; Selbstausrichtende Solarzellenflügel; 7 – Wärmejalousien; 8 – (Navigations-)Wendelantennen; 9 – S-Band-Rundstrahlantenne.

Jeweils sechs Satelliten umkreisen die Erde in unterschiedlichen Ebenen, so daß immer einer für die Ortung in Sicht ist. An ihnen kann ein Schiff alle 30 bis 90 Minuten, je nach der Position, mit Hilfe des auftretenden Dopplereffekts der ausgestrahlten Signale bei »Vorübergang« des Satelliten den eigenen Standort bestimmen. Seit etwa 1967 können auch Handelsschiffe von diesem Navigationssystem Gebrauch machen.

Ab 1975 ging man zu einem System mit geostationären Satelliten über. Es heißt Navstar/GPS. Die Satelliten senden Signale aus, mit deren Hilfe man den Schiffsstandort festlegen kann.

Seit ungefähr zehn Jahren sind im Handel »integrierte« Navigationsgeräte erhältlich, die mit verschiedenen Methoden arbeiten. Eines dieser Systeme nimmt die Kompaßangaben, den Geschwindigkeitsmesser des Schiffes und Satellitensignale zu Hilfe. Ein anderes System beruht auf Kompaß- oder Kursangaben, der Geschwindigkeitsmessung durch Lotungen mit Sonar (Ultraschallsignale) und dem Loran-Verfahren. Ein Rechner an Bord liefert dauernd neue Daten für die geographische Länge und Breite; die gleichzeitig gewonnenen Meßwerte können jederzeit über ein Anzeigegerät abgerufen werden. Der elektronische Bordrechner programmiert auch die Navigation von einem Hafen zum andern und überprüft den Verlauf der Schiffahrt, indem er die Länge, die Breite, die Geschwindigkeit, die Fahrtrichtung und deren Abweichungen, die Abstände von bestimmten Standorten und die Zeit registriert, die nötig

ist, um am Bestimmungsstandort anzukommen.

Die Verbindung zwischen dem Festland und dem fahrenden Schiff, die einst schwierig oder gar unmöglich war, besteht heute sogar mit Hilfe des Telefons. Der erste geglückte Versuch wurde bereits 1920 von Bord des Dampfers »Victorian« mit Gesprächen über eine Distanz von über 1000 sm unternommen. 1929 wurde auf der »Majestic« die erste Kurzwellentelefonanlage eingebaut. Heute vermietet die internationale Organisation der Seesatelliten (Inmarsat) Interessenten für ein oder zwei Stunden am Tag Leitungen. Über Funktelefon kann das Schiff dann mit einer Bodenstation des Inmarsat-Netzes in Kontakt treten und von dort über normales Kabel mit dem Reedereibüro sprechen. Heute werden Telefon-, Telex-, Telefax- und Datendienste für mehr als 3200 Schiffe aller Art geleistet.

Die Kartographie wurde in den ersten Jahrzehnten unseres Jahrhunderts zur Perfektion entwickelt. Natürlich muß sie nach wie vor ständig den neuesten Gegebenheiten angepaßt und nachgeführt werden und enthält immer mehr Informationen.

Der Schiffsbau

Auf dem Gebiet des Schiffsbaus brachte das Jahrzehnt zwischen 1940 und 1950 eine Neuerung, deren Bedeutung man mit der Anwendung von Eisen anstelle von Holz beim Bau der Schiffsrümpfe vergleichen kann: den Ersatz der Nietverbindung durch das Schweißen. Früher verband man Metall-

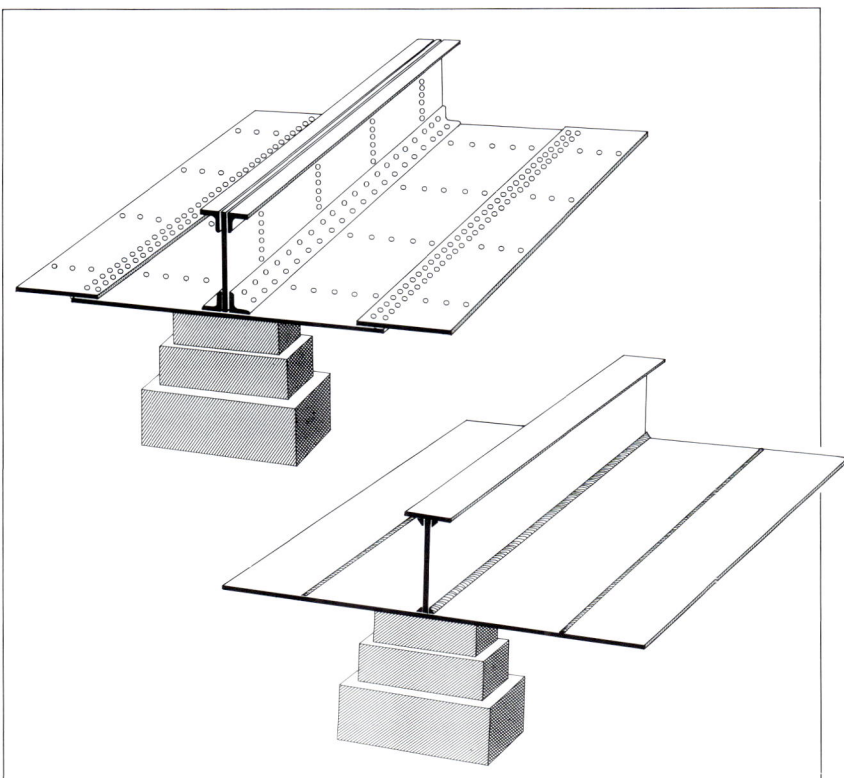

Vergleich zwischen Vernietung und Verschweißung. Ganz deutlich ist zu sehen, daß beim Schweißen keine Überlappungen und keine Nieten mehr notwendig sind. Damit vereinfacht man Montagearbeiten und spart Gewicht. Bei der Verschweißung wird für die Verbindung zweier Stücke in rechtem Winkel kein zusätzliches Winkelprofil mehr benötigt.

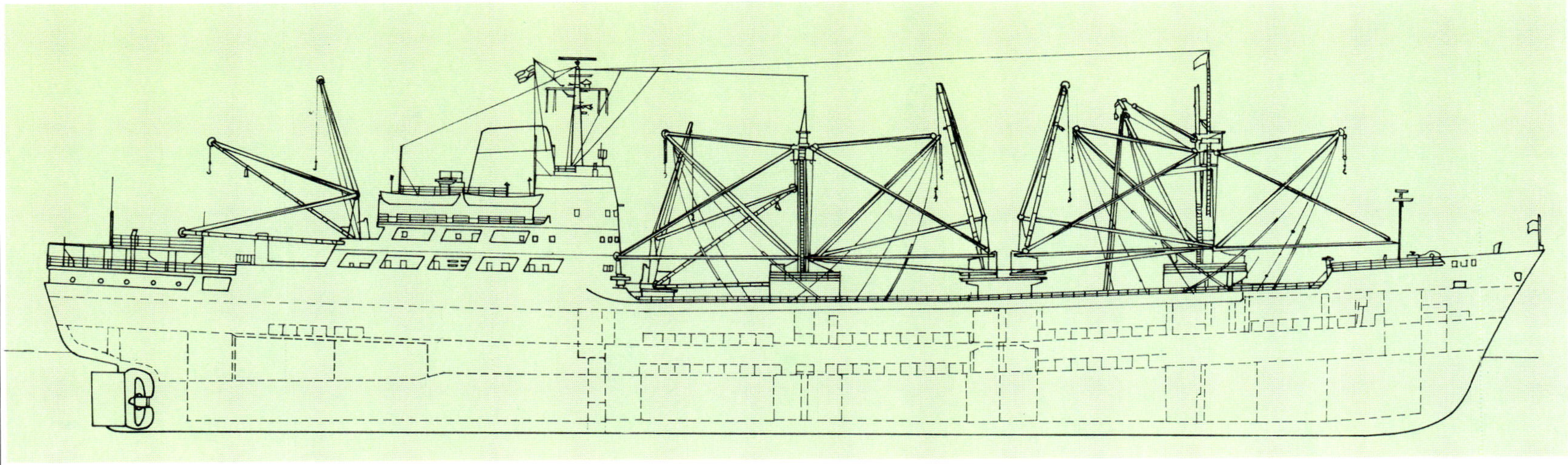

Frachtschiff für Trockenladungen mit zwei Lademasten und vier Kränen für die vorderen Laderäume und mit einem Kran für den Laderaum am Heck (Längsschnitt und Aufsicht). Im Längsschnitt werden die vier Laderäume im Vorschiff deutlich, jeder im oberen Teil mit zwei Zwischendecks. Der Dieselmotor treibt eine einzige Schiffsschraube an.

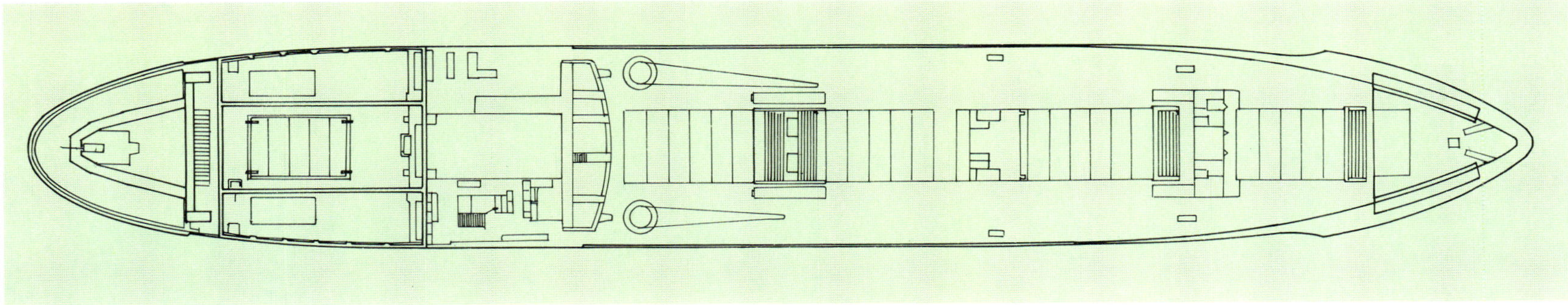

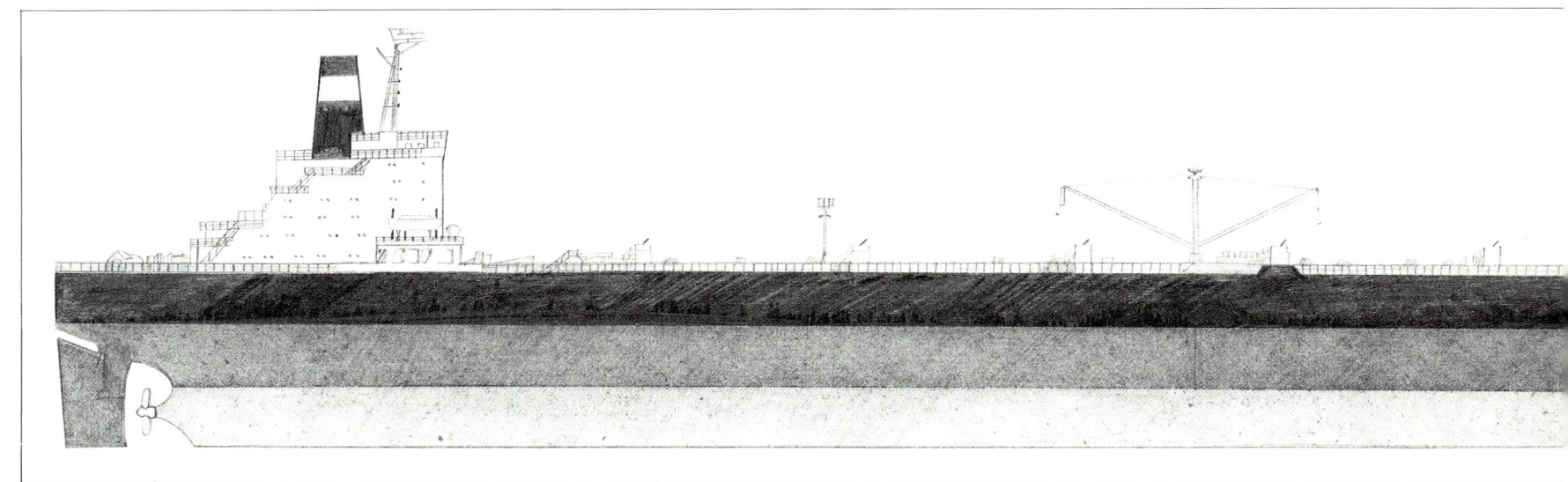

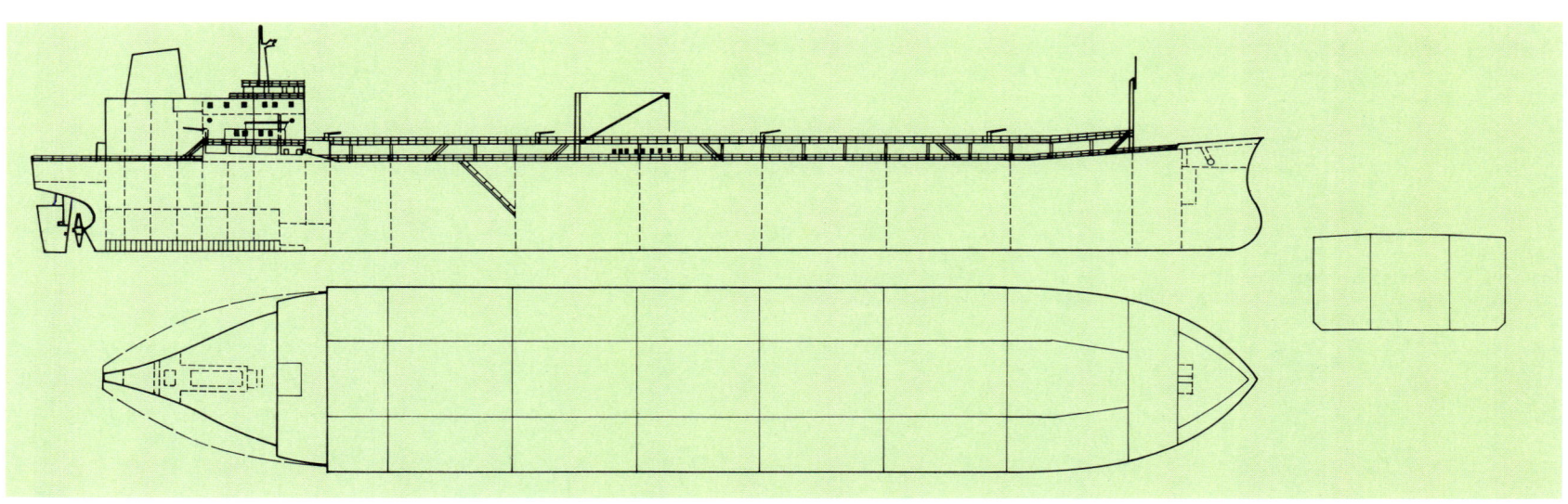

Tankschiffe für Erdölprodukte						
	1966 »Idemitsu Maru«	1968 »Universe Ireland«	1970 »Nisseki Maru«	1973 »Globtik Tokyo«	1976 »Batillus«	1980 »Seawise Giant«
Länge über alles (m)	342,0	346,0	347,0	379,0	414,2	458,5
Länge Bug−Heck (m)	326,0	330,0	300,0	360,0	401,0	440,0
Breite (m)	48,8	53,3	54,5	62,0	63,0	68,8
Höhe (m)	23,2	32,0	35,0	36,0	35,9	29,8
Tiefgang (m)	17,6	24,8	27,0	28,0	28,6	24,6
Tragfähigkeit (t)	206 000	326 585	372 400	483 660	553 660	564 763
Tankvolumen (m³)	245 058	399 600	470 000	581 000	667 300	–
BRT	107 321	149 608	184 855	213 886	275 267	238 558
Besatzung	32	51	48	35	44	
Maschinenleistung (PS/	33 000	37 400	40 000	45 000	65 000	50 000
kW)	24 270	27 500	29 400	33 000	47 800	36 800
Geschwindigkeit (kn)	16,5	14,6	14,5	15,0	16,7	15,2
Kiellegung	1. 2. 66	7. 10. 67	–. 11. 70	3. 4. 72	–. 1. 75	76
Stapellauf	5. 9. 66	9. 1. 68	20. 4. 71	14. 10. 72	16. 3. 75	–
Auslieferung	–. 12. 66	–. 9. 68	–. 11. 71	–. 2. 73	30. 5. 75	–. 10. 80
Werft	I.H.I., Kure	Negisi, Yokohama	I.H.I., Kure	I.H.I., Kure	Chantière de l'Atlantique, St. Nazaire	Nippon Kokan, Tsu

Moderner Öltanker (Längs- und Sagittalschnitt). Im Vorderschiff liegen Vorpiek und Trimmtank für das Ballastwasser, mit dem das leere Schiff getrimmt werden kann. 21 Ladetanks sind in drei Reihen zu je sieben Tanks angeordnet. Der Pumpenraum liegt hinter den Tankreihen und vor dem Maschinenraum.

Profil eines Öltankers mit Dieselmotorantrieb. Dieses Schiff behielt den zentralen Aufbau mit der Kommandobrücke bei, der beim Schiffstyp, der oben über beide Seiten abgebildet ist, nicht mehr erscheint. Man beachte den Laufsteg, der vom Vorschiff zur Kommandobrücke und von dieser zum Heck reicht und der es der Besatzung erlaubt, auch bei schwerer See halbwegs trocken die verschiedenen Aufbauten zu erreichen.

ULLC-Tanker. Profil eines modernen Öltankers vom Typ ULCC, ungefähr von 1970, 370000 t Tragfähigkeit, verglichen mit dem Profil der »Glückauf«, gebaut 1886 mit 3000 t Tragfähigkeit. Bereits bei diesem Schiff befanden sich die Tanks wie bei allen heutigen Öltankern im Vorschiff, während der Maschinenraum am äußersten Heck lag.

teile mit Hilfe von eisernen Nieten. Sie besaßen an einem Ende einen Kopf, wurden am anderen Ende hoch erhitzt, durch vorbereitete Löcher geschlagen und dann mit einem Hammer von Hand oder mit einem pneumatischen Gerät so zugeschlagen, daß ein zweiter Nietkopf entstand. Beim Schweißen hingegen werden die beiden Stücke nebeneinander gelegt und über Elektroden und heiße Lichtbögen miteinander verschmolzen.

Das Schweißverfahren verkürzt zwar die Bauzeit eines Schiffes enorm und führt überdies zu erheblichen Gewichtseinsparungen, weil Überlappungen für die Vernietung und Winkelprofile zur Erhöhung der Stabilität entfallen – aber wie die Vergangenheit zeigt, sind auch zahllose Schweißnähte gerissen.

Eine weitere revolutionäre Neuerung fand um 1960 statt, als die Elektronik in die Schiffsbaukunst Eingang fand. Um Form und Größe der einzelnen Elemente wie der Spanten und der Verstrebungen zu bestimmen, wurde früher – wir haben schon davon gehört – auf dem Schnürboden das ganze Schiff in natürlicher Größe aufgezeichnet. Von dort nahm man dann die Maßangaben für die Konstruktion der einzelnen Teile ab. Durch die Elektronik wurde dieses umständliche Verfahren überflüssig. Heute entnimmt man die Maßangaben für die verschiedenen Bauteile Zeichnungen, die im Maßstab 1:10 im Zeichenraum angefertigt wurden. Mit Hilfe des Konstruktionsspantenrisses errechnen Computer in einem »Strakprogramm« die technischen Aufmaße, die eine automatisch arbeitende Zei-

chenmaschine mit größter Genauigkeit aufzeichnet.

Natürlich werden die einzelnen Teile heute auch nicht mehr mit Scheren und handbetriebenen Brennern, sondern mit maschinenbetriebenen Azetylensauerstoffflammen zurechtgeschnitten. Dieses sogenannte Brennschneiden ist ein chemisch-thermisches Trennverfahren, das heute im Schiffbau weitgehend Verwendung findet. Automatisch gesteuerte Brennschneidemaschinen verwendet man zur Fertigung der Schiffbauteile. Profilbiegemaschinen und Stempelpressen für ungleichmäßig geformte Schiffbaubleche.

Mit solcher Ausrüstung konnte die Bauzeit zusätzlich verkürzt werden. Auch die Kosten für die Vermessung und den Zuschnitt der einzelnen Konstruktionselemente verringerten sich.

Auch beim Zusammenbau der Schiffsrümpfe geht man neue Wege. Anstatt in der Werft die einzelnen Stücke zusammenzuschweißen, fabriziert man große Einheiten vor. So werden Großsektionen in Spezialhallen oder überdachten Freiflächen im Rotas-System (engl. rotating and sliding-system = Dreh- und Gleitsystem) gefertigt. Dabei schweißt man einfache Flächensektionen zu räumlichen Volumensektionen zusammen.

Ein anderes System für die Montage von Volumensektionen ist das Gammasystem

(grand assembly in the mechanical mold apparatus system). Spezielle Haltevorrichtungen positionieren die Flächensektionen, die auf einer drehbaren Anlage durch Verschweißen zu vielen hunderttonnenschweren Großtankersektionen zusammengefügt werden. Natürlich erfordert dies auf der Werft riesige Portalkräne, welche die Hellinge oder Docks bedienen.

Eine weitere wichtige Neuerung im Schiffsbau besteht darin, daß man die Schiffsrümpfe nicht mehr auf Hellingen oder in Docks baut, sondern die Schiffe in einer Halle in Taktbauweise montiert.

Beim traditionellen Verfahren wird der Schiffsrumpf über dem Wasserspiegel zusammengebaut und dann »vom Stapel« ins Wasser gelassen oder auch in einem Baudock zusammengeschweißt, so daß man das Dock am Ende nur noch fluten muß. Einen neuen Weg ist man nun gegangen, indem man die abschnittsweise Montage eines Schiffes mit anschließendem »Vertakten« in die Halle verlegt hat.

Der Vorteil dieses Systems liegt in der Wetterunabhängigkeit und der rationellen Platzausnutzung, indem der Neubau die Halle bzw. Dock nur für den benötigten Arbeitsvorgang belegt. Diese Montagemethode bezeichnet man auch »auf rollendem Kiel«. Der auf den Bauplätzen montierte Schiffskörper wird auf Schienen oder Gleitbahnen von einem Arbeitsplatz zum nächsten »vertaktet«. Mittels einer Absenkanlage läßt man den fertig montierten Schiffskörper am Ende dann über eine Slipanlage, Baudock oder Flutbecken zu Wasser.

Spezialschiffe

Bei der Darstellung der Entwicklung der Dampfschiffe in den Jahren zwischen 1850 und 1950 haben wir bereits einige grundsätzliche Unterscheidungen dargelegt wie Passagierschiffe, Frachtschiffe oder Öltanker. Während und nach dem Zweiten Weltkrieg vervielfachten sich die Schiffstypen, und heute kann man sagen, daß es für die meisten Aufgaben ganz spezielle Typen gibt.

Öltanker

In einer Zeitspanne von rund acht Jahrzehnten, von 1866 bis 1953, stieg die Tragfähigkeit von 3000 t bei der »Glückauf« bis auf 47000 t bei der »Tina Onassis«. In den 20 Jahren, die zwischen 1946 und 1966 verstrichen, erhöhte sich die Tragfähigkeit der Öltanker in folgendem Rhythmus: 1948 – 23000 t; 1953 – 47000 t; 1956 – 85000 t; 1958 – 100000 t; 1966 – 200000 t.

Im darauffolgenden Jahrzehnt, als der Suezkanal geschlossen war und die Schiffe wieder die Südspitze Afrikas umfahren mußten, stieg die Tragfähigkeit weiter an und erreichte 1980 den Höhepunkt mit 564763 t.

Im Jahr 1966 nahm der große japanische Öltanker »Idemitsu Maru« den Dienst auf. Er hatte eine Tragfähigkeit von 206000 t und wurde stolz »Das größte Schiff der Welt« genannt. Ungefähr zwei Jahre später, im Jahr 1968, erreichte man mit den Einheiten der Klasse »Universe Ireland« bereits 326585 t.

1971 kam der japanische Öltanker »Nisseki

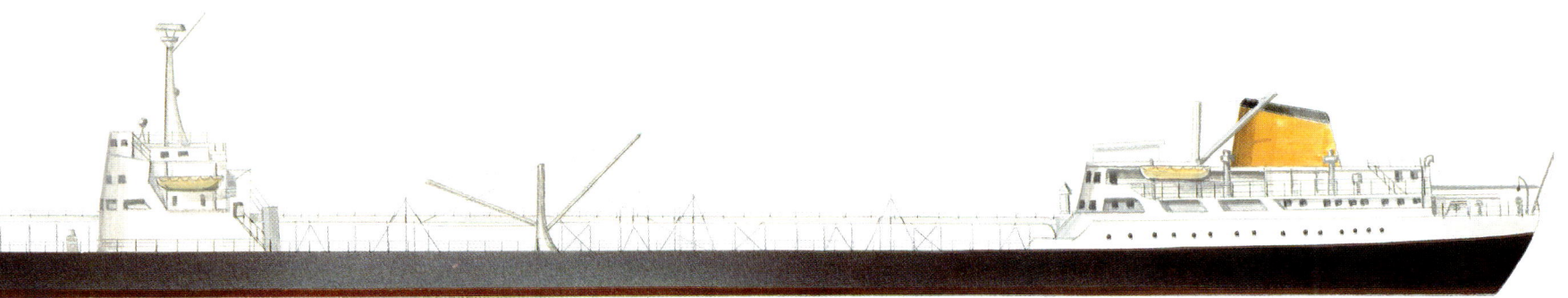

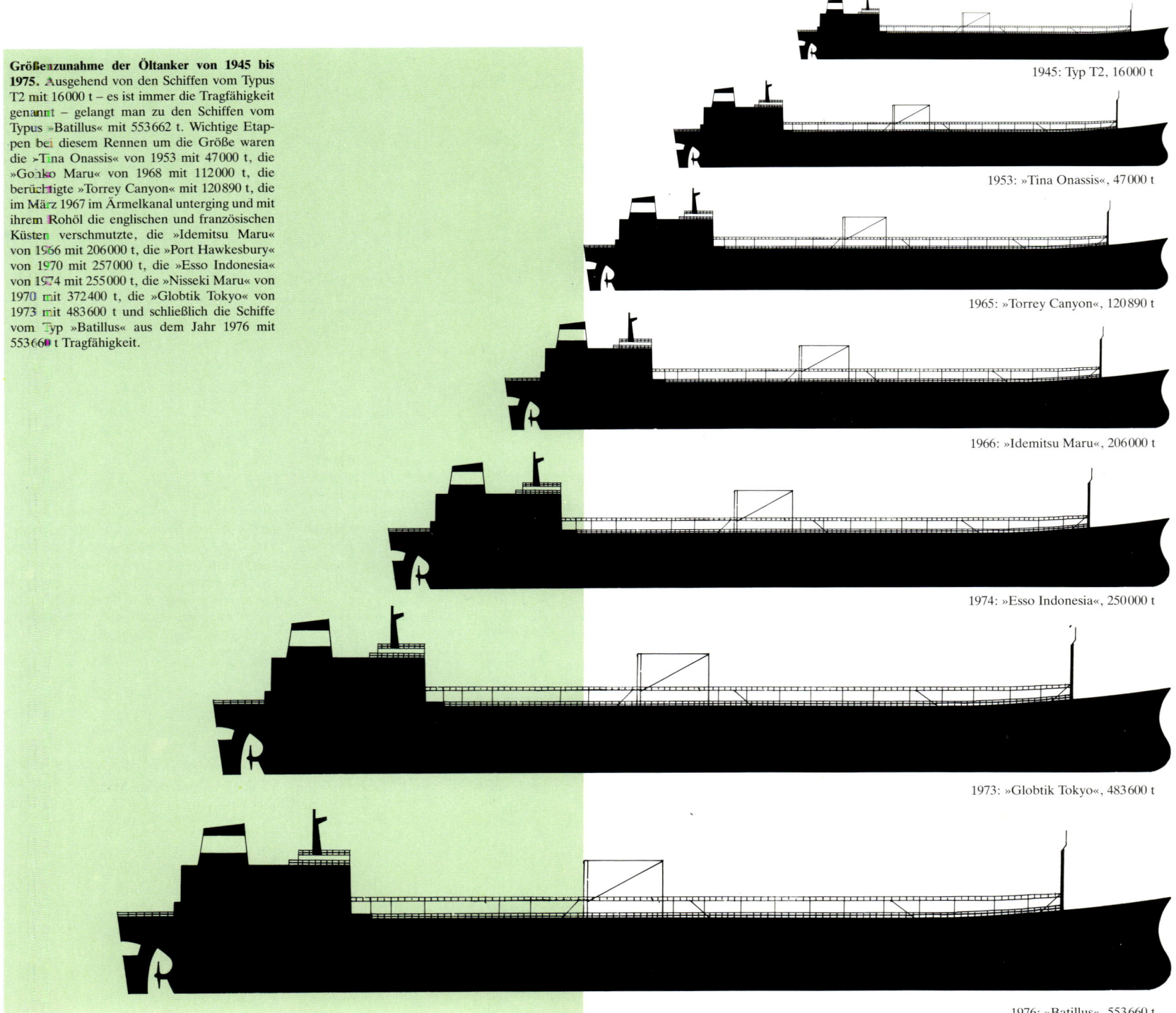

Größenzunahme der Öltanker von 1945 bis 1975. Ausgehend von den Schiffen vom Typus T2 mit 16000 t – es ist immer die Tragfähigkeit genannt – gelangt man zu den Schiffen vom Typus »Batillus« mit 553662 t. Wichtige Etappen bei diesem Rennen um die Größe waren die »Tina Onassis« von 1953 mit 47000 t, die »Gonko Maru« von 1968 mit 112000 t, die berüchtigte »Torrey Canyon« mit 120890 t, die im März 1967 im Ärmelkanal unterging und mit ihrem Rohöl die englischen und französischen Küsten verschmutzte, die »Idemitsu Maru« von 1966 mit 206000 t, die »Port Hawkesbury« von 1970 mit 257000 t, die »Esso Indonesia« von 1974 mit 255000 t, die »Nisseki Maru« von 1970 mit 372400 t, die »Globtik Tokyo« von 1973 mit 483600 t und schließlich die Schiffe vom Typ »Batillus« aus dem Jahr 1976 mit 553660 t Tragfähigkeit.

1945: Typ T2, 16000 t

1953: »Tina Onassis«, 47000 t

1965: »Torrey Canyon«, 120890 t

1966: »Idemitsu Maru«, 206000 t

1974: »Esso Indonesia«, 250000 t

1973: »Globtik Tokyo«, 483600 t

1976: »Batillus«, 553660 t

Maru« auf 372400 t Tragfähigkeit und damit auf 50000 t mehr als die »Universe Ireland«. Im Februar 1973 näherte sich die »Globtik Tokyo« und andere Schiffe ihrer Klasse der halben Million Tonnen, genau gesagt: 483600 t.

Im Jahr 1975 übertrafen die vier französischen Öltanker des Typs »Batillus« die halbe Million Tonnen (553660 t). Schließlich erreichte die »Seawise Giant« 1980 mit 564753 t jenen Rekord, der bisher nicht übertroffen wurde.

Auch die Bezeichnung der Öltanker hat eine Wandlung durchgemacht: Als im Winter 1950 in den Vereinigten Staaten die fünf Tanker der Capsa-Klasse für die Deutsche Shell – jeder mit einer Tragfähigkeit von 28000 t – gebaut wurden, prägten die Amerikaner den Begriff »super tanker«. Als man in den sechziger Jahren bei 150000 t angelangt war, verwendete man eine weitere Bezeichnung: »Very Large Crude Carriers« oder VLCC. Für Einheiten mit mehr als 300000 t Tragfähigkeit, dient die Bezeichnung »Ultra Large Crude Carrier« oder ULCC oder »Mammoth tanker«.

Nach der Wiedereröffnung des Suezkanals veränderte sich die Situation auf dem Markt, und die Dimensionen wurden wieder zurechtgerückt. Viele der größten Öltanker rüstete man ab, nicht zuletzt, weil die Entdeckung und Ausbeutung der Ölfelder in der Nordsee die Nachfrage nach Öl aus dem Nahen Osten verringerte. Heute haben die meistverwendeten Öltanker eine Tragfähigkeit zwischen 200000 t und 250000 t.

Bei einem modernen Öltanker liegen alle Ladetanks vor dem Maschinenraum, der sich im äußersten Heck befindet.

Weil das Öl durch Pumpen und Rohrsysteme geladen und gelöscht wird, benötigen die Öltanker weder Ladebäume noch Kräne, sondern nur Einrichtungen zur Übernahme der Lade- und Löschschläuche. Die Pumpenräume liegen im allgemeinen hinter den Tanks und vor dem Maschinenraum. Die Röhrenverbindungen dieser Pumpen verlaufen offen auf dem Deck. Die Ladetanks sind von Längsschotten in eine Reihe zentraler und zwei Reihen seitlicher Tanks unterteilt.

Alle Tanks verfügen über Ausgleichsgefäße. Um die Ansammlung von Gas zu verhindern, das beim Kontakt mit dem Sauerstoff der Luft reagieren und explodieren könnte, hat jeder Öltanker eine Produktionseinrichtung von inertem Gas. Dieses besteht im allgemeinen aus den Abgasen der Dieselmotoren, die auf eine besondere Weise aufbereitet und in den oberen Teil der Tanks und der Ausgleichsgefäße gedrückt werden und dabei die darin enthaltene sauerstoffhaltige Luft eliminieren.

Die Tanks müssen regelmäßig mit Hilfe einer Waschanlage mit Meerwasser gereinigt werden; dabei wird auch erhitztes Wasser verwendet. Früher ließ man das schmutzige Waschwasser einfach während der Fahrt ins Meer ab. Die heutige internationale Gesetzgebung verbietet diese verderbliche Praxis in küstennahen Gewässern, und das ölverschmutzte Waschwasser muß in einem be-

sonderen Tank an Bord aufbewahrt und am Zielhafen an eine Anlage abgegeben werden, welche die Ölbestandteile vom Wasser trennt. Das so gereinigte Wasser wird dann wieder ins Meer abgegeben.

Öltanker, die kalte Meere befahren und hauptsächlich Schweröl, Bitumen, flüssigen Schwefel und auch Pflanzenöle transportieren, verfügen im allgemeinen über Tankheizungen; das Öl wird durch Erwärmen flüssiger und läßt sich so erst abpumpen.

Ein besonderer Typ Öltanker sind die sogenannten »products carriers«. Sie transportieren in eigenen Laderäumen unterschiedliche Erdölprodukte. Diese werden auch mit gesonderten Pumpen weiterbefördert, so daß eine Vermischung und Verschmutzung nicht möglich ist.

»British Skill«. Öltanker mit einer Tragfähigkeit von 109000 t, gebaut 1983, langsamer Dieselmotor mit einer Leistung von 16250 PS, (11950 kW) der dem Schiff eine Geschwindigkeit von 13,7 kn verleiht. Das Schiff verfügt über fünf zentrale und zehn seitliche Tanks sowie über weitere Tanks für Ballastwasser. Man beachte auf dem Deck die Röhrenverbindungen, die gegen das Heck zu immer zahlreicher werden. Sie verbinden die Tanks mit dem Pumpenraum. Auf der Steuerbordseite, im Zentrum des Schiffes, ist der Hubschrauberlandeplatz deutlich zu erkennen. Seinetwegen mußten die Röhren etwas umgelegt werden.

»Batillus«. Der erste von vier Öltankern mit einer Tragfähigkeit von mehr als einer halben Million Tonnen, erbaut zwischen 1976 und 1979 in Frankreich. Sie ist 414,2 m lang, 63 m breit und hat vollbeladen einen Tiefgang von 28,6 m. Der Antrieb erfolgt über zwei Schiffsschrauben mit einer Geschwindigkeit von 16,7 kn. Es sind zwei Steuerruder vorhanden. Die Ausmaße dieses Schiffes werden nur noch von der »Seawise Giant« übertroffen.

»Nisseki Maru«. Japanischer Öltanker, erbaut 1970. Mit einer Tragfähigkeit von 372 400 t war das Schiff zu seiner Zeit das größte der Welt. Es war 347 m lang, 54,5 m breit und hatte einen Tiefgang von 27 m, der eine Einfahrt in die meisten Ölhäfen der Welt unmöglich machte. Die Tanks wiesen ein Volumen von 470 000 m³ auf. Das Schiff fuhr verhältnismäßig langsam: 14,5 kn.

◄ **»Mytilus«.** Einer der ersten Öltanker mit einer Tragfähigkeit von 200 000 t, erbaut 1969 in Japan für die englische Gesellschaft Shell Tankers. Am Vorschiff erkennt man deutlich den Mast für die Navigationslaternen und ungefähr in der Mitte zwei Ladebäume, je einer auf der Steuerbord- und der Backbordseite. In der Mitte befinden sich auf beiden Seiten die Anschlüsse für Ölleitungen. Dort werden die Schläuche vom Festland her angeschlossen. Auch das Vorschiff verfügt auf beiden Seiten über je eine solche Beladestation.

»Globtik Britain«. Öltanker mit einer Tragfähigkeit von 86 648 t, erbaut 1981 in Japan für die englische Gesellschaft Globtik Tankers Ltd. Dieses Schiff widerspiegelt die moderne Tendenz zum Bau von Öltankern mit einer Tragfähigkeit um 100 000 t. Das Schiff verfügt über einen Dieselmotor mit 13 900 PS (10 220 kW) Leistung und entwickelt eine Geschwindigkeit von 14,8 kn. Man beachte die kleine Back mit dem Mast für die Navigationslaternen sowie die beiden Ladebäume in der Mitte.

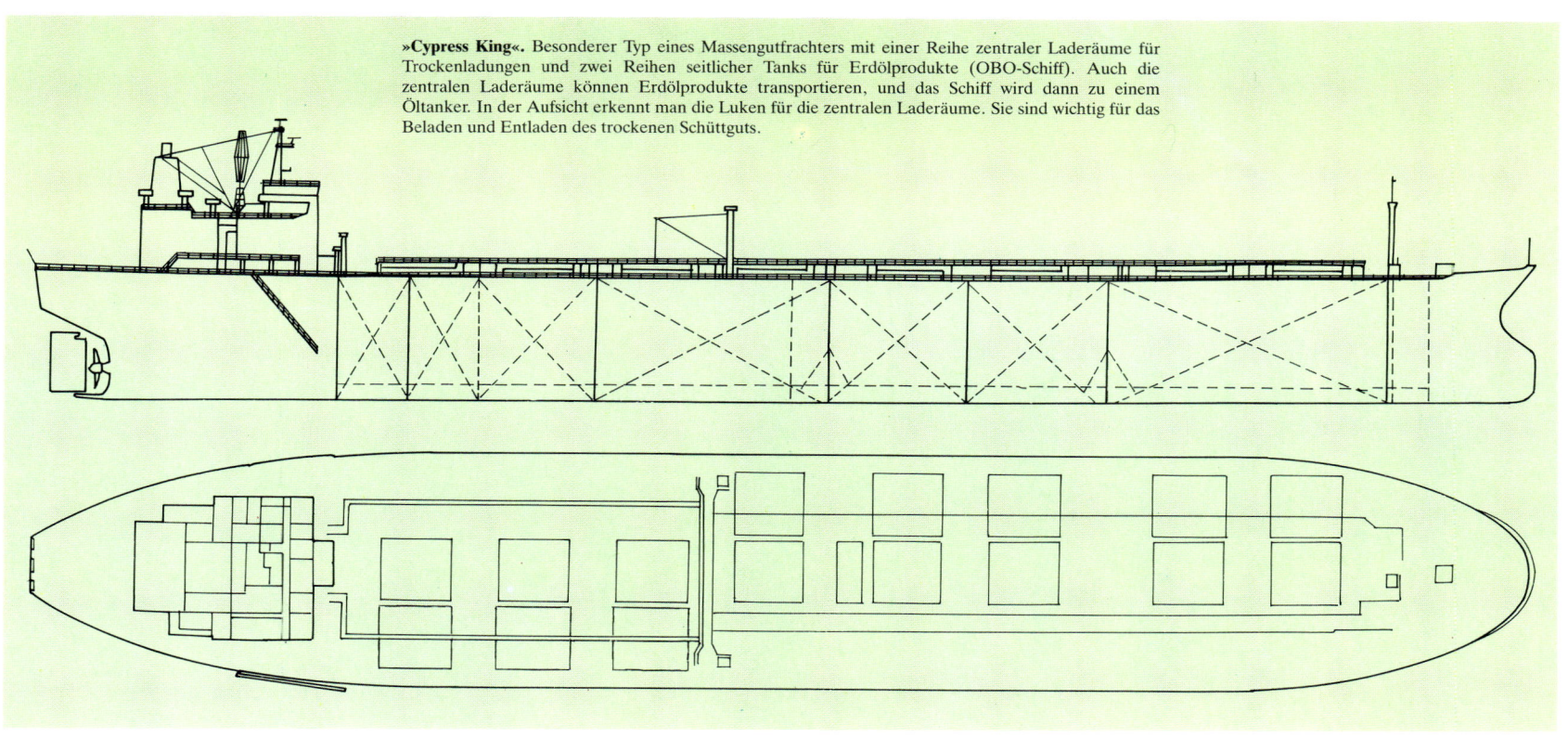

»Cypress King«. Besonderer Typ eines Massengutfrachters mit einer Reihe zentraler Laderäume für Trockenladungen und zwei Reihen seitlicher Tanks für Erdölprodukte (OBO-Schiff). Auch die zentralen Laderäume können Erdölprodukte transportieren, und das Schiff wird dann zu einem Öltanker. In der Aufsicht erkennt man die Luken für die zentralen Laderäume. Sie sind wichtig für das Beladen und Entladen des trockenen Schüttguts.

»Orotava Bridge«. Beispiel für einen Massengutfrachter aus dem Jahr 1968, der über keinerlei Einrichtungen zum Beladen und Entladen der Fracht verfügt. Man beachte die großen Luken des zweiten bis achten Laderaums, während der erste Laderaum ganz im Vorschiff nur über eine halb so lange Luke verfügt.

Massengutfrachter

Als Massengutfrachter, auf englisch bulk carriers, bezeichnen wir jene Schiffe die rieselfähige Feststoffe transportieren, zum Beispiel Mineralien, Korn, Kohle usw. Diese Stoffe sind mehr oder weniger körnig. Für lose verschifften Zement gibt es Spezialschiffe.

In seinem Aufbau ähnelt ein Massengutfrachter einem Öltanker: Alle Frachträume erstrecken sich vor dem Maschinenraum, der am äußersten Heck liegt. Die durch große Luken zugänglichen Laderäume werden jedoch im Regelfall durch Querschotten unterteilt.

Die meisten Massengutfrachter verfügen nicht über Vorrichtungen zum Laden und Löschen des Gutes, d. h. über Ladebäume, Auslege- oder Portalkräne, sondern sie führen diese Operationen mit hafeneigenen Mitteln durch.

Da die Wände der Frachträume gleichzeitig die Innenseite der Rumpfhaut sind, werden an den Seiten Strukturverstärkungen angebracht. Einen Doppelboden haben diese Schiffe jedoch alle. Um zu verhindern, daß sich Schüttgut zwischen den seitlichen Verstrebungen ansammelt, wo es mit mechanischen Mitteln nicht leicht entfernt werden kann, haben viele Massengutfrachter doppelte Bordwände, deren Innenseite völlig glatt ist. Die Verstrebungen liegen dann im Zwischenraum zwischen Außenhaut und Innenwand.

Zu diesen »Zweihüllenschiffen« gehören zum Beispiel die drei Kohletransportschiffe des Typs »Sir Charles Parson«. Sie wurden

	»Tartar«	»Docecanyon«	»Berge Istra«	»Juko Maru« (OBO)	»Saikai Maru« (Kohlefrachter)	»Sir Charles Parsons« (Kohlefrachter)
Länge über alles (m)	327,8	340,0	314,0	236,0	227,6	154,8
Länge Bug/Heck (m)	310,0	322,0	300,0	227,0	217,0	148,0
Breite (m)	50,0	55,0	50,0	32,2	36,0	24,5
Höhe (m)	29,5	28,3	26,3	20,1	18,9	13,5
Tiefgang (m)	19,1	21,4	19,8	13,5	12,3	9,0
Tragfähigkeit (t)	215620	275588	223963	70680	70407	22530
BRT	116269	131473	115441	42652	44580	14201
Maschinenleistung (PS/	32000	34000	31800	11930	14000	5840
kW)	23533	25004	23386	8376	10296	4295
Reisegeschwindigkeit (kn)	15,0	15,5	16,5	14,4	14,0	12,5
Flagge	Norwegen	Liberia	Norwegen	Japan	Japan	Großbritannien
Baujahr	1972	1973	1973	1981	1981	1985
Werft	Kokan, Tsu	Kokan, Tsu	Uljanin, Pola	Kawasaki, H. I. Sakaide	Mitsubishi, Nagasaki	Govan Shipbuilder

1985 in Dienst genommen und versorgen drei Kraftwerke in der Umgebung von London mit Kohle.

Ausgehend von der Grundform des Massengutfrachters haben sich einige Untertypen entwickelt, zum Beispiel jene Schiffe, die sowohl Massengut als auch Erdölprodukte transportieren können; man bezeichnet sie als OBO, ein Anagramm für Oil-Bulk-Ore (Erdöl-Massengut-Erz). Im Normalfall haben solche OBO-Schiffe getrennte Laderäume für Trockenladungen und Ladetanks für den Erdöltransport.

Wie bei den Öltankern ist der Rumpf durch zwei Längsschotten unterteilt. Dabei ist der mittlere, durch Luken zugängliche Laderaum für Trockenladungen, meistens schwere Erze vorgesehen. Nasse Ladungen wie Erdöl können diese OBO-Frachtschiffe in den als Tanks eingerichteten, mit Pumpen und Rohrsystemen ausgerüsteten Seitenladeräumen, im Doppelbodentanks wie auch in den Erzladeräumen fahren.

Für Spezialladungen eingerichtete Schiffe dieser Art nennt man z. B. PROBO-Carrier (Product-Crude Oil-Ore). Neben dem Transport von Erdölprodukten, Rohöl, Massengütern der unterschiedlichsten Art, sind diese Schiffe mit ihren großen Laderäumen jedoch auch für Ladungen wie Container, Holz und sperrige Industrieprodukte wie Großröhren und ähnliche Erzeugnisse geeignet. Je nach Bedarf und Einsatzgebieten sind solche Schiffe mit den unterschiedlichsten Lade- und Löscheinrichtungen sowie Pumpen- und Rohrsystemen ausgerüstet.

Da die Laderäume nach einem Transport von Rohöl oder von Erdölprodukten gewaschen werden müssen, bevor eine andere Fracht aufgenommen werden kann, hat auch bei den PROBO-Schiffen jeder Tank seine eigene Waschanlage. Das verschmutzte Waschwasser wird in besonderen Tanks aufgenommen. Die Luken der großen Laderäume reichen über die ganze Schiffsbreite. Auch diese Schiffe sind als Zweihüllenschiffe konstruiert, wobei die Zwischenräume wie die Doppelböden zur Aufnahme von Ballast eingerichtet sind.

Schließlich gibt es einen Typ mit der Bezeichnung »Conbulk«. Er erlaubt es, Container und Massengut zusammen zu transportieren. Einige Laderäume dieser Schiffe verfügen über Haltevorrichtungen für Container, wie auch das Deck und die Lukenabdeckungen mit Containern vollgestaut werden können. Auch hier ist der Rumpf im allgemeinen doppelt ausgelegt, so daß die Innenfläche der Laderäume keine Vorsprünge aufweist. Auch hier kann der Zwischenraum zwischen dem doppelten Rumpf Ballastwasser aufnehmen. Die Conbulk-Schiffe besitzen im allgemeinen bordeigene Einrichtungen zum Beladen und Löschen von Schüttgut und von Containern.

Leichter- oder Trägerschiffe

Als Leichter oder Bargen bezeichnen wir schwimmfähige Behälter ohne Motor zur Aufnahme von unterschiedlich großen Ladungsmengen. Man verwendet sie für das Beladen und Entladen von Schiffen, für Transporte innerhalb des Hafens, längs der Küste oder in großen Flüssen, natürlich stets mit Hilfe von Schleppern.

Die Leichter-Schiffe nehmen in ihren Laderäumen eine Vielzahl solcher Leichter oder Bargen auf. Die eigentliche Fracht, die sie enthalten, braucht also weder vom Bordpersonal noch von Hafenarbeitern angerührt werden.

In der Theorie können diese Schiffe auch eingesetzt werden, ohne je Häfen anzulaufen. Sie können weit draußen im Meer ankern, ihre Leichter abschleppen lassen und nachher neue wieder aufnehmen. In der Praxis allerdings finden diese Operationen im allgemeinen im Hafen statt.

Leichter-Schiffe bieten einige ökonomische Vorteile: größere Belade- und Entladegeschwindigkeit, geringere Aufenthaltsdauer in Häfen und damit auch geringere Betriebskosten; geringere Hafengebühren oder gar Wegfall dieser Kosten, wenn die Schiffe ihre Bargen außerhalb des Hafens entlassen und aufnehmen; kein Warten außerhalb des Hafens, wenn gerade kein Anlegeplatz vorhanden ist; Wegfall der Kosten für den Lotsen, die Schlepper und Festmacher, wenn das Schiff nicht im Hafen einläuft; Verringerung der Personalkosten für das Beladen und Entladen.

Viele dieser Vorteile erwiesen sich als theoretisch denn, diese Schiffe, wie bereits gesagt, machen eben doch an Hafenkais fest. Ferner kommen dazu die Kosten für das Abschleppen der Leichter, die allerdings viel geringer liegen als die Kosten für das Schleppen des ganzen Schiffes beim Anlegen und beim Ablegen. Besonders günstig sind Leichter in Gebieten mit einem weitverzweigten Netz von Binnenwasserstraßen, wo ihre Ladungen besonders kostengünstig zu den Bestimmungsorten kommen können.

Bei den Leichter-Schiffen unterscheidet man zwei grundlegende Typen: den Typ LASH und den Typ Sea Bee (»Meeresbiene«).

Die Bezeichnung LASH setzt sich aus den Anfangsbuchstaben von »Lighter Aboard Ships« zusammen, was »Leichter an Bord von Schiffen« bedeutet.

Die Projektierung der LASH-Schiffe wurde in den Jahren 1962 und 1963 für die Reederei LASH System Inc. in New Orleans/Louisiana durchgeführt. Mit dem Bau der Schiffe begann man allerdings erst Ende 1968.

Erst am 5. Dezember 1968 und nach verschiedenen Transaktionen wurde das erste LASH-Schiff, die »Acadia Forest«, in der japanischen Werft Uraga der Sumitomo Shipbuilding & Machinery Co. auf Kiel gelegt, und zwar für die norwegische Reederei A/S Moslash Shipping Company. Das Schiff nahm am 26. September 1969 seinen Dienst auf.

Auf den Schiffen vom Typ LASH (und damit auch auf der »Acadia Forest« (33231 BRT), werden die Leichter in die Laderäume gefahren und übereinander in vier Schichten gestapelt. Jeder Leichter muß mithin über ein kräftig gebautes Oberdeck verfügen, welches das Gewicht der darübergestapelten Einheiten tragen kann. Jede davon wiegt 453 t, wovon der leere Leichter bereits 83 t ausmacht. Die Leichter der »Acadia Forest« sind quaderförmig, 18,70 m lang, 9,50 m breit und 3,96 m hoch. Sie können 370 t Fracht tragen und haben dann einen Tiefgang von 2,66 m.

Um die Leichter vom Meer aufzunehmen und in die Laderäume zu transportieren und umgekehrt, verfügt das Schiff über einen Portalkran, der 510 t heben kann. Er bewegt sich auf dem Deck auf Gleisen und ragt über das flache Heck hinaus. Für das Einschiffen wird der Leichter unter diese vorkragenden Gleise bugsiert, am Kran festgehakt, hochgehoben und dann in den Laderaum abgesenkt. Das Entladen geschieht entsprechend.

Oberhalb der Luken der Laderäume kann das Schiff zwei weitere Schichten von Bargen aufnehmen. Auf den LASH-Schiffen werden die Bargen übrigens quer zur Fahrtrichtung festgemacht.

Um einen Leichter am Kran festzumachen, hochzuheben und in den Laderaum zu transportieren, sind ungefähr 15 Minuten nötig, und dafür braucht man nur einen einzigen Mann, den Kranführer. 73 Leichter kann das Schiff aufnehmen, und dazu braucht es ungefähr 18 Stunden, wobei fast 30000 t Fracht bewegt werden.

Die Unterschiede zwischen einer Sea Bee (erstes Projekt 1964–1965) und einem LASH-Schiff sind die folgenden: Anstelle eines Krans für die Bewegung der Leichter verwendet die Sea Bee eine Hebeplattform am äußersten Heck; anstatt die Leichter in normale »vertikale« Laderäume querschiffs und übereinander zu transportieren, werden sie, je zu zweit nebeneinander, längsschiffs auf drei »horizontalen« Decks verstaut, die Leichter stehen also in Fahrtrichtung; bei der Sea Bee können die Laderäume auch vor dem Aufbau liegen; dieser ist erhöht und erlaubt das Passieren der Leichter, die weiter vorne auf demselben Deck gestapelt werden; die Leichter vom Typ Sea Bee sind größer und tragen mehr als das Doppelte als die der LASH-Schiffe (Länge 29,71 m, Breite 10,66 m, Höhe 5,25 m, Wasserverdrängung voll beladen 1000 t, Tragfähigkeit 850 t).

Das erste Schiff vom Typ Sea Bee, das den Dienst aufnahm, war die »Doctor Lykes« mit 21667 BRT aus dem Jahr 1972, gebaut in der Werft Quincy der General Dynamics.

Beide bisher beschriebenen Schiffstypen nehmen die Leichter mit Hilfe von Hebevorrichtungen auf. Ein weiterer Typ mit der Bezeichnung FLASH kommt ohne diese Hilfsmittel aus, denn die Leichter können direkt in den Schiffsbauch hineinschwimmen.

Die Bezeichnung FLASH setzt sich aus zwei Teilen zusammen: das F steht für Float-on, Float-off, also »Einschiffen und Ausschiffen in schwimmendem Zustand«, und den zwei-

Leichterschiffe							
	»Acadia Forest«	»Doctor Lykes«	»Julius Fuchik«	»Mammoth Oak«	»BACO Liner I«	»BACAT«	»Condock«
Länge über alles (m)	262,0	266,0	266,5	134,5	204,1	103,5	92,4
Länge Bug/Heck (m)	234,0	225,5	209,6	125,0	195,0	93,2	81,2
Breite (m)	32,5	32,2	35,0	34,2	28,5	20,7	19,6
Höhe (m)	18,3	22,8	22,9	7,5	14,5	10,5	10,0
Tiefgang, vollbeladen (m)	11,25	9,9	11,0	4,8	6,7	5,4	4,6
Tragfähigkeit (t)	49835	39.026	37800	11400	21800	–	3400
BRT	33231	21667	35000	1800	22345		1000
Maschinenleistung (PS/	26000	36000	36000	5880	10700	4000	3100
kW)	19120	26475	26475	4324	7869	2942	2200
Reisegeschwindigkeit (kn)	22,5	22,6	19,0	10,3	15,0	13,0	12,5
Flagge	Liberia	USA	UdSSR	Liberia	BRD	Dänemark	BRD
Anzahl Leichter	73	38	52	18	12	10	3
	LASH	Sea Bee	LASH 26 Donau	LASH	BACO 12 LASH 4 Europa	BACAT 3 LASH	LASH 3 BACO 2 Sea Bee
Werft	Sumitomo, Uraga	General Dynamics Quincy	Valmet, Vuosari	Sumitomo Heavy Ind. Oppama, Yokosuka	Thyssen, Nordsee-Werke, Emden	Frederikshavn Vaerf, Frederikshavn	Nobiskrug, Rendsburg

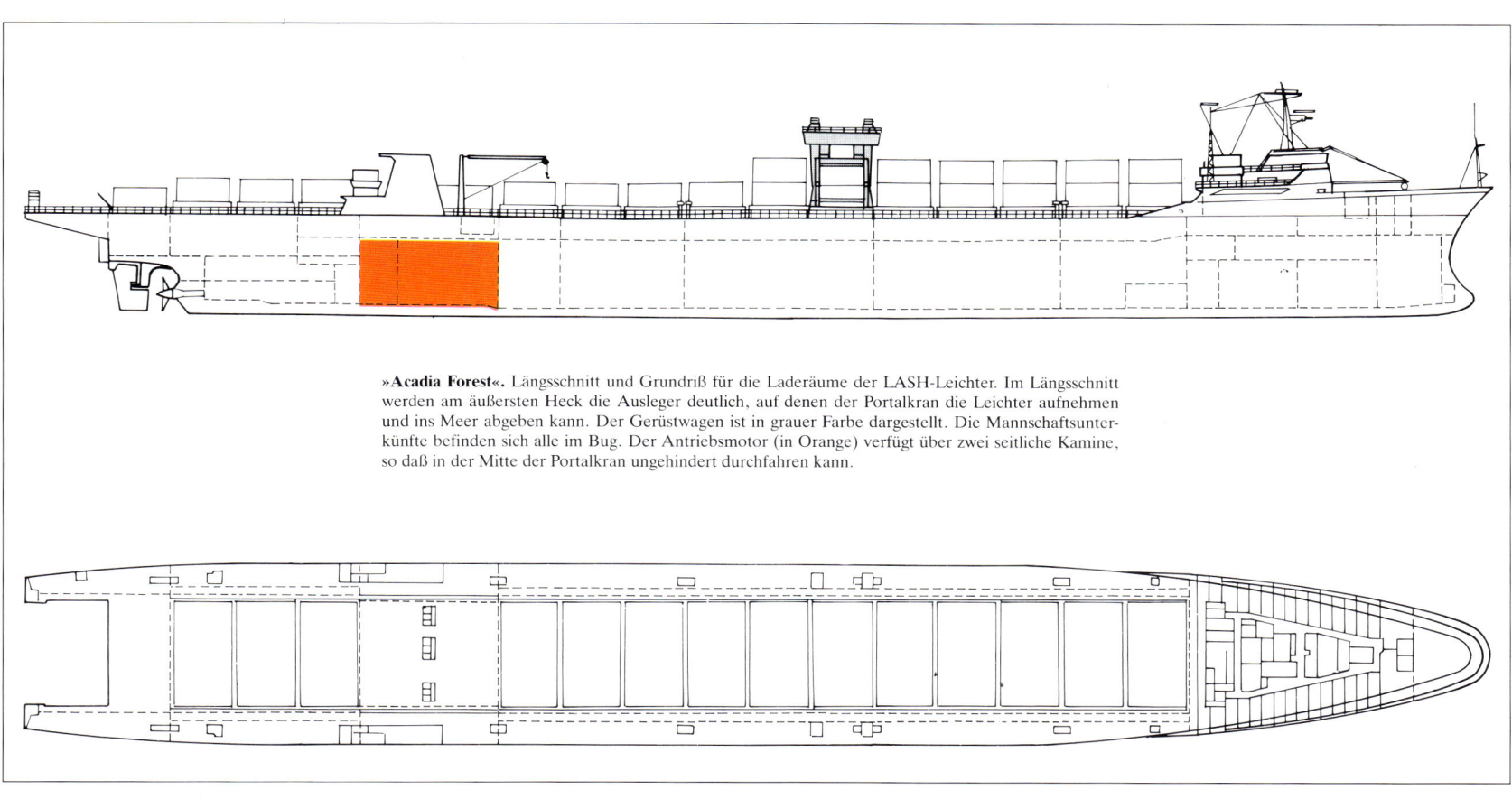

»Sea Bee«. Gut sichtbar ist die Hebebühne für die Leichter am Heck, die zwei Sea Bees auf einmal aufnehmen kann. Wenn diese auf dem für sie bestimmten Deck angelangt sind, rollen sie bis zum vorgesehenen Platz weiter.

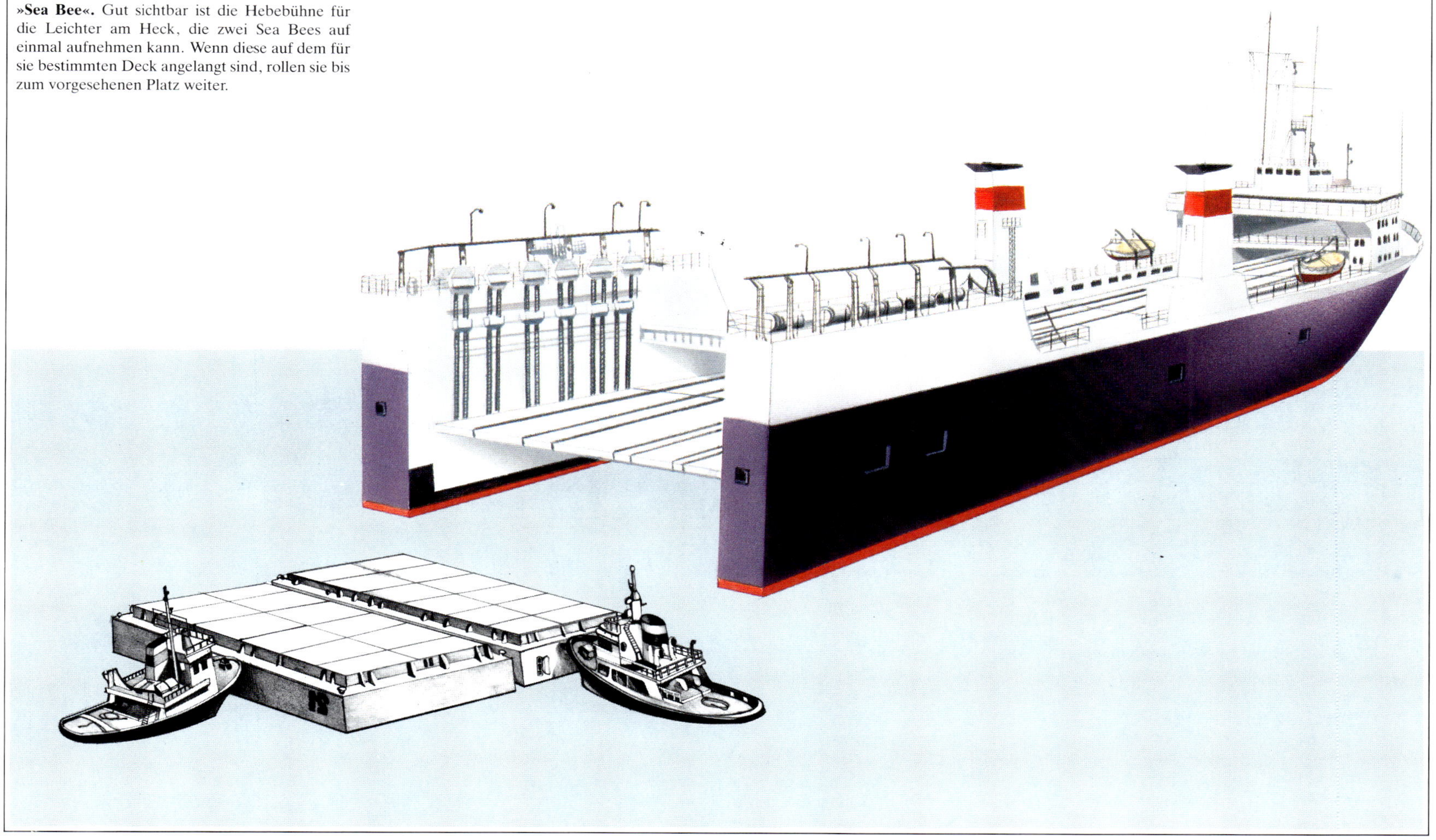

»Acadia Forest«. Längsschnitt und Grundriß für die Laderäume der LASH-Leichter. Im Längsschnitt werden am äußersten Heck die Ausleger deutlich, auf denen der Portalkran die Leichter aufnehmen und ins Meer abgeben kann. Der Gerüstwagen ist in grauer Farbe dargestellt. Die Mannschaftsunterkünfte befinden sich alle im Bug. Der Antriebsmotor (in Orange) verfügt über zwei seitliche Kamine, so daß in der Mitte der Portalkran ungehindert durchfahren kann.

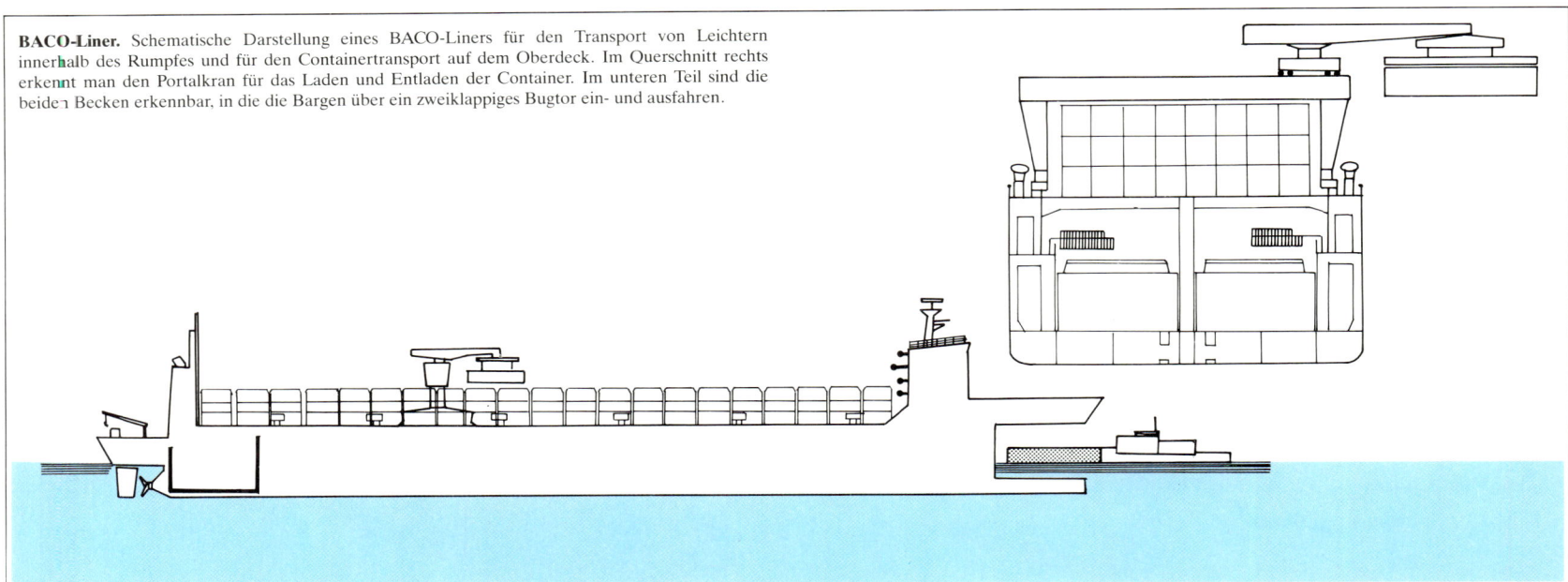

BACO-Liner. Schematische Darstellung eines BACO-Liners für den Transport von Leichtern innerhalb des Rumpfes und für den Containertransport auf dem Oberdeck. Im Querschnitt rechts erkennt man den Portalkran für das Laden und Entladen der Container. Im unteren Teil sind die beiden Becken erkennbar, in die die Bargen über ein zweiklappiges Bugtor ein- und ausfahren.

ten Wortbestandteil LASH kennen wir bereits.

Zu diesem Typ gehören auch die CON-DOCK-Schiffe, die 1979 von der deutschen Nobiskrug-Werft gebaut wurden. Es handelt sich dabei aber nur um kleine Küsteneinheiten von 81,2 m Länge und 19,6 m Breite, die nur drei Leichter vom Typ LASH oder BACO oder zwei Leichter vom Typ Sea Bee aufnehmen können. Sie werden in einer Reihe in dem über die fast ganze Schiffslänge reichenden Laderaum verstaut, der 7353 m³ groß ist.

Während die eben erwähnten Untertypen

die Leichter in einem offenen Laderaum aufnehmen, transportieren die Schiffe vom Typ BACO ihre Leichter im Schiffsbauch und nehmen sie über ein Bugtor mit zwei Flügeln auf. Jeder dieser Flügel ist auf seiner Schiffsseite fest verankert, und beide schließen sich gegen den Vordersteven. Auch die Bezeichnung BACO ist ein Kunstwort, das sich aus den Anfangsbuchstaben der englischen Bezeichnung »Barges and Containers« zusammensetzt, also »Leichter und Container«, denn dieses Schiff kann auch 500 Container aufnehmen. Sie werden auf dem Deck in drei Lagen, jede mit 21 Reihen

zu je acht Containern gestapelt. Das Deck braucht keine Luken, da der Zugang zum Laderaum nur über das Bugtor möglich ist. Die Leichter der BACO-Schiffe schwimmen also in den Schiffsbauch hinein. Nach der Beladung wird das Wasser allerdings gelenzt, so daß die Leichter sich im Trockenen befinden. Sie liegen dabei auf eigenen Pallungen auf dem Schiffsboden.

Den LASH- und Sea-Bee-Schiffen ähnlich sind die Schiffe vom Typ BACAT. Es handelt sich dabei um einen Mischtyp, denn sie können auf dem Deck zehn Leichter vom BACAT-Typ transportieren, welche eine

Hebeplattform aus dem Meer aufs Deck hebt. Ferner finden drei weitere Leichter vom LASH-Typ Platz, die im zentralen Zwischenraum zwischen den beiden Rümpfen Platz finden.

Die Bezeichnung BACAT setzt sich aus den Anfangsbuchstaben der Wörter »Barges and Catamaran« zusammen. Es handelt sich bei diesem Schiff nämlich um einen Katamaran, also ein Schiff mit zwei parallelen Rümpfen mit einem kanalartigen Zwischenraum dazwischen.

Es sei hier noch an ein Leichter-Schiff erinnert, das seine Bargen nicht vom Meer

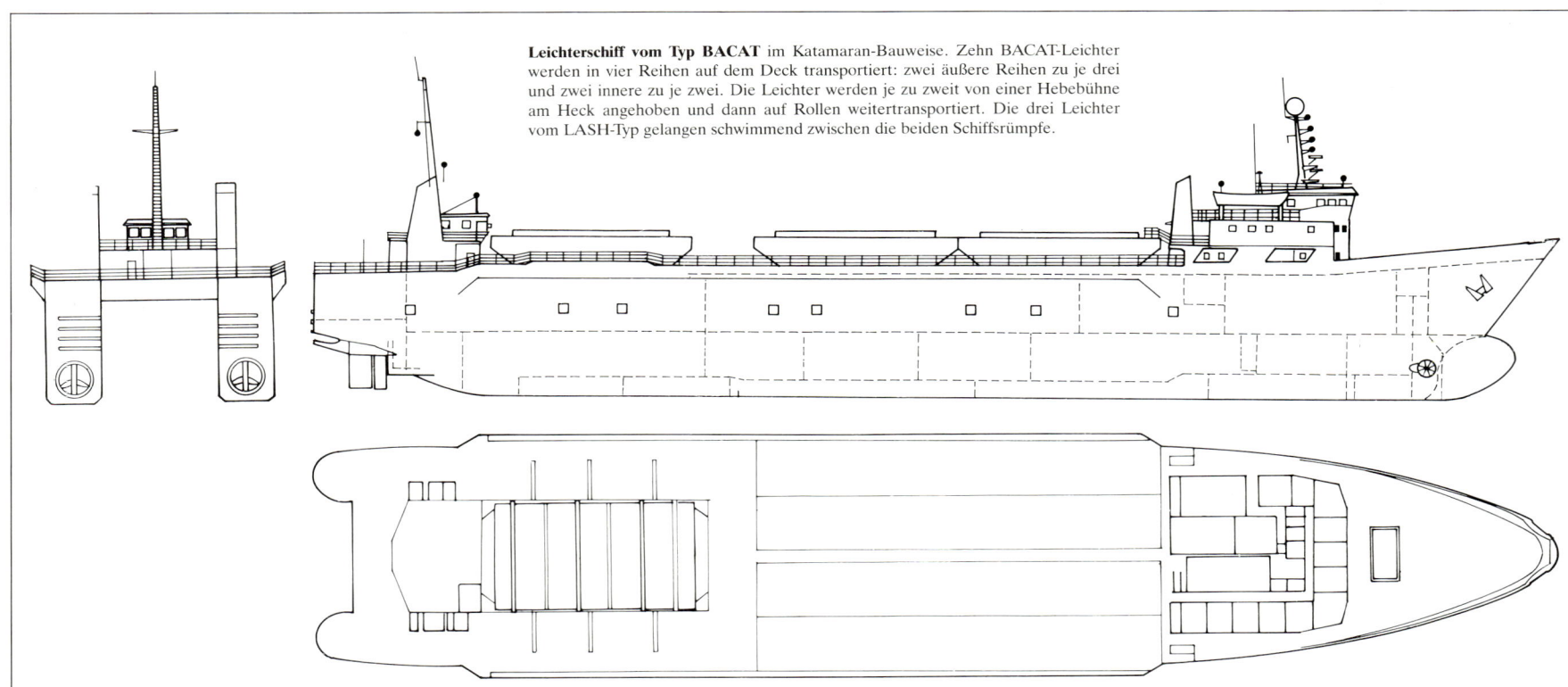

Leichterschiff vom Typ BACAT im Katamaran-Bauweise. Zehn BACAT-Leichter werden in vier Reihen auf dem Deck transportiert: zwei äußere Reihen zu je drei und zwei innere zu je zwei. Die Leichter werden je zu zweit von einer Hebebühne am Heck angehoben und dann auf Rollen weitertransportiert. Die drei Leichter vom LASH-Typ gelangen schwimmend zwischen die beiden Schiffsrümpfe.

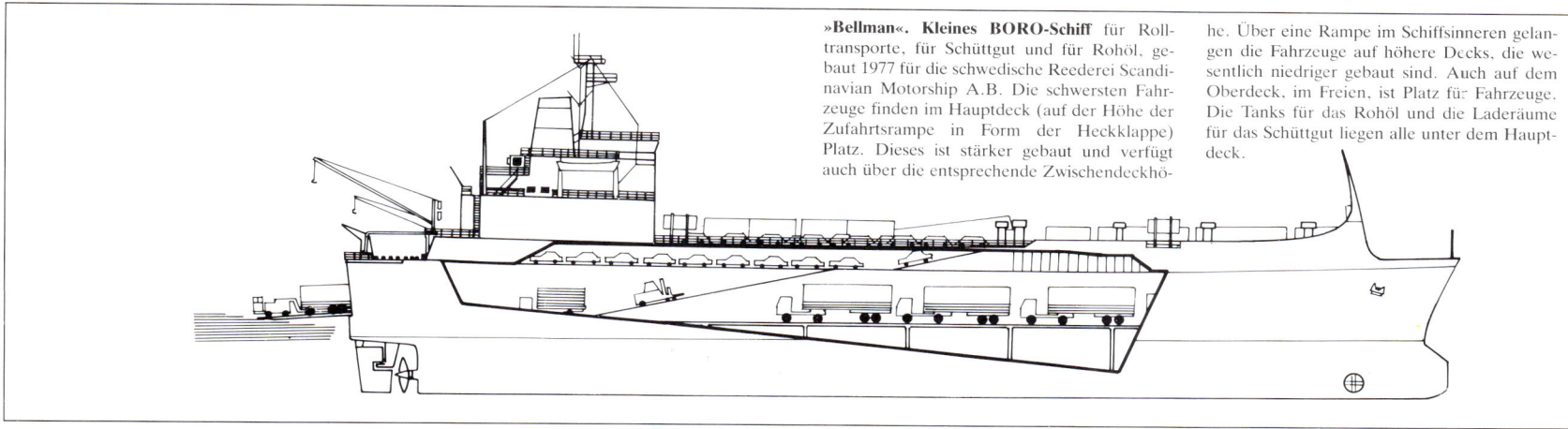

»Bellman«. Kleines BORO-Schiff für Rolltransporte, für Schüttgut und für Rohöl, gebaut 1977 für die schwedische Reederei Scandinavian Motorship A.B. Die schwersten Fahrzeuge finden im Hauptdeck (auf der Höhe der Zufahrtsrampe in Form der Heckklappe) Platz. Dieses ist stärker gebaut und verfügt auch über die entsprechende Zwischendeckhöhe. Über eine Rampe im Schiffsinneren gelangen die Fahrzeuge auf höhere Decks, die wesentlich niedriger gebaut sind. Auch auf dem Oberdeck, im Freien, ist Platz für Fahrzeuge. Die Tanks für das Rohöl und die Laderäume für das Schüttgut liegen alle unter dem Hauptdeck.

hochhebt und nicht in Laderäumen oder auf Decks unterbringt. Es nimmt sie vielmehr in ein Becken auf, das vom Rumpf des Mutterschiffes gebildet wird und das stets eine freie Verbindung mit dem Meer beibehält. Es handelt sich dabei um ein Schiff, das wir als Öltanker definieren könnten. Es wurde 1972 für die staatliche indonesische Erdölgesellschaft PERTAMINA gebaut. Es versorgt ausgehend von den großen Lagern in Java die Zentren des Verbrauchs im Sulawesi-Archipel, die im allgemeinen über Hafeneinrichtungen selbst für kleinere Schiffe nicht verfügen. Das Becken im Vorschiff ist 37 m lang und 18 m breit, und darin finden 24 Tankleichter Platz, jeder mit einem Tragvolumen von 65 m³. Dazu kommt ein »Schubschiff« mit einem 150-PS-Motor. Leichter und Schubschiff sind quaderförmig gebaut mit den Ausmaßen 8,60 × 5,40 m. Die Leichter liegen im Mutterschiff in drei

Reihen zu je acht Stück. Das Schubschiff findet im Zufahrtskanal zum Becken Platz. Das Becken hat keinen Boden und bleibt mit dem umgebenden Meer über eine Reihe kreisrunder Löcher, den Water level paralleling holes, in Kontakt. Die Leichter müssen folglich mit Fendern ausgestattet und während der Fahrt festgezurrt sein.

Schiffe für Rolltransporte (RO-RO-Schiffe)

Die Entwicklung der Motorisierung und folglich des rollenden Transports vieler Waren führte bald zur Notwendigkeit, Schiffe für solche Transportmittel und ihre Fracht zu konstruieren, und zwar ohne daß diese mit einem Kran hochgehoben werden müssen. Vielmehr sollen diese Fahrzeuge mit eigener Kraft möglichst schnell einschiffen und ausschiffen können. Die Schiffe für den Transport von Lkws mit oder ohne Anhän-

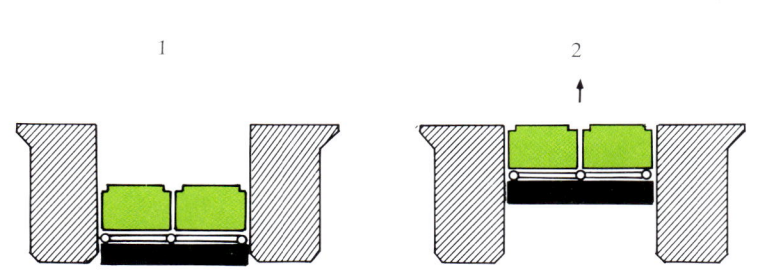

Die schematische Darstellung zeigt, wie BACAT-Leichter aufgenommen werden.
1 Je zwei nebeneinanderliegende Leichter gelangen schwimmend auf die Hebebühne. 2 Die Plattform wird angehoben. 3 Wenn die Leichter auf der Höhe des Oberdecks angelangt sind, werden sie auf dem Gleis seitlich verschoben. 4 Ein Leichter ist nun auf dem Seitengleis angelangt und wird nun weiter ins Vorschiff gerollt.

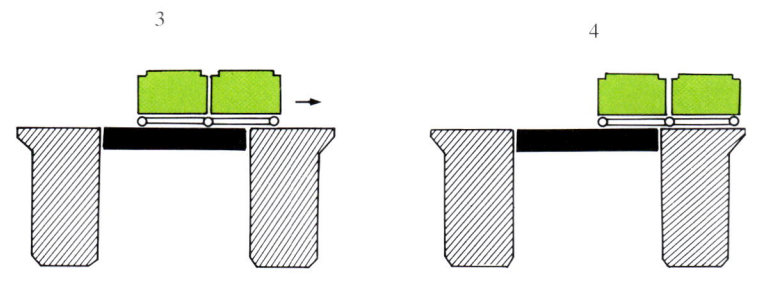

ger, von Sattelschleppern und Pkws verfügen über große Klappen und Rampen, auf denen die Fahrzeuge mit eigener Kraft ins Schiff und wieder an Land gelangen. Wir bezeichnen sie hier als Schiffe für Rolltransporte. Die Engländer nennen sie alle Roll-on, Roll-off-Schiffe, und deswegen sprechen auch wir von Ro-Ro-Schiffen. Die Abkürzung bedeutet, daß die Schiffe Fahrzeuge auf deren eigenen Rädern einschiffen (Roll-on) und ausschiffen (Roll-off) können.

Die Schiffe für Rolltransporte haben deswegen keine »senkrechte«, sondern in viele Decks wie eine Großgarage unterteilte Laderäume, in denen die Fahrzeuge Platz finden. Die Fahrzeuge gelangen vom Festland auf das ihnen zugewiesene Deck über eine Auffahrtsrampe oder über Rampen im Innern des Schiffes oder auch über Hebebühnen.

Der Rumpf von Schiffen für Rolltransporte ist folglich nicht durch Querwände in mehrere Schotten unterteilt. Das hat natürlich einen negativen Einfluß auf die Schwimmfähigkeit des Schiffes im Fall einer Havarie. Aus diesem Grund wurden einige Schiffe doch wieder in Schotten unterteilt, allerdings mit großen Verbindungstüren zwischen den Decks unter dem Oberdeck.

Die früheren Schiffe für Rolltransporte besaßen eine Heckklappe mit Scharnieren am unteren Ende. Die Klappen stellten in ausgeklapptem Zustand gleichzeitig die Zufahrtsrampen dar, welche den Kai mit dem entsprechenden Deck der Fahrzeuge verband. Dieses lag im allgemeinen unter dem Oberdeck. Die Fahrzeuge gelangten dann im Schiffsinnern zu den oberen oder unteren Decks. Dieser Aufbau verlangte natürlich danach, daß das Schiff mit dem Heck am Kai festmachen konnte, wie es üblicherweise die Fährschiffe tun, die einen festen Anlegeplatz haben. Dies war allerdings in den großen Handelshäfen nicht leicht zu bewerkstelligen, wo es keine fest zugewiesenen Anlegeplätze gibt und wo die Schiffe im allgemeinen längs am Kai festmachen. Aus diesem Grund haben die modernen Schiffe anstelle der großen Heckklappe halb seitlich gelegene Rampen im Heck, welche die Einfahrt von Fahrzeugen ermöglichen, selbst wenn das Schiff längsseits festgemacht hat. Diese Rampen sind viel länger als die Rampen der Heckklappe und bestehen im allge-

meinen aus zwei miteinander verzahnten Teilen. In eingefahrenem Zustand sind sie viel höher als der Heckaufbau und stellen zusammen mit dem Kran für ihre Handhabung eine augenfällige Konstruktion dar. Die oben beschriebene Anordnung findet man im allgemeinen auf der Steuerbordseite des Hecks. Damit muß das Schiff auf dieser Seite am Kai festmachen. Ein verbesserter Typ mit schwenkbaren Rampen erlaubt es dem Schiff heute, auf der einen wie der anderen Seite anzulegen. Es gibt zwei Arten von Decks für die Aufnahme der Wagen: Die eine ist für Lkws und Anhänger gedacht mit einem höheren Zwischendeck, und diese befinden sich im allgemeinen unter dem Zufahrtsdeck. Die andere Art nimmt Pkws auf und hat niedrigere Zwischendecks.

Außerdem sind bewegliche Decks üblich, die man bei höheren Zwischendecks einbauen kann; sie teilen diese dann der Höhe nach und können in diesem Zustand Pkws aufnehmen.

Die große Oberfläche der Autodecks und des Oberdecks kann auch für den Transport von Containern verwendet werden, deren Verladung bei diesem Schiffstyp allerdings nicht mit Kränen erfolgt, sondern mit Hilfe fahrbarer Hebemaschinen, ähnlich den Gabelstaplern (fork-lift-trucks). Diese nehmen die Container am Kai auf und fahren sie mit eigener Kraft an Bord.

Ein besonderer Typ des Ro-Ro-Schiffes ist das BORO-Schiff. Die Bezeichnung leitet sich von den Anfangsbuchstaben der Wörter Bulk, Oil, Roll-on, Roll-off ab, welche »Schüttgut«, »Erdöl« und »Rolltransporte« bedeutet. Im unteren Teil transportieren diese Schiffe Schüttgut und Erdöl wie die OBO-Schiffe, und in den oberen Decks liegen die Vorrichtungen für die Aufnahme von Rolltransporten. Natürlich befinden sich in der Mitte der Autodecks Luken mit Zugang zu den darunterliegenden Laderäumen.

Containerschiffe

Der Transport von Gütern in standardisierter Verpackung hat eine große Ähnlichkeit mit dem Frachttransport in Leichtern. Der Unterschied besteht hauptsächlich in der Art und Weise, wie die Einheiten ein- und ausgeschifft werden: Leichter gelangen auf dem Wasserweg zum Schiff, während die

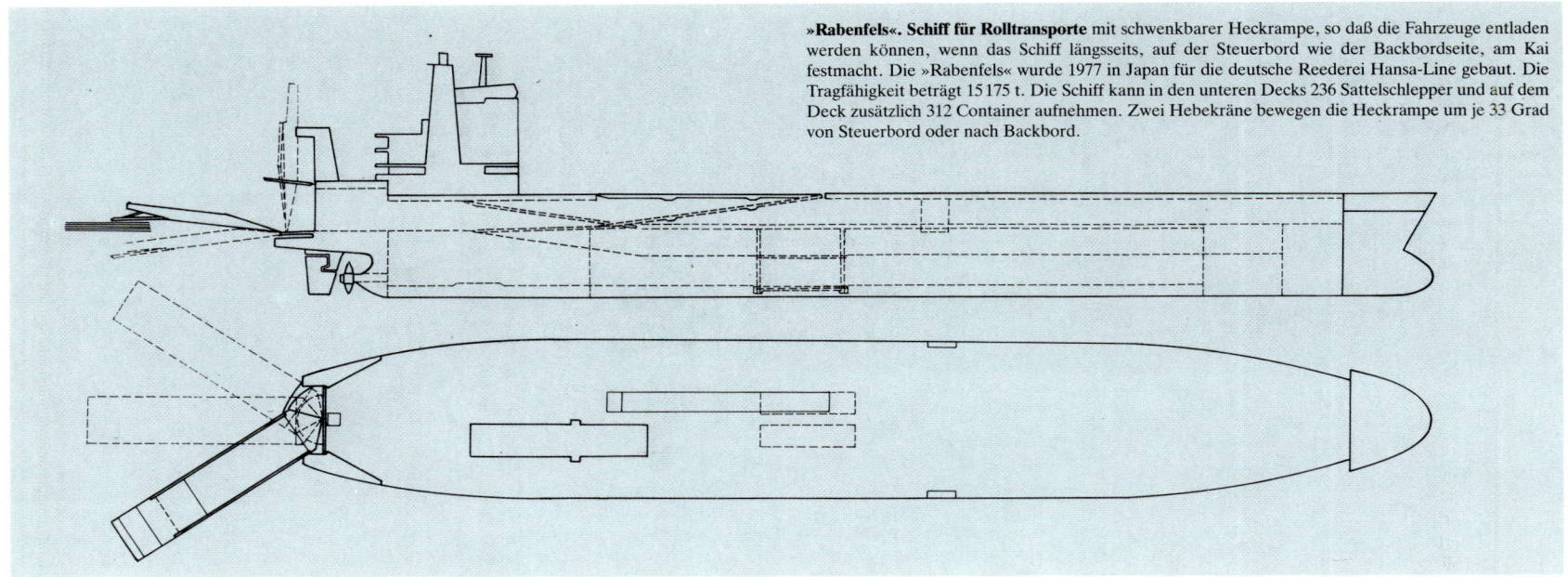

»Rabenfels«. Schiff für Rolltransporte mit schwenkbarer Heckrampe, so daß die Fahrzeuge entladen werden können, wenn das Schiff längsseits, auf der Steuerbord wie der Backbordseite, am Kai festmacht. Die »Rabenfels« wurde 1977 in Japan für die deutsche Reederei Hansa-Line gebaut. Die Tragfähigkeit beträgt 15 175 t. Die Schiff kann in den unteren Decks 236 Sattelschlepper und auf dem Deck zusätzlich 312 Container aufnehmen. Zwei Hebekräne bewegen die Heckrampe um je 33 Grad von Steuerbord oder nach Backbord.

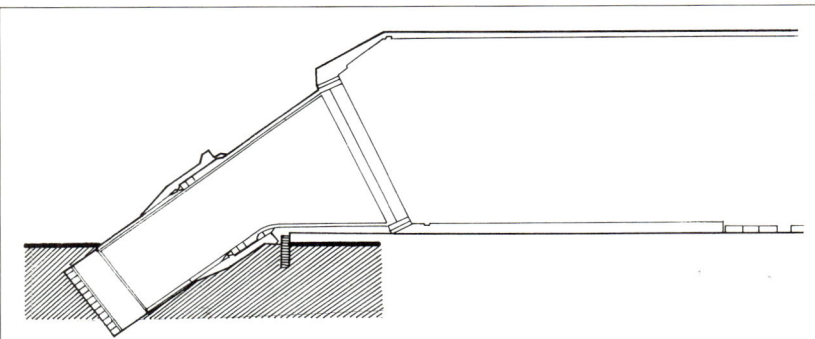

◀ Schematische Darstellung eines Schiffes mit einem nach der Steuerbordseite angewinkelten Heckrampe. Ein solches Schiff kann natürlich nur beladen und entladen werden, wenn es auf der entsprechenden Seite am Kai festmacht.

Längsschnitt durch ein Schiff für Rolltransporte des Typs »Dana America«, erbaut 1979 in Japan für die dänische Reederei Nordana Line. Am Heck erkennt man die Zufahrtsrampe, in der Mitte das Hauptdeck für die Lastkraftwagen und auf dem Deck Container und andere schwere Transporte, die mit Hilfe von Kränen ein- und ausgeschifft werden. Das Schiff hat eine Tragfähigkeit von 8000 t und kann 516 Container aufnehmen, davon 264 auf dem Oberdeck, 216 auf dem Hauptdeck und 36 in den Laderäumen. Der Dieselmotor entwickelt eine Leistung von 7316 PS (5380 kW) und gibt dem Schiff eine Geschwindigkeit von 15,3 kn. Auf dem Bild links oben ist die Aufnahme eines Containers über eine seitliche Luke dargestellt.
▼

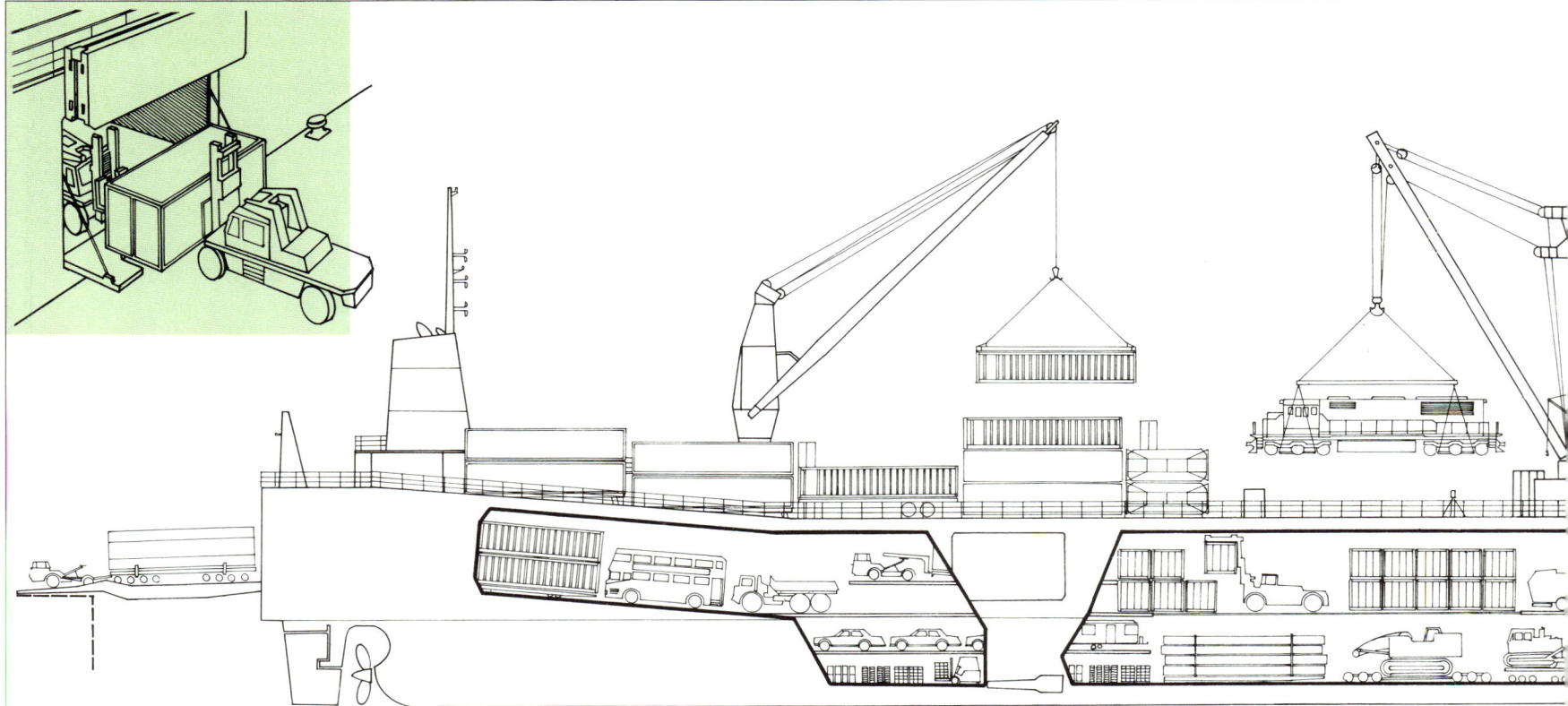

Container auf dem Landweg mit Hilfe von Eisenbahnwagen, Lkws, Sattelschleppern oder mit Hafeneinrichtungen auf das Schiff gelangen. Zu Beginn erfolgte der Transport der Container mit normalen Frachtschiffen. Erst um 1960 nahmen Schiffe mit eigens für Container eingerichteten Laderäumen den Dienst auf. In vielen Fällen konnten sie auch andere Güter transportieren, und für die Container war nur ein Teil des Laderaums vorgesehen. Damals verwendete fast jede Reedereigesellschaft einen eigenen Containertyp mit unterschiedlichen Abmessungen. Im allgemeinen haben die Container die Form von Quadern. Es gibt aber auch solche ohne oberen Deckel, ferner plattformartige Behälter ohne Seitenwände, isolierte Container für den Transport von Kühlgut, Sondertypen für den Transport von Getreide und solche mit drei oberen Luken für den Transport von Schüttgut. Heute haben alle Container gleiche genormte Abmessungen und lassen sich weltweit verwenden.

Wärmeisolierte Container für den Transport verderblicher Güter können ein eigenes Kühlaggregat enthalten und sind dann natürlich dort gelagert, wo ein elektrischer Anschluß ist. Kühlung ist auch durch Luftzirkulation möglich. Für diesen Fall gibt es besondere Laderäume mit einer Einrichtung zur Luftumwälzung.

Schiffe für Rolltransporte					
	»Rabenfels« Ro-Ro Container	»Seaspeed Asia« Ro-Ro Container	»Bellman« BORO	»Hamlet Alice« BORO	»Bogabilla« Ro-Ro Container
Länge über alles (m)	193,20	197,50	142,90	132,90	228,50
Länge Bug/Heck (m)	178,00	180,00	134,50	122,30	210,00
Breite (m)	27,00	32,20	32,20	20,50	32,26
Höhe (m)	17,60	19,85	20,30	12,20	20,20
Tiefgang vollbeladen (m)	9,10	10,03	7,82	9,40	9,05
Tragfähigkeit (t)	15175	22852	10665	13200	21210
BRT	14742	14530	9471	–	22324
Anzahl Container	519	893	445	380	1707
Anzahl Lkw	236	307	76	36	–
Anzahl Pkw	–	1300	1040	400	189
Transportvolumen Rohöl (m³)	–	–	14501	–	–
Transportvolumen Schüttgut (m³)	–	–	26338	1650	–
Maschinenleistg. (PS/ kW)	15000 11030	14000 10296	9300 6839	2339 1720	30150 22172
Reisegeschwindigkeit (kn)	19,6	19,7	17,7	15,3	20,5
Flagge	BRD	Griechld.	Schweden	BRD	Schweden
Baujahr	1977	1977	1977	1977	1978
Werft	Sasebo Heavy Ind., Sasebo	Kawasaki Heavy Ind., Sasebo	Kawasaki Heavy Ind., Kobe	Burmeister & Wein, Kopenhagen	Mitsubishi, Koyagi

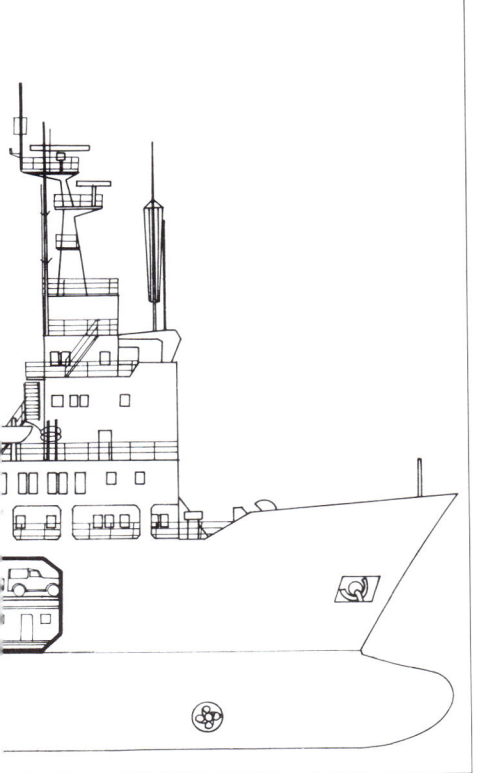

»Frijsenborg«, Semicontainerschiff mit 14689 BRT, Motorantrieb, ausgerüstet mit acht Drehkränen, die zu Paaren angeordnet sind und zwischen den Luken zu den Laderäumen stehen. Sie können Container und andere Güter hochheben. Das Schiff hat eine Tragfähigkeit von 22328 t und kann 805 Container aufnehmen, davon 150 mit Kühlaggregaten. Für den Transport von Süßöl (vegetabilen Ölen) stehen insgesamt 868 m³ Tankraum zur Verfügung. Die Container liegen in drei oder gar vier Lagen auf dem Deck oberhalb der Luken. Im allgemeinen werden auf dem Deck die leeren und damit leichten Container transportiert.

Containerschiffe					
	»Hakone Maru«	»Encounter Bay«	»Elbe Maru«	»Selandia«	»Hamburg Express«
Länge über alles (m)	187,00	227,30	269,00	274,32	287,50
Länge Bug/Heck (m)	175,00	213,36	252,00	257,60	273,00
Breite (m)	26,00	30,50	32,20	32,31	32,20
Höhe (m)	15,50	16,46	24,40	23,90	25,00
Tiefgang vollbeladen (m)	9,50	10,70	12,00	11,58	12,03
Tragfähigkeit (t)	–	29260	35229	40824	49532
BRT	16240	27835	51623	54035	58000
Anzahl der Container	752	1300	1842	2272	3010
davon in den Laderäumen	486	774	1580	1362	–
davon auf dem Oberdeck	266	526	262	61	–
Maschinenleistg. (PS/ kW)	23600 17355	32500 23900	72000 52949	75000 55155	81320 59803
Reisegeschwindigkeit (kn)	22,6	22,0	26,3	26,0	26,0
Flagge	Japan	Großbritannien	Japan	Dänemark	BRD
Baujahr	1968	1969	1972	1972	1972
Werft	Mitsubishi, Kobe	Upper Clyde Shipb.	Mitsui Zosen tamano	Burmeister & Wain, Kopenhagen	Blohm & Voss, Hamburg

»Ragna«. Kleines Containerschiff mit 499 BRT. Die »Ragna« verfügt nicht über eigene Lade- und Löscheinrichtungen für die Container. Diese müssen mit Hafenkränen in die Laderäume und auf das Oberdeck gehievt werden.

	»Benalder«	»Sea Land Mc Lean«	»Lloydiana«	»Ercole Lauro«	»President Lincoln«
Länge über alles (m)	288,75	288,37	225,83	208,12	262,13
Länge Bug/Heck (m)	273,71	268,37	–	192,00	246,89
Breite (m)	32,26	32,16	30,50	30,50	32,23
Höhe (m)	24,60	20,88	16,40	15,45	20,12
Tiefgang vollbeladen (m)	10,97	10,36	11,55	10,66	10,69
Tragfähigkeit (t)	49593	27634	34197	25400	30825
BRT	58283	41555	28688	–	40628
Anzahl der Container	2687	896	1570	1454	1250
davon in den Stauräumen	1961	200	–	–	665
davon auf dem Oberdeck	726	–	–	–	585
Maschinenleistung (PS/ kW)	80000 58830	120000 88250	32450 23865	20500 15075	43200 31770
Reisegeschwindigkeit (kn)	26,0	33,0	23,7	22,2	23,3
Flagge	Großbritannien	USA	Italien	Italien	USA
Baujahr	1972	1973	1973	1980	1983
Werft	Kieler Howaldtswerke	AG Weser, Bremen	Muggiano, La Spezia	Italcantieri, Genua	Avondale Shipyards

Es läßt sich kaum feststellen, welches das erste Schiff war, das als Containerschiff gebaut wurde. Das erste japanische Schiff war die »Hakone Maru« mit 16240 BRT, die ihren Dienst im August 1968 aufnahm und die das erste einer Dreierserie war: »Hakone Maru«, »Haruna Maru« und »America Maru«. Sie wurden in der Werft von Mitsubishi Heavy Industries in Kobe für die Reedereigesellschaft Nippon Yusen Kaisha gebaut und konnten je 752 Container aufnehmen, 486 in den sechs Laderäumen und weitere 266 in zwei Lagen auf dem Oberdeck.

In Europa wurden die ersten Container Ende 1966 eingesetzt, und zwar um Schinken von Dänemark nach England zu transportieren. Dafür wurden zwei Schiffe gebaut, die »Somerset« und die »Stafford«.

In den Jahren der ersten Containerschiffe war von einer Ölkrise noch nicht die Rede. Um einen hohen Treibstoffverbrauch sorgte man sich in jener Zeit noch nicht. Deswegen hatten die ersten Containerschiffe ziemlich hohe Reisegeschwindigkeiten zwischen 22 kn und 26 kn. Um solche Werte zu erreichen, verfügten einige von ihnen über drei Schiffsschrauben; andere hatten zwei von Gasturbinen angetriebene Schrauben.

Unter den Schiffen mit drei Schrauben sei an die japanische »Elbe Maru« 51623 BRT, aus dem Jahr 1972 erinnert. Sie hat drei Motoren, einen zentralen mit zwölf Zylindern und einer Leistung von 33800 PS (24857 kW) sowie zwei seitliche mit je neun Zylindern und je 25400 PS (18680 kW) Leistung. Insgesamt beträgt die Motorleistung mithin 84600 PS (62217 kW), die dem Schiff eine Geschwindigkeit von 31 kn geben sollen. Im praktischen Betrieb entwickeln die Motoren allerdings nur 72000 PS (52950 kW) und eine Geschwindigkeit von 26 kn.

Weitere Schiffe mit drei Antriebsschrauben sind die dänischen »Selandia« mit 54035 BRT (das dritte Schiff dieses Namens) und die schwedische »Nihon«, 55241 BRT, beide aus dem Jahr 1972.

Die Antriebseinheiten dieser Schiffe bestehen unter anderem aus einem Zwölfzylinder-Dieselmotor für die zentrale Schiffsschraube; die Gesamtleistung beträgt 75000 PS (55155 kW), und die Geschwin-

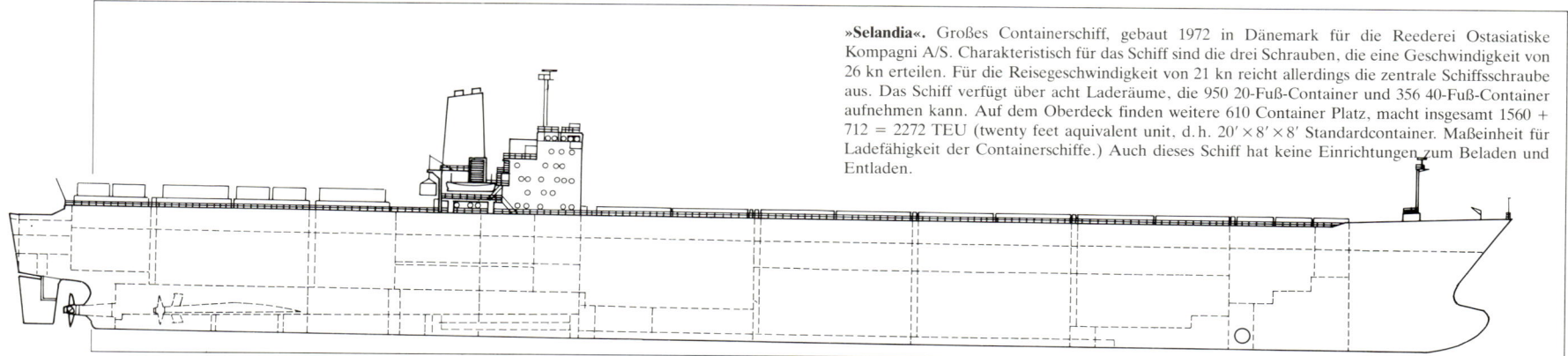

»Selandia«. Großes Containerschiff, gebaut 1972 in Dänemark für die Reederei Ostasiatiske Kompagni A/S. Charakteristisch für das Schiff sind die drei Schrauben, die eine Geschwindigkeit von 26 kn erteilen. Für die Reisegeschwindigkeit von 21 kn reicht allerdings die zentrale Schiffsschraube aus. Das Schiff verfügt über acht Laderäume, die 950 20-Fuß-Container und 356 40-Fuß-Container aufnehmen kann. Auf dem Oberdeck finden weitere 610 Container Platz, macht insgesamt 1560 + 712 = 2272 TEU (twenty feet aquivalent unit, d. h. 20′ × 8′ × 8′ Standardcontainer. Maßeinheit für Ladefähigkeit der Containerschiffe.) Auch dieses Schiff hat keine Einrichtungen zum Beladen und Entladen.

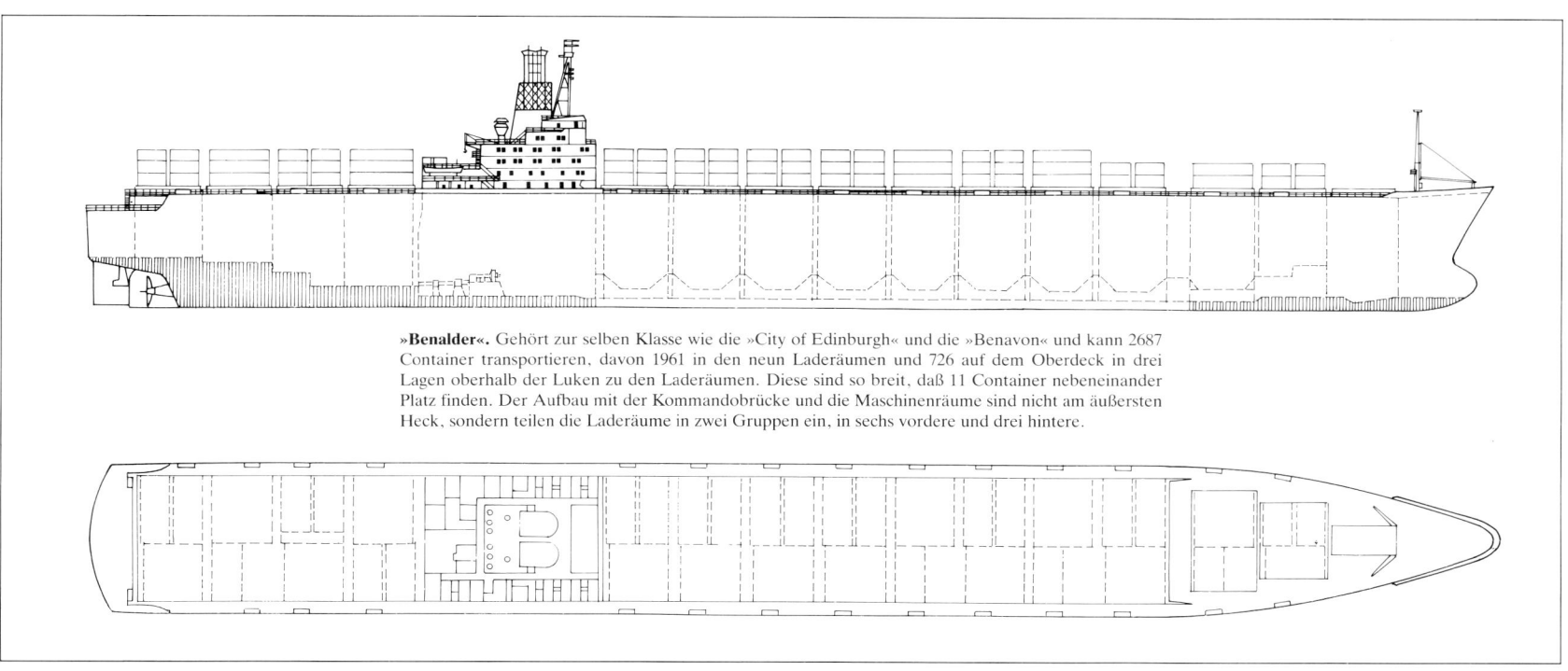

»Benalder«. Gehört zur selben Klasse wie die »City of Edinburgh« und die »Benavon« und kann 2687 Container transportieren, davon 1961 in den neun Laderäumen und 726 auf dem Oberdeck in drei Lagen oberhalb der Luken zu den Laderäumen. Diese sind so breit, daß 11 Container nebeneinander Platz finden. Der Aufbau mit der Kommandobrücke und die Maschinenräume sind nicht am äußersten Heck, sondern teilen die Laderäume in zwei Gruppen ein, in sechs vordere und drei hintere.

digkeit liegt bei 26 kn. Die betriebswirtschaftlich günstigste Reisegeschwindigkeit ist 21 kn, die allein mit der zentralen Schiffsschraube erreicht wird.

Containerschiffe verfügen im allgemeinen nicht über Hilfsmittel für das Beladen und Entladen der Fracht und sind damit auf Hafeneinrichtungen angewiesen. Einige haben allerdings Portalkräne an Bord, die sich auf der ganzen Deckslänge auf Schienen bewegen lassen. Diese verfügen auch über Einrichtungen, um die Container seitlich am Kai abzulegen. Das Schiff kann also auch längsseits an der Mole festmachen. Die Luken der Laderäume sind genauso groß wie diese und verfügen über Führungen und andere Einrichtungen, an denen man die Container befestigen kann. Man bezeichnet diese Schiffe auch als »Zellenschiffe«.

Für die Container, die oberhalb der Luken gestapelt werden, gibt es keine eigenen Schienen, sondern andere Befestigungsmöglichkeiten an den vier Ecken jedes Stellplatzes. Überdies werden die Container der zweiten und dritten Lage an der unteren Lage festgezurrt.

Das Aufkommen der Containerschiffe hatte zu einer grundlegenden Veränderung im Aussehen der Häfen geführt. Diese mußten riesige Terminals für die Lagerung, die Sortierung und die Weiterverschickung auf dem Straßen- und Schienenweg von Tausenden von Containern bauen.

Schiffe für den Schwertransport

Normale Frachtschiffe haben Hebeeinrichtungen nur für Einzelstücke mit 30 bis 50 t Gewicht. Spezialisierte Schiffe für den Transport außergewöhnlich schwerer Lasten hingegen haben Hebevorrichtungen bis zu mehreren hundert Tonnen Tragkraft.

Die Ladebäume mit einer solchen Tragfähigkeit sind vom Stülken-Typ und bestehen

aus zwei großen Masten, die nach oben leicht divergieren. Mittels zweier starker, von kräftigen Winden über die beiden Mastspitzen laufenden Hangertaljen läßt sich der Schwergutbaum stufenlos bewegen. Der Vorteil dieses erstmalig 1954 in den Hansafrachter »Lichtenfels« eingebauten Schwergutgeschirrs liegt in der sicheren Handhabung, die ohne Geientaljen auskommt und der Einsatzmöglichkeit sowohl vor als auch hinter dem Mast.

Im Jahr 1965 konnten die Stülken-Ladebäume auf dem englischen Schiff »Australia Star« 300 t heben. Weltmeister im Gewichtheben wurde 1968 das 1959 gebaute Motorschiff »Uhenfels«, das mit neu eingebauten gekoppelten Bäumen des Stülkentyps 550 t heben konnte. 1975 schaffte ein Ladebaum der japanischen Firma Kawasaki, der auf dem Schiff »Katori Maru« eingebaut wurde, 350 t. Dieser Apparat besitzt einen einzigen senkrechten Lademast, der an der Basis einen Durchmesser von 4,50 m aufweist und oben einen Gittermast trägt.

Bereits Ende 1976 konnte der Ladebaum, den die Firma Kawasaki auf der »Kasuga Maru« einbaute, 450 t heben.

Während die beschriebenen Schiffe über einen einzigen Ladebaum mit allerdings außergewöhnlicher Tragfähigkeit verfügten, besitzt die »Gloria Virentium«, die 1977 in der Werft von C. Lühring in Brake gebaut wurde und die der niederländischen Reedereigesellschaft Holsher gehört, zwei Ladebäume, jeder mit einer Tragkraft von 400 t. Zusammen ergibt das ein Tragvermögen von 800 t.

Abgesehen von diesem »klassischen« System zum Hochheben und Verstauen von Lasten gibt es noch weitere Möglichkeiten, um Frachtstücke aufs Schiff zu nehmen, die wegen ihrer Größe nicht mehr durch die Luken passieren oder die gar die Dimensionen des Decks übertreffen. Um solche

Frachtstücke aufzunehmen, gibt es Schiffe mit einem Laderaum, der 92 m lang, 13,60 m breit und 8 m tief ist. Er wird hinten von einer Klappe bzw. einer Rampe und oben von Lukendeckeln abgeschlossen. Zwei Portalkräne mit 350 t Tragfähigkeit bedienen die ganze Länge des Laderaums und können sogar auf zwei kräftigen Auslegern über das Heck hinausfahren und die Fracht damit auf dem Kai ablegen.

Mit dem System Roll-on, Roll-off, kann die Ladung über die Heckklappe, die eine Tragfähigkeit von 350 t aufweist, ein- und ausgeschifft werden. Wenn das Frachtstück nicht

über eigene Räder verfügt, verwendet man zwei besondere fahrbare Gestelle, jedes mit 64 reifenbestückten Rädern, die insgesamt 350 t tragen können und die von Bordwinden gezogen werden.

Beim System Float-on, Float-off müssen besondere Ballastwasserkammern geflutet werden, so daß der Wasserstand in der großen Luke 2,50 m erreicht. Für das Einschiffen nicht schwimmfähiger Güter verwendet man die sieben Lukendeckel des Laderaums: Sie werden zu einem Floß umgebaut, das 1400 t tragen kann.

Mit ähnlichen Manövern wie der Aufnahme

Schiffe für den Schwertransport					
	»Katori Maru«	»Kasuga Maru«	»Stakanovets Kotov«	»Ocean Servant I«	»Dublift Atlantic«
Länge über alles (m)	161,47	154,40	139,50	100,00	135,00
Länge Bug/Heck (m)	150,00	142,50	122,10	100,00	135,00
Breite (m)	23,50	23,60	20,20	30,00	31,00
Höhe (m)	13,50	13,00	12,60	–	8,00
Tiefgang voll beladen (m)	9,75	9,50	6,27	3,50	–
Tragfähigkeit (t)	19856	18435	5710	–	17000
BRT	12941	11831	4262	–	–
Tragkraft des Ladebaums (t)	350	450	–	–	–
Maschinenleistg. (PS/ kW)	8670 6376	10400 7648	–	1200 882	–
Reisegeschwindigkeit (kn)	15,3	15,5	–	–	–
Flagge	Japan	Japan	UdSSR	Niederlande	Niederlande
Baujahr	1975	1976	1979	1979	1980
Werft	Hitachi Zosen, Mukaushima	Onomichi, Hiroshima	Hollung Oy, Finnland	Sumitomo Heavy Ind., Oppama	B.V. Schepwerft, Lobith

»Gloria Virentium«. Transportschiff für schwere Lasten, gebaut 1977 in der Bundesrepublik Deutschland für die niederländische Reederei Holscher Shipping N. V. Rotterdam. Das Schiff hat zwei stativförmige Lademasten mit einem um 45 Grad geneigten Ladearm. Die beiden Masten wie die Kommandobrücke liegen ganz an der Steuerbordseite, um das Deck für sperrige Frachtstücke frei zu lassen. Man beachte den Laufsteg, der von der Kommandobrücke auf die andere Schiffsseite führt. Auf ihm kann man die Lademanöver gut beobachten.

»Ocean Servant«. Transportschiff für schwere und sperrige Lasten mit Kammern, die geflutet werden können. Wenn Wasser eingelassen wird, geht das Schiff langsam unter, so daß das Oberdeck ungefähr 5 m unter dem Wasserspiegel (unten) liegt. Das Ladegut kann dann in schwimmendem Zustand aufgenommen werden. Wenn die Wasserkammern gelenzt werden, steigt das Schiff wieder an die Oberfläche und kann mit der Fahrt beginnen (oben).

von Ballastwasser können auch Condock-Schiffe schwere und sperrige Güter aufnehmen. Ein ähnliches Prinzip wie das eben beschriebene Float-on, Float-off-System verwenden auch die Schiffe vom Typ »Ocean Servant I« und »II«, welche die japanische Werft Sumitomo H.I. in Oppama gebaut hat.

Es handelt sich dabei um Schiffe für den Verkehr in Häfen und an Küsten, denn sie sind nur mit einem Motor von 1200 PS (883 kW) ausgerüstet. Auf offenem Meer müssen diese Schiffe geschleppt werden.

Ein solches Schiff kann untertauchen und auf dem Deck schwimmfähige Fracht mit einem Tiefgang bis 4,50 m aufnehmen. Für die Aufnahme von Gütern, deren Tiefgang zwischen 4,50 m und 10 m liegt, muß der Rumpf des Schiffes in 20 m Tiefe auf Grund gelegt werden. Dieses außergewöhnliche Manöver zwingt natürlich dazu, die Räume der Brücke und die Maschinenräume wasserdicht zu verschließen. Das Heck verfügt über eine Rampe, auf der Rolltransporte bis

2500 t Gewicht auf das Schiff gelangen können. Um die Fracht beim Auftauchen des Schiffes auf die dafür vorgesehene Fläche zu manövrieren, sind vier Winden mit je 30 t Tragkraft in Betrieb. Sie stehen an den vier Ecken des Decks. Da keine Reling oder ähnliche Vorrichtungen das Deck seitlich begrenzen, kann das Transportgut auch über das Deck hinausragen.

Autotransportschiffe

Bis vor kurzem gab es keine Schiffe, die allein für den Transport von Kraftfahrzeugen vorgesehen waren. Die Autos wurden einfach wie andere Güter mit Ladebäumen in die normalen Laderäume eingeschifft und von diesen wieder auf dem Kai abgelegt. Die einzige Sonderbehandlung bestand darin, daß man beim Heben besondere Rahmen für die Vorder- und Hinterräder verwendete.

Nachdem Containerschiffe vom »Zellentyp« mit käfigartigen Vorrichtungen in den

»Jinyu Maru«. Automobiltransportschiff, erbaut 1975 in Japan für die Mitsui O. S. K. Line. Das Schiff hat 13 Ladedecks und kann 6015 Autos aufnehmen. Der Dieselmotor entwickelt mit einer Leistung von 22950 PS (16877 kW) eine Geschwindigkeit von 20,6 kn. Das Schiff verfügt über einen ausgedehnten Aufbau und hat die Zufahrtsrampe für die Autos am Heck.

Laderäumen ihren Dienst aufgenommen hatten, boten zwei wichtige Schiffsausrüster, die amerikanische Firma MacGregor und die schwedische Firma Hägglund im Handel Container für mehrere Decks an. Diese konnten auf zwei Ebenen insgesamt vier Autos aufnehmen und wurden wie normale Container mit Kranen ins Schiff befördert. Dieses System des Beladens und Entladens fand aber keine weite Verbreitung, während sich die Autotransporter vom Typ Ro-Ro, mit Heck- oder Seitenrampen, schließlich durchsetzen konnten.

Im Unterschied zu den Ro-Ro-Schiffen für Rolltransporte verfügen die Autotransportschiffe über mehrere Decks, die durch Schotten unterteilt werden. Japan ist eines der Länder, das sehr viele Automobile auf dem Seeweg verschifft. Früher verwendete es für den Transport über den Pazifik der für den amerikanischen Markt bestimmten Au-

tos Schiffe, die auch Schüttgut transportieren konnten. Auf der Rückreise nach Japan luden sie Getreide und andere Fracht. Als der Export immer stärker anwuchs, ließ die Reederei Kawasaki-Kisen-Kaisha 1968 ein erstes Autotransportschiff bauen, die »Toyota Maru No. 1«. Bis 1970 folgten noch zehn weitere (»Toyota Maru« Nr. 2 – Nr. 11) der mit geringen Abweichungen 12412 BRT großen Schiffe.

Dieser Schiffstyp setzte sich durch, obwohl die Rückreise von den Vereinigten Staaten nach Japan ohne zahlende Fracht, nur in Ballast, erfolgt. Ein 13458 BRT großer Autotransporter, der in Japan für die amerikanische K Line Ocean Transport Co. gebaut wurde, war die »European Highway«, die 1973 ihren Dienst aufnahm und 4220 Autos in zwölf Decks, unterteilt durch Schotten in vier Laderäume, aufnehmen kann. Eine modernere Einheit, in Japan für japanische

Reeder gebaut, die »Jinyu Maru«, 16109 BRT, nahm in den ersten Monaten des Jahres 1975 ihren Dienst auf. Sie kann in 13 Decks 6015 Pkws transportieren, wobei die Decks durch Schotten in je vier Laderäume unterteilt wurden.

In Europa hingegen waren die ersten Autotransporter umgebaute Frachtschiffe: Es

handelte sich um Motorschiffe mit 18 kn Reisegeschwindigkeit, die zu Ende der fünfziger Jahre gebaut wurden. Sie gehörten zur Amazon-Klasse der Royal Mail Line und dienten anfänglich dem gemischten Transport von Autos und Stückgut nach Südamerika.

Die Schiffe, die allein für den Transport

Querschnitt durch den Autotransporter »Madame Butterfly«, erbaut 1981 in Schweden für die Wallenius Line, 18728 BRT. Das Schiff kann 6120 Pkws, 2900 Pkws und 520 Lkws aufnehmen. Diese finden in besonderen Decks mit einer Zwischendeckhöhe zwischen 3,30 m und 4,50 m Platz. Durch Einzug beweglicher Decks erhielt man zwei Zwischendecks mit je 1,65 m bzw. 2,40 m Höhe, in denen man normale Pkws unterbringen kann. Der obere Teil des Rumpfes nimmt aus Stabilitätsgründen weniger schwere Fracht auf. Die Zwischendecks sind dort 1,65 m hoch und erlauben nur die Zuladung von Pkws.

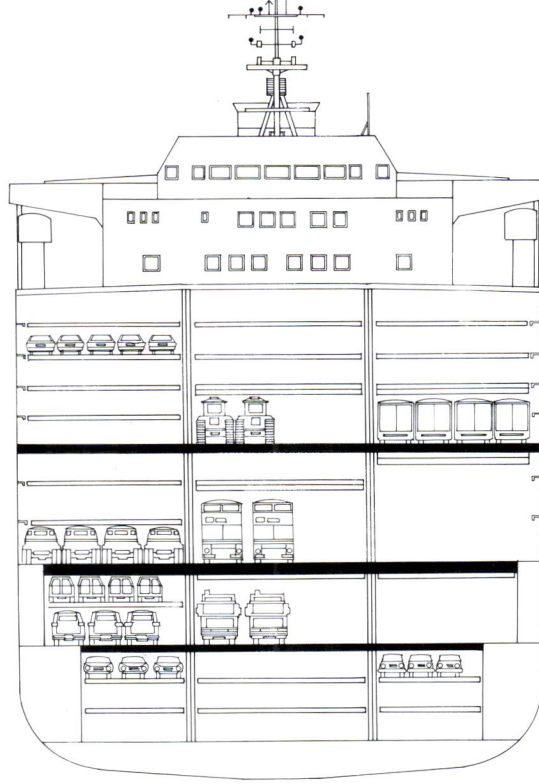

Autotransportschiffe						
	»Toyota Maru« N° 10	»European Highway« Ro-Ro-Schiff	»Avon Forest«	»Jinyu Maru«	»Nopal Mascot«	»Yokohama Maru«
Länge über alles (m)	160,00	197,12	207,87	224,98	194,50	190,00
Länge Bug/Heck (m)	150,00	184,00	189,43	210,00	180,00	180,00
Breite (m)	23,40	28,00	22,86	32,20	32,00	32,20
Höhe (m)	–	27,20	17,68	27,60	30,70	30,50
Tiefgang voll beladen (m)	?	9,02	9,27	9,30	9,72	8,20
Tragfähigkeit (t)	9248	15165	20541	16343	17405	17938
BRT	12517	13458	16382	16109	17646	17372
Anzahl Autos	12082	4220	1900	6015	5695	5594
Maschinenleistung (PS/	11200	23200	8500	22950	18600	14280
kW)	8237	17061	6251	16878	13679	9031
Reisegeschwindigkeit (kn)	18,6	23,0	19,0	20,6	19,8	19,4
Flagge	Japan	Japan	Groß-britannien	Japan	Norwegen	Japan
Baujahr	1970	1973	1973	1975	1979	1981
Werft	Kawasaki, Kobe	Kuroshima, Ehime	Port Meller St.Catherines, Ontario	Mitsubishi, Kobe	Mitsui, Tamano	Sumitomo, Oppama

kleiner Automobile bestimmt sind, unterscheiden sich von den Schiffen für Rolltransporte durch Laderäume, die durch Schotten unterteilt sind, ferner durch seitliche Klappen, mit Rampen, die keine großen Lasten tragen können, durch das Fehlen der Heckklappe, durch niedrige Zwischendecks und durch eine Luftumwälzanlage in den Autodecks.

Nicht immer ist es allerdings möglich, das Schiff allein mit Automobilen zu füllen. Deswegen haben sich die Reedereien verstärkt nach einem Typ umgesehen, der auch Lkws, Sattelschlepper und auch Container transportieren kann. Solche Schiffe sind dann von den Schiffen für Rolltransporte kaum zu unterscheiden.

Die modernsten Autotransporter sind Schiffe von erheblicher Größe, wie etwa die in Charter der norwegischen Wilhelmsen-Linie unter Liberia-Flagge fahrende, 1987 abgelieferte »Nosac Tai Shan«. Sie und ihre Schwesterschiffe »Nosac Takara« (86) und »Nosac Tancred« (87) haben bei 48676 BRT eine Länge von 190 m und

Handelsschiffe mit Eisbrechereigenschaften						
Typ	»Manhattan« Öltanker	»Lunni« Öltanker	»Finnjet« Fährschiff	»Thuleland« Massengut	»Arctic« Massengut	»Norilsk« Container-Schüttgut
Länge über alles (m)	306,50	164,45	212,80	185,82	209,55	174,00
Länge Bug/Heck (m)	–	150,00	200,00	–	196,59	164,00
Breite (m)	45,00	22,20	25,40	26,50	22,86	24,50
Höhe (m)	20,60	12,00	23,20	15,50	15,24	15,20
Tiefgang voll beladen (m)	15,80	9,50	6,50	11,04	10,93	9,00
Tragfähigkeit (t)	116508	15955	–	31400	28096	14700
Maschinenleistung (PS/	43000	15600	75000	15200	14770	21000
kW)	31622	11472	55155	11178	10862	15443
Reisegeschwindigkeit (kn)	–	14,5	30,5	16,0	15,5	17,0
Baujahr	1962	1976	1976	1977	1978	1982
Flagge	USA	Finnland	Finnland	Schweden	Kanada	UdSSR
Werft	–	Nobiskrug Rendsburg, BRD	Wärtsilä, Helsinki	Eriksberg Mekaniska Verkstad	Port Weller St. Catharines, Ontario	Wärtsilä, Turku

32,26 m Breite. Die Höhe der Bordwand beträgt über 35 m. Auf 13 Autodecks können sie 5842 Autos transportieren, und für

Ro-Ro-Einsatz sind die Schiffe mit einer Heckrampe ausgerüstet, die mit 70 t belastet werden kann.

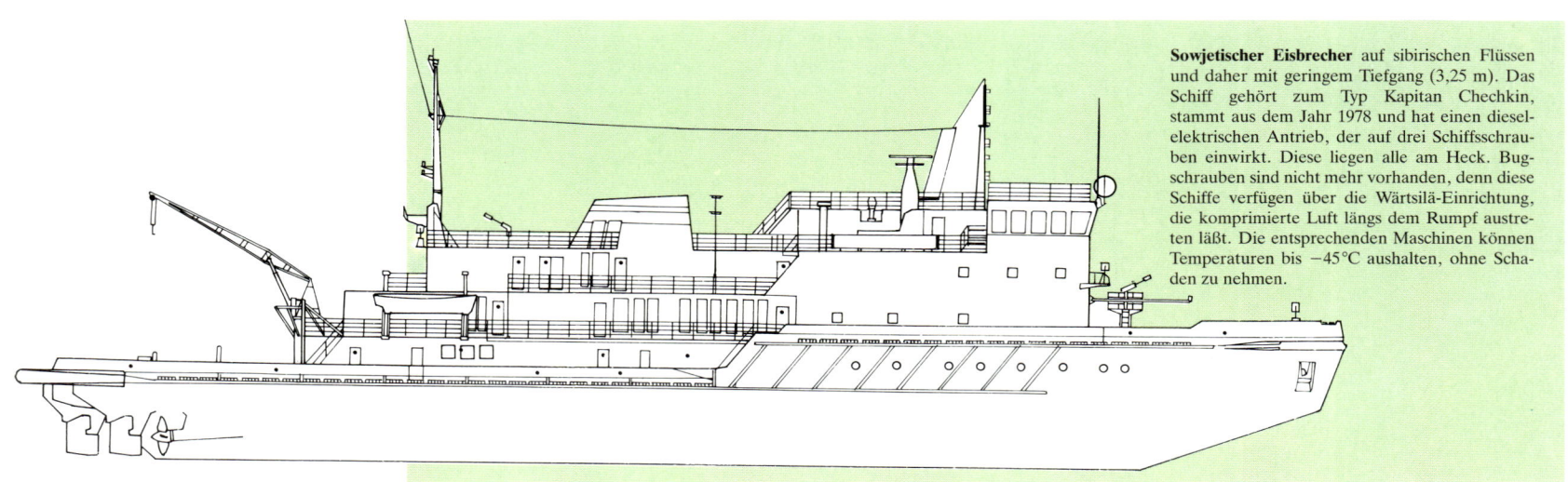

Sowjetischer Eisbrecher auf sibirischen Flüssen und daher mit geringem Tiefgang (3,25 m). Das Schiff gehört zum Typ Kapitan Chechkin, stammt aus dem Jahr 1978 und hat einen dieselelektrischen Antrieb, der auf drei Schiffsschrauben einwirkt. Diese liegen alle am Heck. Bugschrauben sind nicht mehr vorhanden, denn diese Schiffe verfügen über die Wärtsilä-Einrichtung, die komprimierte Luft längs dem Rumpf austreten läßt. Die entsprechenden Maschinen können Temperaturen bis −45°C aushalten, ohne Schaden zu nehmen.

Eisbrecher

Die ersten Eisbrecher entstanden vor ungefähr einem Jahrhundert. Damals erlaubten es Eisenrümpfe und der Schraubenantrieb erstmals, auch dickere Eisschichten zu durchbrechen, die sonst normalen Schiffen die Weiterfahrt unmöglich gemacht hätten. Nach den mit einem Schlepper im Eis gemachten Erfahrungen entstand in Hamburg 1871 der »Eisbrecher I« als erstes Schiff, das diesen Namen verdiente, und noch im gleichen Jahr baute die Reiherstiegwerft unter der Baunummer 230 den ersten Eisbrecher Hamburgs. Der 39,7 m lange und 9,8 m breite Dampfer erhielt den Namen »Eisbär« und blieb über 70 Jahre im Dienst, bis er im Zweiten Weltkrieg nach einem Minentreffer sank.

Nach zwei kleineren russischen Eisbrechern »Zarja« und »Luna« (1889), der dänischen »Staerkodder« (1883), der schwedischen »Bore« mit 391 t und der »Isbjörn« (1894)

Eisbrecher						
	»Jermak I«	»Jermak II«	»Kapitan Chechkin«	»Canmar Kigoriak«	»Kalvik«	»Kapitan Edvokmov«
Länge über alles (m)	97,50	135,00	77,60	91,06	88,00	76,50
Breite (m)	21,80	26,00	16,30	17,25	17,50	16,60
Höhe (m)	–	16,70		10,00	10,50	4,60
Tiefgang (m)	7,61	11,00	3,25	8,50	8,00	2,50
Wasserverdrängung	8800	20241	2240	–	6910	–
Motortyp	4-Kolben- dampfmaschine	diesel- elektrisch	diesel- elektrisch	Diesel	diesel- elektrisch	diesel- elektrisch
Anzahl Schrauben Heck	3	3	3	2	2	4
Anzahl Schrauben Bug	1	–	–	–	–	
Maschinenleistung (PS/	7630	36000	3300	17400	23200	3800
kW)	5413	26474	2427	12796	17061	2795
Geschwindigkeit (kn)	–	19,5	14,0	18,6	14,0	13,5
Baujahr	1898	1974	1978	1980	1982	1983
Flagge	UdSSR	UdSSR	UdSSR	Kanada	Kanada	UdSSR
Werft	Armstrong, Großbritannien	Wärtsilä, Helsinki	Wärtsilä, Helsinki	St. John Shipb., St. John, Kanada	Burrad Yarrow, Kanada	Wärtsilä, Helsinki

»Jermak II«. Sowjetischer Eisbrecher, erbaut 1974 in Finnland. Dieselelektrischer Antrieb, bestehend aus neun Dieselmotoren und drei Elektromotoren. Gesamtleistung 36000 PS (26474 kW), Geschwindigkeit 19,5 kn. Im Heck besitzt das Schiff eine Plattform, auf der ein Helikopter landen könnte.

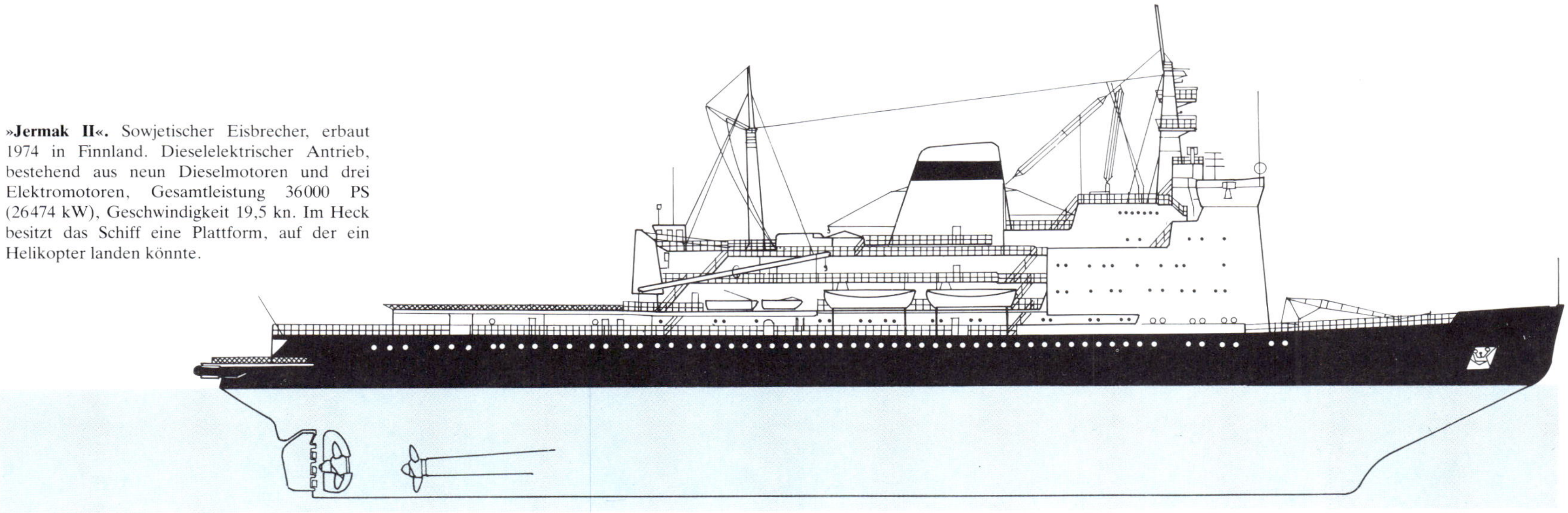

entstand dann 1898 nach den Vorstellungen des russischen Admirals Makaroff, eines berühmten Ozeanographen und Polarforschers, der erste große Hochsee-Eisbrecher. Makaroff hatte beobachtet, daß eine dicke Eisschicht leichter bricht, wenn sich das Schiff mit dem Bug daraufsetzt und sein Eigengewicht zur Wirkung bringt, anstatt wie ein Keil in das Eis einzudringen. Der erste Eisbrecher wurde dann nach den Angaben von Makaroff in der englischen Werft Armstrong gebaut und bekam den Namen »Jermak«.

Das Schiff hatte eine Wasserverdrängung von 8800 t. Der Eisbrecher verfügte über drei Heckschrauben und eine Bugschraube, wobei diese umsteuerbar war, um das Schiff befreien zu können, wenn es mit dem Bug im Eis steckenblieb. Für den Antrieb der drei Heckschrauben sorgten vier Kolbendampfmaschinen mit einer Leistung von 9500 PS (6986 kW). Der Eisbrecher verfügte ferner über Ballastwassertanks am Bug, am Heck und auf den beiden Seiten, damit das Schiff seinen Trimm verändern konnte: Im ersten Fall, um den Bug auf die Eisschicht zu heben und diese dann unter dem Gewichts-

druck zu zerbrechen; im zweiten Fall, um das Schiff in schaukelnde Bewegung zu versetzen, um es damit vom seitlichen Eisrand freizubekommen. Die »Jermak« tat 67 Jahre lang ihren Dienst und wurde 1965 stillgelegt.

Die Bugschraube, die auf der »Jermak« bald als nutzlos ausgebaut worden war, blieb auf anderen Eisbrechern längere Zeit erhalten, bis etwa zum sowjetischen Eisbrecher vom Typ »Lazar Kaganowitsch« aus dem Jahr 1938 mit Dampfantrieb oder bis zu den ebenfalls sowjetrussischen Einheiten vom Kapitan-Belusow-Typ aus den Jahren 1955–57 mit zwei Bug- und zwei Heckschrauben. Die Notwendigkeit der Bugschraube bei den moderneren Eisbrechern entfiel durch den Einbau der Wärtsilä-Vorrichtung, die nach der Werft benannt ist, die

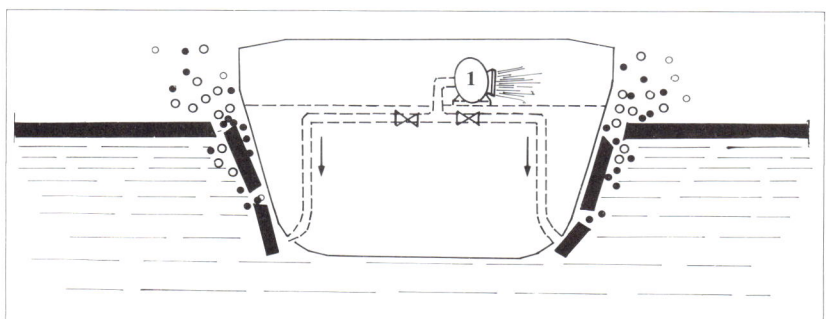

Wärtsilä-Vorrichtung für Eisbrecher. Sie besteht in einem Kompressor, der aus einer Reihe von Löchern unter dem Wasserspiegel Luft austreten läßt. Die komprimierte Luft dient als Schmiermittel zwischen dem Rumpf und den abgebrochenen Eisschollen und verhindert dadurch die Reibung und vor allem, daß Schollen am Rumpf anfrieren.

»Shirase«. Eisbrecher der japanischen Marine, erbaut 1982. Der dieselelektrische Antrieb wirkt auf drei Schiffsschrauben ein und entwickelt eine Leistung von 30000 PS (22062 kW). Das Schiff verfügt über eine Helikopter-Landeplattform und über Hangars für zwei Hubschrauber.

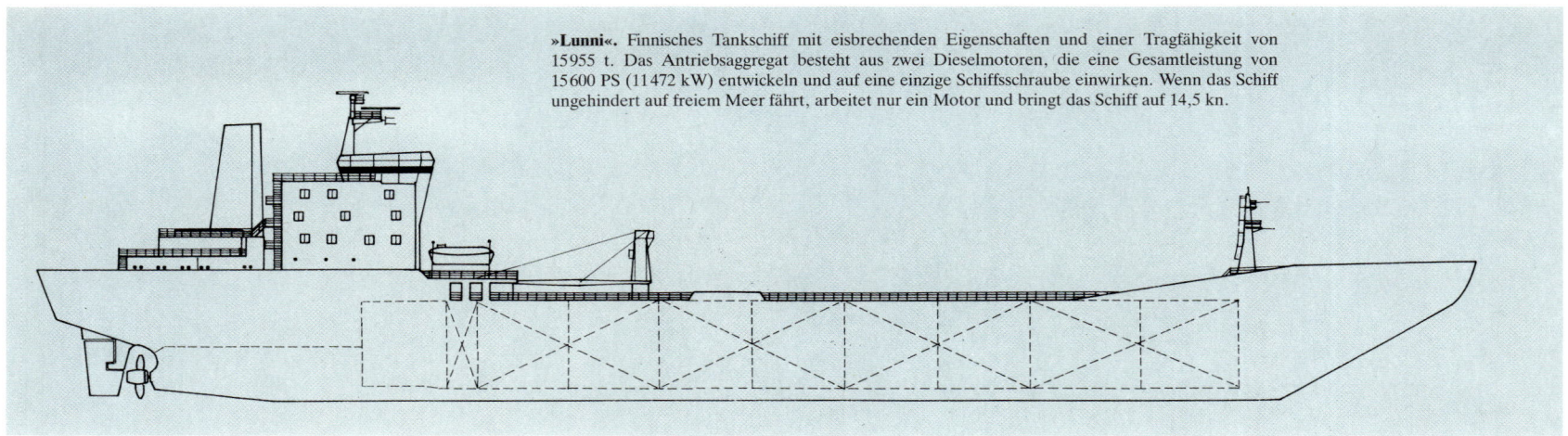

»Lunni«. Finnisches Tankschiff mit eisbrechenden Eigenschaften und einer Tragfähigkeit von 15955 t. Das Antriebsaggregat besteht aus zwei Dieselmotoren, die eine Gesamtleistung von 15600 PS (11472 kW) entwickeln und auf eine einzige Schiffsschraube einwirken. Wenn das Schiff ungehindert auf freiem Meer fährt, arbeitet nur ein Motor und bringt das Schiff auf 14,5 kn.

sie erfunden hat. Sie läßt komprimierte Luft aus Düsen an den Schiffsseiten unter der Wasserlinie austreten. Diese Luft steigt in langen Blasen am Schiffsrumpf entlang hoch, wirkt wie ein Schmiermittel und hindert die Eisschollen daran, am Rumpf festzufrieren und das Schiff zu blockieren.

Was die Antriebseinrichtung anbelangt, so hatten die Schiffe, die bis 1940 gebaut wurden, Kolbendampfmaschinen. Wegen ihrer elastischen Funktionsweise konnten sie sich sogar noch über den Zeitpunkt hinaus halten, da die Gasturbinen aufkamen. Nach dem Zweiten Weltkrieg wurden dieselelektrische und turboelektrische Maschinenanlagen eingebaut. Elektromotoren für den Schraubenantrieb zeigen dieselben Vorteile wie die Kolbendampfmaschinen, vor allem was die Elastizität anbelangt. Deswegen ist dieser Antrieb noch heute in Gebrauch, selbst bei Schiffen mit nuklearem Antrieb vom sowjetischen Lenin-Typ von 1959.

Nach der Einführung der Schiffsschraube mit verstellbaren Flügeln baute man in einige der modernsten Eisbrecher einen Dieselantrieb ein, der direkt mit der Schiffsschraube verbunden ist. Die notwendige Betriebselastizität wird hier durch die Ausrichtung der Schraubenflügel erreicht.

Abgesehen von den Eisbrechern, die auf dem Meer Dienst tun, verfügt die sowjetische Marine noch über kleinere Schiffe mit geringerem Tiefgang, die sie auf den großen sibirischen Flüssen wie dem Ob, dem Jenissei und der Lena einsetzt.

Die Sowjet-Marine besitzt auch vier nuklear angetriebene Eisbrecher, die »Russia« aus dem Jahr 1985, die »Breschnjew« (früher »Arktika«) aus dem Jahr 1974, die »Sibir« von 1977 und schließlich den Prototyp »Lenin« aus dem Jahr 1959, das erste nuklear angetriebene Handelsschiff der Welt.

Eisbrecher machen es möglich, daß auch gewöhnliche Handelsschiffe in arktischen Gewässern der nördlichsten Gebiete Rußlands, Kanadas und Alaskas und in den antarktischen Gewässern fahren können.

Insbesondere sorgen Eisbrecher dafür, daß die Nordostpassage, also die Polarroute zwischen Atlantik und Pazifik nördlich des eurasischen Kontinents fast das ganze Jahr über offen bleibt.

Die Marinen jener Länder, deren Meere regelmäßig viele Monate lang zugefroren

sind, besitzen abgesehen von den eigentlichen Eisbrechern auch normale Handelsschiffe mit Eisbrechereignung. Diese können auch im Winter ohne Begleitung auf Fahrt gehen. Als Beispiele seien die beiden Öltanker »Lunni« und »Vikku« genannt. Die 10975 BRT große »Lunni« wurde 1976 als erstes Schiff einer Klasse von gleichgroßen Produktentankern für die staatlich finnische Reederei Neste Oy auf der Nobiskrugwerft in Rendsburg gebaut. Ihr Bug ist wie bei einem Eisbrecher gebaut, und die Motorleistung ist mit 2 × 5736 kW (MAK/Motorenfabrik – Kiel) doppelt so groß wie bei einem normalen Frachtschiff mit ähnlichen Ausmaßen. Weitere Eisbrecher-Handelsschiffe sind das kanadische Fährschiff »Abegweit« von 1983 und das finnische Fährschiff »Finnjet« von 1977, ferner viele sowjetische Einheiten, die abgesehen von einem verstärkten Rumpf und dem eisbrechenden Bug auch über Wärtsilä-Einrichtungen verfügen. Das erste Schiff dieses Typs, die »Norilsk«, nahm 1982 seinen Dienst auf und hat zwei Dieselmotoren, die auf eine einzige Schiffsschraube mit verstellbaren Flügeln einwirken. Die Motorleistung liegt insgesamt bei 21000 PS (15443 kW). Bei normaler Fahrt auf freiem Meer sorgt ein einziger Motor für die Reisegeschwindigkeit von 17 kn.

Fährschiffe

Man kann vier Haupttypen von Fährschiffen unterscheiden: Schiffe für Eisenbahnwagen und Passagiere; Schiffe für Lastwagen, Busse, Pkws und Passagiere; Schiffe für Lastwagen und Schiffe nur für Passagiere. Der grundlegende Unterschied zwischen den Eisenbahn-Fährschiffen und den Ro-Ro-Schiffen für Rolltransporte besteht darin, daß erstere keine Rampen haben. Dafür ist eine Zufahrtsmöglichkeit auf dem Kai vorhanden. Da die Gleise auf dem Kai und dem Schiffsdeck genau zusammenpassen müssen, machen diese Fährschiffe nicht längsseits fest, sondern dringen mit dem Bug oder Heck in eine zweckmäßig geformte Einbuchtung ein, die automatisch dafür sorgt, daß die Gleise am Ende zusammenpassen.

Im Unterschied zu den übrigen Schiffen für Rolltransporte wird die Rampe am Kai ge-

hoben oder gesenkt, um genau die Höhe des Oberdecks zu erreichen, und nicht umgekehrt. Es ist also nicht die Schiffsrampe, die auf dem Kai aufliegt.

Die Fährschiffe für Last- und Personenkraftwagen unterscheiden sich von den Schiffen für Rolltransporte durch die nicht angewinkelten Zufahrtsrampen und durch deren geringe Tragkraft. Überdies befinden sich Klappen und Rampen oft auch am Bug. Ferner gibt es Unterkunftsräume für zahlreiche Passagiere, darunter Kabinen für die Reise bei Nacht, dann Restaurants, Bars, Gesellschaftsräume, Spielplätze, Schwimmbecken usw.

Das von Fährschiffen mit Autos und Passagieren an Bord meistbefahrene Meer ist die Ostsee. Die Linien verbinden Schweden mit Finnland, Finnland mit Dänemark und der Bundesrepublik Deutschland und damit auch mit dem übrigen Westeuropa. Eine der modernen Großfähren, die »Stena Germanica« mit 24967 BRT und Unterbringungsmöglichkeiten für 2204 Passagiere, 5285 laufende Meter Stellplätze für Lkws und Pkws sowie noch zwei zusätzlichen aufheißbaren Decks mit 2650 m² verkehrt regelmäßig zwischen Kiel und Göteborg, und von der DDR führt eine Linie nach Trelleborg in Schweden.

Ein Merkmal der modernen nordeuropäischen Großfähren besteht darin, daß sie eine einzige Klasse und luxuriöse Kabinen, Restaurants, Gesellschaftsräume, Schwimmbäder, Saunas usw. führen. Deswegen kommen diese Schiffe auch als Kreuzfahrtschiffe in Betracht. Die Überfahrt von Schweden nach Finnland dauert eine Nacht. Die Schiffe fahren von Stockholm oder Helsinki am Abend ab und kommen am Morgen danach im Bestimmungshafen an. Etwas mehr Zeit, ein oder zwei Tage, verlangen die Verbindungen mit Dänemark und der Bundesrepublik Deutschland. Seit dem Dezember 1976 dauert die Überfahrt von Travemünde nach Helsinki nur 22 Stunden, denn das finnische Fährschiff »Finnjet« legt die 600 sm, die zwischen den beiden Häfen liegen, mit der außergewöhnlichen Geschwindigkeit von 30 kn zurück.

Diese Geschwindigkeit kommt der der großen Transatlantikdampfer der dreißiger Jahre wie der englischen »Queen Mary« und

Schiffe für Polarforschung. Viele Länder, darunter auch die Bundesrepublik Deutschland, haben ein besonderes Interesse an der Antarktis und entsenden dorthin große Expeditionen oder richten Basen ein. Die Polarforschungsschiffe stellen eine mobile Basis dar und werden in Ländern gebaut, die über entsprechende technische Hilfsmittel verfügen. Die großen nuklear betriebenen Eisbrecher der Sowjetunion können eine größere Zahl von Wissenschaftlern aufnehmen und damit auch als Forschungsschiffe dienen.

»Polarstern«. Forschungsschiff und Eisbrecher, erbaut 1982 in der Bundesrepublik Deutschland für das Bundesforschungsministerium. Das Antriebsaggregat besteht aus vier Dieselmotoren, die zwei Schiffsschrauben mit verstellbaren Flügeln antreiben und eine Gesamtleistung von 20000 PS (14708 kW) entwickeln. Das Schiff stellt eines der ersten Beispiele für den Einsatz von Dieselmotoren bei einem Eisbrecher dar. Es verfügt auch über querstehende Schrauben, je eine im Heck und im Bug, ferner über eine Landeplattform und einen Hangar für zwei Hubschrauber. Die Polarstern kann etwa 40 Wissenschaftler und 30 Assistenten aufnehmen und verfügt über entsprechende wissenschaftliche Laboratorien und Apparaturen für Messungen und Beobachtungen.

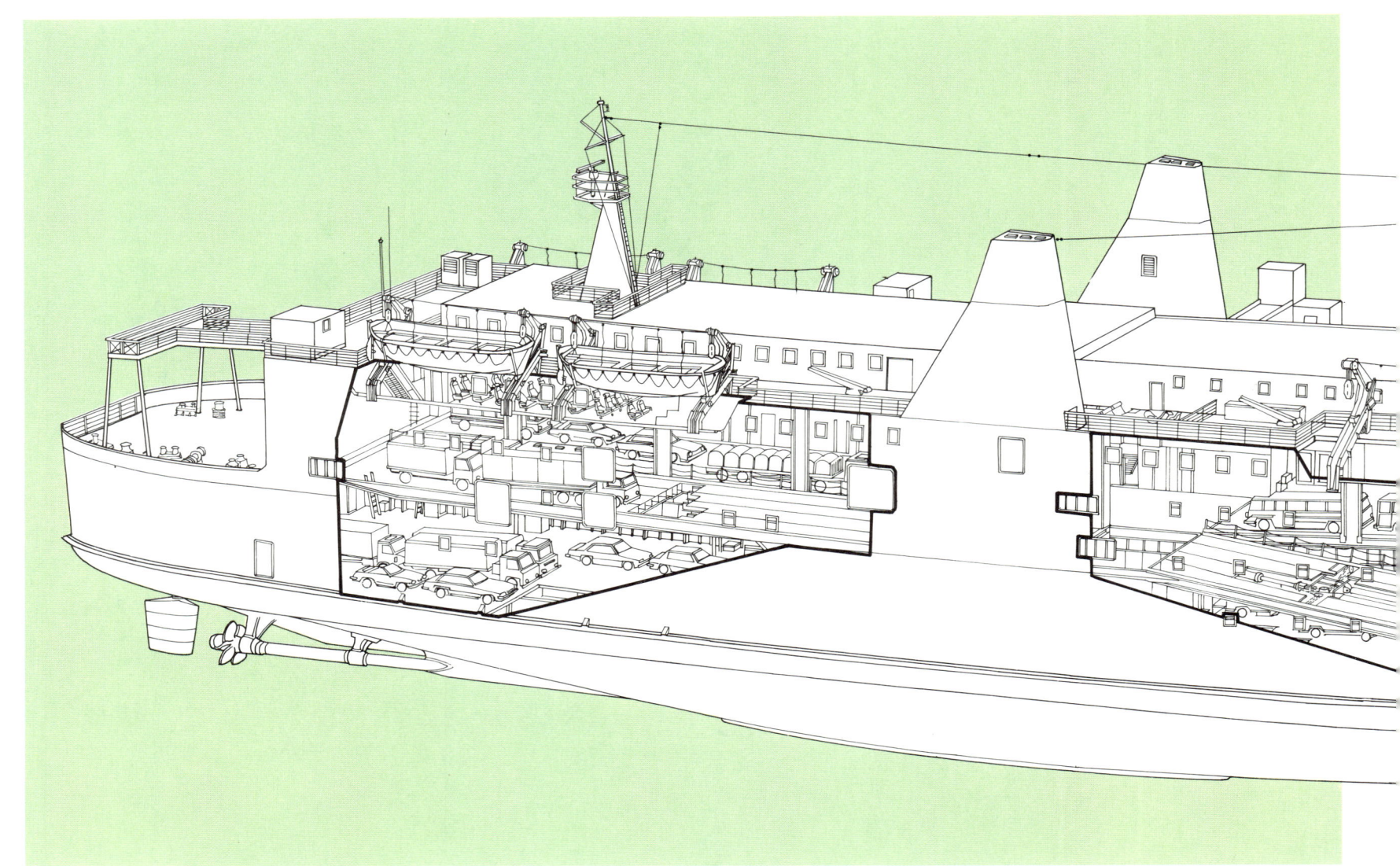

Fährschiffe für Passagiere und Automobile						
	»Finlandia«	»Dragon«	»St. Columba«	»Domiziana«	»Viking Saga«	»Visby«
Länge über alles (m)	153,00	134,10	129,20	136,00	145,00	142,33
Länge Bug/Heck (m)	–	121,50	119,50	125,00	131,00	132,00
Breite (m)	20,00	21,94	21,20	23,00	25,20	24,00
Höhe (m)	12,90	11,75	6,55	12,40	13,30	16,55
Tiefgang voll beladen (m)	5,60	4,75	4,37	5,90	5,51	5,51
Tragfähigkeit (t)	–	2425	1550	3250	2870	12680
BRT	8168	5720	8000	–	13900	14935
Anzahl der Passagiere	656	850	2522	1000	2000	2000
Anzahl der Automobile	320	250	335	244	540	515
Maschinenleistung (PS/	16400	8880	6619	19200	26000	29200
kW)	12060	6530	4868	14120	19120	21474
Reisegeschwindigkeit (kn)	22	19	19,5	22	21,3	19
Flagge	Finnland	Frankreich	Groß-britannien	Italien	Schweden	Schweden
Baujahr	1967	1967	1977	1979	1980	1980
Werft	Wärtsilä, Helsinki	Ateliers, Nantes	Aalborg, Dänemark	Italcant., Castellamare	Wärtsilä, Turku	Landskrona, Oresund-varvet, Schweden

Fährschiffe für Lastkraftwagen		
	»Foss-Ems«	»Norsky«
Länge über alles (m)	168,65	152,00
Länge von Bug bis Heck (m)	156,15	137,00
Breite (m)	20,20	19,90
Höhe (m)	13,70	14,65
Tiefgang (m)	6,45	5,40
Tragfähigkeit (t)	–	9200
Anzahl der Lkw	156	–
Anzahl der Container	525	570
Passagiere	12	12
Maschinenleistung (PS/	13000	11480
kW)	9500	8442
Reisegeschwindigkeit (kn)	19	19
Flagge	BRD	Groß-britannien
Baujahr	1978	1978
Werft	J. L. Mayer, Papenburg	Hyundai, Südkorea

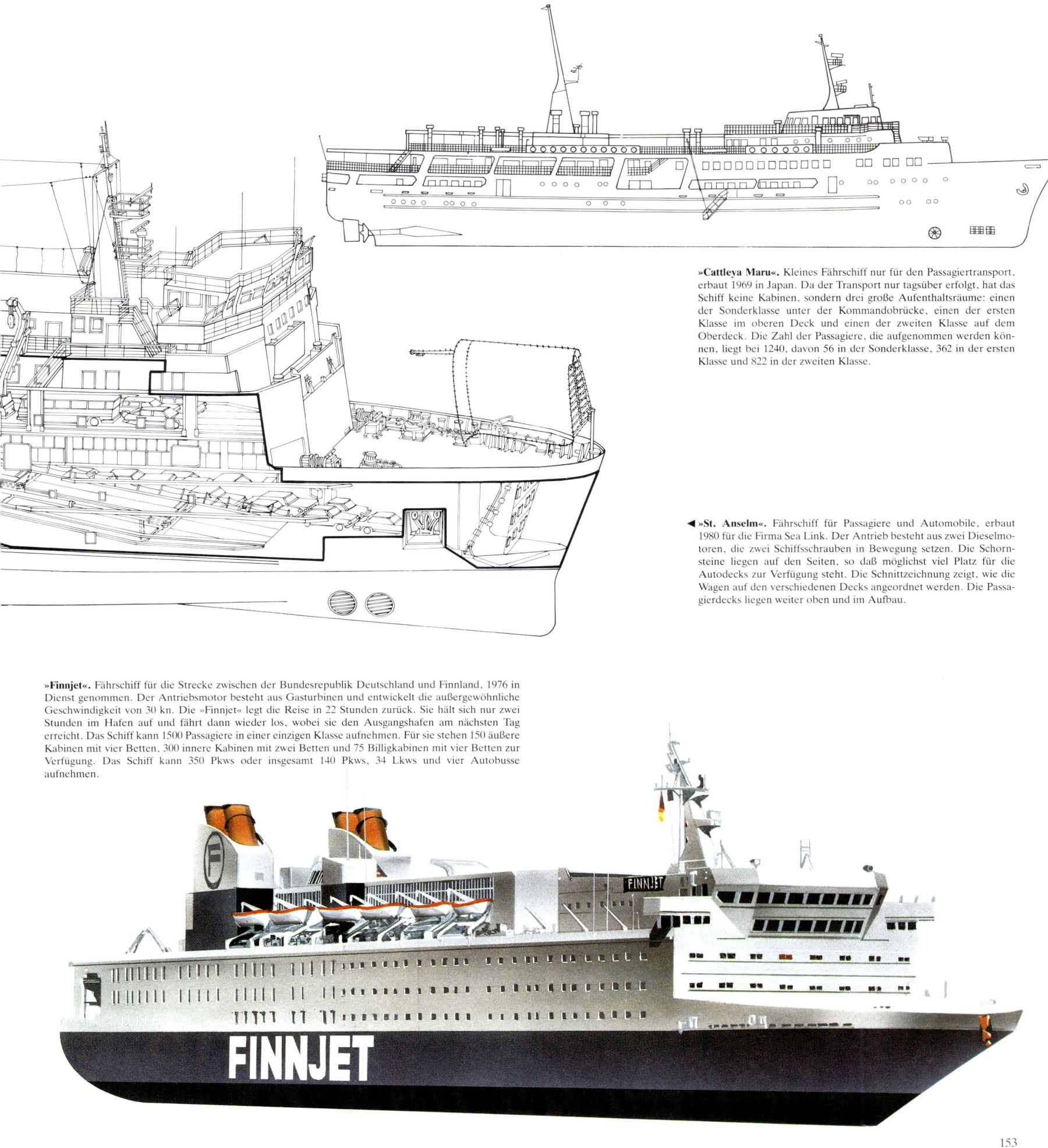

»Cattleya Maru«. Kleines Fährschiff nur für den Passagiertransport, erbaut 1969 in Japan. Da der Transport nur tagsüber erfolgt, hat das Schiff keine Kabinen, sondern drei große Aufenthaltsräume: einen der Sonderklasse unter der Kommandobrücke, einen der ersten Klasse im oberen Deck und einen der zweiten Klasse auf dem Oberdeck. Die Zahl der Passagiere, die aufgenommen werden können, liegt bei 1240, davon 56 in der Sonderklasse, 362 in der ersten Klasse und 822 in der zweiten Klasse.

◄ **»St. Anselm«.** Fährschiff für Passagiere und Automobile, erbaut 1980 für die Firma Sea Link. Der Antrieb besteht aus zwei Dieselmotoren, die zwei Schiffsschrauben in Bewegung setzen. Die Schornsteine liegen auf den Seiten, so daß möglichst viel Platz für die Autodecks zur Verfügung steht. Die Schnittzeichnung zeigt, wie die Wagen auf den verschiedenen Decks angeordnet werden. Die Passagierdecks liegen weiter oben und im Aufbau.

»Finnjet«. Fährschiff für die Strecke zwischen der Bundesrepublik Deutschland und Finnland, 1976 in Dienst genommen. Der Antriebsmotor besteht aus Gasturbinen und entwickelt die außergewöhnliche Geschwindigkeit von 30 kn. Die »Finnjet« legt die Reise in 22 Stunden zurück. Sie hält sich nur zwei Stunden im Hafen auf und fährt dann wieder los, wobei sie den Ausgangshafen am nächsten Tag erreicht. Das Schiff kann 1500 Passagiere in einer einzigen Klasse aufnehmen. Für sie stehen 150 äußere Kabinen mit vier Betten, 300 innere Kabinen mit zwei Betten und 75 Billigkabinen mit vier Betten zur Verfügung. Das Schiff kann 350 Pkws oder insgesamt 140 Pkws, 34 Lkws und vier Autobusse aufnehmen.

ABEGWEIT

Fährschiffe für Eisenbahnwagen

	»Scilla«	»Gennargentu«	»Sanuki Maru«	»Trelleborg«	»Abegweit«	»Arahura«
Länge über alles (m)	50,20	122,10	88,91	170,17	122,38	148,30
Länge Bug/Heck (m)	–	–	84,00	158,50	117,30	137,00
Breite (m)	8,20	17,54	15,80	23,78	21,50	20,50
Höhe (m)	–	–	5,45	8,15	7,85	5,47
Tiefgang voll beladen (m)	2,50	4,90	3,75	5,82	6,10	–
Wasserverdrängung (t)	594	5500	–	–	10130	–
Tragfähigkeit in (t)	–	–	10279	–	–	2500
Gleise	1	3	3	5	4	4
Anzahl Eisenbahnwagen	5	30	27	55	20	60
Anzahl Automobile	–	85	–	20+15	40+251	132
Anzahl Passagiere	–	587	2350	800	950	1085
Motorleistung (PS/	–	–	1340	24000	18000	18200
kW)			485	17650	13237	13384
Reisegeschwindigkeit (kn)	–	18	15,3	18,2	17,0	19,0
Baujahr	1896	1865	1973	1982	1983	1984
Flagge	Italien	Italien	Japan	Schweden	Kanada	Neuseeland
Werft	–	C.N.R., Ancona	Naikai, Setoda	Oresund vervet	St. John Shipb., St. John	Aalborg Vaerft, Dänemark

der deutschen »Bremen« gleich. Als Antrieb dienen aber nicht riesige Kessel und Turbinen, die fast den gesamten Raum unter Deck einnehmen würden, sondern vier Pratt & Whitney-Gasturbinen mit einer Leistung von 75000 PS (55155 kW). Sie treiben zwei Schiffsschrauben mit verstellbaren Flügeln an. Trotz der bemerkenswerten Leistung der »Finnjet« wurden später keine weiteren Handelsschiffe mit Gasturbinen gebaut. Seither sind zwar viele weitere und immer größere, schnellere und luxuriösere Fährschiffe in Betrieb genommen worden, doch sind sie alle mit Dieselmotoren ausgerüstet. Unter ihnen seien erwähnt die »Wellamo« und »Marietta« mit 33810 BRT aus dem Jahr 1985. Sie erreichen 22 kn und stellen den letzten Stand der Entwicklung dar. Unter den neuen deutschen Fähren sind besonders die 31359 BRT großen, zwischen Travemünde und Schweden verkehrenden »Nils Holgersson« und »Peter Pan« von 1986 und die neue Eisenbahnfähre »Karl Carstens« zu erwähnen. Dieses 12829

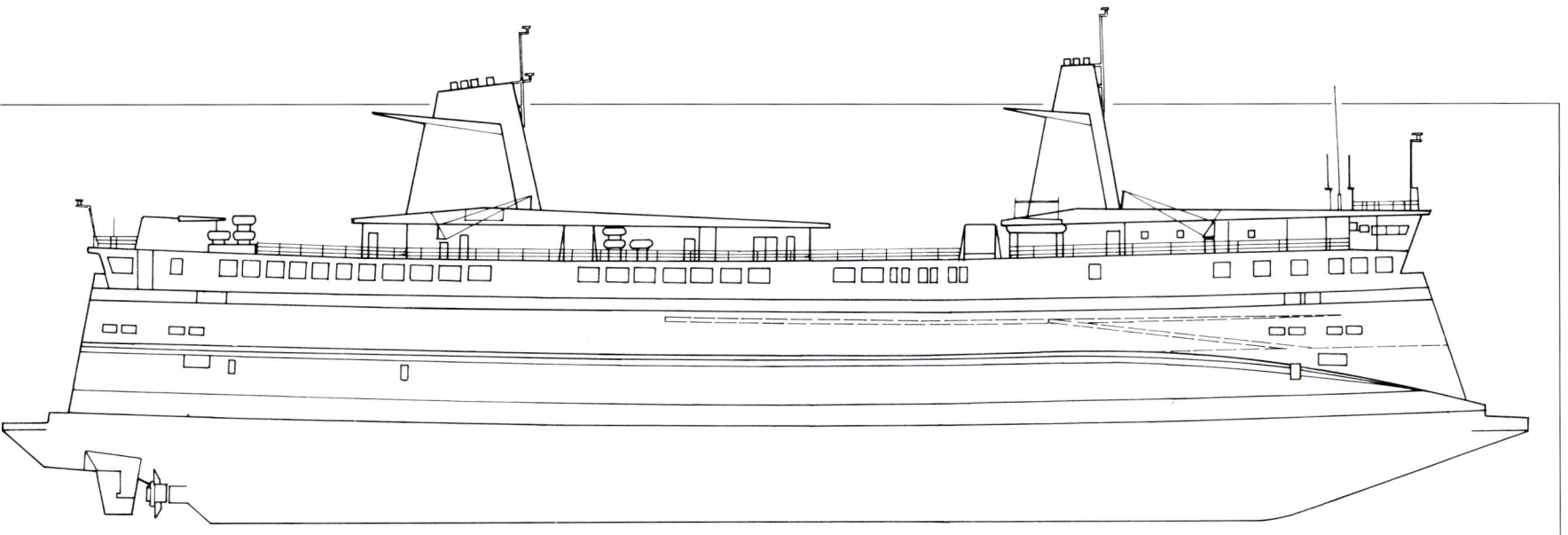

BRT große, zwischen Fehmarn und Dänemark verkehrende Schiff, kann neben Pkws auf seinem 405,5 m langen Schienenstrang auf jeder Überfahrt 14 Schnellzugwagen transportieren.

Die Fährschiffe für Lkws mit und ohne Anhänger wie für Sattelschlepper kann man den Schiffen für Rolltransporte gleichsetzen, da sie neben diesen Kraftwagen und Schleppern auch Container transportieren können.

In allen Teilen der Welt fahren zahlreiche, nur für den Passagierverkehr auf kurzen Strecken gedachte kleine Fähren mit den unterschiedlichsten Antriebsanlagen, einem Flügelradpropeller nach dem Schottel-Prinzip oder einem Voith-Schneider-Propeller. Ferner haben sie oftmals weder Bug noch Heck, sondern sind an beiden Enden gleich gebaut und zugespitzt. Auch die Antriebspropeller, die Ruder und die Kommandobrücke sind dann doppelt ausgelegt, damit die Schiffe von der einen wie der anderen Seite abfahren können, ohne stets langwierige Manöver durchzuführen und den Bug wieder in die richtige Stellung zu bringen. Damit spart man eine Menge Zeit bei der Abfahrt bzw. Ankunft.

Zu dieser Kategorie zählen auch die Tragflügelboote, die außerdem eine größere Geschwindigkeit als die normalen Fährschiffe erreichen.

Zementtransportschiffe

Der Zement ist ein Material, das man unverpackt in normalen tankähnlichen Laderäumen transportieren kann. Das Beladen des Schiffes erfolgt über Transportbänder, Förderkübel und ähnliche Einrichtungen.

In einigen Fällen geschieht das Beladen und Entladen des Zements nicht mit den üblichen mechanischen Systemen, sondern mit Hilfe komprimierter Luft. Als Beispiel dafür ist die »Giraglia II« zu nennen, ein Ro-Ro-Schiff mit einem besonders eingerichteten Laderaum. Sie wurde in Frankreich für den Transport von Zement nach Korsika gebaut. Da auf der Rückreise kein ähnliches Frachtgut transportiert werden kann, besitzt das Schiff ein Autodeck, das Lastwagen und Container aufnehmen kann.

Der Laderaum für den Zement enthält zehn zylindrische Gefäße, von denen jedes 100 t Zement aufnehmen kann. Sie sind mit hori-

»Giraglia II«. Kleines Schiff mit einer Tragfähigkeit von 1640 t, erbaut 1979 für die Société Méditerrranéenne de Cabotage. Sie kann im oberen Deck Rolltransporte und in den tiefer gelegenen Laderäumen, innerhalb besonderer Behälter, unverpackten Zement transportieren. Der Dieselmotor entwickelt eine Geschwindigkeit von 12 kn. Es sind im Heck zwei Schornsteine vorhanden. Ihre seitliche Lage erleichtert das Beladen des Schiffes mit Lastwagen bei heruntergelassener Heckklappe. Im Längs- und Querschnitt erkennt man deutlich die Lage und Anordnung der zylindrischen Gefäße für den Zementtransport.

Zementtransportschiffe			
	»Giraglia II«	»Kokums-Leichter«	»Cement Courier«
Länge (m)	69,80	124,00	96,50
Breite (m)	13,00	22,80	17,00
Höhe (m)	10,70	–	9,00
Tiefgang (m)	4,90	–	6,00
Tragfähigkeit (t)	1640	16000	7500
Geschwindigkeit (kn)	12	–	–
Flagge	Frankreich	Panama	Griechenland
Baujahr	1979	1979	1982
Werft	Ateliers et Chantiers de La Rochelle	Kokums, Schweden	Perama, Griechenland

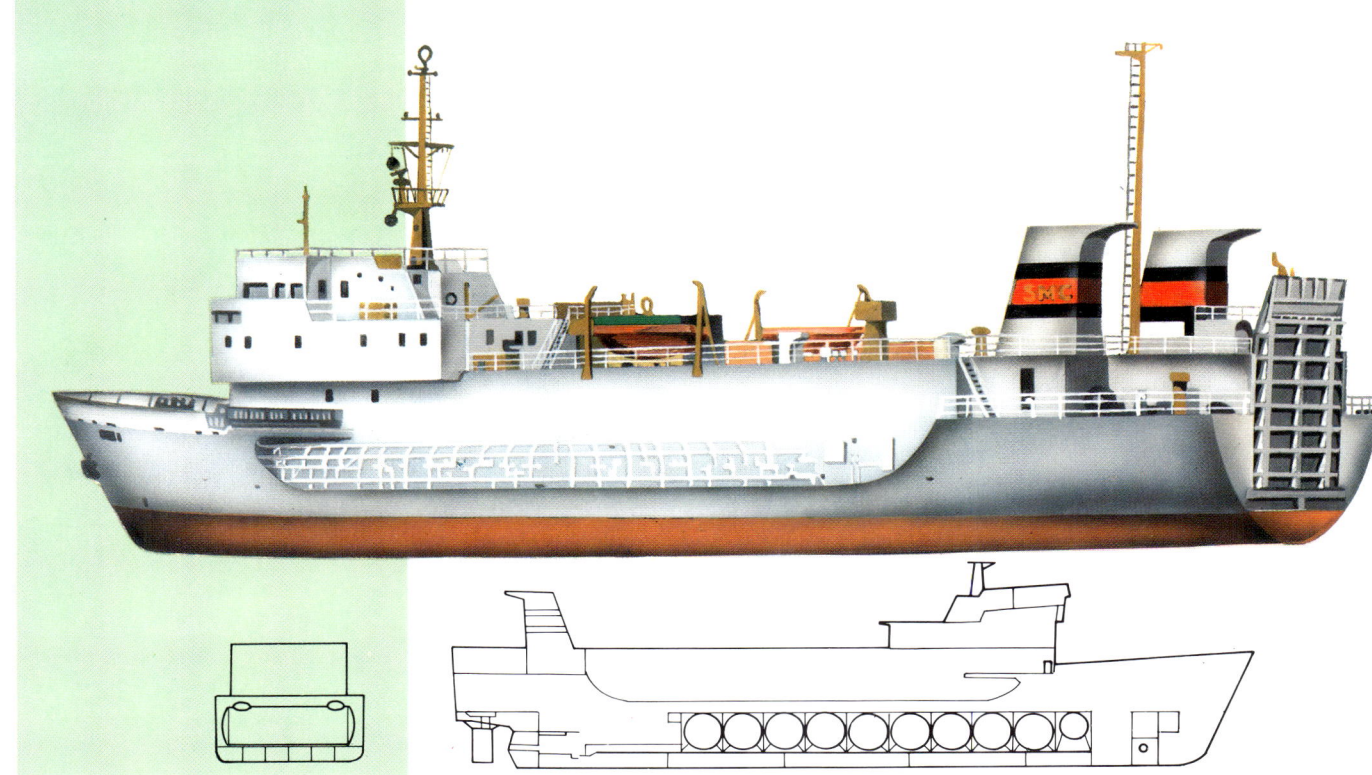

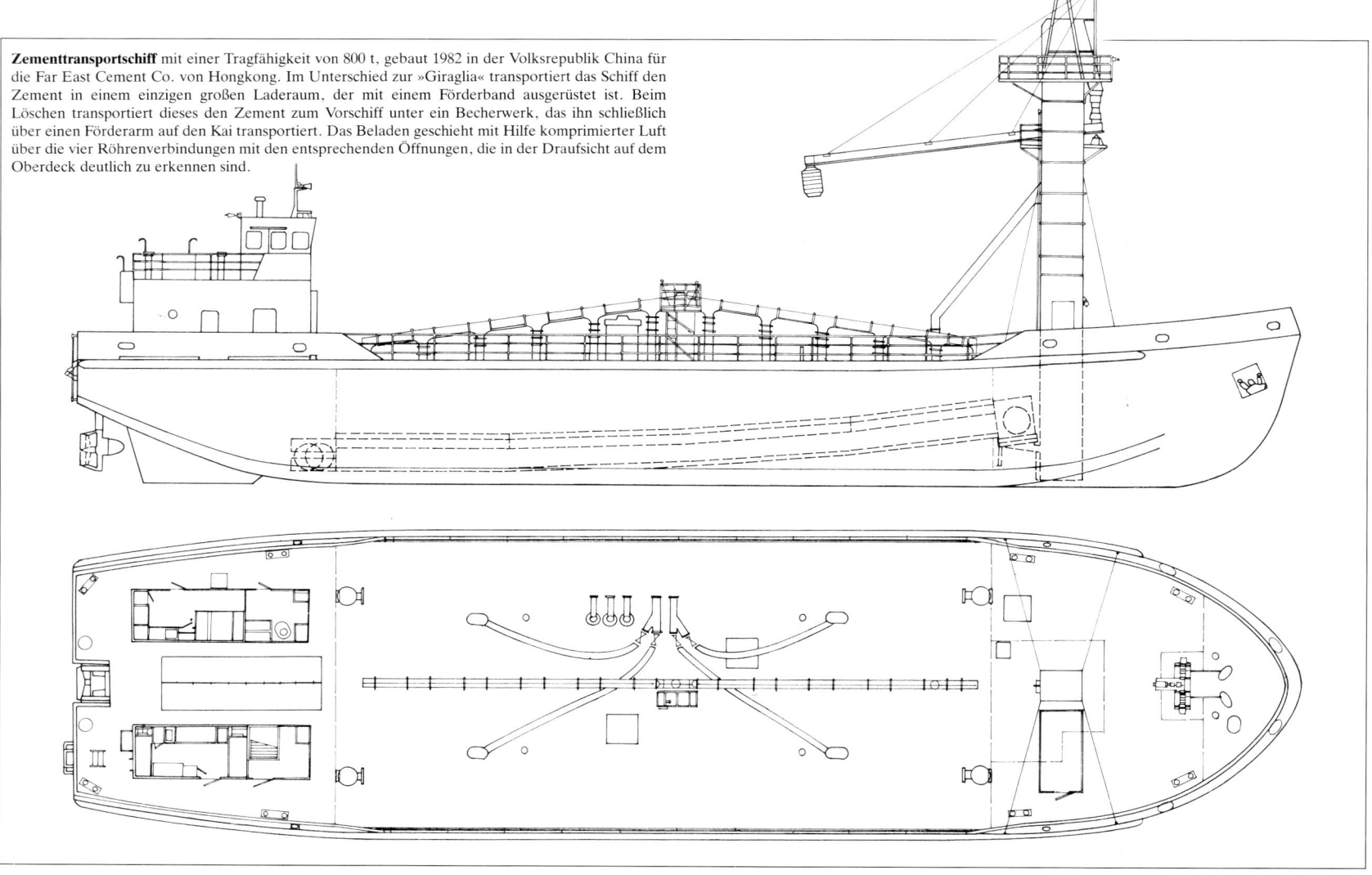

Zementtransportschiff mit einer Tragfähigkeit von 800 t, gebaut 1982 in der Volksrepublik China für die Far East Cement Co. von Hongkong. Im Unterschied zur »Giraglia« transportiert das Schiff den Zement in einem einzigen großen Laderaum, der mit einem Förderband ausgerüstet ist. Beim Löschen transportiert dieses den Zement zum Vorschiff unter ein Becherwerk, das ihn schließlich über einen Förderarm auf den Kai transportiert. Das Beladen geschieht mit Hilfe komprimierter Luft über die vier Röhrenverbindungen mit den entsprechenden Öffnungen, die in der Draufsicht auf dem Oberdeck deutlich zu erkennen sind.

zontaler Achse querschiffs nebeneinander angeordnet. Ein Röhrensystem verbindet die zylindrischen Gefäße mit einer Ladestation, die den Zement mit Hilfe komprimierter Luft weitertransportiert. Für den Trans-port von abgepacktem Zement verwendet man das Autodeck.

Weitere Transportschiffe für unverpackten Zement sind u. a. die griechischen »Cement Courier« von 1982 und die Schiffe, welche 1979 die schwedische Kokums-Werft für eine panamaische Gesellschaft gebaut hat. Diese Leichter haben keine Anlage zur Erzeugung komprimierter Luft, denn sie laden den Zement mit mechanischen Hilfsmitteln.

Schiffe für den Transport von Flüssiggas

Schiffe für den Transport von Flüssiggas kann man durchaus mit Öltankern vergleichen. Beide Schiffstypen transportieren Flüssigkeiten, die mit Hilfe von Pumpen über ein Röhrensystem geladen und entladen werden. Der Hauptunterschied liegt in der tiefen Temperatur des transportierten Gases, das besondere Tanks mit einer guten Isolierung verlangt.

Nach der Art des transportierten Gases unterscheidet man Schiffe für den Transport natürlicher verflüssigter Gase (LNG-Carrier = liquefied natural gas) und Schiffe für den Transport verflüssigter Erdölgase (LPG-Carrier = liquefied petrol gas). Jeder Typ hat seine eigenen Merkmale. Normalerweise transportieren LNG-Carrier Methan und LPG-Carrier Butan und Propan. Es gibt auch Äthylentransporter, die man unter die LNG-Carrier einordnen kann.

Die ersten Transporte verflüssigten Methans in Tankerschiffen gehen auf das Jahr 1952 zurück, als die amerikanische Gesellschaft Constock International Methane Ltd. auf dem Mississippi einen Liniendienst mit Tankleichtern aufnahm. Sie transportierten Flüssiggas vom Produktionsgebiet in Louisiana bis nach New Orleans. Das erste Schiff für den Transport auf dem Meer war die

Flüssiggastanker						
	»Tatsuno Maru«	»Norman Lady«	»Palace Tokyo«	»Sun River«	»El Paso Kayser«	»Golar Spirit«
Typ	LPG Membran-tank	LNG Kugeltank	LPG Membran-tank	LPG Membran-tank	LNG Membran-tank	LNG Kugeltank
Länge über alles (m)	202,12	249,56	234,00	224,00	280,62	289,00
Länge Bug/Heck (m)	190,00	237,00	–	213,00	266,00	275,00
Breite (m)	30,00	40,00	39,90	32,50	41,60	44,60
Höhe (m)	19,90	23,00	25,00	21,80	27,50	25,00
Tiefgang (m)	11,82	10,64	12,70	11,90	11,00	11,40
Tragfähigkeit (t)	38628	53624	65454	51868	64749	80239
BRT	–	64052	63204	43781	66807	93815
Tankvolumen (m³)	54800	87994	100181	75958	125011	128600
Maschinenleistung (PS/	14400	30000	23200	20300	36000	45000
kW)	10590	22062	17061	14929	26475	33093
Reisegeschwindigkeit (kn)	15,5	18,5	18,8	17,0	20,0	19,8
Flagge	Japan	Liberia	Japan	Japan	Liberia	Liberia
Baujahr	1968	1974	1974	1974	1975	1981
Werft	Mitsubishi, Yokohama	Moss-Rosenberg, Stavanger	Itachi Zosen, Inoshima	Kawasaki, Kobe	Chantiers de France, Dünkirchen	Kawasaki, Sakaide

»Descartes«. Französischer LPG-Carrier der Firma Gazocean mit einem Raumgehalt von 50000 m³. Vor dem Heckaufbau liegt ein zweiter Aufbau, der die Wiederverflüssigungsanlage für das Gas enthält. In der Mitte des Schiffes befindet sich die Lade- und Entladestation für das Flüssiggas.

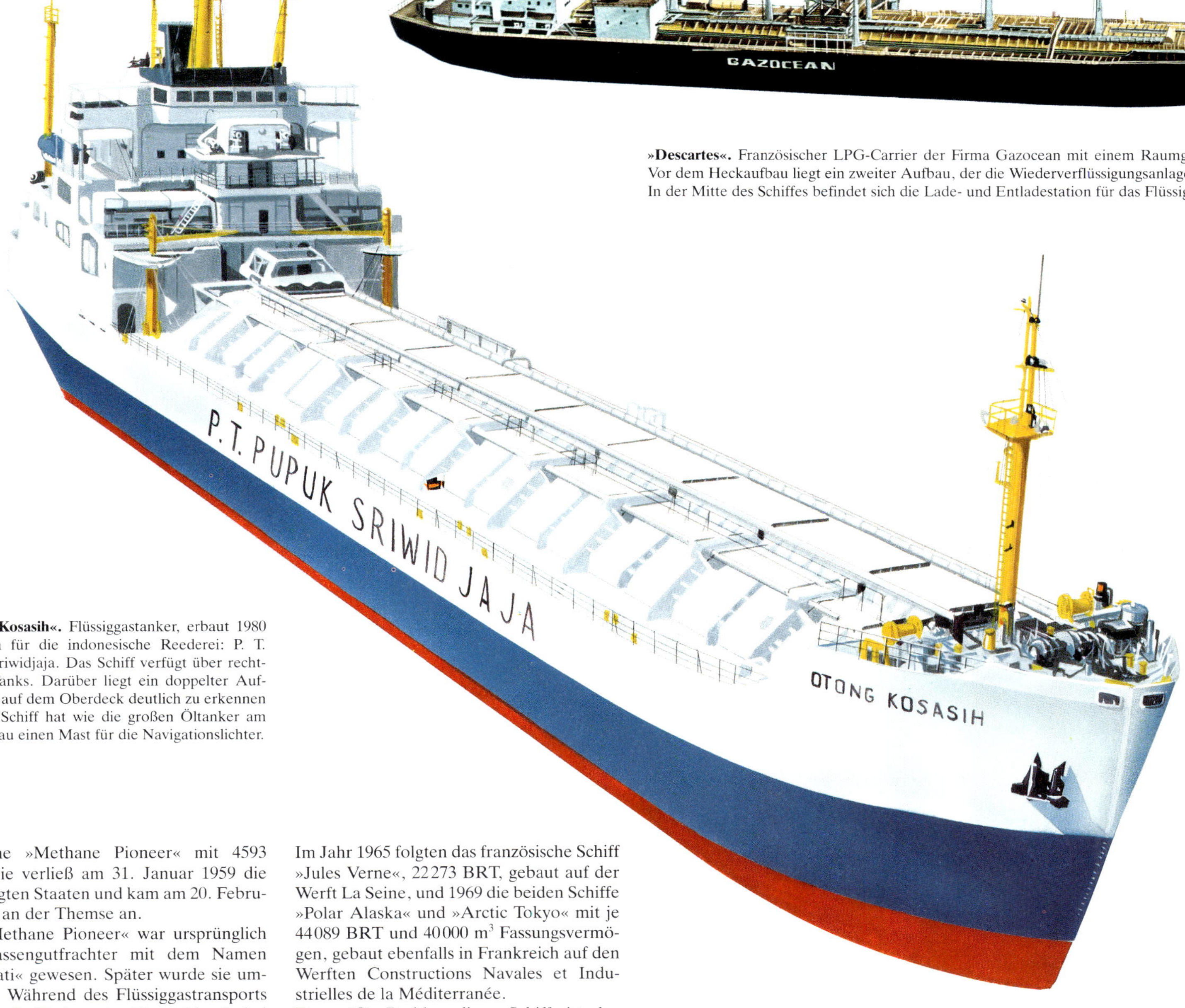

»Otong Kosasih«. Flüssiggastanker, erbaut 1980 in Japan für die indonesische Reederei: P. T. Pupuk Sriwidjaja. Das Schiff verfügt über rechteckige Tanks. Darüber liegt ein doppelter Aufbau, der auf dem Oberdeck deutlich zu erkennen ist. Das Schiff hat wie die großen Öltanker am Bugaufbau einen Mast für die Navigationslichter.

englische »Methane Pioneer« mit 4593 BRT. Sie verließ am 31. Januar 1959 die Vereinigten Staaten und kam am 20. Februar 1959 an der Themse an.

Die »Methane Pioneer« war ursprünglich ein Massengutfrachter mit dem Namen »Normati« gewesen. Später wurde sie umgebaut. Während des Flüssiggastransports standen die Tanks unter Normaldruck, bei einer Temperatur allerdings von −162 °C. Derart niedrigen Temperaturen widersteht Aluminium besser als Stahl. Die Tanks besaßen überdies eine 30 cm dicke Isolierschicht aus Balsaholz und eine 46 cm dicke Glasfaserschicht. Dies alles war eingeschlossen in eine zweite Haut aus Stahl, die auf dem Schiffsboden und am Rumpf in geeigneter Weise befestigt war.

Aus dieser Beschreibung geht hervor, daß die Tanks für den Transport von Flüssiggas eigene Einheiten im Inneren des Rumpfes bilden und nicht wie bei den Öltankern einen integrierenden Teil des Gesamtrumpfes darstellen.

Nach den Erfahrungen mit der »Methane Pioneer« nahmen 1964 zwei englische Schiffe mit neuer Bauweise den Dienst auf: die »Methane Princess« und die »Methane Progress« mit je 21876 BRT, erbaut in England in den Werften Vickers-Armstrong und Harland & Wolff. Ihre Tanks wiesen ein Fassungsvermögen von 26000 m³ auf.

Im Jahr 1965 folgten das französische Schiff »Jules Verne«, 22273 BRT, gebaut auf der Werft La Seine, und 1969 die beiden Schiffe »Polar Alaska« und »Arctic Tokyo« mit je 44089 BRT und 40000 m³ Fassungsvermögen, gebaut ebenfalls in Frankreich auf den Werften Constructions Navales et Industrielles de la Méditerranée.

Das größte Problem dieser Schiffe ist also die Konstruktion der Tanks für das flüssige Methan dar, das bei einer Temperatur von −162 °C gelagert werden muß, was eine gute thermische Isolierung erfordert. Die verschiedenen Werften entwickelten dazu unterschiedliche Techniken, die hier kurz dargelegt seien.

Membrantanks. Die Tankwände bestehen aus einer Stahllegierung mit 36% Nickelgehalt oder aus INVAR, einer besonderen Legierung, die für ihren außergewöhnlich niedrigen Ausdehnungskoeffizienten im Temperaturbereich zwischen +20 °C und −200 °C bekannt ist. Auf die Tankwände legt man eine Isolierschicht. Darauf kommt eine zweite Haut aus INVAR und eine zweite Isolierschicht. Schließlich folgen die Stützstrukturen, die das Gewicht des Tanks auf den Schiffsrumpf ableiten sollen.

Die Membrantanks wurden von der französischen Firma Gaz Transport of France entwickelt und auf den Schiffen »Jules Verne«,

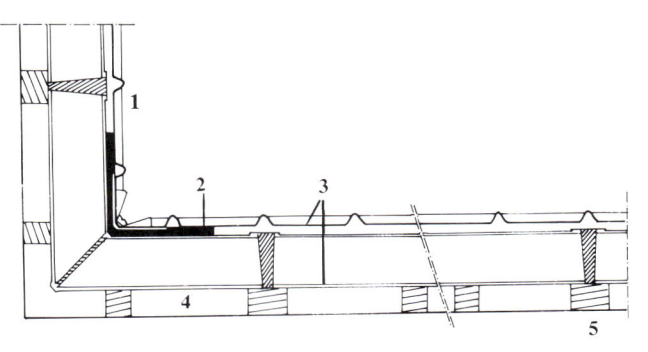

Schematische Darstellung der Isolierschichten eines rechteckigen Tanks für Flüssiggas. Die Membran (1) kommt mit dem Flüssiggas in Kontakt und trägt außen eine Balsaholzschicht (2). Dann folgen Lagen aus Sperrholz (3) und weiteres Balsaholz und schließlich noch einmal Sperrholz. Eine Schicht Glaswolle (4) vervollständigt die Isolierung. Dazwischen liegen in regelmäßigen Abständen Holzbalken als Stütze für den unteren und den seitlichen Teil (5).

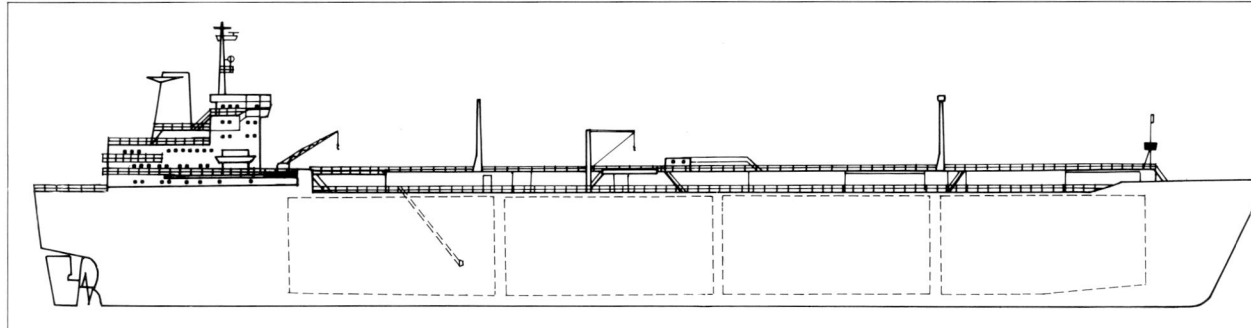

»Hoog Swallow«. LPG-Carrier, gebaut 1976 im polnischen Danzig/Gdansk für die Northern Natural Gaz Co. von Omaha (Vereinigte Staaten). Das Schiff verfügt über vier rechteckige Tanks von jenem Membrantyp, den die Gaz Transport patentieren ließ. Das Tragvolumen liegt bei 75 000 m³. Ein Dieselmotor mit 22 200 PS (16 327 kW) Leistung treibt eine einzige Schiffsschraube an und ermöglicht eine Geschwindigkeit von 17,3 kn.

»Polar Alaska« und »Arctic Tokyo« (Baujahre zwischen 1965 und 1969) sowie auf den 66 808-BRT-Schiffen des Tpys »El Paso Kayser« (1975) angewendet.

Einen zweiten Membrantanktyp erfand die Firma Technigaz de France: Statt INVAR verwendet man Bleche aus nichtrostendem Stahl. Damit sich dieser beim Temperaturunterschied zwischen Umgebung und flüssigem Methan, der ungefähr 180 °C beträgt, ungehindert ausdehnen und schrumpfen kann, werden keine glatten, sondern gewellte Bleche verwendet. Die Ausdehnungs- und Schrumpfungsbewegungen übertragen sich dann nur auf die Wellen und verändern die äußeren Ausmaße der Tanks nicht.

Auf dem gewellten Stahlblech befinden sich die üblichen Schichten Isoliermaterial und eine zweite Haut aus glattem Stahlblech. Dieser Membrantyp wurde im japanischen Äthylentransporter »Shinryo Ethilene Maru« (Baujahr 1972) eingebaut.

Halbmembrantanks. Dieser Tanktyp geht auf Entwicklungsarbeiten der englischen Firma Bridgestone Liquefied Gas Co. Ltd. zurück und wurde von der japanischen Firma Sasebo Heavy Industries vervollkommnet. Die Tanks bestehen aus zwei Membranen oder Häuten. Die erste Membran, die mit dem Flüssiggas in Kontakt ist, besteht aus einer Stahllegierung mit 9% Nickel. Die zweite Membran ist mit der ersten in Kontakt und erlaubt die Ausdehnung und Schrumpfung aufgrund der thermischen Unterschiede und besteht aus nichtrostendem Stahl. Das Ganze ist von einer isolierenden Haut umschlossen und wird im Rumpf von entsprechenden Lagern gehalten.

Offensichtlich wurden keine Schiffe für den Transport von Flüssigmethan mit solchen Tanks gebaut. Eine weite Verbreitung fand dieser Typ jedoch bei den Schiffen für Erdölgase (LPG-Carrier).

Kugeltanks. Dieser Typ wurde von der norwegischen Werft Moss-Rosenberg in Stavanger entwickelt. Die Tanks bestehen aus einer Stahllegierung mit 9% Nickel; einige japanische Werften verwenden jedoch Aluminium. Die Tanks werden jedenfalls durch eine zylindrische Stützvorrichtung, die am Äquator des Kugeltanks befestigt ist, im Schiffsrumpf verankert. Die Isolierschicht ist 20 cm dick und besteht aus Polyurethanschaum.

Die Ausdehnung und Schrumpfung des Kugeltanks ist durch die Elastizität der zylindrischen Stützvorrichtung möglich. Zwischen dem Tank und dem Schiffsrumpf ist viel leerer Raum vorhanden, ebenso zwischen dem Tank und dem halbzylindrischen Deckel auf dem Oberdeck. Diese Räume werden mit Stickstoffoxid gefüllt. Würde man nämlich normales inertes Gas verwenden, so gefröre das darin enthaltene Kohlendioxid und würde zu Kohlensäureschnee.

Das erste Schiff mit fünf Kugeltanks vom Typ Moss-Rosenberg wurde 1973 in derselben Werft gebaut und erhielt den Namen »Norman Lady« (64 052 BRT). Es konnte entweder 37 300 t Flüssigmethan bei einer Temperatur von −162 °C oder 44 000 t flüssiges Propan bei −43 °C transportieren.

Äthylentransporter enthalten entweder Membrantanks mit gewelltem Stahlblech vom Typ Technigaz oder Kugeltanks. Beim erstgenannten Typ wurde bereits erwähnt die »Shinryo Ethilene Maru«, gebaut von der Werft Mitsubishi in Yokohama. Kugeltanks hingegen enthält die »Lucian«, erbaut 1975 in der Werft Moss-Rosenberg. Sie gehört wie übrigens die »Norman Lady« zu den LNG/Äthylen/LPG-Carrier.

Einige Schiffe besitzen eine Anlage zur Rückverflüssigung ausgetretenen Gases. Ausgetretenes Methan kann sogar zur Heizung der Dampfkessel verwendet werden.

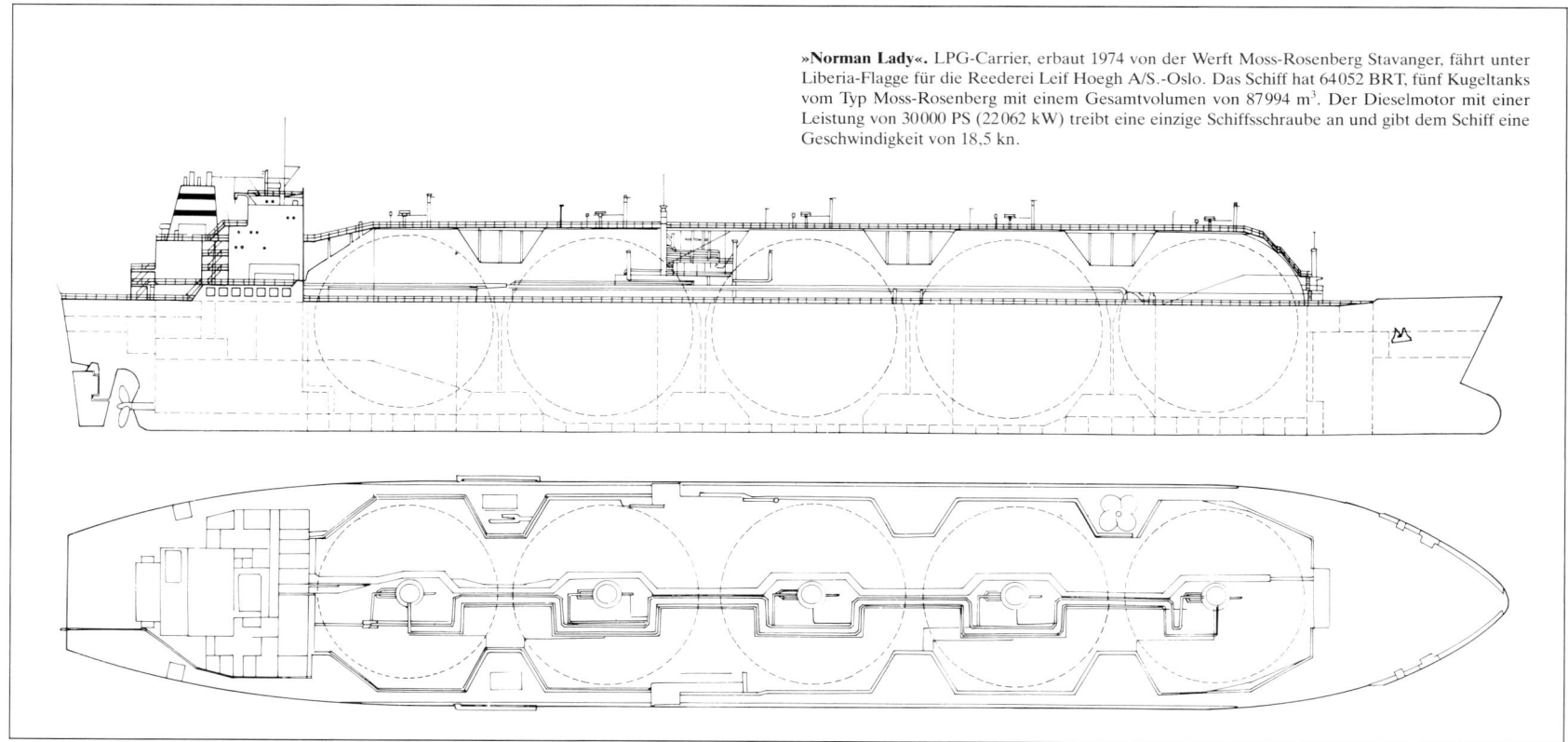

»Norman Lady«. LPG-Carrier, erbaut 1974 von der Werft Moss-Rosenberg Stavanger, fährt unter Liberia-Flagge für die Reederei Leif Hoegh A/S.-Oslo. Das Schiff hat 64 052 BRT, fünf Kugeltanks vom Typ Moss-Rosenberg mit einem Gesamtvolumen von 87 994 m³. Der Dieselmotor mit einer Leistung von 30 000 PS (22 062 kW) treibt eine einzige Schiffsschraube an und gibt dem Schiff eine Geschwindigkeit von 18,5 kn.

»Smit Rotterdam« und »Smit London« sind 1975 in den Niederlanden entstandene baugleiche Schwesterschiffe und fahren unter niederländischer Flagge der Reederei Smit Tak International Ocean Towage + Salvage Co. Rotterdam. Die beiden Dieselmotoren mit einer Leistung von 22000 PS (16180 kW) bringen die Schiffe auf 16,5 kn und haben eine Abschleppkapazität von 200 t Pfahlzug. Die beiden Schiffsschrauben mit verstellbaren Flügeln und die beiden Ruder verleihen ihnen exzellente Manövriereigenschaften. Im Grundriß unten wird die Abschleppvorrichtung mit den beiden Trommeln hinter dem vorderen Aufbau deutlich.

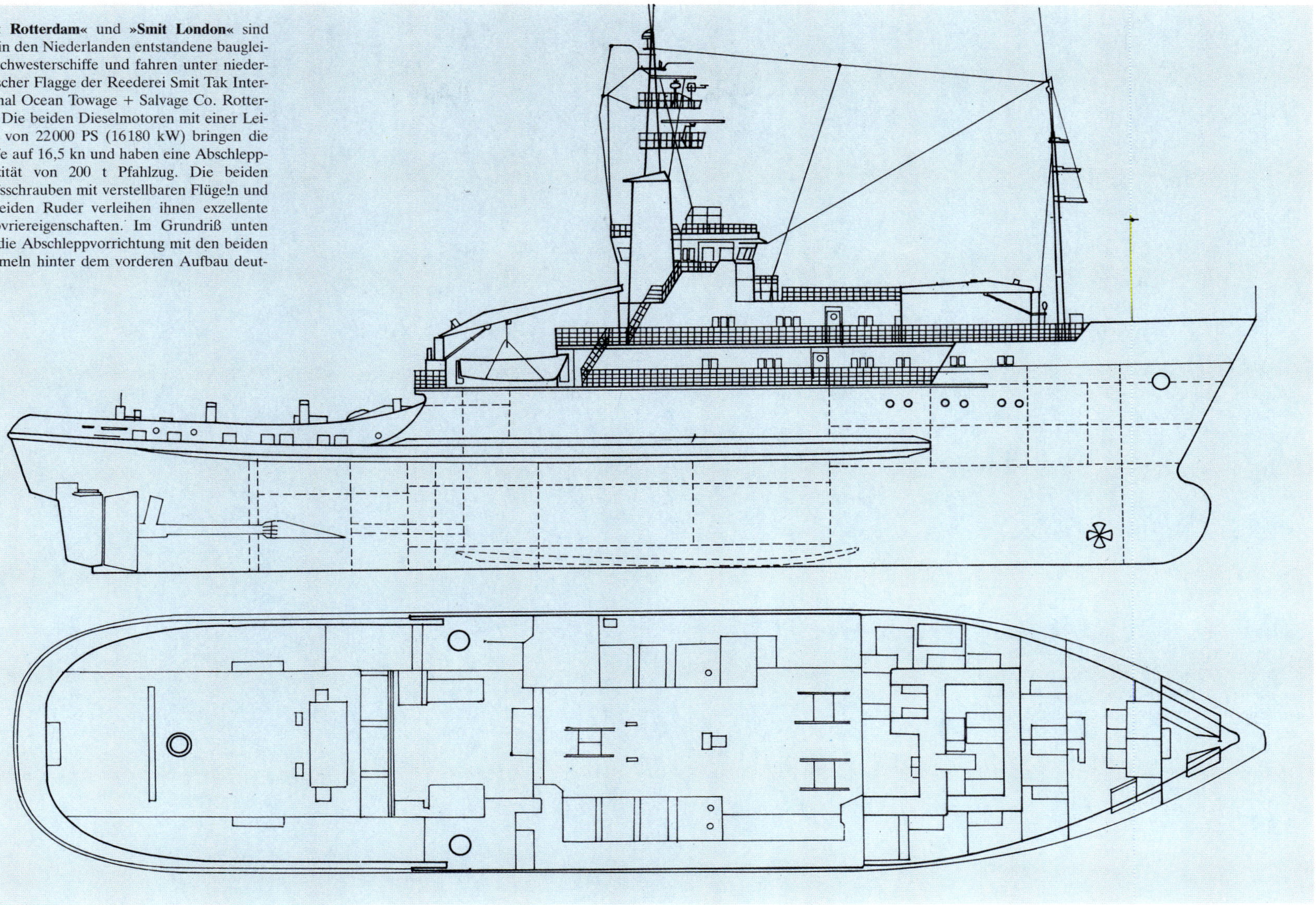

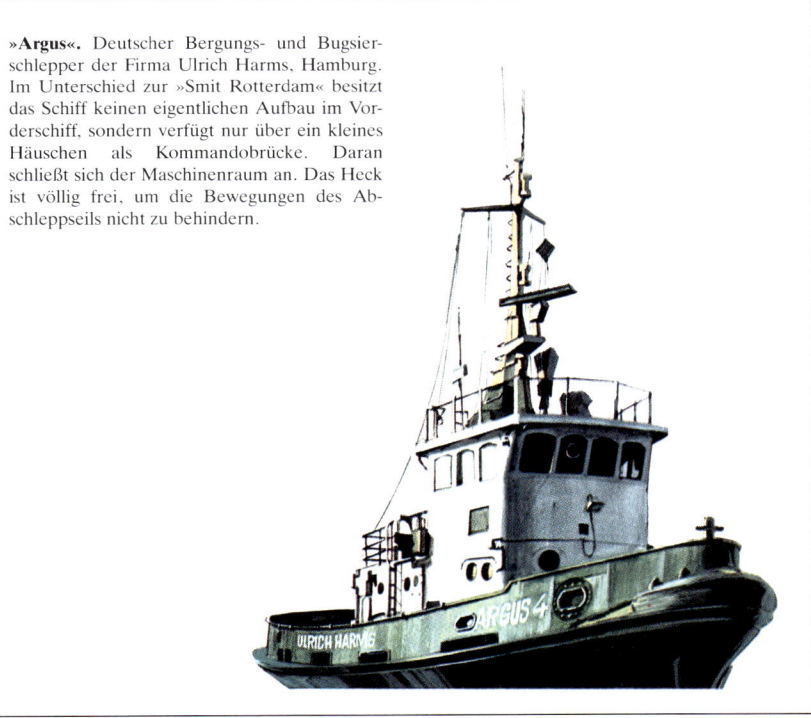

»Argus«. Deutscher Bergungs- und Bugsierschlepper der Firma Ulrich Harms, Hamburg. Im Unterschied zur »Smit Rotterdam« besitzt das Schiff keinen eigentlichen Aufbau im Vorderschiff, sondern verfügt nur über ein kleines Häuschen als Kommandobrücke. Daran schließt sich der Maschinenraum an. Das Heck ist völlig frei, um die Bewegungen des Abschleppseils nicht zu behindern.

Schlepper

Für Schlepper gibt es zwei Hauptanwendungsgebiete, den Verkehr im Hafen und auf offenem Meer, oder anders ausgedrückt: Bugsier- und Hochseeschlepper. Für Bergungsaufgaben werden beide Arten besonders ausgerüstet.

Seit dem Beginn der Dampfschiffahrt verwendete man in den Häfen kleine radgetriebene Schiffe, um Segelschiffe an ihre Anlegestelle zu bugsieren. Sie übernahmen damit die Aufgabe kleiner Ruderschaluppen, die seither diesen Dienst geleistet hatten.

Auch Schiffe mit mechanischem Antrieb können in den engen Hafengewässern nicht frei manövrieren, denn die Bewegungsenergie großer Schiffe ist auf beschränktem Raum schwer zu kontrollieren; dazu kommt die Windabhängigkeit bei geringer Fahrt. Deswegen müssen auch heute noch Schlepper den Schiffen beistehen, die in Häfen einfahren, und sie umgekehrt vom Anlegeplatz wieder ins freie Meer bugsieren.

In den beiden letzten Jahrzehnten baute man allerdings in viele Schiffe querliegende Schiffsschrauben an Bug und Heck ein, die Bug- und Heckstrahlruder genannt werden. Damit können diese Schiffe nunmehr auch ohne Schlepper in engen Hafengewässern manövrieren. In vielen Häfen ist allerdings der Gebrauch der Schlepper noch obligatorisch, und auch solche Schiffe müssen dann von ihnen Gebrauch machen. Diese Leistung muß natürlich bezahlt werden.

Hochseeschlepper haben die Aufgabe, Schiffe oder Schwimmkörper ohne oder mit defektem Antriebsmotor, zum Beispiel Schwimmdocks, Ölbohrplattformen oder havarierte Schiffe von einem Hafen zum andern zu schleppen.

Die Hochseeschlepper weisen deutlich größere Ausmaße und viel stärkere Motoren auf als die Hafenschlepper. Das Hauptmerkmal aller Schlepper ist der Haken oder eine andere Vorrichtung, eine Schleppwinde, an der man die Schlepptrosse befestigen kann. Sie liegt etwas achtern vom Mittelpunkt des Schiffes auf dem Oberdeck. Das Heck muß völlig frei sein und weist oft eine bogenförmige Stahlschiene auf, welche die Aufgabe hat, die Schlepptrosse so zu leiten, daß es sich nicht an irgendwelchen Deckstrukturen verfängt.

Die stärksten Hochseeschlepper sind heute die südafrikanischen Schiffe »S.A.-John Ross« und »S.A. Wolraad Woltemade« (2700 BRT) mit ca. je 23000 PS (16915 kW).

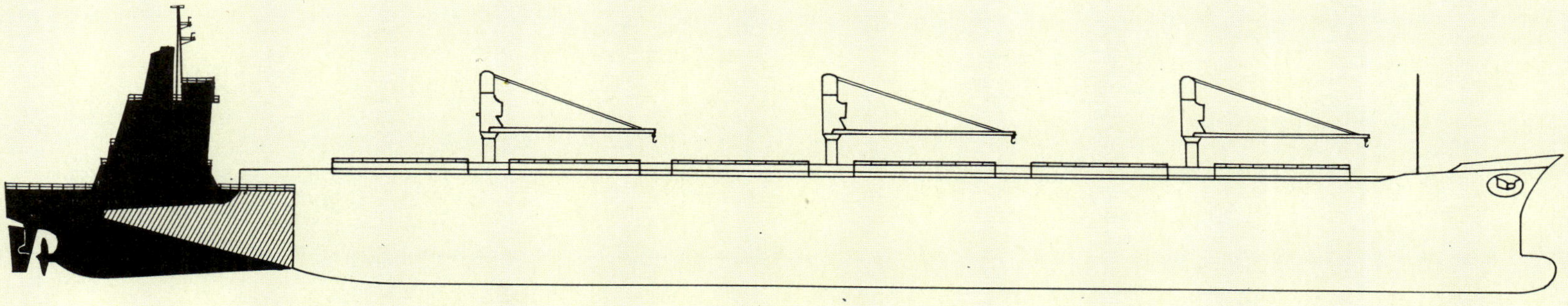

CATUG. Während die Agria-Corbis und die Mehrzahl der Leichter über eine Einbuchtung mit dem Schubschiff verbunden sind, verwendet das CATUG-Prinzip gerade die umgekehrte Konfiguration: Der Leichter dringt mit einem zugespitzten Heck zwischen die beiden Schiffsrümpfe des Schubschiffes ein, das damit einen Katamaran darstellt. Der Leichter wurde 1982 in den Vereinigten Staaten für die Gesellschaft California und Hawaii Sugar Company konstruiert und trägt die Bezeichnung HSTC 1. Es handelt sich um ein Frachtschiff mit sechs Laderäumen, entsprechenden Luken und drei Kränen. Am Heck befindet sich der bereits erwähnte zungenförmige breite Fortsatz. Das Schubschiff ist 40,53 m lang und bildet zusammen mit dem Leichter einen Schwimmkörper von 210 m Länge. Die HSTC 1 bedient die Route zwischen Hawaii und der Pazifikküste der Vereinigten Staaten und transportiert Zucker sowie landwirtschaftliche Produkte.

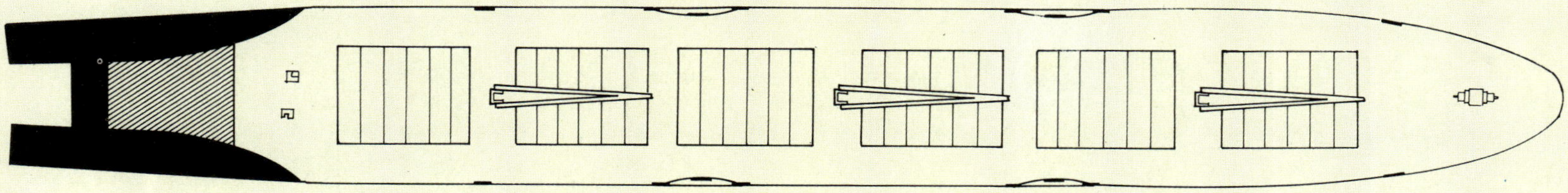

Leichter und ihre Schubschiffe

Leichter	»Mitsui 1969«	»Agria-Corbis«	»Mitsui 1974«	»Presque Isle«	»Pertamina«	»Maku Pahu« (CATUG)
Länge über alles (m)	108,50	–	90,00	297,20	120,00	196,00
Länge Bug/Heck (m)	–	132,28	–	–	–	–
Breite (m)	18,00	23,00	17,00	32,00	24,20	25,60
Höhe (m)	7,60	13,50	7,00	–	6,20	–
Tiefgang (m)	5,90	9,84	5,40	–	4,30	11,00
Tragfähigkeit (t)	9000	22758	5000	50000	5000	30000
Schubschiff						
Länge über alles (m)	–	40,00	30,50	46,20	–	40,40
Breite (m)	–	13,11	9,30	10,35	–	–
Höhe (m)	–	8,61	4,85	15,80	–	–
Tiefgang (m)	–	7,86	3,75	–	–	–
Motorleistung (PS/	3300	5600	3200	14840	3200	14000
kW)	2427	4118	2427	10913	2353	10296
Reisegeschwindigkeit (kn)	10,0	–	10,0	–	8,0	–
Flagge	Japan	Frankreich	Japan	USA	Indonesien	USA
Baujahr	1969	1973	1974	1974	1974	1983
Werft	Mitsui, Zosen	Taikoo, Hongkong	Mitsui, Zosen	Litton, Erie	Mitsui, Zosen	Bath Iron Works

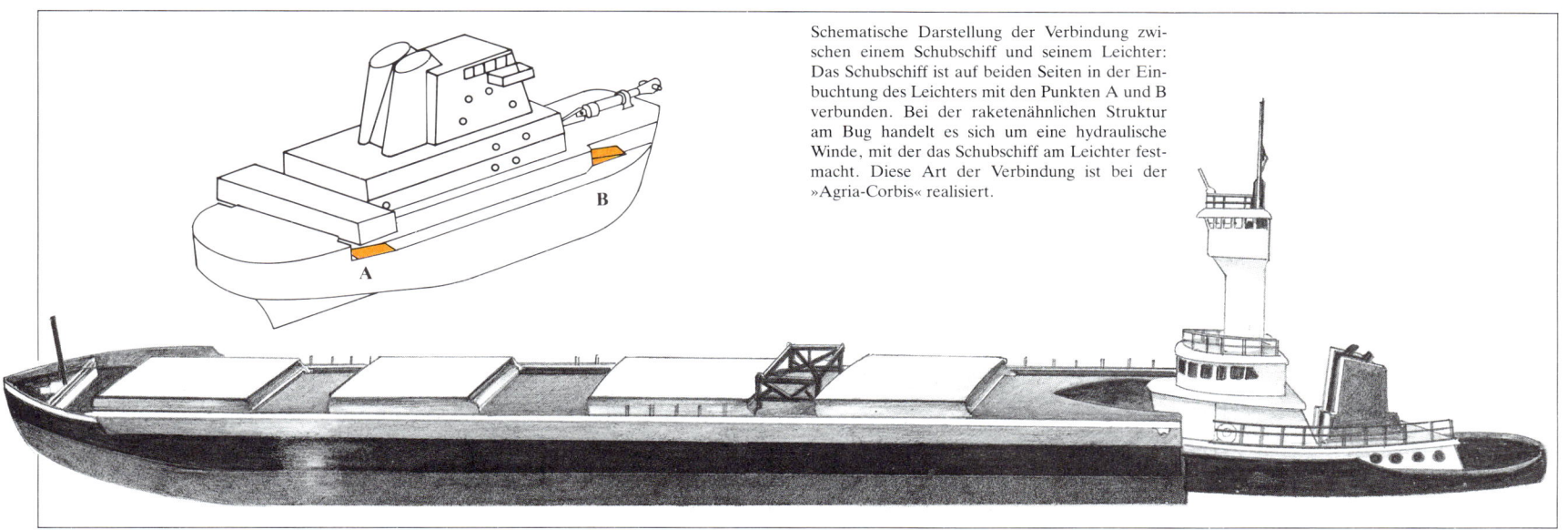

Schematische Darstellung der Verbindung zwischen einem Schubschiff und seinem Leichter: Das Schubschiff ist auf beiden Seiten in der Einbuchtung des Leichters mit den Punkten A und B verbunden. Bei der raketenähnlichen Struktur am Bug handelt es sich um eine hydraulische Winde, mit der das Schubschiff am Leichter festmacht. Diese Art der Verbindung ist bei der »Agria-Corbis« realisiert.

Schubschiffe

Im Unterschied zu den Schleppern schieben die Schubschiffe den Schwimmkörper, der über keinen eigenen Antrieb verfügt. Diese Antriebsart ist bei der Flußschiffahrt sehr weit verbreitet, vor allem auf den großen amerikanischen und europäischen Flüssen. Es kommt vor, daß ein einziges Schubschiff ganze Züge von 12 bis 24 untereinander verbundenen Leichtern vorantreibt. Sie bilden dann einen einzigen großen Schwimmkörper von 3 × 4 oder 4 × 6 Einheiten.

Bei der Schiffahrt auf dem Meer sind die Schubschiffe weniger verbreitet. Dennoch finden sie zahlreiche Anwendungsmöglichkeiten, denn der normale Schlepper, der einen oder mehrere Leichter hinter sich herzieht, braucht eine um etwa 40% höhere Motorenleistung im Vergleich zur Schubkraft, die am Heck ansetzt, denn es muß nicht nur der Wasserwiderstand des Schleppers, sondern auch der des geschleppten Schiffs überwunden werden.

Das Schubschiff hingegen muß nur den Wasserwiderstand des Leichterverbunds überwinden, der sich vorne am Bug befindet. Es wurden verschiedene Verbindungsmöglichkeiten zwischen Schubschiff und Leichter ausprobiert. Das am weitesten verbreitete System ist gleichzeitig auch das einfachste: Das Heck des Leichters weist eine Einbuchtung auf, in die der Schlepper zu ungefähr zwei Drittel seiner Länge eindringt.

Die Schubschiffe der Flußschiffahrt sind nicht über dieses System mit den Leichtern verbunden, sondern weisen am Bug eine flache senkrechte Fläche auf, mit der sie die Leichter vorwärtstreiben. Diese sind quaderförmig mit entsprechend geformtem Heck.

»Agria-Corbis«. Die Zeichnung zeigt die Verbindung zwischen Schubschiff und Leichter. Es handelt sich um eine französische Konstruktion aus dem Jahr 1973. Es ist deutlich zu erkennen, wie das Schubschiff zu ungefähr zwei Drittel seiner Länge in den Leichter eindringt. Die Schubkraft wird an vier Punkten übertragen, je zweien auf beiden Seiten (siehe schematische Darstellung oben).

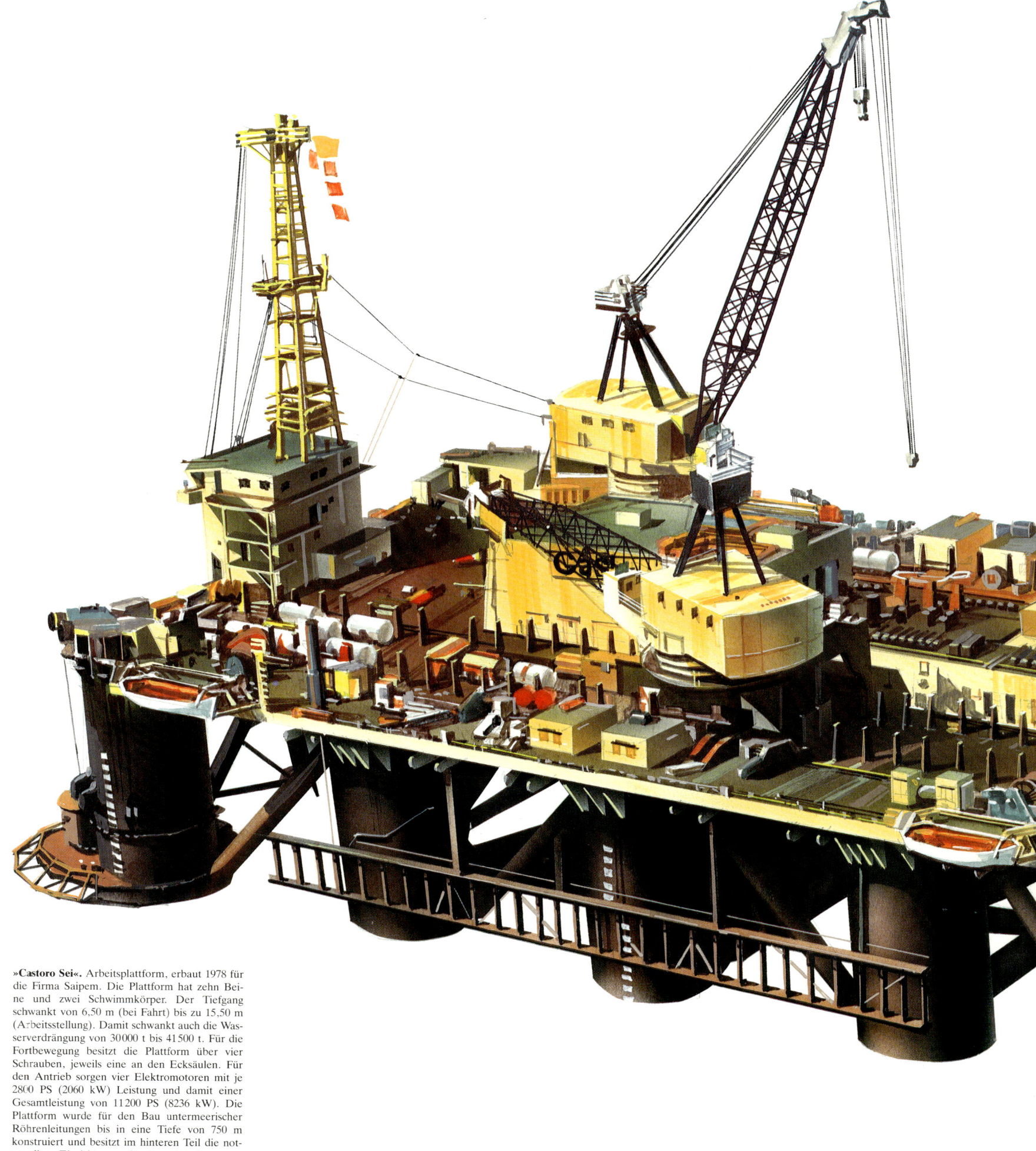

»Castoro Sei«. Arbeitsplattform, erbaut 1978 für die Firma Saipem. Die Plattform hat zehn Beine und zwei Schwimmkörper. Der Tiefgang schwankt von 6,50 m (bei Fahrt) bis zu 15,50 m (Arbeitsstellung). Damit schwankt auch die Wasserverdrängung von 30000 t bis 41500 t. Für die Fortbewegung besitzt die Plattform über vier Schrauben, jeweils eine an den Ecksäulen. Für den Antrieb sorgen vier Elektromotoren mit je 2800 PS (2060 kW) Leistung und damit einer Gesamtleistung von 11200 PS (8236 kW). Die Plattform wurde für den Bau untermeerischer Röhrenleitungen bis in eine Tiefe von 750 m konstruiert und besitzt im hinteren Teil die notwendigen Einrichtungen für diese Arbeit.

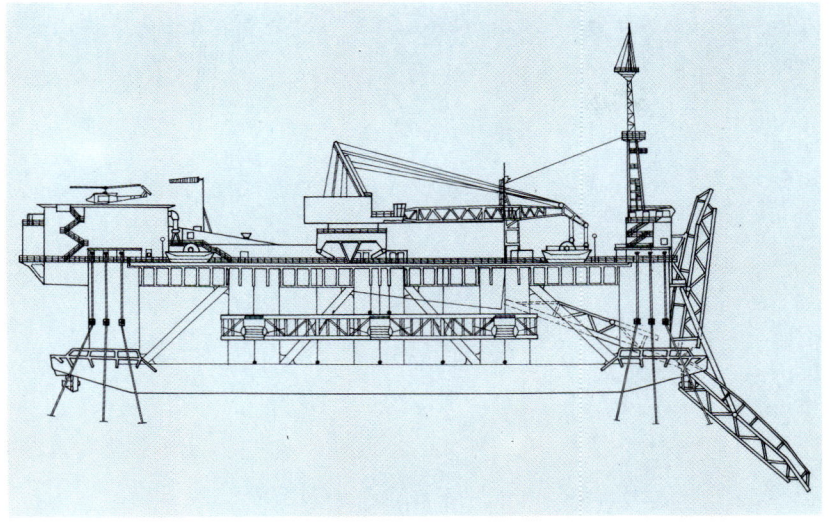

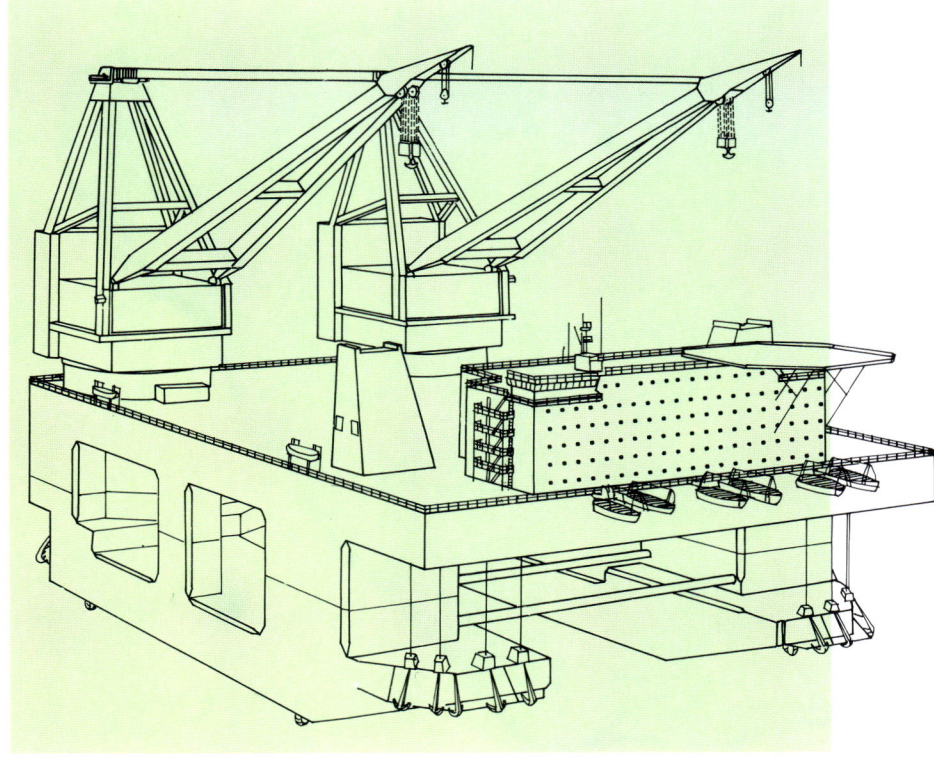

Längsschnitt durch die »Castoro Sei«. Unten werden der linke Schwimmkörper, die beiden Ecksäulen und die drei mittleren Beine deutlich. Die Plattform verfügt über einen großen Kran und am Heck über die Vorrichtung zur Röhrenverlegung.

»Brown & Root«. Arbeitsplattform mit ganz anderem Aufbau als die »Castoro Sei«, denn die Schwimmkörper sind mit der Plattform nicht über zylindrische Säulen, sondern auf jeder Seite über quaderförmige Strukturen verbunden. Die Plattform verfügt über zwei mächtige Kräne mit 4500 t Tragkraft und über vier hydraulisch betriebene Unterwasserwinden. Die Ausmaße betragen 166 × 98 m. Der maximale Tiefgang in Arbeitsstellung ist 27,60 m. Man beachte den mächtigen Aufbau, in dem 600 Menschen Unterkunft finden, sowie den Hubschrauberlandeplatz.

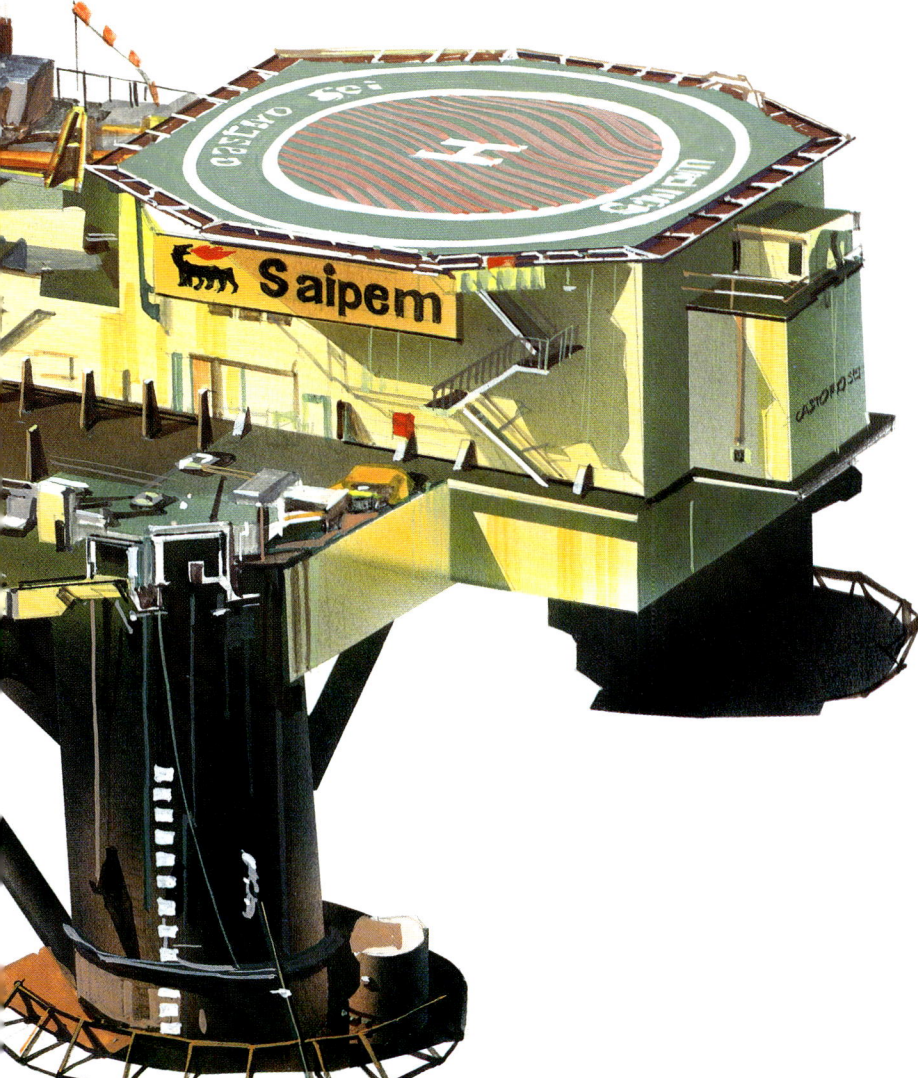

Große Plattformen für Ölbohrungen und andere Arbeiten unter Wasser

Alle Schiffe, auch die Riesenöltanker wie die »Batillus«, die voll beladen 630000 t Wasser verdrängen, stampfen und rollen unter dem Einfluß der Wellen. Bekanntlich ist die Wellenbewegung eine Erscheinung der Oberfläche; die Beeinflussung des Wassers in zunehmender Tiefe ist von der Wellenlänge abhängig. So kommt es, daß Dünungen bei großen Wellenlängen viel weiter in der Tiefe wahrnehmbar werden. In einem U-Boot zum Beispiel, das sich in einer bestimmten Tiefe bewegt, wird man von der Wellenbewegung überhaupt nicht mehr beeinflußt und kommt ganz ruhig voran. Nach diesem Wissen sind die Plattformen für Ölbohrungen und andere Arbeiten unter Wasser konstruiert. Es gibt allerdings auch Ölbohr- und Förderplattformen, die mit drei oder vier langen Beinen am Meeresboden befestigt sind.

Der auffälligste Teil der Arbeitsplattform ragt natürlich über das Wasser hinaus und stellt meistens eine ungefähr viereckige Struktur dar. Darauf befinden sich alle Arbeitseinrichtungen, Ölbohrer, Kräne, Unterkunftsräume, Maschinenräume, Tanks für die Energieträger und meistens auch eine Landeplattform für Hubschrauber, welche die Verbindung mit dem Festland aufrechterhalten.

Der sichtbare Überwasserteil der Plattform ist mit sechs oder acht im Querschnitt zylindrischen Beinen oder anderen Verstrebungen mit zwei Schwimmkörpern verbunden, die je nach den Umständen in unterschiedlicher Wassertiefe liegen können: das heißt in geringerer Tiefe, wenn die Plattform verschoben wird, und in maximaler Eintauchtiefe, wenn diese bei der Arbeit möglichst ruhig daliegen soll. Zwischen den beiden Schwimmkörpern befinden sich zwei Antriebsmaschinen, die auf je eine Schiffsschraube einwirken. Für Manöver sind keine Ruder notwendig, denn die Schrauben sind ziemlich weit voneinander entfernt, und es reicht aus, wenn man diese in geeigneter Weise ausrichtet.

Die beiden Schwimmkörper und die Beine der Ölplattform enthalten Tanks für Ballastwasser. Damit läßt sich die Höhe der Plattform und ihre Stabilität regulieren.

Während der Bohrarbeit muß die Plattform natürlich ganz ruhig in der Anfangslage daliegen. Dazu wird sie auf komplizierte Weise verankert. Die Fortschritte der Elektronik im Hinblick auf die Standortsbestimmung und die Steuerung der Antriebsmaschinen haben zum Bau von Plattformen geführt, die auch ohne Verankerung an Ort und Stelle verbleiben. Abgesehen von den beiden Antriebsschrauben am Heck der untergetauchten Schwimmkörper haben solche Plattformen am Bug und am Heck der beiden Schwimmkörper weitere Vorrichtungen, die einen Querschub erzeugen. Die Steuerung der Drehgeschwindigkeit und der Ausrichtung der Flügel dieser sechs Schrauben übernimmt ein Computer, der von zwei weiteren Apparaten mit Daten versorgt wird, nämlich zur Position und zur Stärke und Richtung des Windes. Über ein kompliziertes elektrohydraulisches System erteilt der Rechner den Schrauben die nötigen Befehle, und diese halten die Plattform dauernd an der richtigen Stelle.

Explorer II«. Die Ölbohrplattformen brauchen unbedingt Versorgungsschiffe, die für den Nachschub von Gütern sorgen und die ihnen auch sonst bei der Arbeit behilflich sind. Die »Explorer II« wurde 1984 in den Niederlanden für die Firma Heerema zu diesem Zweck gebaut. Die Tragfähigkeit liegt bei 2600 t. Das Schiff kann die Plattformen mit den unterschiedlichsten Gütern wie Lebensmitteln usw. sowie mit 2000 t Trinkwasser, Brennstoffen und Bohrschlamm versorgen. Am Heck erkennt man eine Vorrichtung, um den Meeresboden anzubohren und um Röhren zu verlegen. Die Vorrichtung trägt die Bezeichnung ROV, eine Abkürzung für Remotedly Operated Vehicle, d.h. »ferngesteuertes Fahrzeug«.

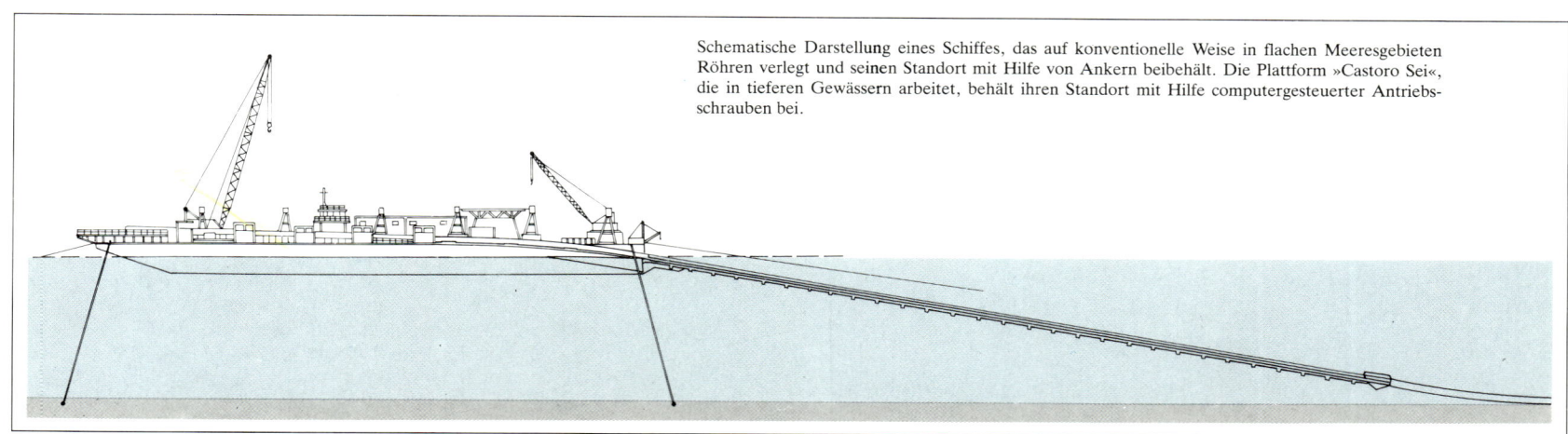

Schematische Darstellung eines Schiffes, das auf konventionelle Weise in flachen Meeresgebieten Röhren verlegt und seinen Standort mit Hilfe von Ankern beibehält. Die Plattform »Castoro Sei«, die in tieferen Gewässern arbeitet, behält ihren Standort mit Hilfe computergesteuerter Antriebsschrauben bei.

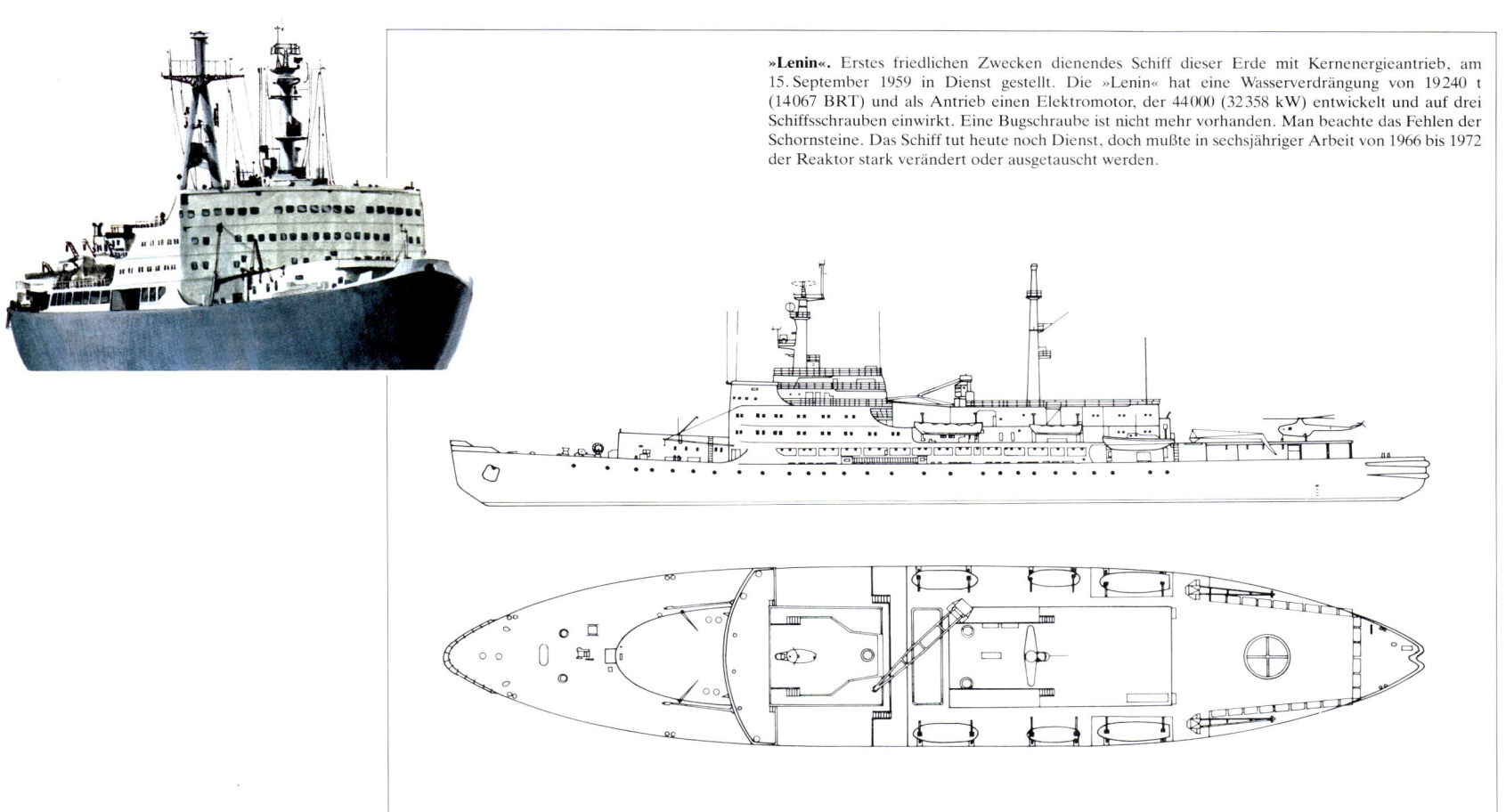

»Lenin«. Erstes friedlichen Zwecken dienendes Schiff dieser Erde mit Kernenergieantrieb, am 15. September 1959 in Dienst gestellt. Die »Lenin« hat eine Wasserverdrängung von 19 240 t (14 067 BRT) und als Antrieb einen Elektromotor, der 44 000 (32 358 kW) entwickelt und auf drei Schiffsschrauben einwirkt. Eine Bugschraube ist nicht mehr vorhanden. Man beachte das Fehlen der Schornsteine. Das Schiff tut heute noch Dienst, doch mußte in sechsjähriger Arbeit von 1966 bis 1972 der Reaktor stark verändert oder ausgetauscht werden.

Mit Kernkraft oder Gasturbinen angetriebene Schiffe

Mit Kernenergie angetriebene Schiffe sind eigentlich ganz normale Schiffe, denn ihr eigentlicher Antrieb besteht aus Dampfturbinen. Der Kernreaktor produziert nur die nötige Wärme, die den Dampfgenerator be-

treibt. Er übernimmt damit die Aufgabe des Öls bei den normalen Schiffen.

Der Antrieb mit Hilfe von Kernenergie und von Gasturbinen fand eine sehr weite Verbreitung auf modernen Kriegsschiffen, nicht aber bei Handelsschiffen.

Das erste nuklear angetriebene Handelsschiff war der sowjetische Eisbrecher »Le-

nin«, der am 15. September 1959 in Dienst gestellt wurde und heute noch aktiv ist.

In der übrigen Welt wurden erst drei Versuchsprototypen gebaut: in den Vereinigten Staaten die »Savannah«, in der Bundesrepublik Deutschland die »Otto Hahn« und in Japan die »Mutsu«. Alle drei taten nur relativ kurze Zeit Dienst. Danach wurden keine

weiteren Fracht- oder Passagierschiffe mit Kernenergieantrieb mehr gebaut, denn die Bau- und Betriebskosten liegen einfach zu hoch. Dafür tun heute noch vier nuklear betriebene sowjetische Eisbrecher ihren Dienst, und wahrscheinlich werden noch weitere dazukommen.

Das zweite Handelsschiff mit Kernantrieb war also die amerikanische »Savannah«. Sie nahm ihren Dienst im August 1962 auf, fuhr acht Jahre lang, bis zum Juli 1970, verschlang aber jährlich ungefähr eine Million Dollar an Subventionen, die sie von der Maritime Administration und von der Amerikanischen Kernenergiekommission erhielt.

Die Jungfernfahrt des dritten nuklear angetriebenen Handelsschiffs, der deutschen »Otto Hahn«, fand im Februar 1969 statt. Es handelte sich um einen Massengutfrachter mit der Tragfähigkeit von 15 000 t. Passagiere hatte das Schiff nicht an Bord, dafür natürlich mehrere Techniker und Kernphysiker.

Die »Otto Hahn« fuhr zehn Jahre lang zur See, bis zum Jahr 1979, und wurde vom Bundesministerium für Forschung über die Gesellschaft für Kernenergieverwertung in Schiffbau und Schiffahrt (GKSS) gleichfalls, wie die »Savannah«, subventioniert. Im Dezember 1981 baute man den Kernreaktor aus und verkaufte den Schiffsrumpf.

Der neue Besitzer, die Reederei Rickmers, wandelte die »Otto Hahn« in ein Containerschiff um, versah sie mit einem Dieselmotor-

Arbeitsplattformen					
Plattform	»Transworld Rig N. 61«	»Ocean Prospector«	»Pacesetter I«	»Hakuryu N. 3«	»Castoro Sei«
Länge (m)	120,00	104,00	79,24	102,00	151,80
Breite (m)	17,70	80,00	60,96	67,00	70,50
Höhe (m)	7,00	36,50	33,82	34,00	29,80
Durchmesser der Beine (m)	10,36	–	9,65	7,0–9,0	–
Länge der Beine (m)	45,00	–	33,82	–	–
Anzahl Beine	4	12	6	8	10
Schwimmkörper					
Länge (m)	keine	–	79,24	102,0	–
Breite (m)		–	15,24	12,0	–
Höhe (m)		–	6,09	7,0	–
Maschinenleistung (PS/	keine	2800	–	–	11 200
kW)		2006			8237
Reisegeschwindigkeit (kn)		6,0	8–10	–	–
Flagge	USA	USA	USA	Japan	Italien
Baujahr	1970	1971	1973	1975	1978
Werft	Sasebo, Zosen	Mitsubishi, Hiroshima	Fiede & Golman, New Orleans	Mitsubishi, Hiroshima	S. Marco, Triest

»Savannah«. Erstes Passagier- und Handelsschiff der Welt mit nuklearem Antrieb, im August 1962 in Dienst genommm, drei Jahre nach der »Lenin«. Von August 1962 bis Juli 1970 fuhr das Schiff unter amerikanischer Flagge und transportierte Güter und Passagiere, allerdings stets mit großen Betriebsverlusten. Im Juli 1970 wurde die »Savannah« stillgelegt und der Reaktor ausgebaut. Die Schnittzeichnung unten zeigt, daß das Schiff über einen Druckwasserreaktor verfügte. Er war in einem Containment eingeschlossen, das im Falle einer Havarie verhindern sollte, daß radioaktive Spaltprodukte austreten. Das Kühlwasser des Reaktors lief über zwei Wärmetauscher und erzeugte den Wasserdampf, der die Turbinen im benachbarten Maschinenraum antrieb. Der Raum, der den Reaktor enthielt, war natürlich bestens abgeschirmt, und in all den acht Betriebsjahren sind keinerlei schädliche radioaktive Partikel ausgetreten, welche die Fracht oder die Passagiere beeinträchtigten.

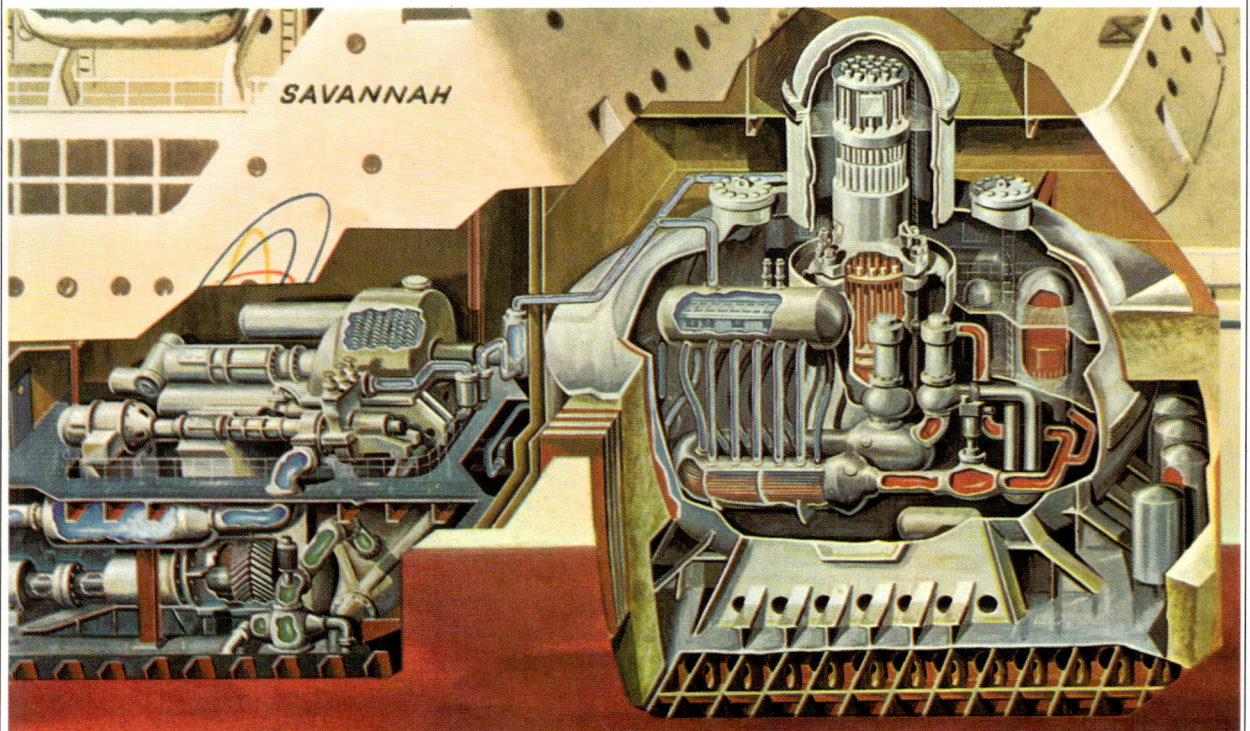

antrieb und stellte sie unter dem Namen »Norasia Susan« Ende 1983 wieder in Dienst.

Das vierte nuklear angetriebene Handelsschiff war die japanische »Mutsu«. Im Unterschied zur »Savannah« und zur »Otto Hahn« kam sie aber nie in Fahrt. Während der ersten Versuchsfahrten im Sommer 1974 blockierten Fischer der Stadt Mutsu den Hafen, denn sie fürchteten vom Kernreaktor ausgehende Strahlen. Die Regierung griff ein, legte das Schiff still und ließ den Reaktor ausbauen. 1977 wrackte man das Schiff in der Werft Sasebo Heavy Industries ab.

Die Gasturbine stellt bekanntlicherweise den Antriebsmotor aller modernen Flugzeuge dar, der zivilen wie der militärischen. Sie ersetzt damit den Propeller früherer Zeiten. Angetrieben wird die Turbine von den Verbrennungsgasen, und deswegen spricht man auch von Strahltriebwerken oder auf englisch von Jets. Gasturbinen wurden auf Handelsschiffen erstmals um das Jahr 1970 eingeführt. Auf frühere Prototypen wollen wir hier nicht eingehen. Wir erwähnen hier nur den Einbau in das Fracht- und Passagierschiff »Admiral W. M. Callaghan« (1968), das dem U.S. Military Transport Command gehört, und in die in Emden gebauten Containerschiffe »Euroliner«, »Eurofreighter«, »Asialiner« und »Asiafreighter« (1970–1972).

Nach der Preiserhöhung des Erdöls blieben die Gasturbinen auf der »Callaghan« bestehen, während sie bei den vier erwähnten Handelsschiffen nach verschiedenen Versuchen zur Senkung der Betriebskosten 1979 ausgebaut und durch je zwei Dieselmotoren mit insgesamt 16 000 PS (11766 kW) ersetzt wurden. Mit ihnen erreichen die Schiffe eine Geschwindigkeit von 21,3 kn.

Das Fährschiff »Finnjet«, das über Pratt & Whitney-Gasturbinen mit einer Gesamtleistung von 75 000 PS (55155 kW) verfügt, hatte ebenfalls Probleme wegen der erhöhten Treibstoffkostesn. Der Faktor Geschwindigkeit ist aber für dieses Fährschiff viel zu wichtig, denn die »Finnjet« ist ja jene, welche die Überfahrt von Travemünde nach Helsinki in nur 22 Stunden zurücklegt. Die Gasturbinen wurden deswegen für den Betrieb im Sommer mit hoher Passagierauslastung beibehalten. 1981 baute man jedoch für den Winterbetrieb einen zweiten dieselelektrischen Antrieb mit einer Leistung von 15 660 PS (11 516 kW) ein. Er erlaubt eine Geschwindigkeit von 18,5 kn. Damit dauert die Überfahrt 36 statt 22 Stunden, und statt 28 monatlichen Überfahrten bringt es das Schiff nur auf deren 15.

Schiffe mit Nuklearantrieb						
	»Lenin«	»Savannah«	»Otto Hahn«	»Mutsu«	»Breschnjew« ex »Arktika«	»Russia«
Länge über alles (m)	134,0	181,51	172,05	130,00	150,00	150,00
Länge Bug/Heck (m)	–	–	157,00	116,00	–	–
Breite (m)	27,60	23,77	23,40	19,00	29,90	29,90
Höhe (m)	–	–	14,50	13,20	–	–
Tiefgang voll beladen (m)	10,50	8,99	9,20	6,90	11,00	10,30
Wasserverdrängung (t)	19240	21850	25812	10400	23460	23500
Bruttotragfähigkeit (t)	–	10000	15000	–		–
Maschinenleistung (PS/	44000	20000	11000	10000	75000	75000
kW)	32358	14708	8090	7354	55156	55156
Reisegeschwindigkeit (kn)	18	20	16	16	21	21
Flagge	UdSSR	USA	BRD	Japan	UdSSR	UdSSR
Baujahr	1959	1962	1968	1970	1975	1985
Werft	Arsenal, Leningrad	New York Shipb. Corp., Camden	Kieler Howaldswerke, Kiel	I.H.I., Tokio	Ostseewerft, Leningrad	Werft Ordzonikidze

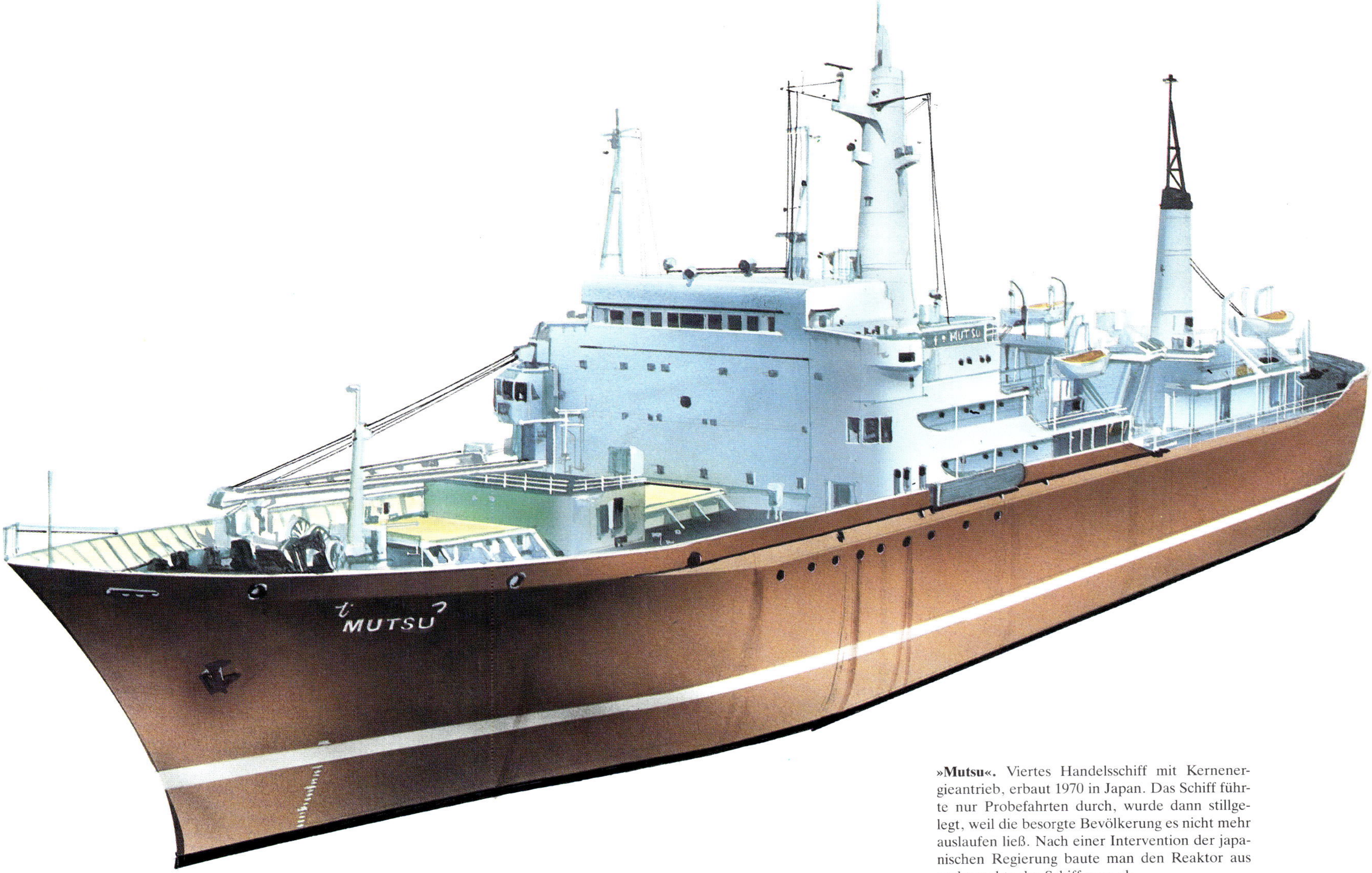

»Mutsu«. Viertes Handelsschiff mit Kernenergieantrieb, erbaut 1970 in Japan. Das Schiff führte nur Probefahrten durch, wurde dann stillgelegt, weil die besorgte Bevölkerung es nicht mehr auslaufen ließ. Nach einer Intervention der japanischen Regierung baute man den Reaktor aus und wrackte das Schiff ganz ab.

»Otto Hahn«. Drittes Handelsschiff der Welt mit Kernenergieantrieb, erbaut 1968 in der Bundesrepublik Deutschland. Die »Otto Hahn« transportierte Schüttgut und fuhr ungefähr 15 Jahre zur See. Ende 1981 wurde der Reaktor ausgebaut und das Schiff selber in ein Containerschiff mit Dieselmotorantrieb umgebaut. Dabei wurde es auf »Norasia Susan« umgetauft. Sie fährt heute noch zur See.
▼

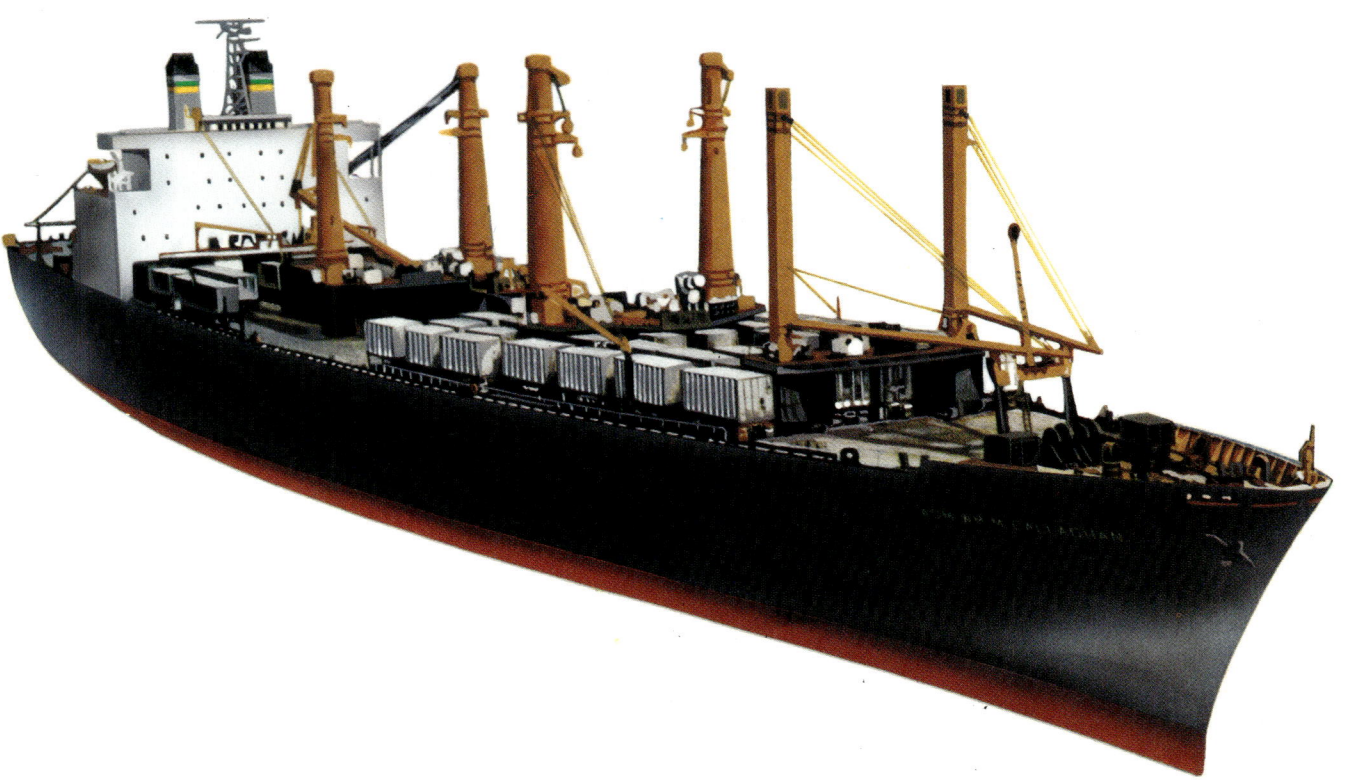

»Admiral W.M. Callaghan«. Großes Transport-schiff der U.S. Military Transport Command, erbaut 1968 in den Vereinigten Staaten. Mit die-sem Schiff erprobte man die Gasturbinen, die man in die Zerstörer vom Spruance-Typ einbau-en wollte. Dabei versuchte man erst die Pratt & Whitney 47-Gasturbinen und dann das Fabrikat LM 2500 der Fiat-General Electric, das am Ende auch gewählt wurde.

pentaria« und die »Capricornia« in Italien und die »River Boyne« und die »River Embley« in Japan. Sie besorgen den lokalen Verkehr zwischen Weipa und dem australischen Gladstone, wo sie auch die Kohle aufnehmen.

1985 baute eine Werft in Korea zwei weitere LPG-Carrier zu Schiffen mit kohlebefeuerten Kesseln um. In den Jahren 1985 und 1986 baute man in Spanien die »Castillo de Lopera« und die »Castillo de Lorca«. Abgesehen vom normalen Kohlenbunker mit einem Fassungsvermögen von 10000 t verfügen sie über einen weiteren Laderaum, in dem Kohle transportiert werden kann. Damit können sie 21000 t Kohle aufnehmen, was für 26000 sm und damit für die Überfahrt von Gladstone nach Rotterdam reicht. Nach diesen wenigen Versuchen wurden keine weiteren kohlebefeuerten Kessel mehr auf Schiffe eingebaut.

Moderne Schiffe mit kohlebefeuerten Kesseln

Der Übergang von der Kohle zum Erdöl geschah langsam im Laufe vieler Jahre. Doch kann man immerhin sagen, daß nach dem Zweiten Weltkrieg nur noch Schiffe gebaut wurden, die als Treibstoff Öl verwendeten.

Der Bau von Schiffen mit kohlebefeuerten Kesseln im Jahre 1980, also rund vier Jahrzehnte später, erscheint paradox. Die ansteigenden Preise des Erdöls jedoch hatten einige Reeder dazu veranlaßt, wieder Schiffe mit Kohlefeuerung zu bauen oder alte Schiffe auf diesen Betrieb umzurüsten.

Bisher wurden vier solche Schiffe gebaut, die untereinander fast gleich sind: die »Ca-

Schiffe mit Gasturbinen				
	»Admiral W. M. Callaghan«	»Euroliner«	»Seaway Prince«	»Finnjet«
Länge über alles (m)	211,50	243,38	132,28	212,80
Länge Bug/Heck (m)	–	224,00	121,92	200,00
Breite (m)	28,00	30,50	19,65	25,40
Höhe (m)	–	19,20	11,80	23,20
Tiefgang voll beladen (m)	8,80	10,67	5,65	6,50
Wasserverdrängung (t)	24500	32000	–	16500
Tragfähigkeit (t)	14279	23100	4150	1500
Maschinenleistung (PS/ kW)	39000 28680	61800 45448	10532 7745	75000 55155
Reisegeschwindigkeit (kn)	29,0	28,0	18	30
Flagge	USA	Groß-britannien	Neuseeland	Finnland
Baujahr	1968	1970	1975	1977
Werft	Sun Shipb., Chester	Rheinstahl Nordsee-werke, Emden	Whyhalla Shipb.	Wärtsilä, Helsinki

Moderne Schiffe mit kohlebefeuerten Kesseln				
	»Carpen-taria«	»River Boyne«	»Jade Phoenix«	»Castillo de Lopera«
Länge über alles (m)	255,00	255,00	280,62	247,00
Länge Bug/Heck (m)	248,50	240,00	266,00	–
Breite (m)	35,30	35,35	41,60	46,00
Höhe (m)	19,00	18,30	–	24,00
Tiefgang voll beladen (m)	12,20	12,20	11,00	18,00
Tragfähigkeit (t)	75750	80469	–	154000
Maschinenleistung (PS/ kW)	19000 13973	21994 13973	27000 19856	24000 17658
Reisegeschwindigkeit (kn)	15,8	15,8	14,5	15,0
Brennstoff (t)	2400	2400	4000	21000
Autonomie in sm	4000	4000	–	26000
Baujahr	1982	1982	1983	1985–86
Flagge	Australien	Australien	USA	Spanien
Werft	Italcant., Monfalcone	Mitsubishi, Nagasaki	Avondale trasf., Mipo	Bazan, El Ferrol

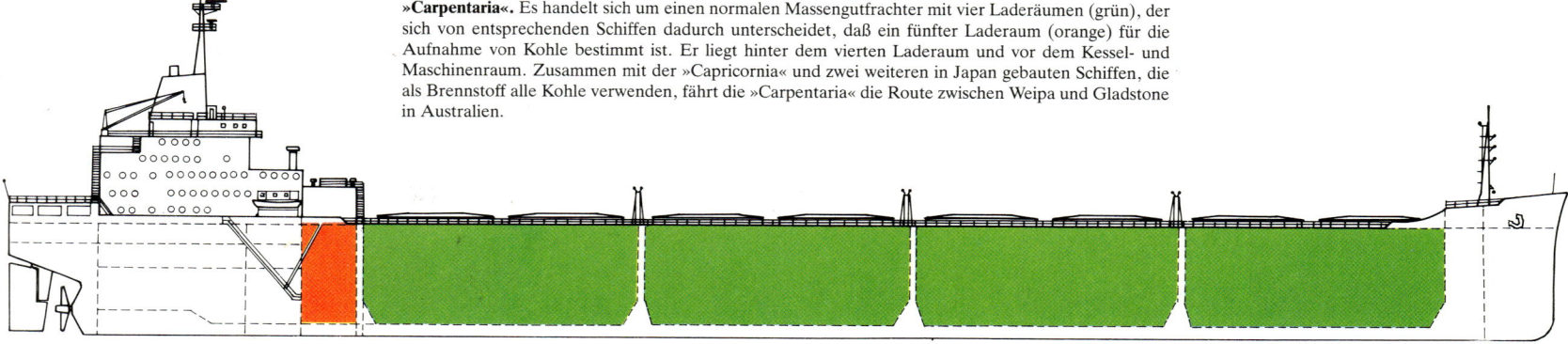

»Carpentaria«. Es handelt sich um einen normalen Massengutfrachter mit vier Laderäumen (grün), der sich von entsprechenden Schiffen dadurch unterscheidet, daß ein fünfter Laderaum (orange) für die Aufnahme von Kohle bestimmt ist. Er liegt hinter dem vierten Laderaum und vor dem Kessel- und Maschinenraum. Zusammen mit der »Capricornia« und zwei weiteren in Japan gebauten Schiffen, die als Brennstoff alle Kohle verwenden, fährt die »Carpentaria« die Route zwischen Weipa und Gladstone in Australien.

Spezialschiffe

Kabellegerschiff. Zu Ende des vergangenen Jahrhunderts legte man auf dem Meeresboden die ersten Kabel für telegraphische Verbindungen zwischen den Kontinenten. Eines der ersten Kabellegerschiffe war die »Great Eastern«, die man ursprünglich als Passagier- schiff gebaut hatte und 1865 in einen Kabelle- ger umwandelte. Kabellegerschiffe transpor- tieren in ihren Laderäumen die riesigen Kabel- rollen. Die Kabel werden über besondere Vor- richtungen mit Rollen, erkennbar am Bug, ins Wasser gelassen.

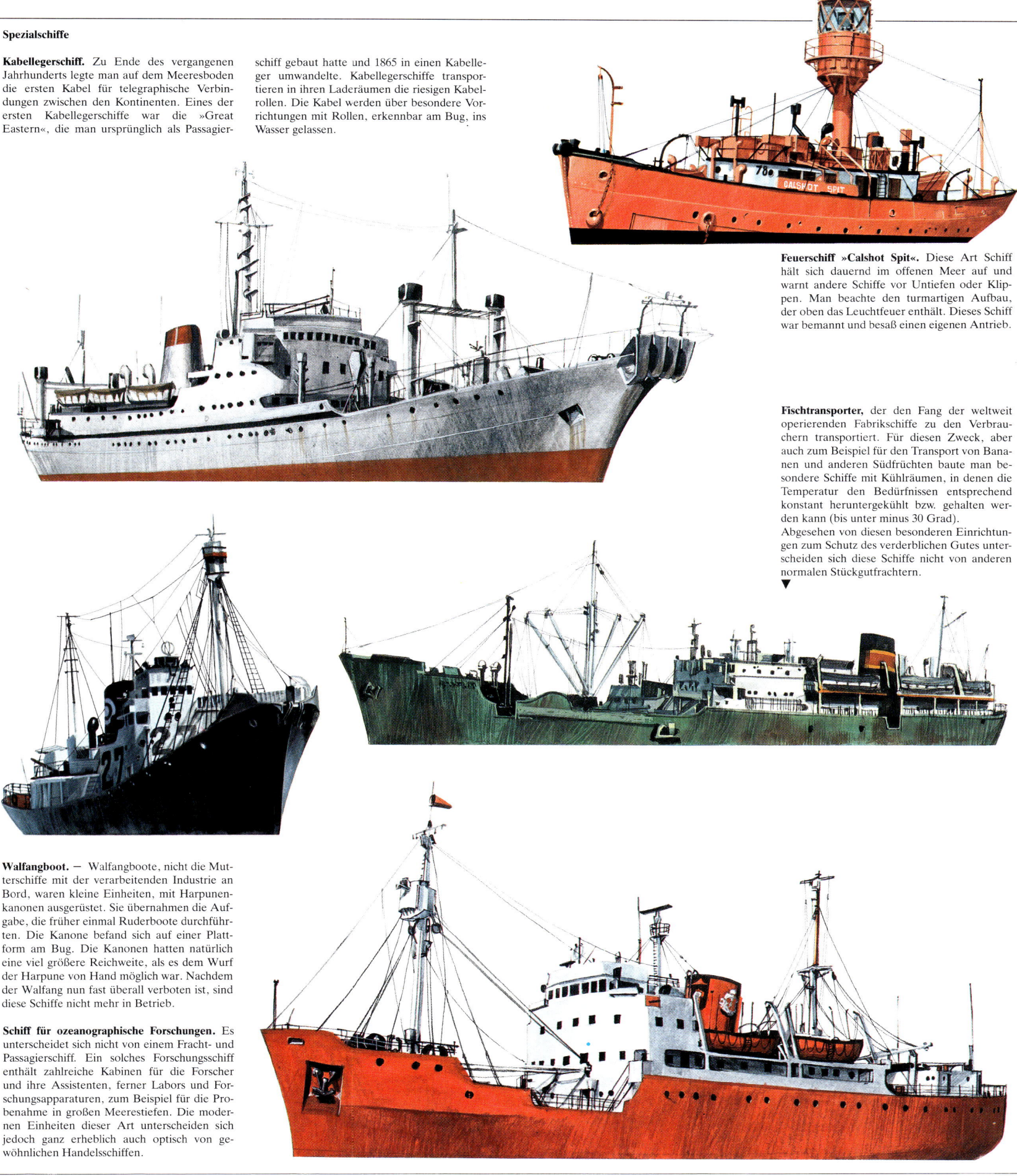

Feuerschiff »Calshot Spit«. Diese Art Schiff hält sich dauernd im offenen Meer auf und warnt andere Schiffe vor Untiefen oder Klip- pen. Man beachte den turmartigen Aufbau, der oben das Leuchtfeuer enthält. Dieses Schiff war bemannt und besaß einen eigenen Antrieb.

Fischtransporter, der den Fang der weltweit operierenden Fabrikschiffe zu den Verbrau- chern transportiert. Für diesen Zweck, aber auch zum Beispiel für den Transport von Bana- nen und anderen Südfrüchten baute man be- sondere Schiffe mit Kühlräumen, in denen die Temperatur den Bedürfnissen entsprechend konstant heruntergekühlt bzw. gehalten wer- den kann (bis unter minus 30 Grad).
Abgesehen von diesen besonderen Einrichtun- gen zum Schutz des verderblichen Gutes unter- scheiden sich diese Schiffe nicht von anderen normalen Stückgutfrachtern.
▼

Walfangboot. – Walfangboote, nicht die Mut- terschiffe mit der verarbeitenden Industrie an Bord, waren kleine Einheiten, mit Harpunen- kanonen ausgerüstet. Sie übernahmen die Auf- gabe, die früher einmal Ruderboote durchführ- ten. Die Kanone befand sich auf einer Platt- form am Bug. Die Kanonen hatten natürlich eine viel größere Reichweite, als es dem Wurf der Harpune von Hand möglich war. Nachdem der Walfang nun fast überall verboten ist, sind diese Schiffe nicht mehr in Betrieb.

Schiff für ozeanographische Forschungen. Es unterscheidet sich nicht von einem Fracht- und Passagierschiff. Ein solches Forschungsschiff enthält zahlreiche Kabinen für die Forscher und ihre Assistenten, ferner Labors und For- schungsapparaturen, zum Beispiel für die Pro- benahme in großen Meerestiefen. Die moder- nen Einheiten dieser Art unterscheiden sich jedoch ganz erheblich auch optisch von ge- wöhnlichen Handelsschiffen.

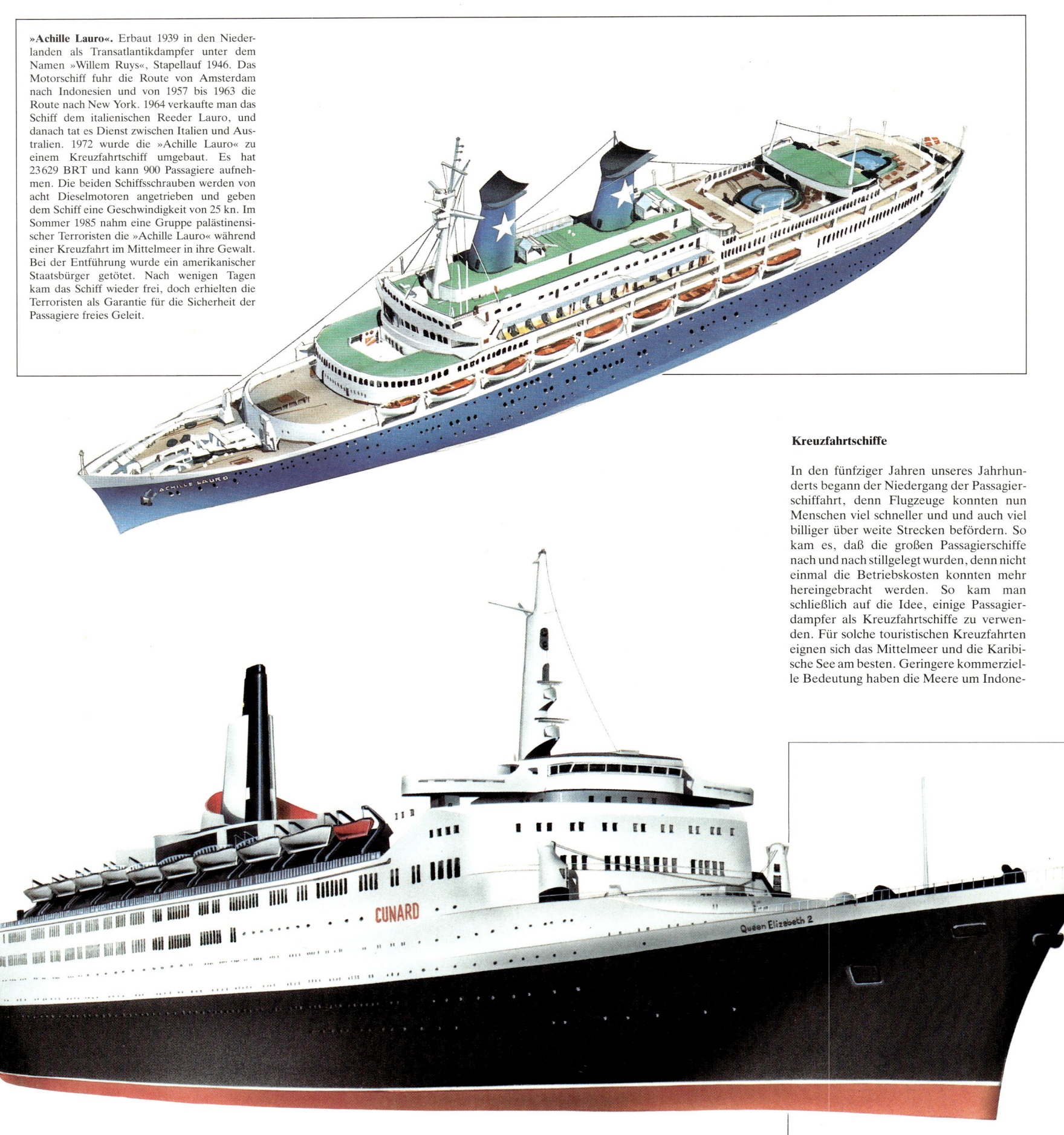

»Achille Lauro«. Erbaut 1939 in den Niederlanden als Transatlantikdampfer unter dem Namen »Willem Ruys«, Stapellauf 1946. Das Motorschiff fuhr die Route von Amsterdam nach Indonesien und von 1957 bis 1963 die Route nach New York. 1964 verkaufte man das Schiff dem italienischen Reeder Lauro, und danach tat es Dienst zwischen Italien und Australien. 1972 wurde die »Achille Lauro« zu einem Kreuzfahrtschiff umgebaut. Es hat 23629 BRT und kann 900 Passagiere aufnehmen. Die beiden Schiffsschrauben werden von acht Dieselmotoren angetrieben und geben dem Schiff eine Geschwindigkeit von 25 kn. Im Sommer 1985 nahm eine Gruppe palästinensischer Terroristen die »Achille Lauro« während einer Kreuzfahrt im Mittelmeer in ihre Gewalt. Bei der Entführung wurde ein amerikanischer Staatsbürger getötet. Nach wenigen Tagen kam das Schiff wieder frei, doch erhielten die Terroristen als Garantie für die Sicherheit der Passagiere freies Geleit.

Kreuzfahrtschiffe

In den fünfziger Jahren unseres Jahrhunderts begann der Niedergang der Passagierschiffahrt, denn Flugzeuge konnten nun Menschen viel schneller und und auch viel billiger über weite Strecken befördern. So kam es, daß die großen Passagierschiffe nach und nach stillgelegt wurden, denn nicht einmal die Betriebskosten konnten mehr hereingebracht werden. So kam man schließlich auf die Idee, einige Passagierdampfer als Kreuzfahrtschiffe zu verwenden. Für solche touristischen Kreuzfahrten eignen sich das Mittelmeer und die Karibische See am besten. Geringere kommerzielle Bedeutung haben die Meere um Indone-

sien, der Atlantik um die Kanarischen Inseln, die Azoren oder gar die Polarmeere. Schließlich gibt es noch Kreuzfahrten um die ganze Welt, die allerdings weniger Liebhaber anziehen.

Was den ganzen Beherbergungsbetrieb betrifft, unterscheiden sich die Erfordernisse eines Kreuzfahrtschiffes kaum von denen der vergangenen Passagierdampfer. Diese allerdings verfügten nur für einen kleinen Teil der Passagiere über luxuriöse Unterkünfte der ersten oder zweiten Klasse.

Natürlich kann ein Kreuzfahrtschiff nicht verschiedene Klassen haben, denn viele Einrichtungen werden von allen Passagieren benützt, zum Beispiel Schwimmbecken, Solarium, Diskotheken, Geschäfte usw. Diese Einrichtungen gab es übrigens teilweise auf

den früheren Transatlantikdampfern noch nicht.

Bei Kreuzfahrten im Mittelmeer und in der Karibik ist Air-condition notwendig, die auf den großen Transatlantikdampfern der Zeit bis 1950 natürlich nicht vorhanden war.

Die Kreuzfahrtschiffe ahmen in der Anordnung der Passagierkabinen die großen Passagierdampfer der vergangenen Jahrzehnte nach. Anstelle der Klassen-Einteilung erfolgte eine Einteilung in Zweier- und Viererkabinen.

Die allgemeinen Aufenthaltsräume wie Salons, Restaurants und Kinos befinden sich im allgemeinen im Deckaufbau, ebenso ein Teil der Kabinen. Diese liegen allerdings auch teilweise im ersten und zweiten Deck unter dem Oberdeck, also vor allem dort,

wo Bullaugen für natürliche Beleuchtung und Belüftung möglich sind. Trotz allem jedoch können längst nicht alle Kabinen über Fenster verfügen. Deswegen gibt es in den unteren Decks stets auch Kabinen mit künstlicher Beleuchtung und Belüftung.

Die Gesellschaft P & O hat sich allerdings bemüht, solche inneren Kabinen in ihrem jüngsten Kreuzfahrtschiff, der »Royal Princess« (Jungfernfahrt 1985), zu vermeiden. Dort gibt es nur außen gelegene Kabinen mit Fenstern und Bullaugen, und viele darunter haben sogar einen eigenen Balkon, sie liegen fast alle im Aufbau und im Oberdeck (Deck 4). Im ersten Deck unter dem Oberdeck gibt es lediglich 38 Kabinen, alle mit Fenster bzw. Bullauge.

Bei dieser neuartigen Platzverteilung kamen

»Rotterdam«. Typisches Beispiel eines Transatlantikdampfers, in ein Kreuzfahrtschiff umgewandelt. Das Schiff wurde 1958 für die Holland-America Line gebaut und fuhr zehn Jahre lang auf der Route von Rotterdam nach New York und umgekehrt. Danach widmete sich die Reederei anderen Aktivitäten und benannte sich in Holland-America Cruise um. In diesem Zusammenhang baute man die »Rotterdam« in ein Kreuzfahrtschiff um. Sie hat 37 783 BRT und kann 1000 Passagiere und 440 Besatzungsmitglieder aufnehmen. Als Transatlantikdampfer transportierte sie 1500 Passagiere, also 500 mehr. Sie hat einen Dampfantrieb und erreicht 22 kn. Man beachte die zwei hohen Schornsteine zu beiden Seiten des zentralen blinden Schornsteins. In dieser Form wurden sie hier zum erstenmal in einen Transatlantikdampfer eingebaut.

»Queen Elizabeth II«. Im Besitz der englischen Reederei Cunard Line, Stapellauf 20. September 1967, Beginn der Jungfernfahrt am 17. Januar 1969. Das Schiff wurde also gebaut, als die Zeit der großen Transatlantikdampfer bereits ihrem Ende zuging. Bei der Planung berücksichtigte man aber bereits, daß man das Schiff im Sommer als schnellen Transatlantikdampfer und im Winter als Kreuzfahrtschiff einsetzen wollte. Aus diesem Grund verfügt die »Queen Elizabeth II« über eine einzige Passagierklasse. Ihre Ausmaße wurden so gewählt, daß sie den Suez- wie den Panama-Kanal durchqueren und damit Kreuzfahrten rund um die Welt durchführen kann.

»Song of America«. Eines der modernsten Motorschiffe für Kreuzfahrten, erbaut in der Wärtsilä-Werft in Finnland für die norwegische Gesellschaft Royal Caribbean Cruise Line, 1982 in Dienst genommen. Das Schiff hat 37 600 BRT und transportiert 1575 Passagiere, zuzüglich 500 Mann Besatzung. Das Antriebsaggregat besteht aus vier Dieselmotoren mit 22 400 PS (16 473 kW). Sie treiben zwei Schiffsschrauben an, welche dem Schiff eine Geschwindigkeit von 21 kn gibt. Rund um die Basis des Schornsteins liegt der große Aussichtssalon, der ein Panorama auf den gesamten Horizont gestattet.

die öffentlichen Aufenthaltsräume in das erste und zweite Deck unter dem Oberdeck. Sie verfügen über normale Fenster und nicht über Bullaugen. Darunter sind ein Restaurant, eine Eingangshalle, zwei Ballsäle, ein Kino und ein Spielsalon.

Die »Queen Elizabeth II« der englischen Reederei Cunard Line konnte 2025 Passagiere in 1400 außen gelegenen Kabinen aufnehmen und verfügte über zwei Restaurants, das eine mit einem Fassungsvermögen von 816, das andere von 500 Menschen. Damit waren 1316 Sitzplätze verfügbar. Au-

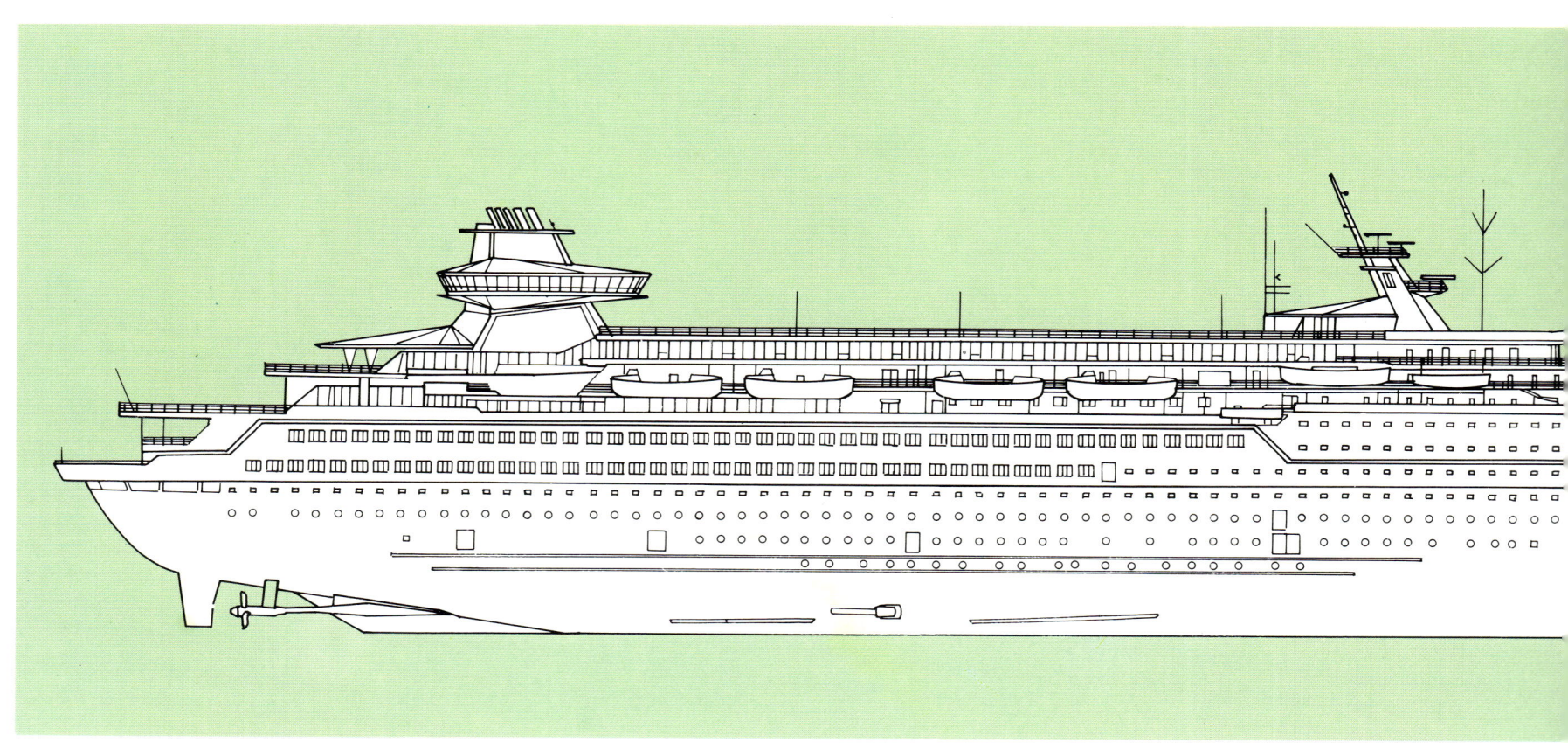

»Royal Viking Sky«. 1973 eigens für Kreuzfahrten gebautes Motorschiff, zusammen mit den Schwesternschiffen »Royal Viking Star« und »Royal Viking Sea«, im Besitz der norwegischen Reederei Royal Viking Line in Bergen. Das Schiff hat 28018 BRT, einen Dieselmotor mit einer Leistung von 18000 PS (13237 kW) und erreicht eine Geschwindigkeit von 21,5 kn. Alle drei Schiffe können 539 Passagiere und 326 Mann Besatzung aufnehmen. Die niedrige Zahl der Passagiere und die hohe Zahl der Besatzungsmitglieder zeigt, wie außerordentlich luxuriös die Schiffe ausgestattet sind.

ßerdem gab es einen Grillroom mit 100 Sitzplätzen.

Das Antriebsaggregat war für die hohe Geschwindigkeit von 28,5 kn – auf der Transatlantikroute üblich – ausgelegt und bestand aus drei Foster-Wheeler-Kesseln und zwei Turbinengruppen mit Ganggetriebe. Sie trieben mit einer Maximalleistung von 110000 PS (80900 kW) und einer normalen Leistung von 94000 PS (69200 kW) zwei Schiffsschrauben an.

Von 1970 bis 1980 tat die »Queen Elizabeth II« als Kreuzfahrtschiff Dienst und fuhr dabei mehrmals um die Erde. Sie machte also den normalen Kreuzfahrtschiffen, die im Mittelmeer und in der Karibik kreuzten, keine Konkurrenz. An diesem britischen Prestigeschiff hat 1986/87 die Bremerhavener Lloydwerft die umfangreichsten Umbauten in der Geschichte des Schiffsbaus in der kurz bemessenen Zeit von 179 Tagen durchgeführt. Um auch in den nächsten 20 Jahren über einen Luxusliner zu verfügen, gab die Reederei 312 Millionen DM aus. Außer völlig neuen Passagiereinrichtungen erhielt das Schiff auch eine neue Antriebsanlage. Dabei wurden die Turbinen durch neun MAN B+W-Viertaktmotoren mit je 14450 PS (10625 kW) ersetzt, mit denen das Schiff auf der Überführungsfahrt nach Southampton eine maximale Geschwindigkeit durch Wasser von 33,8 kn erreichte.

Einen interessanten Typ stellt die »Scandinavia« dar, die 1982 in Dienst gestellt wurde. Sie befördert nicht nur Passagiere, sondern auch deren Autos, da sie New York mit Florida verbindet und darüber hinaus die Bahamas und den Panamakanal besucht.

Diese Route erspart es jenen Touristen, die in Florida Ferien machen wollen, eine Reise von fast 2000 km im eigenen Auto.

Bei der Behandlung der vielfältigen Schiffstypen ist von den Besonderheiten und großen Unterschieden ausgegangen worden, die durch Fahrtgebiete und Verwendungszweck bedingt werden. Von maßgeblicher Bedeutung für den Welthandel sind jedoch nur einige wenig Schiffstypen wie Tanker, Massengutfrachter, Container- und Ro-Ro-Schiffe, die den weitaus größten Anteil an der Welthandelstonnage repräsentieren. Viele Hilfsschiffe sowie für die Infrastruktur der Häfen notwendige Fahrzeuge blieben ebenso unerwähnt wie die in ihrer Typenvielfalt und technischen Eigenheiten nur schwer überschaubaren, weltweit eingesetzten Hochsee- und Küstenfischereifahrzeuge. Nicht erwähnte Sonderkonstruktionen stellen auch die für die vielfältigsten Aufgaben gedachten Forschungsschiffe dar. Täglich gibt es ebenso neue Entwicklungen in der Umschlagtechnik der Häfen, wie auch im Schiffbau neuen Erfordernissen nachgekommen wird und auf dem Gebiet der Antriebsanlagen Neuentwicklungen entstehen. Wieweit man dabei technischen Bedürfnissen gerecht wird, mag ein Kranschiff wie die 1985 gebaute »McDermott Barge Nr. 102« zeigen.

Diese 136709 BRT große selbstfahrende, 198 m lange und 95,5 m breite Kranplattform trägt neben 6×6255 PS- (4600 kW-) Antriebsmotoren 6×3000 PS- (2208 kW-) Hilfsmotoren als Mooringhilfen und zum Halten der Position. Zur Ausrüstung gehören ferner zwei Drehkräne mit Tragvermögen von 6000 t und auf dem großen plattformartigen Deck können 12000 t zugeladen werden. Gedacht ist dieses Fahrzeug, das Unterkünfte für 750 Personen besitzt, für den vielseitigen weltweiten Einsatz bei Reparaturen sowie Auf- und Abbau von Offshore-Ölproduktionsanlagen.

Kreuzfahrtschiffe						
	»Queen Elizabeth II«	»Cunard Adventurer«	»Royal Viking«	»Song of America«	»Scandinavia«	»Royal Princess«
Länge über alles (m)	293,51	nach	147,50	177,74	211,50	185,00	231,00
Länge Bug/Heck (m)	–	Umbau	125,00	150,48	181,20	158,90	196,50
Breite (m)	32,00		21,50	25,20	28,40	27,00	29,20
Höhe (m)	40,83		15,15	18,80	17,40	11,90	19,40
Tiefgang voll beladen (m)	9,74		5,68	7,45	7,00	6,85	7,80
Tragfähigkeit (t)	15521		–	5656	5237	4800	4200
BRT	67140	66451	14155	28078	37584	26747	45000
Passagiere	2025	1900	802	539	1575	1606	1200
Maschinenleistung (PS/ kW)	110000 80894	130000 95630	26000 19130	18000 13237	22400 16473	13500 9928	39600 29122
Reisegeschwindigkeit (kn)	28,5	33,0	21,5	21,5	21,0	21,3	22,0
Flagge	Großbritannien	Großbritannien	Großbritannien	Norwegen	Norwegen	Dänemark	Großbritannien
Baujahr	1969	1987	1971	1972	1982	1982	1985
Werft	John Brown, Clydebank	NDL-Werft, Bremerhaven	Rotterdam Dockyard Company	Wärtsilä, Helsinki	Wärtsilä, Helsinki	Dubigeon, Nantes	Wärtsilä, Helsinki

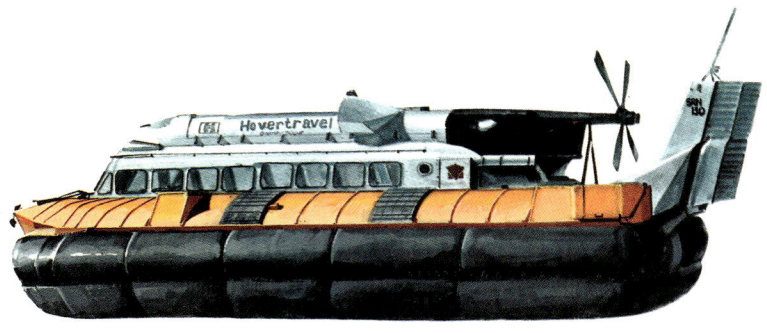

Luftkissenboot, auf englisch auch Hovercraft, eingesetzt im Passagierfährbetrieb. Das Schiff hat einen Motor, der das Luftkissen erzeugt und damit den Rumpf anhebt, sowie einen Propeller für die Fortbewegung. Auf dem Deck erkennt man die Passagierkabinen.

Tragflügelboot, angetrieben von zwei Schiffsschrauben. Von einer bestimmten Geschwindigkeit an hebt sich der Rumpf über die Wasserlinie empor und wird nur noch von den Flügeln getragen. Dabei verringert sich die Reibung beträchtlich, und die Geschwindigkeit kann deutlich gesteigert werden.

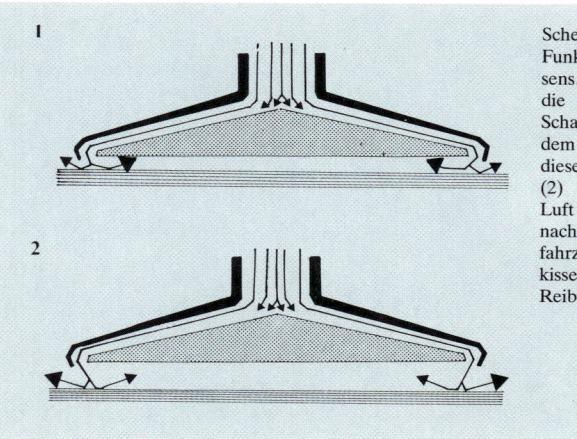

Schematische Darstellung der Funktionsweise eines Luftkissens. Zuerst (1) bleibt die Luft, die über einen zentralen Schacht eingepumpt wird, unter dem Rumpf gefangen und hebt diesen an. Bei normaler Fahrt (2) dringt diese eingeblasene Luft dann unter dem Rumpf nach außen. Das Hovercraftfahrzeug gleitet auf einem Luftkissen mit stark verringerter Reibung.

Luftkissenboot SR N 3. Erbaut 1964, ausgerüstet mit vier Bristol-Siddeley-Turbinen. Länge: 23,5 m, Breite 9,3 m. Das Boot kann 150 Passagiere befördern.

Großes Luftkissenfahrzeug für den Fährdienst von Passagieren und Automobilen über den Ärmelkanal zwischen dem französischen Boulogne und dem englischen Dover. Länge 69,5 m, Breite 25,2 m, Wasserverdrängung 165 t. Für den Vortrieb dienen vier Propeller, je zwei am Bug und zwei am Heck. Sie werden von vier Bristol-Motoren angetrieben. Zwei Rover-Turbinen sorgen für das Luftkissen. Das Fahrzeug erreicht eine Geschwindigkeit von 77 kn. Der Aktionsradius beträgt 190 sm.

Anhang

Bibliographie

Annali genovesi di Caffaro e successori, Pagano, Genua 1923

Annovazzi, Giuseppe, *50 navi italiane famose,* Mursia, Mailand 1971

Anonym, *Il Consolato del mare,* Pinelli, Venedig 1658

Anonym, *Ordinamenti del Mare di Trani,* Santarello, Potenza 1852

Autorenkollektiv, *Stahlschiffbau,* VEB-Verlag Technik, Berlin 1975

Behrens, Reinhard, *Meyers Buch der alten Schiffe,* Bibliographisches Institut, Mannheim 1982

Böer, Friedrich, *Alles über ein Containerschiff,* Koehler, Herford 1984

Braynard, Frank. O., *Nastro Azzurro,* Mursia, Mailand 1982

Brennecke, Jochen, *Geschichte der Schiffahrt,* Sigloch, Künzelsau 1981
–, *Vom Petroleumklipper zum Supertanker,* Koehler, Herford 1980
–, *Windjammer,* Koehler, Herford 1980

Brommy, R., und H. Littrow, *Die Marine – Die Meere. Eine gemeinfaßliche Darstellung des gesamten Seewesens für die Gebildeten aller Stände,* Waldheim, Wien 1878

Cairis, Nicola T., *North Atlantic Passenger Liners since 1900,* Ian Allan, Shepperton 1972

Chapelle, Howard J., *The Search for Speed under Sail,* Conway 1983
–, *The History of American Sailing Ships,* Bonanza Books, New York o. J.

Crescenzio, Bartolomeo, *Nautica Mediterranea,* Bonfaldino, Rom 1602

Cucari, A., Manti, G., Jürgens, H. P., *Das Bilderlexikon der Schiffe,* Südwest Verlag München, 1979

de Rossi, Galuppini, Caporilli, Turchi, *Civiltà del lavoro sul mare,* Editalia, Rom 1984

Detlefsen, Gert U., *Schiffe von Gestern,* Koehler, Herford 1984
–, *Vom Ewer zum Containerschiff,* Koehler, Herford 1983

di Paola, Luigi, *Centenario dell'Istituto Idragrafico,* Ufficio Storico M. M., Rom 1972

Faber, G., Müller, H., *Navigationssysteme der Schiffahrt und Luftfahrt,* Pitsch, Stuttgart 1980

Freiersleben H. Chr., *Geschichte der Navigation,* Steiner, Wiesbaden, 2. Aufl. 1978

Furrer, Hans J., *Die Vier- und Fünfmast-Rahsegler der Welt,* Koehler, Herford 1984

Gordon, Newell, *Ocean Liners XXth century,* Bonanza Books, New York 1963

Göttlicher, Arvid, *Eine Einführung in die Archäologie der Meeresfahrzeuge,* Gebr. Mann, Berlin 1984

Gropallo, Tommaso, *Ultima Vela,* Edizioni Maralunga, Bogliasco (GE) 1969

Gruss, Robert, *Flotte marchande française 1961,* Editions Maritimes et d'Outre Mer, Paris 1960

Hansen, Hans Jürgen, *Schiffbau in der Antike,* Koehler, Herford 1979

Harland, John, *Seamanship in the age of sail,* Conway Maritime Press, London 1984

Hornstein, Anton v., *Schiffe und Schiffahrt,* Hallwag, Bern 1980

Höver, *Von der Galiot zum Fünfmaster* (Neudruck von 1934), Heinemann, Norderstedt o. J.

Jal, Augustin, *Archeologia navale,* Firmin Didot, Paris 1840
–, *Nouveau Glossaire Nautique* (1845), Mouton Publ., Paris 1970, 1972, 1978

Jenkins, N., *The boat under the Pyramids,* Thames and Hudson, London 1984

Jürgens, H. P., *Fahrten ins Eis,* Koehler, Herford, 2. Aufl. 1985

Kienast, D., *Untersuchungen zu den Flotten der römischen Kaiserzeit,* Habelt, Rom 1966

Kludas, Arnold, *Die großen Passagierschiffe der Welt,* Bd. 1–5, Stalling, Oldenburg/Hamburg
–, *Deutsche Passagierschiffe von 1850–1890,* Steiger, Moers 1983
–, *Die großen Passagierschiffe, Fähren und Cruiseliner der Welt,* Koehler, Herford 1983

Laas, W., *Die großen Segelschiffe* (Neudruck von 1908), Hamecker, Kassel 1972

Landström, Björn, *Das Schiff,* Prisma 1983

Life – *Die Seefahrer*
– *Die Entdecker*
– *Die Fregatten*
– *Die großen Passagierschiffe*
– *Die Walfänger*
– *Die Wikinger*
– *Die Windjammer*
– *Die Klipper*
– *Die Ostindienfahrer*
– *Die Venezianer*
– *Luxusjachten*
– *Die Nordwest-Passage*
– *Die Rennyachten*
– *Die Seefahrer des Altertums*
Time Life, Amsterdam/München 1979–82

Lloyds List 1734–1984, 250th Anniversary Special Supplement, London 1984

Lubbock, Basil, *The last of the Windjammers,* Brown + Fergusson, Glasgow, 3. Aufl. 1948
–, *The Blackwall Frigates,* Brown + Fergusson, Glasgow, 2. Aufl. 1950
–, *The Log of the Cutty Sark,* Brown + Fergusson, Glasgow, Neuaufl. 1949
–, *The Downeasters,* Brown + Fergusson, Glasgow, Neuaufl. 1953

Mac Gregor, David, *Fast sailing ships,* Nautical Publishing Co., Lymington 1973

Martin, J. H., und Bennet, Geoffrey, *Das große Buch der Schiffe,* Südwest Verlag, München 1978

Masson, Philippe, *Marines et l'Ocean,* Imprimerie Nationale, Paris 1982

Meyer, *Hamburgs Segelschiffe,* Heinemann, Norderstedt 1971

Middendorf, Friedrich L., *Bemastung und Betakelung der Schiffe* (Neudruck von 1903), Hamecher, Kassel 1977

Milano, G. M., *Tavole Amalfitane,* Catanei, Neapel 1844

Miller, William H., *The last blue water liners,* Conway Maritime Press, London 1986

Moody, Bert, *Ocean Ships,* Ian Allan, Shepperton 1971

Mudie, Rosemary und Colin, *The story of the Sailing Ship,* Exter Books, New York 1980

Ramusio, G. B., *Delle navigazioni et viaggi,* Giunti, Venedig 1550–1558

Roerie (de la), G., und J. Vivielle, *Navires et Marins,* Ed. Duchartre et Van Buggenhondt, Paris 1930

Schiffbau/Schiffahrt, Bibliographisches Institut, Leipzig 1982

Scrinari, Maria, *Le navi del porto di Claudio,* Tipografia Centenari, Rom 1979

Seefahrt, Nautisches Lexikon in Bildern, Delius-Klasing, Bielefeld 1982

Serafini, Flavio, *Vele nella leggenda,* Mursia, Mailand 1979

Shell-Taschenbuch für die Schiffahrt, Eckart und Messtorff, Hamburg 1971

Spurling J./Lubbock, B., *The Best of Sail,* Stephens, Cambridge o. J.

Szymanski, *Deutsche Segelschiffe* (Neudruck von 1934), Heinemann, Norderstedt o. J.

Tre Tryckare – Arte Navale, Mursia, Mailand 1963

Uccelli, Guido, *Le navi di Nemi,* Libreria dello Stato, sg. XVIII, Rom 1940

Underhill, *Masting and Rigging,* Brown + Fergusson, Glasgow, 3. Auflg. 1953

Very, E. W., *Navies of the World,* Sampson, London 1880

Viereck, H. D., *Die Römische Flotte,* Koehler, Herford 1975

Westphal, Gerhard, *Lexikon der Schiffahrt,* Rohwohlt, Reinbek 1981

Zaccagnino, Vincenzo, *I giganti di linea,* Mursia, Mailand 1979

JAHRBÜCHER UND ZEITSCHRIFTEN

Der Albatros, Mitteilungsblatt der deutschen Cap Horniers, Bremen

Die deutsche Handelsflotte, Seehafen-Verlag, Hamburg

Diporto Nautico, Rom

Jane's Merchant Ships, McDonald and Jane's Publ., London

La revue Maritime, Editions Ozanne, Paris

Lega Navale, Roma

Lloyds Shipping Index, Lloyds of London Press Ltd., London

Marine Engineer and Naval Architect, Whitehall Technical Press, London

Marine Engineering Log, Simmons Broadman, New York

Nauticus, Jahrbuch für Schiffahrt, Schiffbau, Meerestechnik, Marine- und Weltwirtschaft, E. S. Mittler & Sohn, Herford

Navires Ports et Chantiers, Soc. Journal de la Marine Marchande, Paris

Schiff + Hafen, Zeitschrift für Schiffahrt, maritime Technik und Wirtschaft, Seehafen-Verlag, Hamburg

Schiff + Zeit, Deutsche Gesellschaft für Schiffahrt u. Marinegeschichte e. V., Koehler, Herford

Shipbuilding International, Whitehall Press, Wrotham Sevenhoaks, Kent

Transaction Naval Architects, Vol, XL, 1898

Transactions Society of Naval Architects and Marine Engineering, Vol. X, 1902, Vol. XIV, 1904

Register der Schiffsnamen